思想會

ROME IS

NERO AND THE FIRE
THAT ENDED A DYNASTY

燃 在 罗
烧 马

［英］安东尼·A. 巴雷特 — 著
Anthony A. Barrett

仝亚辉 郭楚微 — 译

尼 禄 与 终 结 王 朝 的 大 火

BURNING

社会科学文献出版社
SOCIAL SCIENCES ACADEMIC PRESS (CHINA)

丛书主编序

作为历史学家，这是一个令人兴奋甚至有点坐立不安的时刻。就在我写这篇序时，一场席卷全球的大流行病以及随之而来的经济秩序混乱清楚地说明：即使是小事件，也可以在很大程度上改变整个世界。64年的罗马大火正是如此。

本书是《古代历史的转折点》丛书的第二本，书中安东尼·A.巴雷特从学者的角度，对古代最臭名昭著的一个历史事件进行了无可辩驳又富有新意的阐释。在这套丛书中，我们关注的重点是古代世界的某个关键事件或某个关键时刻，其影响在不断地向外延伸。这套丛书中的每本书都结合了考古学和文献史料，关注范围也从精英阶层到普通人。在《罗马在燃烧：尼禄与终结王朝的大火》一书中，安东尼·A.巴雷特做到了这一切。

虽然在罗马城被烧毁时，皇帝尼禄可能没有动什么手脚，但有很多其他理由让人们认为，尼禄在这场罗马历史上最悲惨的火灾中没有实行应有的措施。事实上，有些人甚至声称是尼禄让人放的火，就是为了找借口重建罗马城，扩大城市规模，这与后来发生的事情一致。这本来是不可能的，但正如安东尼·A.巴雷特所述，人们对这场灾难及其后果并没有什么疑问。

这场火灾终结了尼禄统治的黄金岁月，使罗马的精英阶层永远站在了他的对立面。据说，尼禄企图把责任转嫁给基督徒，后来还对基督徒进行了迫害。虽然许多学者怀疑这件事的真实性，但即使这件事是真的，这场大火灾也未能拯救尼禄。大火灾发生 4 年后，尼禄树敌无数，被迫下台，最终自杀并结束了奥古斯都（尼禄的曾曾祖父）所创建的王朝的统治。这开启了选择皇帝的新方式，人选从贵族阶层扩大到更广泛的群体——从西班牙人到北非人再到叙利亚人，但也打开了社会动荡以及频繁内战的大门。

从好的方面来看，大火灾后尼禄的重建计划引发了一场持久的建筑革命，包括修建罗马城的第一座穹顶建筑，以及在拱顶中使用混凝土。然而，重建的成本非常高，并引发了通货膨胀。罗马硬币中银的含量逐渐下降，导致货币的第一次严重贬值。这是第一次，但并不是最后一次，到 3 世纪，罗马"银币"中几乎不含银了。

政权更迭、通货膨胀、政治不稳以及可能发生的宗教迫害，都出现在一场毁灭性的大火灾之后。伴随而来的积极结果是，精英阶层变得更加开放，罗马城的建筑得以重建。所有这些结果将在未来产生持续且深远的影响。的确，即使没有这场大火灾，有些事情也注定会发生。但是，正如安东尼·A. 巴雷特所言，一场惊心动魄的灾难有时会让人们明白他们是反对某个政权的，并能帮助他们推翻这个政权。安东尼·A. 巴雷特将罗马城的这场大火灾比作切尔诺贝利核泄漏。

安东尼·A. 巴雷特凭借对罗马城地形以及考古学和文献史料的了解，谨慎地重构了大火灾的可怕场景以及后续事件。他引导读者踏上了一段比以往任何时候都更值得踏上的旅程。

巴利·施特劳斯

（Barry Strauss）

致　谢

　　撰写这本书最初是由普林斯顿大学出版社的罗布·坦皮奥向我建议的，从那时起，他耐心、友好、巧妙地引导我完成了整个写作过程。在进入更实际的写作阶段时，我又进一步得到了马特·罗哈尔和萨拉·勒纳热情而高效的指导，排印编辑凯伦·弗德非常细致地发现了书稿中的瑕疵，这都令我感动。我得承认，在接受这项任务时，我并没有充分认识到它的复杂性，但是在许多同事和机构的慷慨相助下，写作的困难已经大大减少了。我曾经非常荣幸地在许多图书馆工作过，这些图书馆里有珍贵的藏书，工作人员尽职尽责，比如温哥华的不列颠哥伦比亚大学图书馆，牛津大学的萨克勒图书馆和博德利图书馆，以及海德堡大学古代史、古典文献学和英语语言文学的大学图书馆和学院图书馆。同样荣幸的是，关于一些特定内容，我从很多人那里得到了帮助，包括里安农·阿什、安德鲁·伯内特、菲利普·伯顿、伊恩·卡拉迪斯、彼得·保罗·施尼勒、布伦特·肖、安妮·托纳、彼得·怀斯曼、托尼·伍德曼，以及两位匿名读者，他们报道了我为出版社撰写书稿的情况。弗吉尼亚·克洛斯和卢卡斯·鲁宾好心地把他们当时尚未出版的一些资料提供给了我。在我的书稿将要完成时，约瑟夫·沃尔什那本引人入胜的《罗马大火灾》（*Great Fire of Rome*）还没有出版，但他慷慨地把电子稿及时发给了我，让我参考相关内容。杰基·巴雷特·麦克米伦、瓦莱丽·路易斯和卡罗利·桑多全部或部分阅读了我的书稿。3 年来，同事们一直耐心地听我喋喋不休地讲述这场大火灾，我希望相关描述偶尔会有点乐趣，但恐怕更多的时候是乏味的。我对所有人都深表感谢！当然，书稿中的任何疏漏之处都应由我负责。

关于这场大火灾的主要文献史料的译文是以我和约翰·亚德利翻译的塔西佗的《编年史》（*Annals*）以及《尼禄皇帝：古代史料指南》（*Emperor Nero：A Guide to the Ancient Sources*）为基础，并且我们对这些译文稍微做了调整。感谢约翰·亚德利翻译了绝大部分内容，并且同意在本书中使用这些史料的译文。如果没有文中附带的插图，这本书基本上就不可能问世。让我感动的是，同事们（海因茨-尤尔根·贝斯特、伊曼努埃尔·布里恩扎、拉菲尔·卡拉尼、克莱尔·霍勒兰、林恩·兰开斯特、尤金尼奥·拉罗卡、亨利·拉瓦涅、埃里克·摩尔曼、贾科莫·帕迪尼、弗兰克·塞尔、约瑟夫·斯金纳、弗朗索瓦丝·维勒迪厄、布莱恩·沃德-珀金斯和亚当·齐科夫斯基）不但同意让我使用他们的资料，而且在很多情况下还为我提供了高分辨率的图片。此外，科尼莉亚·罗斯再次相助，为我提供了很多图片。在写致谢时，通常的惯例是不单独突出某个人，但我确实希望做个例外，表达我对克莱蒙蒂娜·帕内拉由衷的感谢，她在职责范围之外为我提供了很多帮助，包括从罗马市中心重要挖掘遗址的档案里帮我找到了丰富的图片资料。

大事年表

公元前

753 年（传说）　罗穆卢斯建立罗马帝国

509 年（传说）　驱逐国王

390 年（传说）　高卢人攻陷罗马城

275 年　开始记载火灾

213 年　高卢人攻陷罗马城后有记载的第一场火灾发生

111 年　帕拉蒂尼山有记载的第一场火灾发生

83 年　卡比托利欧山朱庇特神庙火灾发生

44 年　尤利西斯·恺撒死亡

31 年　大竞技场发生火灾且受损严重

31 年　阿克提姆之战爆发

27 年　在帝国时期开始的传统年代，奥古斯都成为第一位皇帝

公元后

6 年　组建消防大队

14 年　奥古斯都死亡，提比略继位

22 年　庞贝剧场被大火烧毁

36 年　大竞技场被大火烧毁

37 年　提比略死亡，卡利古拉继位

41 年　卡利古拉死亡，克劳狄乌斯继位

54 年　克劳狄乌斯死亡，尼禄继位

64 年　罗马大火灾发生

68 年　尼禄死亡

69 年　韦斯巴芗继位

80 年　提图斯统治时期的罗马大火灾发生

5

序　言

公元 64 年 7 月 19 日①的晚上，古罗马伟大的战车竞赛场——大竞技场附近，发生了一场火灾，历史的进程即将由此改变。大竞技场雄伟的建筑两旁挤满了小商店和简陋的小饭馆，白天气氛欢快而喧闹。人们在这里能看到水果摊贩、占星师、调香师、妓女、编篮匠、算命师。夜幕降临后，这个地方变得安静，也变得危险了，不是因为犯罪，而是因为周围人变少了，随处乱放的商品无人看管，而这些商品大部分属于易燃品，很容易失火。就在这种情况下，不知哪个商家所囤的一堆货物着火了。这场火一开始本来不会引起人们的关注，但是那天晚上碰巧刮起了大风，而且风向不稳定，火苗先是引燃了其他摊位，更不幸的是，大火随后蔓延到了大竞技场，大竞技场的上层主要是用木材建造的。情况越来越糟，强风变幻莫测，大火借助风力，从大竞技场蔓延到东北方贵族阶层专属居住区的帕拉蒂尼山的山脚下，并且迅速蹿上山坡，漫过山顶，野蛮地蹿过皇家的宏伟宫殿和贵族阶层的豪宅。这场大火至此已足具毁灭性了，但实际上这仅仅是个开始。大火越过山丘，向下蔓延至更低洼的地方，开始无情地吞噬人口稠密的贫民区拥挤的房

---

① 本书中涉及年份、世纪等表示时间的地方，在第一次出现时加公元前、公元，下文均省略"公元"二字。——译者注

1　屋。值得注意的是，这场大火足足燃烧了 9 天，让人们痛不欲
　　生。从古时的记载来看，这种恐怖画面是难以想象的。人们被
　　困在着火的高层建筑里；一些人冒着被踩踏的风险逃了出去，
　　风向一直在变，他们刚以为逃离了火场，却又立刻发现自己被
　　困在了另一场不知从哪里突然冒出来的大火中。几乎所有人都
　　感到绝望，更可怕的是，有谣言说有人看到皇帝尼禄身着戏
　　服，站在埃斯奎利诺山①（Esquiline Hill）一座安全的高塔上，
　　俯视着正在肆虐的大火，对山下的苦难完全视若无睹。他专注
　　于从这个完美的炼狱中汲取诗歌灵感，吟唱着《特洛伊陷
　　落》②（Sack of Troy）的伟大史诗。

　　　　这场火灾原本是由最普通不过的一堆商品中无意中迸出的
　　一个小火星引发的，后来被证明是古罗马历史上破坏性最强的
　　一场火灾，古罗马城的许多区域被焚为焦土。亲历这场火灾的
　　人可能余生都摆脱不了这段经历的阴影。但是，这场火灾除了
　　对数量相对有限的罗马市民的个人生活产生了影响之外，还有
　　什么其他的意义吗？确实有足够的证据表明，这场火灾实际上
　　也引发了后续的一系列事件，这些事件将对罗马的历史进程产
　　生深刻影响。历史学家长期以来一直在讨论"转折点"这个概
　　念，但是要给此类事件下一个得到普遍认可的定义，就像人们
　　创造大多数学术概念那样，是非常困难的，这令人感到沮丧。

————————

　①　埃斯奎利诺山：罗马的 7 座山丘之一。罗马皇帝图拉真在此建造了以自己的名
　　　字命名的浴场。——译者注
　②　《特洛伊陷落》：为古希腊史诗集群（Epic Cycle，共 12 篇诗章）中的第 9 篇，
　　　据传为米利都的阿尔克提努斯（Arctinus of Miletus）所著，现已失传。史诗集
　　　群中最著名的是荷马所著的《伊利亚特》和《奥德赛》，也仅有这两篇史诗传
　　　世。阿尔克提努斯生活在前 8 世纪前后。——译者注

尽管如此，人们至少已经普遍意识到，历史的转折点应该是这样的事件：不仅在事发当时给人留下深刻印象，而且当人们回顾过往时，发现这类事件显然对后来的历史产生了持久的影响，而后者至关重要。比如，在当时的人们看来，1929年股市大崩盘无疑是一场巨大的灾难，但仅仅过了10年，它的全球影响力基本消失，此类事件不大可能被称作历史转折点。然而，一个事件即使产生了长期影响，其中的因果关系也往往模糊不清，存在争议。这样的例子数不胜数，比如，1453年拜占庭陷落被公认为一个重大的历史转折点，但很显然，到15世纪中叶，由于帝国内部的冲突，拜占庭的国力大大削弱，相比之下奥斯曼帝国几乎坚不可摧，因此不论是在1453年还是在其10年前、10年后，奥斯曼帝国征服拜占庭几乎是不可避免的。但是，将1453年的事件视为历史转折点仍然有理可循，因为就从那一年开始，历史确实进入了新的发展道路。历史上其他重大的转折点也是同样的道理，比如葛底斯堡战役①、恺撒渡过卢比孔河②（Crossing the Rubicon）、《大宪章》③（*Magna Carta*）的签署，或是马丁·路德（Martin Luther）把

2

---

① 葛底斯堡战役：美国内战中1863年7月1日—3日发生的一场决定性战役，在宾夕法尼亚葛底斯堡及其附近地区进行，是美国内战中最著名的战役，常被认为是美国内战的转折点。——译者注
② 根据罗马当时的法律，任何罗马将领都不得带领军队越过作为意大利本土与山内高卢分界线的卢比孔河，否则就会被视为叛变。恺撒是挑战这个规则的第一人。"渡过卢比孔河"与成语"破釜沉舟"意思相同。——译者注
③ 《大宪章》：英国宪法的基础，创造了"法治"这一理念。时至今日，《大宪章》中的3个条款仍然有效，包括保证英国教会的自由、确认伦敦金融城及其他城镇的特权以及所有人都必须经合法审判才能被监禁。《大宪章》确立的"王在法下"的原则被世界法治国家认可，也逐渐成为许多发展中国家借鉴域外法治的经典蓝本。——译者注

《九十五条论纲》① （*Ninety-Five Theses*） 钉在维滕贝格诸圣堂
大门上。64 年的罗马大火灾也可以用同样的思路来解释。

　　这场大火灾的影响后来被证明是极其致命的，不仅对被困
在火海中的罗马人是如此，而且最终对于尼禄本人也是如此。
在此之前，他一直享有极高的声誉，无论是在处理内政还是对
外交往上。尼禄非常擅长处理国家事务，民众会原谅他偶尔
犯下的一些错误。但是，这场大火灾后流传有关尼禄行为举
止的谣言，即在他的统治下消防部门救火不力，未能迅速将
大火扑灭，大火灾后尼禄要在曾经的雄伟建筑遗址上修建一个
宏大的建筑群。他看上去如此冷酷，导致民众对他完全丧失了
信心，尼禄与贵族阶层之间也产生了无法修复的裂痕。据说，
尼禄企图把责任嫁祸给基督徒，这些基督徒已经非常不受欢迎
了，还要遭受严厉的惩罚。如果事情是真的，那么尼禄也并未
从中受益。尼禄已延长的统治"蜜月期"真正结束了。从 64
年开始，在他的统治期内国家充满了猜疑和阴谋，最终导致了
公开的叛乱，尼禄本人也在可悲的情境下死去。尼禄的死亡代
表着他所属的朱利亚—克劳狄（Julio-Claudian） 王朝统治的结
束，这场大火也标志着一个新阶段的开始，选择罗马皇帝的
方式从此改变。因此，后来的皇帝不再出自第一位皇帝奥古
斯都一脉，这是代表着共识和稳定的黄金一脉。68 年，大火
灾之后仅仅 4 年，罗马帝国的统治权就处于竞争状态，这种
现象断断续续存在着，成为一个非常不稳定的因素，一直持

---

① 《九十五条论纲》：原名《关于赎罪券效能的辩论》，是马丁·路德于 1517 年
10 月 31 日张贴在德国维滕贝格诸圣堂大门上的辩论提纲，被认为开启了新教
的宗教改革运动。——译者注

续到帝国灭亡。当然，毋庸置疑的是，即使尼禄没有因为这场大火灾疏远那些位高权重的宠臣，他终究也会找到其他方式疏远这些人，而且由于他本人明显的缺点，他最终都会得到非常不幸的结果。同样，即使朱利亚—克劳狄王朝没有终结在尼禄手里，也将在某个时刻终结，就像历史上其他的统治王朝一样，无论是哈布斯堡王朝①、汉诺威王朝②还是霍亨索伦王朝。尼禄的早逝和朱利亚—克劳狄王朝的终结或许都是不可避免的，但这两个事件都与这场大火灾有关。虽然从历史的角度来看，这两个事件最终都无法避免，但是这并不能削弱这场大火灾成为历史转折点的重要性。还有其他一些大事件，可以合理地与大火灾联系在一起。尼禄在火灾之后提出的重建项目，如同金宫的建设项目，展现出了建筑领域内的诸多革命式创新。根据重建计划，当时的人建造出了罗马城内第一座穹顶建筑，在修筑拱顶时使用了混凝土，这非常具有创新性。这场大火还导致了非常严重的经济后果。罗马银币又称第纳尔银币，是罗马商业活动的基石，在 64 年首次严重贬值，我们几乎可以肯定这就是火灾之后经济危机的结果。这导致了后来的一系列货币贬值，形势越来越严峻，直至 3 世纪，当时的"银币"实际上已经根本不含银了。通货膨胀无疑给罗马经济带来重大影响。按理说，即使没有这场大火灾，有些统治者也会在某个时间点屈从于无法抵抗的诱惑，通过降低金属含量来增

---

① 哈布斯堡王朝：6 世纪至 1918 年，欧洲历史上最强大、统治范围最广的王朝，曾统治神圣罗马帝国、西班牙帝国、奥地利大公国、奥地利帝国、奥匈帝国。——译者注

② 汉诺威王朝：1692—1866 年统治德国汉诺威地区和 1714—1901 年统治英国的王朝。——译者注

加货币发行量。但事实是，降低金属含量的事恰恰发生在 64 年，其导致的结果可以追溯到这一年。

64 年所发生的一系列事件还有另一个特点，使罗马大火灾在诸多重大火灾中占据了一个特殊位置。每次"大型"的城市火灾都有其独特之处。没有两座一模一样的城市，虽然火灾必会定期发生，令人沮丧，但这些烧毁城市的火灾不可能完全相同。尽管如此，大型火灾和小型火灾之间还是不可避免地有些相似之处，房子被烧毁，人们失去生命，经济一团混乱，无论在哪座城市都会这样——芝加哥、伦敦，甚至芬兰的奥卢（1652—1916 年共发生过 8 次大型火灾）。64 年 7 月烧毁大半个罗马城的这场大火灾，似乎与历史上的其他"大型"火灾有着不同之处，其不同之处就在于这场火灾和某个人密切相关，这个人就是皇帝尼禄，且不论正确与否，尼禄被许多人视为不可靠的暴君。64 年大火灾中所发生的一系列事件与在火灾前、火灾中、火灾后尼禄那些臭名昭著的行为，密不可分地交织在一起，这是其他任何火灾都未曾有过的情况。而且，由于这场火灾与尼禄紧密联系在一起，因此我们要了解这场大火灾的起因、发展及后果，不仅需要将这场火灾置于之前及此后发生的火灾情境下（比如对芝加哥大火①或伦敦大火②的相关研究）来考虑，还需要把它作为那个时代一个重大的政治事件来理解。

---

① 芝加哥大火：1871 年 10 月 8 日，美国伊利诺伊州城市芝加哥发生了一起大火灾，烧了好几天，把市区 8 平方公里的地区统统烧毁，伤亡惨重。——译者注

② 伦敦大火：发生于 1666 年 9 月 2 日—5 日，是英国历史上最严重的一次火灾，烧毁了许多建筑物，包括圣保罗大教堂，但阻断了自 1665 年以来伦敦的鼠疫传播。——译者注

因此，第一章的重点内容并不是火灾本身，而是尼禄所处时代的历史背景，包括尼禄本人、对其统治造成巨大影响的大火灾、能够搜集到的资料、被烧毁的罗马城的特点等。这章是特意为非专业人士撰写的，对罗马帝国早期历史有大概了解的读者可以忽略这章。我根据现有的罗马历次火灾资料，在第二章探讨 64 年大火灾，并分析罗马城采取的救火措施，旨在重构大火灾中的一系列事件。第三章探讨尼禄不可能是火灾主谋的依据。之后两章是这场大火灾导致的直接后果——第四章探讨基督徒成为最方便的"替罪羊"，第五章讲述对烧毁的罗马城进行建筑革新。第六章评价这场大火灾在之后罗马帝国的历史发展进程中的重要意义。最后是简短的后记部分，分析尼禄以及这场大火灾作为一种文化现象，其影响是如何从当时那个年代一直延续至今的。随后附上的 3 份译文，是 3 位最著名的 5 古代历史学家塔西佗[①]（Tacitus）、苏埃托尼乌斯[②]（Suetonius）以及卡西乌斯·狄奥[③]（Cassius Dio）描绘的大火灾的情景。本书的最后一部分涉及非历史专业人士可能不熟悉的一些术语。

我对 64 年大火灾进行深入研究时发现一个具体问题，即不能只研究古代文学作品以及帮助理解这些文学作品的学术

[①] 塔西佗：全名普布里乌斯·克奈里乌斯·塔西佗（Publius Cornelius Tacitus，约 55—120 年），是古罗马伟大的历史学家之一。——译者注

[②] 苏埃托尼乌斯：全名盖乌斯·苏埃托尼乌斯·特兰克维鲁斯（Gaius Suetonius Tranquillus，约 69—122 年），罗马帝国早期的著名历史学家。他在所著的《罗马十二帝王传》中记录了罗马早期的 12 位皇帝在位期间所发生的事，但苏埃托尼乌斯很少记载重大历史事件，而是主要记载帝王日常的政治活动和私人生活。——译者注

[③] 卡西乌斯·狄奥（150—235 年）：古罗马政治家与历史学家。——译者注

著作，还必须了解与火灾有关且容易被意大利学术圈之外的学者所忽略的最新的考古资料，后者可能更重要。当然，此类书籍最容易产生的普遍问题是，既想面向专业人士，又想面向普通读者。同一页内容可能既涉及基本的初级知识，又涉及大量令人感觉过于专业的讨论。本书的图片涉及下文所提到的大多数重要建筑，其中一些建筑的具体位置有很大争议，图片仅供参考，其中的地形地貌可能不完全精准。对于此类书籍来说，最麻烦的是各国所采用的长度单位不同，在考古部分的讨论中，我基本遵循公制单位的标准规范，但是在引用更早的考古学家的资料时，这些资料中的地图只是大概测算，不一定精确。我引用古文献时采用的是罗马英尺或英里，因为修改数字会显得很荒谬，因此有些地方我保留了原始的帝国或罗马单位。对于这种前后不一致的情况，我实在找不到更令人满意的解决办法。

目　录

插图目录

引　言

历史背景

　　尼禄于 54 年 10 月继位时，他所继承的国家形式是由杰出的祖先奥古斯都皇帝于大约 80 年前建立的。奥古斯都当时被称为屋大维，在公元前 31 年 9 月希腊北部的阿克提姆之战中，击败对手安东尼①和埃及艳后克利奥帕特拉组建的联军，克利奥帕特拉是安东尼的盟友兼情妇。屋大维之后的举动标志着共和制政府的结束，共和制自最后一位罗马国王被驱逐后开始被施行，传统上认为是在前 6 世纪末。阿克提姆之战 4 年后，屋大维名义上将自己控制的领土交给了元老院。元老院对他这一慷慨举动表示感激，因此授予他 "奥古斯都" 的头衔，并将有争议的前线地区——一个庞大的 "行省" 划归他统治。行省总督及驻扎在当地的军团指挥官（军团副将——此类术语汇总在书末的术语表中）都由奥古斯都直接

---

　　① 安东尼：全名马库斯·安东尼·马西·费尤斯·马西·尼波斯（Marcus Antonius Marci Filius Marci Nepos，约前 83—前 30 年），古罗马著名政治家、军事家。最初，安东尼是恺撒最重要的军队指挥官和管理人员之一。前 33 年后三头同盟分裂，安东尼在与奥古斯都的罗马内战中战败。——译者注

任命，因此他事实上就成了罗马军队的总司令，其他的"公共"行省由元老院抽签选举地方总督来治理。

　　虽然打着共和制的幌子，奥古斯都也假装自己只是"元首"（第一公民），但是他决定只选择有自己血脉的人来继承王位，从根本上揭露了他的骗局，不管出于何种目的，他的统治制度都是君主制。更复杂的是，奥古斯都和他广受爱戴的最后一任妻子利维亚没有活下来的后代。罗马帝国第一个朝代的统治者们后来都出自朱利亚家族和克劳狄家族。朱利亚是奥古斯都和前妻生的女儿，因此人们亲切地称他们的家族为朱利亚—克劳狄家族。奥古斯都最终指定克劳狄家族的提比略作为继承人，他是利维亚在前一次婚姻中生的儿子，后来成了朱利亚的丈夫。提比略在 14 年继承奥古斯都的王位时，看上去是一位优秀的军事指挥官，但后来他注定成了一个毫无号召力且不懂外交策略的皇帝。与奥古斯都一样，在提比略生命的最后几年，他也没有明确的继承人。提比略于 37 年去世，由其收养的孙子卡利古拉①继位。这是一位非常罕见的皇帝，他的名声甚至比尼禄还要差。41 年，卡利古拉被禁卫军军官刺杀，由他的叔叔克劳狄乌斯②继位。虽然许多人认为克劳狄乌斯不够聪明，连他自己的母亲也这么认为，但事实证明他完全

----

　① 卡利古拉：原名盖乌斯·尤里乌斯·恺撒·奥古斯都·日耳曼尼库斯（Gaius Julius Caesar Augustus Germanicus，12—41 年），罗马帝国第 3 位皇帝，也是朱利亚—克劳狄王朝的第 3 位皇帝，37 年 3 月 18 日至 41 年 1 月 24 日在位。——译者注

　② 克劳狄乌斯：全名提比略·克劳狄乌斯·德鲁苏斯·尼禄·日耳曼尼库斯（Tiberius Claudius Drusus Nero Germanicus，前 10—54 年），罗马帝国第 4 位皇帝，41—54 年在位。——译者注

胜任帝位。正是在克劳狄乌斯统治期间，尼禄首次进入公众视线。

尼禄于 37 年 12 月 15 日出生于安提乌姆① （Antium）。尼禄的父亲格涅乌斯·多米第乌斯·阿赫诺巴尔比（下称"格涅乌斯"）在他还是婴儿时就去世了，留下的记录似乎很有限，也没有多少成就。他的母亲小阿格里皮娜似乎是家族的掌权人，对儿子的未来抱有极大的野心。49 年，她再嫁克劳狄乌斯，一年之内就说服他收养了自己的儿子。53 年，克劳狄乌斯还准许尼禄娶了自己的女儿屋大维娅。54 年，克劳狄乌斯去世，据说小阿格里皮娜在菜里放了毒蘑菇，毒死了他。尼禄立刻被带到禁卫军营地，并作为新皇帝受到了热烈欢迎。元老院顺水推舟，把皇权加在了这个 16 岁少年的身上。尼禄后来的暴君形象深深地刻在民众的脑海中，而当时的罗马人却带着极大的热情，兴高采烈地欢迎这位清秀迷人的少年皇帝继位，并将其继位视为一个黄金新时代的开端，这在现代人看来或许实在难以理解。当时人们的热情显而易见，这在田园诗人卡尔普尔尼乌斯② （Calpurnius）狂喜的回应中有所反映："一个黄金时代在和平年代重新诞生了。"[1] 这种乐观主义显得那么天真，让人迷惑，但这种反应的确出自时人，而且遍布全国。从本书的研究目的来看，最有意义的是，回到 64 年，一直到烧毁罗马城的大火灾发生的前一夜，这种热情

① 安提乌姆：古罗马港口城市，即今意大利安济奥，位于罗马东南约 53 公里。前 338 年被罗马兼并，后成为罗马教皇领地。——译者注
② 卡尔普尔尼乌斯：全名提图斯·卡尔普尔尼乌斯·西库路斯（Titus Calpurnius Siculus），活跃于 1 世纪前后，古罗马诗人，流传下来的有 7 首诗歌，多为以自然为主题的田园诗。——译者注

丝毫没有减退。

　　当然，民众对尼禄继位所表现出的热情是经过帝位背后的力量精心策划的。尼禄在元老院做第一次公开演讲时，演讲稿是他的老师——哲学家塞涅卡①（Seneca）写的，这次演讲也成为得体和遵从的典范。尼禄向喜悦的甚至被欺骗的元老们宣布，他要以奥古斯都为榜样，并且向元老们保证，一定会保留他们一直以来的特权，这可能是最重要的，当然他得到了元老们的热烈拥护。在塔西佗看来，这一切制造出了一种快乐的假象，似乎古老而自由的共和国还在，并被完整地保留下来了。总之，这是一个非常美妙的开端。虽然在尼禄继位的开始阶段，并非全然没有阴影，比如克劳狄乌斯的儿子布列塔尼库斯②（Britannicus）死得莫名其妙。然而，一直到尼禄继位后的第5年，即59年，我们才发现第一个公开的不容置疑的证据，表明尼禄开始做出令人发指的残忍行为——或许是他必须这样做，或许是出于政治和心理的双重因素，原因现在已经很难确定——他决定杀死自己的生母小阿格里皮娜。尼禄所采取的尽人皆知的方法实在令人难以琢磨，从历史记载来看，这个计划无比详细却完全不合情理——破坏小阿格里皮娜乘坐的小船，让小船在汪洋大海中解体。但是小阿格里皮娜成功地游到了岸边，尼禄便又派杀

---

①　塞涅卡：全名吕齐乌斯·安涅·塞涅卡（Lucius Annaeus Seneca，约前4—65年），古罗马政治家、斯多葛学派哲学家、悲剧作家、雄辩家，曾任帝国财务官和元老院元老，后任司法事务执官及尼禄的家庭教师、顾问。——译者注

②　布列塔尼库斯：全名提比略·克劳狄乌斯·恺撒·布列塔尼库斯（Tiberius Claudius Caesar Britannicus），是克劳狄乌斯的亲生儿子，后被尼禄毒死。——译者注

手到海边别墅将其杀死。

　　虽然尼禄几乎不加掩饰地杀死了自己的母亲，但似乎也没有给他无穷的魅力造成什么重大影响。周边的几个城邦甚至还庆祝了这次谋杀事件，派代表抬着礼品前去表达祝贺。尼禄在谋杀事件后回到罗马时，广大民众竟然极其亢奋地表达他们的激动之情。尼禄这种强大的影响力要大大归功于他敏锐的感觉，他知道怎么让民众感到愉悦。杀死小阿格里皮娜后，尼禄居然又无比冷静地以她的名义举办了带有娱乐性质的竞赛活动，比如让一位虽然优秀但籍籍无名的骑士骑着大象在绷紧的绳索上行走。其中一场表演尤其不吉利，但是现场观众中没有一个人能够想象到它的预言意义。著名喜剧作家卢西乌斯·阿弗拉尼乌斯①（Lucius Afranius）的作品《大火》（*The Fire*）被搬上了舞台，舞台表演非常逼真，演员们不得不从着火的房子里把家具救出来，皇帝竟准许他们在表演时保留了这一幕。[2]

　　尼禄从本质上来说是一位"人民的皇帝"，也许比他之前的卡利古拉皇帝更甚。后来的文学家最不喜欢这位皇帝之处，是他急于上台表演唱歌，或是登台演出戏剧，或是在比赛中驾驶战车，但是这些行为当时显然并没有损害他的名声。事实上，民众可能还非常赞许这些行为。小普林尼②（Pliny the

9

----

① 卢西乌斯·阿弗拉尼乌斯：古罗马诗人及剧作家，活跃于前160—前120年。他写作了托迦喜剧，现仅存残篇及42个大题，尼禄曾亲自表演过其喜剧作品《大火》。——译者注

② 小普林尼：原名盖乌斯·普林尼·采西利尤斯·塞孔都斯（Gaius Pliny Caecilius Secundus，约61—113年），罗马帝国元老和作家。——译者注

Younger）在 100 年为图拉真① （Traianus） 皇帝撰写颂词时评论道：到图拉真时代，民众已经把专业演员当成了粗俗不堪之人，而在早些年，他们非常喜欢尼禄皇帝的演出。[3] 上层人士可能对这样的行为还有些矛盾心理，在大火灾发生之前，一想到他们的皇帝在舞台上表演，他们或多或少会感觉有些不舒服，但是只要物质生活和政治生涯能得到保证，他们非常愿意对此表示支持。毕竟，犬儒主义② （Cynicism） 在罗马帝国时期可不少见。

60 年初，在小阿格里皮娜被谋杀后的余波中，如果还有些迟迟未消散的紧张气氛的话，也仅限于皇室或者家族内部。62 年，尼禄和广受爱戴的皇后屋大维娅离婚，迎娶了第二任妻子波培娅·萨比娜。据塔西佗所述，尼禄如此对待屋大维娅，导致各地发生了抗议活动，但塔西佗是在随意发挥，强调这些抗议活动并非针对尼禄，相反，这些抗议活动是针对波培娅的。事实上，骚乱的人群蜂拥而至赞扬他们的皇帝。我们经常听说尼禄是一个疯狂的暴君，杀死全家人，迫害基督徒，总之非常令人厌恶。我们可能被误导了，忘记了尼禄仍然是罗马的小金童。到 64 年上半年，他的个人地位应该还是不可动摇的。

大火灾似乎是一个催化剂，在尼禄和罗马贵族阶层之间制

---

① 图拉真：原名马库斯·乌尔皮乌斯·涅尔瓦·图拉真 （Marcus Ulpius Nerva Traianus，53—117 年），古罗马安东尼王朝第 2 位皇帝，罗马五贤帝之一，98—117 年在位。——译者注

② 犬儒主义：主张以追求普遍的善为人生目的，为此必须抛弃一切物质享受和感官快乐。——译者注

造了巨大的鸿沟，这个鸿沟最终将尼禄吞没了。在高卢总督盖乌斯·尤利乌斯·文代克斯①（Gaius Julius Vindex）于 68 年 3 月起兵叛乱时，尼禄本来应该可以平安度过这次危机（事实上，参与叛乱的文代克斯被击败，2 个月后就去世了），但是他犹豫了，而且元老院不提供支持，这鼓舞了当时正在西班牙服役的威望颇高的军事指挥官塞尔维乌斯·苏尔皮基乌斯·加尔巴②（Servius Sulpicius Galba）。尼禄似乎被这些事件吓呆了，无法做出有效回击，只能在绝望和惰性之间摇摆。这场动乱一直蔓延到非洲，罗马的禁卫军也抛弃了尼禄，这导致了他最终的命运。元老院宣布尼禄为全民公敌，他只好逃到一座私人别墅。68 年 6 月，他在别墅里自杀了。

尼禄戏剧性的死亡只是一个序曲，他死后爆发了长达一年多的政治动乱，军队指挥官们拼命争抢他所留下的位置：加尔巴、奥托、维特里乌斯③（Vitellius）都轮流当过皇帝，但是每个人的在位时间都非常短。这种情况一直到韦斯巴芗（Vespasian，又译为韦帕芗）处于实际控制地位时才稳定下来，当时他的前任维特里乌斯还在世，69 年 12 月元老院正式

---

① 盖乌斯·尤利乌斯·文代克斯：尼禄统治时期曾经叛乱的高卢总督，其叛乱最终导致尼禄垮台。——译者注

② 塞尔维乌斯·苏尔皮基乌斯·加尔巴：全名塞尔维乌斯·苏尔皮基乌斯·加尔巴·恺撒·奥古斯都（Servius Sulpicius Galba Caesar Augustus，前 3 年—69 年），罗马帝国第 6 位皇帝，"四帝之年"（四帝内乱期）时期第 1 位皇帝，68 年 6 月 9 日至 69 年 1 月 15 日在位，在位仅 7 个月就遭到杀害。在加尔巴遇刺的这一年（69 年），罗马帝国陆续出现了 4 位皇帝，因此这一年也被称作"四帝之年"。——译者注

③ 维特里乌斯：全名奥鲁斯·维特里乌斯·日耳曼尼库斯·奥古斯都（Aulus Vitellius Germanicus Augustus，15—69 年），罗马帝国第 8 位皇帝，"四帝之年"时期第 3 位皇帝，69 年 4 月 16 日至 69 年 12 月 22 日在位。——译者注

承认韦斯巴芗的帝国元首身份。他创立的是弗拉维王朝［韦斯巴芗于69—79年在位，他的儿子提图斯①（Titus）于79—81年在位，图密善②（Domitian）于81—96年在位］。弗拉维王朝似乎把诋毁尼禄当作王朝对外宣传的基石，这种宣传无疑促使人们形成了关于大火灾，以及尼禄应该为大火灾负责的最初印象。

文献史料

　　无论研究哪个朝代，我们都会不可避免地发现自己受到所获得资料的影响。古代史研究面临尤为特殊的挑战，即使资料相对充足，而且我们对朱利亚—克劳狄王朝的了解远远超过对中世纪早期的了解，但是文献史料的质量仍然不尽如人意。因此，简要介绍与尼禄或者大火灾相关的背景是比较合适的。这部分篇幅较短，内容也不全面，对本书讲述的古代皇帝也不可能全部涉及，许多皇帝只是有所提及，一些简要的背景信息只在必要时才提供。这里重点介绍记载大火灾的3位重要的历史学家，本书后附有3位历史学家的讲述内容。

　　记载这场大火灾的3位历史学家是塔西佗、苏埃托尼乌斯

---

① 提图斯：全名提图斯·弗拉维乌斯·恺撒·韦斯巴芗努斯·奥古斯都（Titus Flavias Caesar Vespasianus Augustus，39—81年），罗马帝国第10位皇帝，弗拉维王朝第2位皇帝，79—81年在位。——译者注

② 图密善：全名提图斯·弗拉维乌斯·多米提安努斯（Titus Flavius Domitianus，51—96年），韦斯巴芗的幼子，提图斯的弟弟，弗拉维王朝最后一位皇帝，81—96年在位，死于谋杀，终年44岁，宣告弗拉维王朝统治的终结。——译者注

和卡西乌斯·狄奥。他们写作时，与尼禄都不在同一个时代。他们所依据的是早期的一些文学作品。这些文学作品现在几乎已经完全消失，甚至连作者的身份都很难确定。但是，苏埃托乌斯和塔西佗都大量引用了现存的作品——伟大的老普林尼①（Pliny the Elder）所著的百科全书《自然史》②（*Naturalis Historia*，也译为《博物志》），这套书于 77 年出版，共 37 册。老普林尼是一位热衷学术的博学大师，死于维苏威火山喷发。这部作品就像一座丰富的宝库，描绘了古代世界（包括尼禄统治时期）方方面面的迷人景象。作品的不同地方多次提到这位皇帝，态度是毫不掩饰的否定，尤其是老普林尼对尼禄的奢华无度和任性古怪进行了批判。老普林尼着重提到了 64 年大火灾事件，包括尼禄可能是罪魁祸首，这一点或许有重要的特殊意义，但是由于资料有限，关于他的信息有严重缺失。老普林尼还写了一部比较通俗的历史书《罗马史》，共 31 册。[4] 不幸的是，这套书如今也已失传，但是塔西佗在讲述大火灾之后的重大阴谋时引用了这套书中的部分内容。[5]

塔西佗被广泛赞誉为朱利亚—克劳狄王朝的资深历史学

---

① 老普林尼：全名盖乌斯·普林尼·塞孔都斯（Gaius Pliny Secundus，23/24—79 年），是古罗马"百科全书式"的作家，著有《自然史》，这是欧洲历史上有影响力的著作之一。他曾在军中任职，还在西班牙、高卢、北非等地担任过财政监督官，阅历丰富。——译者注

② 《自然史》：全书记叙了近两万种物和事，涉及农业、手工业、医药卫生、交通运输、语言文字、物理化学、绘画雕刻等方面。在《自然史》写作过程中，老普林尼总共参考了 146 位罗马作家和 327 位非罗马作家的著作，从 2000 部书中摘引了极其大量的资料，按引的主要作者就有 100 人。这部著作作为我们保存了许多已经散失的古代资料，提供了了解古代物质和精神文明的丰富资料。——译者注

家。在朱利亚—克劳狄王朝之后的弗拉维王朝，塔西佗的事业非常成功，他出版了好几部重要的历史著作。100 年，他创作了《历史》（*Histories*），涵盖了弗拉维王朝的更替和统治历史，但是只有前 4 册和第 5 册的一小部分目前流传于世。之后，塔西佗又把目光转向更早的时代，创作了最后一部也是最著名的作品——《编年史》，时间跨度从 14 年提比略继位一直到 68 年尼禄自杀身亡。我们不清楚他从哪年开始创作这部著作，但是直到 116 年，他仍在创作。[6]《编年史》总共应该有 18 册，但是有些已经失传，其中缺失内容跨度最大的是卡利古拉的整个统治时期，以及克劳狄乌斯统治早期和尼禄统治的最后两年。

12　　　塔西佗似乎是在帝国时期逐渐声名鹊起的，甚至包括那位被鄙视的皇帝图密善统治时期，塔西佗在《历史》的前言部分承认了这一点。毫无疑问，《编年史》充满对帝制的恶毒敌意。当然，塔西佗也承认，像图拉真这样开明的统治者给社会带来了很多益处，但是帝制本身是有百害而无一利的。所以，我们对塔西佗在《编年史》开篇所写的那句名言——"毫无怨恨或偏见"持怀疑态度，这与早期《历史》中的话有些类似，他这样写道："毫无感情或偏见。"[7] 塔西佗显然没有说假话的习惯，但是在简单的事实陈述背后，隐藏着他自己的偏见。他所总结的动机，对谣言及"所谓的"公众信仰的关注，都给读者留下了深刻印象。尽管如此，塔西佗自身的偏见并没有导致他只关注谣言的表面价值，而且他在偶尔引用文献史料时，仍然保留着批判的态度。

　　　　塔西佗讲述的大火灾完美地展示了他高超的叙事技巧。虽

然他是一位严肃的历史学家，但他是 3 位主要历史学家中唯一
一位对尼禄是罪魁祸首表现出适度怀疑的，他还指出，在这一
问题上，文献史料中的信息并不一致。塔西佗对尼禄本人非常
憎恨，著作结尾给读者留下了一种说不清楚的奇怪且强烈的感
觉，即塔西佗认为尼禄非常令人厌恶，他理应为已经发生的事
情负责，这可真是创作的一大非凡成就。虽然塔西佗对大火灾
的描述远比苏埃托尼乌斯和狄奥更详细，但对大火灾中哪些建
筑被烧毁或受损严重，并没有提供多少信息。他记载了大竞技
场和帕拉蒂尼山①上尼禄的宫殿被烧毁，提格利努斯②
（Tigellinus）的埃米利亚庄园前发生暴动，露娜神庙、赫拉克
勒斯祭坛、朱庇特神庙、雷吉亚宫和灶神庙 5 座内有大量文物
的著名宗教建筑被毁。[8] 他肯定还有更多可以利用的文献史
料，因为他认识大火灾发生时居住在罗马城里的老居民，可以
得到他们的证词。[9] 令人郁闷的是，他似乎只选择了那些无
关紧要的部分。

13

　　苏埃托尼乌斯出生于 70 年前后，出生地可能是非洲。由
于出身权贵阶层，在图拉真和哈德里安统治时期，他被委任了
许多管理职责。苏埃托尼乌斯创作了大量作品，主题丰富多
彩，其中《罗马十二帝王传》（*Lives of the Twelve Caesars*）是
他最有名的作品。

　　苏埃托尼乌斯也是一位传记作家。一般来说，他是按照主

---

①　帕拉蒂尼山：罗马的 7 座山丘中处于中央的一座，是现代意大利罗马市区保存
　　的最古老的地区之一。此山高约 40 米，一侧为古罗马广场，另一侧为大竞技
　　场。——译者注
②　提格利努斯：罗马帝国禁卫军军官，出身贫寒，父亲为落魄商人。62—68 年
　　担任尼禄的主要顾问，69 年被奥托皇帝命令自杀。——译者注

人公来安排材料内容的，而不是按照时间顺序，而且想当然地
认为读者都对主人公有一定的了解。

苏埃托尼乌斯对严肃的政治事件不感兴趣，除非这些事件
能反映主人公的人格特点，这是他所关注的全部重点。通常情
况下，他不受深刻的矛盾冲突影响，而这恰恰是塔西佗所重视
的。苏埃托尼乌斯的主要缺点不在于他抱有偏见，实际上，在
写尼禄（及其他皇帝）时，他的确加进了一些自认为不会导
致人们批评的内容。[10] 他更愿意接纳传说中的已经为大家所
接受的故事。事实上，苏埃托尼乌斯很有能力进行严肃的研
究，常常会挑选一些公开记录和历史资料，他对文献史料也保
持着非常挑剔的态度。这种令人赞赏的挑剔态度并不能阻止他
重复讲述文献史料中流传下来的愚蠢的谣言，他本人也无法抗
拒生动有趣的传闻逸事，并且很乐意把这些留给读者，让他们
自行判断，而现代历史学家则会认为这是历史学家的义务。同
时，苏埃托尼乌斯还喜欢呈现一些个别的割裂事件，似乎这些
事件能够反映主人公普遍而有延续性的行为。

在《尼禄传》（Nero）一书中，苏埃托尼乌斯没有明确指
出所引用的文献史料来源，所以我们无从得知他是否引用了塔
西佗创作的内容，或者是否参照了《编年史》中有关尼禄的
内容。这两位作者之间的关系非常容易引起争议。同时，苏埃
托尼乌斯对大火灾的描述也有很大争议。他的宗旨是利用大火
灾来突出尼禄的残暴及其对罗马人民所遭受苦难的无动于衷。
他根本没打算对这场灾难或灾难发生的原因进行全面研究或认
真调查。因此，想通过苏埃托尼乌斯的《尼禄传》来得出结
论，找到导致大火灾发生的真正罪魁祸首，我们必须非常谨

慎。有关大火灾叙述的第三大文献史料来源是狄奥，他是小亚
细亚尼西亚城的一位元老。他用希腊语创作了《罗马史》，前
后历时 20 多年，可能是从早期国王开始，一直到塞维鲁·亚
历山大①（Severus Alexander 或 Alexander Severus，也译为亚历
山大·塞维鲁）统治时期（222—235 年）。狄奥一般不会被看
作非常有批判性的历史学家。[11] 在他的著作中，他极少引用
前人［只有奥古斯都和哈德良②（Hadrianus）这两位作为信息
来源被专门提起过］所写的内容，不过他偶尔提及像李维③
（Livius）这样的作家，说明他可能查阅过这些作家的作品。
因此，他流传至今的关于大火灾的记载没有提到任何史料来
源、作者姓名等，也就不令人吃惊了。值得注意的是，有关尼
禄统治时期的情况（以及尼禄历史中的其他部分），狄奥的原
始文本已经失传，我们只能依赖于拜占庭时期的一些摘要。由
于这些摘要只是一些节选，而不是总结概括，因此存在风险，
即狄奥原作中所涵盖的一些重要话题，可能完全被省略了。

狄奥作品的整体价值在于，虽然从很多方面来看，他的叙
事风格更像是传记的风格，有些方面又像是苏埃托尼乌斯和塔
西佗的叙事风格的混合体，但是和塔西佗一样，他按照编年史
的体例来整理史料，按照事件发生年代的大致顺序来编排内

14

---

① 塞维鲁·亚历山大（208—235 年）：罗马帝国塞维鲁王朝的最后一位皇
帝。——译者注
② 哈德良：全名普布利乌斯·埃利乌斯·哈德良（Publius Aelius Hadrianus，
76—138 年），117—138 年在位，是罗马帝国安东尼王朝的第 3 位皇帝，绰号
"勇帝"，为五贤帝之一。——译者注
③ 李维：全名提图斯·李维（Titus Livius，前 59—17 年），古罗马历史学家，著
有《罗马自建城以来的历史》。——译者注

容。[12] 因此，狄奥讲述了尼禄统治时期最后两年所发生的事件，这段时间是大火灾发生之后的关键时期。这一点尤为重要，因为对这两年的记录在塔西佗的《编年史》中是缺失的，《编年史》所记载的内容到66年以后就戛然而止了。狄奥有可能既像传记学家，又像编年史学家，他像苏埃托尼乌斯一样喜欢制造流言和歪曲历史，同时也和苏埃托尼乌斯一样，没有真正努力分辨哪些内容是可信的，哪些内容是荒谬的。此外，狄奥看待世界的方式和元老院是一致的。因此，他在讲述大火灾以及尼禄统治的其他时期时，对尼禄充满了强烈的敌意，这不令人感到吃惊。

苏埃托尼乌斯和塔西佗的著作都涉及狄奥讲述的大火灾的内容，如尼禄在罗马城燃烧着熊熊大火时还在吟唱诗歌等。这个信息显然有共同的出处，但是在细节上又有所不同，很可能这3位作家既分别引用了相同文献史料中的部分内容，又引用了被另外两位作家所忽视的一些内容。

当然，文献史料并不是我们获取历史知识的唯一来源，考古学也会提供一些证据。然而，我们必须从一开始就牢记这条警告，即人们似乎很容易产生一种危险的执念，以为考古记录中所保存的资料远比文学作品中的信息可靠，因为考古记录完全不会带有作家本人的偏见。这是人们普遍持有的错误观念，所以我们一定要避免掉入这个陷阱——事实绝不会如此明晰。

虽然物理材料本身也许不会受到损害，但是它绝不会像文学作品中的描述那么明确，我们对材料的理解在很大程度上取决于考古人员如何向我们呈现和解释。考古人员在考古过程中常会发现要考察的遗址是被有序破坏的，遗址档案常常不见踪影，我们出于实用目的想了解的信息，最终要经过考古人员的阐释过滤才能得到。比如大火灾这个事件，我们非常幸运，因为考古证据的主体部分在罗马大学[1]（Sapienza University of Rome）克莱蒙蒂娜·帕内拉教授率领的专业团队的努力下得以"重见光明"，研究成果以高水平的学术标准得以出版。但是，其他考古人员不一定认可这些标准，而且在有些地方，我们还必须警惕一些带有高度猜测性，有时甚至带有诗意想象的结论。考古人员的个人癖好和预设偶尔也可能改变本来客观的证据。

除了这些常见的疑惑外，64 年大火灾还制造了两个非常具体的考古难题。一场毁灭性的大火灾常会留下残酷的痕迹，这一点可以从罗马人占领维鲁拉米恩镇[2]（Verulamium，后改名圣·奥尔本斯镇）得以证明，这个小镇在布狄卡起义[3]中被摧毁，比大火灾提前了几年。人们在维鲁拉米恩镇早期的废墟上能够看到的清晰的燃烧层可以明确地归结为这次起义的结果。[13] 不幸的是，对于 64 年大火灾，想找到令人信服的明显的考古证据，注定只是徒劳。罗马拥有复杂而漫长的历史，多次发生毁灭性的大火灾，包括 64 年大火灾后仅 16 年又再次发生的那次火灾。把罗马的废墟归结为某一次特殊事件的结果是很危险的。此外，尼禄的奇思妙想也给现代研究人员带来了另

---

① 罗马大学：又称罗马第一大学或罗马一大，由教皇博义八世（Bonifacius PP. Ⅷ）于 1303 年创办，是一所国际综合研究型大学。——译者注
② 维鲁拉米恩镇：英国古镇之一，有着千年历史。44—45 年，罗马帝国占领此镇，后为纪念罗马士兵圣·奥尔本斯而改名。——译者注
③ 布狄卡起义：布狄卡是英格兰东英吉利亚地区古代爱西尼部落的王后和女王，她领导了不列颠诸部落反抗罗马帝国占领军统治的起义。——译者注

16　外一个问题。大火灾过后，尼禄采取了很多措施，包括清理被烧毁的产业，再把清理完的产业归还给原主人。装满谷物的船只沿台伯河溯流而上，为穷人送去救援物资。卸货之后，这些船只又被装满大火灾后产生的碎石瓦砾，再顺流而下将碎石瓦砾运到奥斯提亚①（Ostia）附近用来填充湿地。[14] 当然，并非所有的火灾废墟都要清理，尤其是准备建造尼禄金宫的地方，尼禄金宫是在被大火焚毁的建筑的原址上修建的。然而，许多考古证据确确实实被船只运走了。尼禄令人惊叹的回收项目从某种角度来看也是有害的，从考古学角度来说，这是古代破坏公共财产罪的实例。

古罗马城

　　大火灾发生在特定的历史和政治环境中，但它本身只是一种物理现象，发生在特定的物理环境中，又在一定程度上受到物理环境的限制。因此，我们要考虑最终的"文本"（按照现代主义学者的定义）——罗马城本身。当然本节所针对的读者不是专门研究古罗马城地形的专家。[15]

　　罗马城后来得到发展的首要决定因素是台伯河，它是意大利中部最大的一条河流。台伯河发源于亚平宁山脉，向西南一直流向第勒尼安海②（Tyrrhenian Sea），水量丰沛，水流湍急，

---

① 奥斯提亚：古罗马时代位于台伯河河口的港口城市，现位于罗马西南25公里处。——译者注

② 第勒尼安海：地中海中的一个海湾，位于意大利西海岸与科西嘉岛、萨丁岛、西西里岛之间。——译者注

很容易引发洪水。到下游罗马城附近，深吃水船可以开始航行，加上碰巧河流中间有一座小岛，阻止了湍急的水流，此处可以修建成渡口，为一座大型城市的发展创造了理想的条件。台伯河在大火蔓延过程中发挥了关键作用，但是文献史料从未提及这一点。显然大火灾只是发生在河流东岸，河水形成了一道天然屏障，阻止大火蔓延到西岸，就像17世纪伦敦大火发生时泰晤士河阻止大火蔓延到城市南部一样。

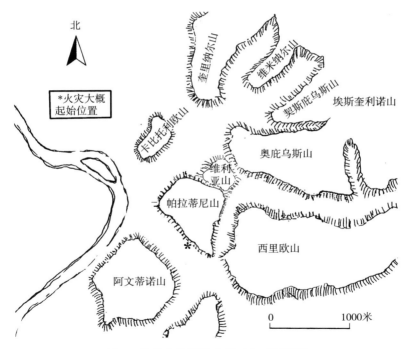

图1　传说中的罗马山丘（A.路易斯）

台伯河最古老的渡口是苏布里乌斯桥，曾由著名的贺雷修斯①（Horatius）防守，将西岸来的游客引入最古老、人口最稠密的屠牛广场②（Forum Boarium），广场坐落于河岸边的帕拉蒂尼山和阿文蒂诺山之间，它的历史实际上比罗马城还要古老。这里的地形使它成为一个天然的聚集地和贸易地，但是最不可能成为人们俗称的牛市场。该广场历史悠久、人口众多，经常遭到严重火灾的侵袭。作为集市的屠牛广场后来被古罗马广场③（Forum Romanum）所取代，古罗马广场成为罗马城的中心，位于卡比托利欧山和帕拉蒂尼山之间。古罗马广场起初只是一个小集市，也许在卡比托利欧山的缓坡上，后来地下修建了大下水道（马克西姆下水道），市场逐渐扩张，传说是从王政时代开始的。[16]

台伯河东岸的突出特点是有一些著名的山丘，这些山丘是在山下河流形成的冲积平原之上因侵蚀作用而形成的古老山脊。[17] 大自然和人类活动的共同作用使山丘的轮廓逐渐变得平缓，因此，这些山丘在古代远比现在陡峭得多。在屠牛广场北侧，卡比托利欧山拔地而起，俊秀的山峰形成了天然的堡

① 贺雷修斯：古罗马共和时期的军官，在前6世纪末罗马和克卢西乌姆的战争中，在罗马城外的苏布里乌斯桥上英勇抵抗入侵的克卢西乌姆国王拉斯·波希纳（Lars Porsena）。——译者注
② 屠牛广场：古罗马的牛市场，靠近台伯河的平坦地带，台伯河上的第一座桥梁在此建造。屠牛广场曾是古罗马最主要的港口，商业繁盛一时。——译者注
③ 古罗马广场：古罗马时代的城市中心，包括一些罗马最古老与最重要的建筑。古罗马广场也称古罗马市场，始建于前6世纪，随着罗马帝国的强盛，它也在不断地扩充和整修，直到4世纪大规模的建设才停止，之后经过连年的战争、地震和火灾，广场遭到了毁灭性的破坏。——译者注

垒，据说这里是前390年高卢人攻陷罗马城时，城里唯一完好无损的地方。这座山成为最主要的宗教中心，坐落着算得上罗马最重要的宗教神庙——朱庇特神庙。在埃斯奎利诺山、平乔山①（Pincian Hills）与台伯河之间，坐落着宽阔的战神广场②（Campus Martius），占地约2.5平方公里。起初由于常常受到洪涝灾害的侵袭，战神广场一直位于正式的城邦边界之外，直到帝国时期，广场大部分已经修建完成。奥古斯都选择这个地区来建造对他来说最重要的建筑，包括万神殿③（Pantheon）和陵墓。这片区域大部分躲过了64年大火灾，成为无家可归的贫民的栖身之地。[18]

屠牛广场南部坐落着阿文蒂诺山，是罗马七丘中最南边的一座。到尼禄统治时期，这座险峻的山丘已经变成了时尚住宅区。阿文蒂诺山时不时有火灾记录，但没有确凿证据表明这里曾经受到大火灾的直接影响。

在屠牛广场北部，阿文蒂诺山的山势逐渐变得平缓，人在山上可以俯瞰山下浅浅的山谷，山谷被一条小溪一分为二。这个地方就是后来的大竞技场所在地，64年大火灾正是从这里

① 平乔山：位于罗马城中心区域东北边界，由罗马皇帝奥勒留（Aurelianus，270—275年在位）于270—273年修建。——译者注
② 战神广场：古罗马时期是一个公有地区。在中世纪，战神广场是罗马人口最为稠密的地方。——译者注
③ 万神殿：又译潘提翁神殿，是至今完整保存的唯一一座罗马帝国时期的建筑，始建于前27—前25年，由罗马帝国首任皇帝奥古斯都的女婿阿格里帕建造，用以供奉奥林匹亚山上诸神，是奥古斯都统治时期的经典建筑。80年的火灾使万神殿大部分被烧毁，仅余一个长方形的柱廊，有12.5米高的花岗岩石柱16根，这一部分被作为后来重建的万神殿的门廊，门廊顶上刻有初建时期的纪念性文字，人们从门廊正面的8根巨大圆柱仍可看出万神殿最初的建筑规模。——译者注

开始的，如同之前以及之后的许多火灾一样。大竞技场北侧屹立着帕拉蒂尼山，人们后来在高原上部建造了一座宏伟的弗拉维王朝宫殿。帕拉蒂尼山，尤其是其西南部，在罗马早期历史中占据着非常重要的地位，也是古代最早修筑城墙的地方。在共和时期，这个地是罗马著名人物趋之若鹜的住宅区，西塞罗①（Cicero）在山上有座房子，奥古斯都在那里出生并建造了自己的宫殿，最后又把宫殿遗赠给后来的皇帝，在不经意间将"*Palatium*"（宫殿）这个词传了下来，又在其他语言中产生了同义词。根据文献史料记载，帕拉蒂尼山正好位于 64 年大火灾的中心地带，许多建筑物被付之一炬。

19

帕拉蒂尼山东部是西里欧山②（Caelian Hill，也译为西莲山），位于罗马七丘的东南城界处。西里欧山山势狭长，呈香肠状，长约 2 公里，宽约 0.5 公里。据说最初山上种满了橡树，在共和时期人口极为稠密，直至 27 年该地区被大火烧毁，之后经过重建，成为富人喜欢的居住区。[19] 没有文献史料提及 64 年大火灾对其造成了任何影响，但是有考古证据表明这里的确受到了一些影响。

帕拉蒂尼山北侧突出一个支脉，古时称为维利亚山。当时的维利亚山似乎山高险峻，位于古罗马广场东南角（卡比托利欧山位于古罗马广场的西北角）。[20] 但是密集的建造活动导致维利亚山的山势逐渐平缓，这些建造活动包括在 64 年大火灾之后修建尼禄金宫的前厅，后来哈德良在金宫遗址上修建了维纳

---

① 西塞罗：全名马库斯·图利乌斯·西塞罗（Marcus Tullius Cicero，前 106—前 43 年），古罗马著名的政治家、哲学家、演说家和法学家。——译者注
② 西里欧山：罗马七丘之一，共和时期为时尚居住区、富人聚居区。——译者注

斯和罗马神庙①（Temple of Venus and Rome）。最终这座山消失在法西斯大道上，即 1932 年由墨索里尼（Mussolini）修建并开通的帝国大道。②

　　维利亚山类似一个马鞍形的连接部分，北侧将帕拉蒂尼山与罗马最大山丘之一的埃斯奎利诺山相连。虽然无法确定高大的埃斯奎利诺山的命名方式，但这座山应该由两座不同的山丘组成，或由包括契斯庇乌斯山（Cispian）和奥庇乌斯山（Oppian）在内的山丘组成。埃斯奎利诺山上有许多精美的园林，如拉米亚庄园③和米西纳斯庄园，在尼禄统治时期都变成了皇家园林。火灾初起时，这些花园和庄园似乎幸免于难，大火烧到山脚下时被扑灭，但是在后续爆发的火灾中受损严重。[21] 埃斯奎利诺山南边的支脉奥庇乌斯山上有许多尼禄统治时期建造的建筑，包括金宫保存最完好的部分，在火灾之后立刻得以修复（或重建）。北部的埃斯奎利诺山与南部的帕拉蒂尼山和西里欧山之间有一个山谷，显然已毁于 64 年大火灾。尼禄后来重建了这个山谷，韦斯巴芗继续修建它，目的是为日后修建古罗马圆形剧场（后来的斗兽场）和相邻的角斗士学校做准备。

　　虽然古罗马整体的地理特征看上去并没有什么大问题，但

20

---

①　维纳斯和罗马神庙：目前已知最大的古罗马神庙，位于古罗马广场最东端，靠近斗兽场，崇拜对象是幸运女神维纳斯和永恒的罗马，建筑师为哈德良。——译者注

②　法西斯独裁者墨索里尼为了阅兵的需要，毁掉了很多罗马古迹，将维利亚山开辟为帝国大道。"墨索里尼的铁锹和铲子"成为当时人们无可奈何地嘲讽这一荒唐举动的谚语。——译者注

③　拉米亚庄园：卡利古拉统治时期的住处之一，为皇家游乐园，坐落于埃斯奎利诺山上，在今维托里奥·埃马努埃莱二世广场附近。——译者注

城市具体的地形从学术角度来看，简直就是一场噩梦。比如文献史料常用非常随意且模糊的术语描述建筑物的选址、主要街道的走向等，这些始终是考古学辩论甚至论战的主要议题。学者们由于对古罗马地形缺乏共识，在研究火势和火灾范围或者火灾后重建罗马城所采取的方案时，会受此困扰。

古罗马城的人口

虽然 64 年大火灾及其影响有时会成为抽象的学术论战的主题，但我们应该记住，这场火灾首先是一场人间惨剧。我们甚至叫不出一个死于这场悲惨事件中的人名，因此我们应该认真思考一下。从另一个极端来看，我们甚至不清楚受害者的总人数。从塔西佗的讲述中，我们大体能知道这场大火灾的严重程度，这是罗马历史上最惨烈的一场火灾。狄奥则泛泛而谈，说直到他所生活的 3 世纪，除了高卢人攻陷罗马城，这场大火灾是罗马遭受的最严重的灾难，[22] 但我们还是没办法得知这场大火灾的伤亡总人数。

更重要的是，我们不知道尼禄统治时期罗马城的人口数，这个问题和上文提到的严重的地形问题一样，很容易引起学术论战。在这个领域内的开拓之作是特立独行的德国学者卡尔·尤里乌斯·贝洛赫①（Karl Julius Beloch）的人口学著作，这部伟大著作于 130 多年前出版，是采用近似科学的方法计算古代人口的首次尝试，无疑也是深入探讨古代人口

---

① 卡尔·尤里乌斯·贝洛赫（1845—1929 年）：历史学家，多数时间居住于意大利。——译者注

的第一部著作。[23] 关于罗马城人口的争论主要是以意大利
总人口为基础展开的，我们掌握了一些意大利的人口普查数
据，它们是从罗马公民人口定期普查数字以及文献史料中偶 21
尔保存的数字中搜集到的。奥古斯都之前的最后一次人口普
查是在前 70—前 69 年进行的，当时的罗马公民人口数为 90
万。[24] 此后，奥古斯都提供了由他组织的 3 次人口普查数
据，记录在记载他自己功绩的《奥古斯都功德碑》① （*Res
Gestae*）上。[25] 前 28 年，记载在册的罗马公民人口数为 406.3
万。20 年后，在前 8 年的普查中，总人口数为 423.3 万。奥古
斯都所列出的第 3 次也是他统治期间最后一次人口普查是在
14 年进行的，这是他生命的最后一年，当时的总人口数为
493.7 万。

前 28 年至前 8 年人口数量的变化与学者们的合理期待通
常是一致的。然而，前 8 年至 14 年人口数量的变化实在惊人。
真正令人震惊的是前 70—前 69 年我们所得到的真实的共和时
期的普查数据与奥古斯都在前 28 年首次进行的普查数据之间
的差别。人口几乎增长了 3 倍还多，如何解释这种快速增长
呢？现在有多种不同的解释。第一种解释是共和时期登记率较
低。第二种解释是公民人口扩大到了波河北岸的高卢人地区。
第三种解释是共和时期的人口只包括那些达到应征罗马军团年
龄要求的公民。还有一种可能性是，奥古斯都与共和时期的元
首不同，他把女人和孩子也统计在内了。人们对这几种解释没
有比较统一的认识。

---

① 《奥古斯都功德碑》：奥古斯都陵墓内的一篇铭文，被刻在青铜柱上，是关于
奥古斯都生平及功绩的第一手资料。——译者注

无论如何，人口普查涵盖了有罗马公民权的公民，而其中绝大多数人很可能从未踏足过罗马城。[26] 至于住在城内的居民，我们有类似的数据，这些数据也存在类似问题。奥古斯都提供的人口数据是依据他的"捐赠"——向罗马居民赠予的财物来计算的。他夸耀说，截至前 12 年，受捐者达到 25 万人。到前 5 年，受捐者达到 32 万人。前 2 年，他向接受玉米救济金的人提供捐赠，仅这一次的受捐人数就超过了 20 万，这个数字也得到了狄奥的证实。[27] 这 3 个数据的差异令人震惊。更严重的是，我们仍然不知道哪些人被包括在内，这些数据很可能只涉及各个家庭中的男户主，不过我们不能确定。但是，如果事实如此，妻子、孩子，更重要的是奴隶的人数要增加多少才能使人估算出居民总人口数呢？奥古斯都的人口数据中包不包括那些居住在严格的城界之外，但是很容易进入罗马城的人呢？贝洛赫认为，居住在罗马城外 30—50 公里的人都可能领取救济金，因此人口数据包含奥斯提亚的居民。[28] 除了这个本来就已经很复杂的情况外，我们还要考虑从奥古斯都统治时期到 64 年大火灾的 50 年里人口流动的情况。

显然，人口普查数据和捐赠财物数据并不像我们想象得那么有用。学者们还创造了其他一些方法。其中，一种方法是根据粮食供给量来计算人口数，但是不同学者从这些数字中得出了完全不同的结论。[29] 另一种方法是根据城市大小来推断人口数，古罗马城面积仅不到 14 平方公里，就这一点学者们也未能达成一致意见。[30] 在对学者们最近普遍接受的思维方式不进行过度歪曲的前提下，我们大胆猜测，尼禄统治时期罗马的总人口在 50 万至 100 万人，但必须强调这只是"猜测"。[31]
在很难确定人口数的情况下，更糟糕的是，我们没法弄清楚总
人口中有多大比例的人群在大火灾中丧生。古代历史学家讲述
了大火灾发生时的可怕景象，但是，除了对悲惨的死亡场景进
行恐怖的描写之外，这些历史学家根本没有提供伤亡总人数的
任何信息，这也许正说明数据本身可能并不像历史学家所暗示
的那么高，[32] 但这基本属于猜测。总之，我们必须很不甘心
地接受这个事实，即我们根本没有 64 年大火灾伤亡总人数的
合理信息。

　　现代罗马城居民总人口超过 400 万人，表面上看罗马并
未因这场大火灾受到太大冲击。人们在熟悉的风景中看不到
大火灾留下的任何痕迹，即便这场无法控制的大火很久之前
曾经对城市造成过毁灭性的打击。但是冷静地思考一下，就
在这地面之下，在这些拥挤、喧嚣、充满生机和活力的现代
街道下无数米深的地方，古代那场灾难的遗迹超越了流转的
世纪，被堆积的厚厚的焦土平静地包裹着。这些埋藏在地下
的灰烬、碎瓷器、金属制品，无疑还有被烧焦的人体骨骼碎
屑，在长达 2000 年的时间里，在熙熙攘攘的街道下保持着无
边的寂静，被尘封在这座著名的不朽之城之下，永久地守卫
着这座城市。

23

24

第一部分｜大火

第一章
古罗马的火灾

易发生火灾是现代都市生活中可怕的常见特点，一年中很少有几天，世界各地不发生一次大型火灾。所以，当我们发现早在前 1 世纪，西塞罗就把火灾归结为罗马人生活中最大的危险时，我们对此并不感到吃惊。不久之后，诗人贺拉斯①（Horace）也告诉我们，富裕的罗马人最害怕两件事——偷窃和火灾。[1] 但是，不管火灾发生时情形有多么可怕，绝大多数火灾很快就会被人们遗忘，只有极少数火灾会成为人们集体记忆中永久的一部分。这些火灾往往有两个宽泛的条件：第一，必须是超大规模的，大到足以区别于其他普通火灾；第二，必须有一个口才极佳的目击证人。1666 年的伦敦大火灾的确是一场惨绝人寰的悲剧，但如果不是塞缪尔·佩皮斯②（Samuel Pepys）在日记中记录了火灾场景，以及他发狂地把

---

① 贺拉斯：全名昆图斯·贺拉斯·弗拉库斯（Quintus Horace Flaccus，前 65—前 8 年），古罗马著名诗人、批评家和翻译家。——译者注

② 塞缪尔·佩皮斯：17 世纪英国作家和政治家，毕业于剑桥大学，著有著名的《佩皮斯日记》，内容包括对伦敦大火灾和大瘟疫等的详细描述。这本书成为 17 世纪内容最丰富的生活文献。他曾任英国皇家海军部长，是英国现代海军的缔造者；曾任英国皇家学会会长，批准了牛顿巨著《自然哲学的数学原理》的印刷出版。——译者注

珍贵的帕尔玛奶酪①埋在伦敦塔下自家房子花园的地下，顾不上西岸来的烈火在步步逼近——这给人留下深刻印象——这场大火灾也不至于能持续不断地激发人们的共同想象。如果不是画家约翰·查平（John Chapin）将精彩的故事发表在《哈珀周刊》（*Happer's Weekly*），芝加哥大火灾怎会成为一个标志性事件？根据我们的判断，在 64 年大火灾中去世的人、损失的财产非常多，其灾难程度与这两次特大火灾不相上下，而且也得到了编年史学家们的公正对待，3 位历史学家塔西佗、苏埃托尼乌斯和狄奥都对这场大火灾做了生动而全面的描述，这使 64 年大火灾显得非同寻常。[2] 关于其他罗马火灾，我们往往只能得到一些零散的信息，很多火灾甚至根本没有任何记录。

即使没有西塞罗和贺拉斯的警醒，我们也毫不怀疑，古代城市的居民一直生活在对火灾的恐惧中。这种恐惧早在前 1700 多年就有记载，闻名于世的巴比伦王朝的《汉谟拉比法典》②（The Code of Hammurabi）就规定，凡在火灾中趁火打劫者必受火刑。[3] 刑罚的严厉程度想必反映了问题的严重性。在汉谟拉比之后几个世纪，希泰（Hittite）首都哈图莎城③（Hattusa，也译

---

① 帕尔玛奶酪：一种意大利硬奶酪，经多年陈熟干燥而成，色淡黄，具有强烈的水果味道。——译者注
② 《汉谟拉比法典》：古巴比伦国王汉谟拉比（约前 1792—前 1750 年在位）在约前 1776 年颁布的法律汇编，是最具代表性的楔形文字法典，也是世界上现存的第一部比较完备的成文法典。原文因刻在黑色玄武岩石柱上，又名《石柱法》，现存于巴黎罗浮宫博物馆亚洲展览馆。——译者注
③ 哈图莎城：建立于前 1900 年，前 6000 年这里已经有人类居住的痕迹，约前 2000 年，希泰人已经在此定居，前 19 世纪至前 18 世纪，亚述商人在这里建立了贸易点和居民区。前 1180 年，随着希泰王国灭亡，哈图莎城也被遗弃。——译者注

为哈图沙城）则针对疏忽行为规定了更严酷的刑罚。如果侍从并无其他过失，但其疏忽导致神庙被烧毁，那么这种行为就被认定为刑事犯罪行为，"罪犯及其后代将会一起被处死"。[4]

罗马的法律自然没有这么古老。与中东地区法律类似的最早的罗马法律是《十二铜表法》①（Law of Twelve Tables），于前5世纪中期制定。[5] 这些法律强制要求相邻建筑之间必须间隔约0.8米，部分意图应该是控制火势蔓延，法律还规定火葬时柴堆必须离邻居的房屋不少于18米，其意图应该也是一样的。[6] 法律明确规定，任何人引燃一座建筑或一堆谷物，如果是意外事故，必须保证给出足够的赔偿，如果是故意的，则判处死刑。[7]

早期罗马人对待火灾的态度显然和之前的巴比伦人相差无几，但是早期罗马历史文献并未出现关于具体火灾的真实记录，文献史料首次提及火灾是在前4世纪。此前，一定有数不清的火灾发生，但是从未有人记录过，或者就算有记录也未能流传下来。因此，我们必须参考考古学资料。考古证据的局限性前文已经有过说明，鉴于我们已表达的保留意见，当有人提出罗马的第一场大火灾一定会在考古记录中留有痕迹时，我们就要特别谨慎。

从流传最广泛的神话故事来看，罗马由罗穆卢斯②

---

① 《十二铜表法》：据罗马历史学家李维记载，《十二铜表法》大约制定于前451—前450年，负责制定法规的10人小组将法律提交公民大会通过后，将其条款分刻在12块铜牌上，竖立于罗马城内的广场上。约前390年，这12块铜牌被攻陷罗马城的高卢人所毁。——译者注

② 罗穆卢斯（前771—前716年）：他是雷穆斯（Remus）的孪生兄弟，据记载，他建立了罗马及最初的主要政治制度，是罗马第一任国王，罗马也由他的名字命名。——译者注

（Romulus）始建于前753年，他是统治罗马的第一位国王。王政时代共有7位国王统治过罗马，最后一位国王是邪恶的塔克文·苏佩布①（Tarquinius Superbus），于前509年被推翻，罗马据说平稳过渡到了共和政体。但是考古学家推断，君主制结束时，罗马城可能爆发严重的暴乱，而文献史料对此并没有提及。物理证据包括一层烧焦的物质，有人认为这是3座建筑在前6世纪晚期一次大火灾中被烧毁后堆积形成的，这3座建筑是：（1）雷吉亚宫，即罗马王宫，据说是由受人尊敬的努马国王②（King Numa）建造的，位于罗马中心神圣大道③（Sacra Via）和灶神庙之间，后来作为神圣建筑得以重建，成为祭司团集会的场所；（2）户外集会场，即古代公共集会的场所，位于古罗马广场西北部；（3）罗马最古老的神庙，很可能是玛图塔圣母④（Mater Matuta）神庙。[8] 传说中玛图塔圣母神庙和幸运女神庙由塞尔维乌斯·图利乌斯⑤国王（King Servius Tullius）建在同一个大讲台上，就在今天的圣奥莫博诺

---

① 塔克文·苏佩布：全名卢修斯·塔克文·苏佩布（Lucius Tarquinius Superbus，？—前496年），也称小塔克文，罗马王政时代第7任国王，前535年登基，前509年被革命推翻。——译者注

② 努马国王：全名努马·庞皮留斯（Numa Pompilius，前753—前673年），罗马王政时代第2任国王，其在位43年中没有发动过一次战争，他积极发展内政。——译者注

③ 神圣大道：贯穿整个古罗马广场，经过塞维鲁、提图斯和君士坦丁凯旋门，这3道凯旋门也是罗马城仅存的3道凯旋门，故这条大道也可称作"凯旋大道"。罗马自古就有举办凯旋仪式的习俗，王政时代国家打败邻邦要举办凯旋仪式，共和时期打败邻国要举办凯旋仪式，帝国时期更甚，每征服一个地区就要举办凯旋仪式。——译者注

④ 玛图塔圣母：罗马神话中的曙光女神。——译者注

⑤ 塞尔维乌斯·图利乌斯：古罗马王政时代第6位国王，约前578—前534年在位。——译者注

教堂①（Sant' Omobono）的教区内（位于屠牛广场）。[9] 有些人认为，这 3 座建筑——罗马王宫、户外集会场和神庙——在王政时代结束时就已经被烧毁，但之后很快又被重建。[10] 这场前 509 年发生的火灾理论上非常神秘，虽然并非不可能，但我们必须记住，这个理论构建的基础是把烧焦层推断为来自前 6 世纪末，因此我们应该谨慎一点。

与考古记录不同的是，文献史料提到的第一场罗马火灾本身就是一个重大事件，而且目前这个话题尤其具有特殊意义，因为 4 个多世纪后，在 64 年大火灾发生时，第一场罗马火灾仍然留给罗马人深刻的影响，人们认为这两场火灾有类似的象征意义。传说在前 390 年，高卢人攻陷罗马城，这是城市历史中最具毁灭性的事件，被罗马人长久地保存在记忆里。随之发生的火灾可能甚至超越了 64 年大火灾，对罗马人产生了重大影响。这两场大火灾有一个共同的特点——令人感到挫败，因为它们再次强调了信息和知识之间有着至关重要的区别。这两场大火灾在罗马历史上都有非常详细的记载，相关信息量极大，但我们仍然弄不清楚究竟发生了什么。 29

在前 4 世纪早期，似乎有相当数量的高卢人，即定居在波河河谷的所谓"高卢地区"的赛农人②（Senones），翻越亚平宁山脉进入了伊特鲁里亚③（Etruria）地区。传说在前 390 年

---

① 圣奥莫博诺教堂：位于罗马里帕区卡比托利欧山的山脚下，建于 15 世纪。旁边是圣奥莫博诺地区，包括两座神庙的遗迹。——译者注
② 赛农人：凯尔特史上的两个部落的居民，或为一个民族的两支，一支在高卢，另一支在意大利。——译者注
③ 伊特鲁里亚：古代城邦国家，位于现代意大利中部，包括今托斯卡纳、拉齐奥及翁布里亚。——译者注

7月18日，他们沿台伯河河谷前往罗马，在阿里亚河和台伯河交汇处，与一支罗马军队发生冲突并全歼了这支军队。[11]这场败仗因此成为古罗马历史上最大的全国性灾难。守城的罗马军队仓皇向北逃往维爱城① （Veii），维爱城在前384年曾被指挥官卡米卢斯② （Camillus） 率领罗马军队占领。罗马城陷入无人防守的境地。高卢人于第二天，即7月19日，占领了罗马城，没有遭遇任何反抗，这一天也正好是64年大火灾爆发的日子，很难不让人注意到这个巧合。据奥古斯都统治时期的历史学家李维所述，高卢人进城之后继续攻陷整座城市，破坏房屋并将其付之一炬。烧杀劫掠持续了好几天，直至最后整座城市变成一片废墟。卡比托利欧山似乎躲过了灭顶之灾，但是驻守在那里的罗马军队最终缴械投降，并被迫向高卢人支付了大量黄金。[12] 卡米卢斯由于在占领维爱城时掠夺财物而遭到流放，当时他只是一个普通公民，但是他迅速组织兵力夺回罗马城。他终止与高卢人的和谈并继续作战打败了高卢人。[13]高卢人归还了罗马城，但是许多罗马人主张放弃这座被毁的城市，整体搬迁到维爱城。元老院在卡米卢斯的带领下，主张留在罗马城进行重建，他们的观点占了上风。在64年大火灾之后，就有人机智地参照了这场古老的辩论。在大火灾后的重建过程中，据说尼禄占据了大片土地，要为自己建造浮夸的金宫，于是讽刺言论开始散播，敦促市民们搬迁到维爱城——趁

---

① 维爱城：伊特鲁里亚城市，经过3次战争，罗马军队占领维爱城，城中居民均被卖为奴隶，土地并入罗马，成为罗马农村部落。——译者注

② 卡米卢斯：罗马千年历史上第一个被授予"国父"称号的人，也被称为"罗马第二位创建者"，在罗马历史上有与建国之王罗穆卢斯比肩的地位。——译者注

维爱城还没有被建筑物"吞没"之前![14]

　　李维是对高卢人攻陷罗马城描述最详尽的历史学家，据他记载，高卢人暴力攻陷罗马城时引燃的大火几乎将整座城市烧毁。有意思的是，李维承认，在攻陷罗马城第一天大火蔓延的区域并不如人们想象的那么大，但是随后城市遭受大面积焚毁。驻防在城里的少数罗马士兵从卡比托利欧山上的防守位置向下俯瞰，只发现"一切都被熊熊大火烧成了灰烬"。[15]李维说，除了这些防守的士兵外，高卢人务必确保被攻陷的城市被烧成废墟。[16] 罗马城"化为灰烬"，大片大片的房屋被焚毁，储存的粮食被烧光，宗教记录和其他重要文件被付之一炬。[17] 但是，我们对李维的记录要持极其谨慎的态度。学界目前普遍认为，攻陷罗马城以及随后发生的火灾，也许远远没有李维描述的那么可怕。高卢人可能只热衷于劫掠财物，他们没有必要烧毁房屋，当代学者怀疑，罗马城的毁坏程度也许很有限，高卢人攻陷罗马城产生的实际影响并不大，但这无关紧要。整个事件的神秘气氛的威力实际上远远超过历史真相。[18]

　　李维认为，之所以没有早期罗马历史的真实记录，是因为高卢人攻陷罗马城时把古代档案都毁掉了。无论这个观点是对还是错，它的确使人们注意到，古罗马火灾记录中的确存在重大漏洞。即便是像 64 年大火灾这样曝光率极高的事件，具体细节也严重不足，部分原因无疑在于公共记录的不可靠性。李维所提到的早期罗马历史缺乏真实记录的问题再三出现。在前 80 年前后，国家档案馆被人纵火烧毁，一起消失的还有馆中的所有档案。前 58 年，据说擅长蛊惑人心的政客普布利乌

30

斯·克洛狄乌斯①（Publius Clodius）一把火烧了水神庙（位于战神广场），神庙收藏着人口普查数据和其他公共档案，其中有些文件是克洛狄乌斯巴不得消失的。这样的损毁事件一直持续到大火灾之后。据狄奥记载，192 年，在康茂德②（Commodus）统治时期，许多国家档案也在一次火灾中被烧毁。[19] 64 年大火灾发生后，肯定有些详细的记录描述火灾给罗马城带来的灾难，因为要解释火灾之后为何要实施补偿方案。如果事实如此，这些记录似乎并没有在文献史料中得以采用，也许是学者对此并不关心，但也有可能是因为在仅仅 16 年后，即 80 年，这些记录就被毁于烧毁罗马城的另一场大火之中了。

在高卢人攻陷罗马城后的 1 个多世纪里，没有历史证据证明罗马城发生过火灾，但是我们可以肯定地推断，这个间隔期如此之长，恰恰说明历史证据的脆弱性和随意性，而绝不是因为这座城市对火灾有了免疫能力。前 3 世纪，文献史料中再次出现火灾的典故，我们可以通过把 64 年大火灾放在更广阔的历史背景中来研究城市火灾，以更好地了解罗马人遭遇火灾的频率以及应对火灾的能力，但这并不容易。共和时期的火灾记

---

① 普布利乌斯·克洛狄乌斯：全名普布利乌斯·克洛狄乌斯·普尔彻（Publius Clodius Pulcher，前 93—前 52 年），具有破坏性的政治家克洛狄乌斯生于贵族家庭，曾参加与米特拉德茨的战争，并在前 68—前 67 年冬天煽动军队叛变。——译者注

② 康茂德：全名鲁基乌斯·奥雷里乌斯·康茂德·安东尼努斯（Lucius Aurelius Commodus Antoninus，161—192 年），2 世纪末罗马帝国皇帝，180—192 年在位。他是古罗马帝国安东尼王朝第 7 位皇帝，也是该王朝的最后一位皇帝。狄奥将其视为另一位暴君典范，他的继位为古欧洲 3 世纪危机埋下了伏笔。在康茂德遇刺身亡后，罗马帝国再次陷入一连串内战之中。——译者注

录最多算是东拼西凑出来的，而且非常随意。许多建筑物与罗马城的身份认同是一致的，比如神庙，就非常频繁地出现在火灾记录中。当然，这些神庙通常坐落在山顶上，因此很容易遭受雷电袭击。同时，神庙也是重要的公共建筑，其遭受的任何损坏都会引起公众的注意。尤其是灶神庙，罗马人认为它是城市的中心，因此我们很容易理解，一旦这里着火，相关事件就会被详细地记录下来。与有些建筑物受到的重视程度相比，城市其他地方显然就非常不值一提了。比如，14 年后提比略统治时期的一场大火烧毁了海战演习场（由奥古斯都建造的用于海上演习的人工水池）四周的建筑，这些建筑与 3 个多世纪后作家西马库斯①（Symmachus）父亲的房屋有共同的罕见之处。两者的关联在于，在整个古罗马历史上，烧毁这两处建筑的两场火灾是仅有的两次有记录的发生在台伯河西岸的火灾，发生在当时并不发达的特拉斯提弗列地区。这个地区的许多街道上住的是穷人，这个地区非常拥挤，这样的地方一定会经常发生火灾，[20] 但是这种低端居民区通常不在历史学家研究的范围内。当然，作家有时往往别有用心，因此非常小的火灾也许会变得很突出。比如，西塞罗觉得有必要将他自己兄弟房子着火的事情记录下来，因为这对一个家庭来说是件大事，应该在古代火灾史上留有一席之地。这丝毫不让人感到吃惊，但实际上，这种火灾对整个社会并无影响。

32

---

① 西马库斯：全名昆图斯·奥勒里乌斯·西马库斯（Quintus Aurelius Symmachus，345—402 年），古罗马政治家、演说家和文学家，元老院元老。他出生于贵族家庭，后参加教会事务，并开始进行文学创作。他的作品传世至今，反映了 4 世纪中期至 5 世纪初期混乱的欧洲状况。——译者注

　　最大的问题是，不但文献史料记载的内容令人沮丧，而且我们也不知道该给予这些文献史料多少信任。后高卢时期第一场火灾的记录就给我们带来了挑战，而我们在研究 64 年大火灾时，则遭遇了更大的挑战。萨卢斯（健康神）神庙坐落在奎里纳尔山最高处，前 275 年被雷电击中，据说该神庙后来起火并被烧毁。这座神庙很可能是由萨姆尼特战争①的指挥官盖乌斯·尤尼乌斯·布鲁图斯（Gaius Junius Brutus）于前 302 年建成的，前 275 年大火灾后重建，之后又至少在前 206 年和前 166 年遭雷电击中（两次雷击的破坏程度未知），并在克劳狄乌斯统治时期再次被烧毁。[21] 画家盖乌斯·法比乌斯·毕克托（Gaius Fabius Pictor）正是由于绘制了萨卢斯神庙内墙上精美绝伦的壁画而声名斐然，却在落成典礼后就被处死了。画家本人以自己的作品为傲，他在画上签署了自己的名字，虽然这种做法在当时很少见。[22] 罗马人也以画家及其作品为傲，尊称他为"大画家"。5 世纪早期的基督教历史学家奥罗修斯②（Orosius）明确说过，萨卢斯神庙在前 275 年被彻底烧毁了。虽然传说中神庙在那次火灾中被彻底烧毁，但不可思议的是，神庙内墙上的壁画竟然毫发无损地被保存下来，因为老普林尼说壁画一直保存到他那个

---

①　萨姆尼特战争：从前 345 年开始，持续时间长达 68 年。前 290 年，萨姆尼特终于向罗马求和，罗马允许萨姆尼特保持独立，但萨姆尼特此后再也无法与罗马单独对抗。此后，罗马的势力范围覆盖了意大利半岛的大部分地区，与南方的大希腊城邦相接。——译者注

②　奥罗修斯：全名保罗斯·奥罗修斯（Paulaus Orosius，约 380—420 年），著有《反异教史》，共 7 卷。"四帝国分期法"对基督教编年史学家产生了重大的影响，《反异教史》一书也成为中世纪世界史编纂的准绳。——译者注

年代，而且一直可以看到，直到3个多世纪后克劳狄乌斯统治时期才被烧毁。[23] 这里就出现了矛盾的说法。显然，这座神庙的历史说明，我们在阅读古代的火灾资料时，必须非常谨慎。

萨卢斯神庙在前275年被烧毁时（如果神庙的确被烧毁了），大火应该只波及神庙本身，最多牵涉周围一两座房屋。但是把整个地区全部烧毁的火灾就恐怖得多了。虽然人们对前4世纪高卢人攻陷罗马城和64年大火灾进行了诸多对比，但这两个事件有完全不同的现象。64年蔓延整个罗马城的大火灾虽然可怕且具有毁灭性，但是从根本上来说，依据城市火灾的标准属性，这就是一场普通的火灾，只是规模较大而已。高卢人攻陷罗马城就完全是另外一回事了，这是敌人对城市的蓄意攻击，死亡和破坏是无法避免的结果，伴随而来的火灾，不管有多严重，事实上只是重大事件中的"插曲"而已。我们先暂时不考虑有关王政时代末期这场严重火灾可疑的考古证据，罗马历史上第一次普通的重大火灾，能与64年大火灾达到同一级别但地位较低的火灾，一直到前3世纪末才出现在历史记录中。

当时，城里的情形非常容易导致发生大型火灾。随着罗马的势力成为地中海地区的主导力量，人口不断增长，当权者必须建造更多的房子，同时房子越建越高，这些最终导致建造出更多容易失火的建筑。大型经济公寓街区或"岛屋"（外表看起来像岛的房子）成为古罗马不可缺少的一部分。我们掌握了建造这些房子的部分细节，这里有较晚时期的一份记录，即维特鲁威①（Vitruvius）在前 1 世纪晚期所著的非常有名的影响极其广泛的建筑学著作《建筑十书》②（De Architectura）。维特鲁威发现靠近公共道路的墙体厚度仅为 0.5 米，在这么厚的墙体上就不能再增建上层房屋。因此，为了满足人口快速增长的需要，罗马城的当权者只能命令围绕中央的砖砌墙墩或未加工的原石墙墩修建多层建筑，由这些墙墩支撑木板，上面可以多建几层。[24] 所以，一个多世纪后，朱维纳尔③（Juvenal）评论说，当时罗马人居住的城市的大多数建筑是由纤细的支撑物支撑的。[25] 我们并不清楚"岛屋"从什么时候开始成为罗马城的明显标志建筑，但是李维提供了一些间接证据，证明"岛屋"最晚大概在前 3 世纪末就出现了。有资料记载，前 218 年或前 217 年的冬天发生了一起离奇事件，一头牛爬上了屠牛广场一栋"岛屋"的 3 层，随后引起了骚乱，最后这头牛跳楼摔死了。[26] 因此至少在那个时候，引发火灾的常见原因——人口稠密就已经是罗马城的特色了。此外，还有一些文献史料证明，这些极度拥挤的住宅区建筑使用了极度易燃的材料。比如，老普林尼指出，一直到 3 世纪早期［他的起始

---

① 维特鲁威：全名马库斯·维特鲁威·波利奥（Marcus Vitruvius Pollio，约前 80/前 70—前 25 年），古罗马作家、建筑师和工程师，他的创作时期为前 1 世纪。——译者注

② 《建筑十书》：维特鲁威最著名的作品，他在书中为建筑确立了 3 个主要标准：持久、实用、美观。他先后发明了多立克柱式、爱奥尼柱式和科林斯柱式 3 种建筑结构。——译者注

③ 朱维纳尔：拉丁语名为 Decimus Junius Juvenalis（约 60—127 年），古罗马讽刺作家，其作品谴责了古罗马特权阶级的腐化和奢侈。——译者注

记录时间是皮洛士一世①（King Pyrrhus of Epirus）战争时期，　34
前280—前 275 年在位］，人们普遍用木板而非瓷砖来建造屋
顶。虽然老普林尼没有明确指出，但是当时人们已经开始使
用瓷砖了，这种变化很可能是为了减少火灾。[27]

　　李维记录的后高卢时期第一次大型火灾发生在前 213 年。
据记载，大火连续烧了一天两夜，一切都被夷为平地。大火吞
噬了阿文蒂诺山和台伯河之间的地区，靠近塞尔维乌斯·图利
乌斯统治时期修建的防御工事（塞尔维安墙）。[28] 这场火灾突
出的特点之一是，古老的城墙未能阻止大火的蔓延。相关记录
提到，这些城墙没法阻止火灾，火苗翻过了城墙，破坏了许多
宗教建筑和民间房屋。我们在阅读 64 年大火灾的记录时，需
要记住这些发人深省的评论，塔西佗也做过类似评论：64 年
大火从大竞技场燃起，周围没有任何障碍物能阻止火势蔓
延。[29] 这两个事件都表明，一旦发生严重的火灾，基本上没
有什么能够控制火势。虽然我们很容易理解，当时的人们会把
大火灾当作一场邪恶阴谋带来的结果，但事实上，火灾只是大
自然残酷力量的彰显，其根源是强劲的大风，而非强烈的恶
意。前 213 年的火灾吞噬了屠牛广场的大片地区，烧毁了玛
图塔圣母神庙、幸运女神庙和希望女神庙这些大型神庙。[30]
1961—1962 年在玛图塔圣母神庙遗址的挖掘现场，利利亚
娜·梅尔坎多②（Liliana Mercando）确定了其中各种建筑部分

① 皮洛士一世：古希腊伊庇鲁斯国王（前 319—前 272 年），是罗马称霸亚平宁半
　　岛的主要敌人之一。——译者注
② 利利亚娜·梅尔坎多：考古学家，曾管理皮埃蒙特考古遗产及埃及文物博物
　　馆。——译者注

被拆除的时期，并确认在前213年大火灾后重建城市时增加了一条人行道。[31] 幸运女神庙中塞尔维乌斯·图利乌斯的雕像据说正是由火神瓦尔肯①（Vulcan）本人抢救下来的。[32]

火灾的发生可能是偶然的，也可能是蓄意的。在蓄意纵火的情况下，有些火灾是古代战乱伴随的不可避免的结果，但也有些火灾是在非常和平稳定的情况下蓄意制造的，有时连理性的动机都没有——纵火这种罪行往往与心理有问题的人相关。只有塔西佗在记载中提到过，有些历史学权威认为64年大火灾是偶然发生的。[33] 所有其他曾经评论过这场火灾的人，都毫不犹豫地将大火灾的责任归咎于尼禄，但是他们唯有一点不能确定，这次纵火究竟是精心策划的，还是一个疯子的疯狂行为。在罗马历史上，据说第一桩为人所知的常规纵火案（而非战争的副产品），可以确定发生在前210年3月18日这一天。[34] 据李维记载，前210年的这场火灾正好发生在五日节②（Quinquatrus，也被称为密涅瓦节③）的前一晚，庆祝时间是3

---

① 火神瓦尔肯：罗马神话中的火与工匠之神，罗马十二主神之一，朱庇特之子，瓦尔肯是长得最丑陋的天神，却娶了最美丽的女神维纳斯。他的才能卓越，他天生具有控制火的能力，因此能够轻而易举地冶炼出各式各样威力无穷的武器。诸神手中的神器几乎都由他打造，如阿波罗驾驶的太阳战车，丘比特的金箭、铅箭和朱庇特的神盾等。他还在奥林匹斯山上建造了诸神的宫殿。他冶炼的神器代表了诸神的权力和职责，所以在西方，瓦尔肯被视为象征权力的权神。——译者注
② 五日节：庆祝时间为3月19日至23日，后4天有角斗士表演。3月19日原本是战神的节日，但因为密涅瓦神庙也在某个3月19日落成，所以这个节日也被称为密涅瓦节。——译者注
③ 密涅瓦：古罗马神话中的智慧女神，三大处女神之一，传说是她把纺织、缝纫、制陶、园艺等技艺传给了人类。她拥有过人的智慧和超人的武力，是年轻众神中最强大的一位，也是唯一一位在朱庇特管辖之外的神。密涅瓦是勇气和谋略的双重象征，同时也代表着绝对的自由。——译者注

月 19 日至 23 日。[35] 火灾烧毁了古罗马广场上的许多地方，广场四周的商店、私人住宅、鱼市场、大祭司住宅（中庭地区）都被彻底烧毁了。灶神庙在 13 个奴隶的奋力扑救下得以幸免，这些奴隶后来被帝国买下，并最终获得了自由。这次火灾的影响在 64 年大火灾后的猜测中得到了惊人的回应。前 210 年的火灾最初发生在几个不同的地方，这也被视为人为纵火的证据。人们根据一个奴隶的证词找到了肇事者，显然他们是卡普亚①（Capua）贵族，并对前 211 年罗马残暴占领卡普亚时父辈的遭遇怀恨在心。我们不知道这是一起真正的大规模纵火案，还是愤怒的民众把一个不受欢迎的群体当成了"替罪羊"，但我们应该记住，这个奴隶最初的证词很可能是通过酷刑获得的。正如 64 年大火灾所揭示的，某个不受欢迎的少数群体被指控犯了纵火罪，这样的指控在可疑的环境中到处传播，这绝不是最后一次。

另一起疑似纵火案发生在前 83 年，这是发生在卡比托利欧山上的一次大灾难。此前，前 88 年，军阀科尼利乌斯·苏拉②（Cornelius Sulla）攻进罗马城，占据了卡比托利欧山，军队投掷了火把，或者可能使用了火炮。[36] 没有证据表明，这座山上最著名的建筑——伟大的朱庇特神庙在战争初期遭到了多大程度的破坏。但是仅仅 5 年后，就在前 83 年，神庙承受了巨大的灾难，被烧毁，只剩下地基部分，包括祭典像

---

① 卡普亚：建于前 6 世纪，后发展为重要的工商业城市，约前 4 世纪后期属于罗马。它在第二次布匿战争中为汉尼拔与罗马军队所争夺。前 73 年，斯巴达克在此外起义。——译者注

② 科尼利乌斯·苏拉：全名卢奇乌斯·科尼利乌斯·苏拉（Lucius Cornelius Sulla，约前 138—前 78 年），古罗马统帅、政治家、独裁者。——译者注

和一部西卜林神谕集①。[37] 至于 64 年大火灾，事实上与许多其他大型火灾一样，其发生原因至今不明，但据猜测是有人蓄意纵火。文献史料提示，不仅塔西佗记录了人们对 64 年大火灾归责的意见存在分歧，2 世纪的希腊历史学家阿庇安②（Appian）也指出，前 83 年的怀疑对象是加博（Carbo），他是前 90 年的平民保民官、苏拉的代理人，但也有人怀疑他是执政官。和塔西佗一样，阿庇安也承认，他并不能确定火灾的起因。[38] 前 83 年卡比托利欧山被烧毁是一个极具象征意义的大事件，与 64 年大火灾有许多可以相提并论之处，关于纵火嫌疑人的猜测到处传播，但是并未出现可以确认的罪魁祸首。卡比托利欧山的重建工作于前 69 年完成，其奢华建筑足以再现之前的荣光。

共和时期的最后一个世纪是罗马政治上土崩瓦解的世纪，相互敌对的军阀一心争夺权力，指挥治下的军队来实现个人的野心。他们的军事活动主要针对对手，但是不可避免地波及了罗马城。纵火无论作为一种蓄意而为的手段，还是激进的政治活动的"副产品"，都变成了日常生活中常见的行为，火灾不仅意味着城市扩张已经不受控制，还意味着政治崩溃和社会动荡。而且很明显，仅仅指控某人纵火就足以成为一种常见且强大的手段，从而激起人们对纵

36

---

① 西卜林神谕集：最初由犹太教士所写，后经基督教人士增订改编的神谕式诗句集。——译者注
② 阿庇安：约 95—165 年，古罗马历史学家。曾在亚历山大里亚城任职，后在罗马获公民权，成为罗马帝国的拥护者和鼓吹者。曾在罗马当律师，在哈德良统治时期任金库检察官一职。晚年担任埃及财政督察，大概卒于该职任内。他的代表作为《罗马史》。——译者注

火者的强烈憎恶。这一点在西塞罗的谩骂中得以体现，西塞罗把喀提林①（Catiline）、克劳狄乌斯或安东尼称为"燃烧弹"，他们激起了大批民众的愤怒情绪。[39] 据说同样的情形也发生在尼禄统治时期的最后几年中，不仅有传言说尼禄在64年烧毁了罗马城，而且有人声称，在68年他统治的最后几个月里，他又设想了一个独立计划来烧毁这座城市。

　　怀疑某人纵火并不是引起民众强烈愤怒的唯一因素。人们常常觉得，有些人虽然不是纵火犯，但可以从城市火灾中受益。这也是64年大火灾后颇为流行的一个话题，当时塔西佗声称，尼禄利用这场灾难来修建金宫，而苏埃托尼乌斯则坚持认为，尼禄自掏腰包将火灾残骸和尸体运走的做法，是在耍花招，是为了趁火打劫。[40] 怀疑有人从火灾中牟取暴利也是有先例的。前81年末，在苏拉第二次占领罗马城后开展的消除异己的行动中，有一个人从中获得了巨大的好处。马库斯·李锡尼·克拉苏②（Marcus Licinius Crassus）利用家族遗产购买被没收的财产，建立起了一个庞大的金融帝国。此外，他还组建了一支由500名奴隶组成的特别行动队，到火场抢购被烧毁的房屋以及邻近的土地，业主通常愿意以较低价格出售它们。没有任何证据能确切说明克拉苏提供过正常的灭火服务，但据推测，特别行动队至少会积极扑灭他所购买的产业上发生的大

37

---

① 喀提林：全名路西乌斯·塞尔吉乌斯·喀提林（Lucius Sergius Catiline，约前108—前62年），出生于没落贵族家庭，是苏拉的追随者。他曾任大法官、非洲总督等职，前66年返回罗马。——译者注
② 马库斯·李锡尼·克拉苏（约前115—前53年）：古罗马军事家、政治家和罗马共和时期末期声名显赫的首富。——译者注

火。普鲁塔克①（Plutarch）声称，克拉苏因此买下了罗马城里最大或者非常大的地区，之后雇用有专业技能的奴隶做建筑工人和建筑师，建造了昂贵的出租房，取代被烧毁的建筑。[41] 尼禄也受到了类似夸张的指责，称他为达到个人目的而烧毁了罗马城，建造自己的金宫。在帝国时期末期，弗拉维王朝无疑也千方百计地要将民众对克拉苏同样的怨恨激发出来。

像克拉苏这样的个人行为，突出说明罗马城当时缺乏高度发达的集中式消防系统，但并不是说这个问题被忽视了。早在前4世纪末，我们就看到了这座城市提供早期消防服务的首次尝试，这似乎是作为治安官的部分职责来组织实施的。李维曾记载过，3名官员组成一个小组，后被称为"刑事三吏"（*tresvi capitales*），就是在那个世纪末前成立的。"三吏"就是"三人"的意思，后来衍生出"刑事"的含义，是因为他们还负责管理监狱。监狱关押着等待审判的嫌疑人，偶尔也作为处决犯人的地方。[42] 尽管我们尚不清楚"刑事三吏"确切的职责性质，但从他们的活动记录中可以看出，从早期开始，消防和普通警察的职责就是密切相关的，这一点很有意义。纵火和抢劫在城市火灾中是司空见惯的。社会动荡和刑事纵火之间也有明显的联系，而纵火是罗马人摆脱不掉的困扰。在高卢人攻陷罗马城之前，据说奴隶们在前419年至前418年曾密谋在城市的多个地方放火，他们计划利用随后的混乱占领卡比托利欧山等

---

① 普鲁塔克（约46—120年）：罗马帝国时期的希腊作家、哲学家、历史学家，以《比较列传》（又称《希腊罗马名人传》或《希腊罗马英豪列传》）一书闻名于世。——译者注

关键地区。事实上，这个计划被泄露，密谋者遭到逮捕并受到惩罚，告密者得到了自由以及大量的青铜块作为奖励。李维讽刺地说道，在那个年代，有大量的青铜块作为财富在流转。[43]

在夜间巡逻时，"刑事三吏"理应对火灾提高警惕。更重要的是，他们还必须得到另一群人的帮助，才能使民众乖乖听话，喜剧作家普劳图斯（Plautus）在3世纪末时称他们为"8个壮汉"。[44] 警察职责在记录中占比相当大。在3世纪末的第二次布匿战争①期间，据说有个名叫普布利乌斯·穆尼提乌斯的人，愚蠢地从森林之神马西亚斯（Marsyas）的雕像上拿走了一个花冠戴在自己头上。人们可能认为这算不上什么严重的罪行，但是"刑事三吏"宣告他有罪，并且将他囚禁起来。[45] 前198年爆发奴隶叛乱时，"刑事三吏"仍起作用。叛军成功占领了罗马南部的塞提亚，但其中500人在准备进攻罗马东部的普莱内斯特（今帕莱斯特里纳）时被俘获并处决，叛乱被镇压下来。罗马城的局势很紧张——警卫受命在街道上巡逻，小治安官受命进行视察，"刑事三吏"受命加强警戒，这么做似乎意味着他们也维持治安而不只是单纯地履行消防职责。[46] 记录还显示前186年酒神节仪式上发生臭名昭著的骚乱时，"刑事三吏"在镇压过程中发挥了关键作用。他们接到明确指令要防范火灾，再次证明了罗马人所得出的火灾与公共骚乱之间有密切联系的

38

---

① 第二次布匿战争：迦太基在第一次布匿战争失败后，因失去了地中海的西西里岛，开始向欧洲西部的伊比利亚半岛发展。罗马令迦太基交出汉尼拔受审，被拒绝之后宣战。这场战争是三次布匿战争中持续时间最长也最有名的一场战争，最后以罗马的胜利宣告结束。这场战争中名将汉尼拔的出色表现奠定了他在西方军事史上的地位。同时，汉尼拔在扎马之战中的失败也成就了大西庇阿的威名。——译者注

结论。[47] 令人吃惊的是，即便 64 年大火灾发生时，预防火灾工作也已经取得了相当大的进步，当时的人为此投入的力量远远超过"刑事三吏"早期的投入，而这种兼具治安警察和消防员双重责任的职位仍然存在。尽管如此，"刑事三吏"最明确的任务仍是组织夜间消防队，由帝国派来的奴隶协助。[48] 防火显然被视为一项非常重要的职责，"刑事三吏"有一次未及时履行职责，在神圣大道发生火灾时没有及时赶到，这被视为一次严重的违法行为，保民官在公共集会时谴责了他们。[49]

　　"刑事三吏"机制一直持续到帝国时期，直到 3 世纪末期仍然存在，尽管当时"刑事三吏"预防火灾的职责似乎已被其他机构所取代。具有讽刺意味的是，至少有一次，"刑事三吏"发现自己从某种意义上来说，站在了纵火问题的另一边，因为他们接到命令要销毁一些被禁书籍。1 世纪晚期，图密善下令让"刑事三吏"在广场上烧毁刊载诗歌的书籍，因为那些诗歌歌颂了当时一些虽然优秀却思想独立的罗马人。[50]

　　整个共和时期，罗马城在建立更有效的火灾处理机制方面，似乎没有取得什么进展，可能因为这种改革需要皇帝在后续过程中提供强大的集权式推动力。当然，直到奥古斯都统治时期，我们才看到罗马人在预防火灾问题上做出了影响深远的改变。此外，我们还发现当时学术界对火灾现象的研究兴趣越来越浓厚。斯特拉波①（Strabo）是著名的古希腊地理学家，与

---

① 斯特拉波：古罗马地理学家、历史学家，约前 64 年或前 63 年出生于小亚细亚的阿马西亚，约 23 年去世。他受过良好教育，后移居罗马，游历意大利、希腊、埃及等地。他曾在亚历山大城图书馆任职，著有《历史学》（43 卷）和《地理学》（17 卷）。——译者注

奥古斯都生活在同一时代，他注意到了火灾对经济造成的影响，由于房屋不断被烧毁，情况越来越糟糕，因此木材和石头市场也在快速发展。[51] 维特鲁威的观点最为重要，他为我们了解罗马人预防火灾的思维方式提供了有趣的参考，其中一些展示了尼禄在 64 年之后所制定的预防措施。在整个罗马城内，用板条和灰泥砌墙是很常见的做法，先用木枝搭出框架（板条），再涂上陶土、稻草和其他各种材料的混合物（灰泥）。这种建筑材料便宜而且易得，但维特鲁威认为这是严重的火灾隐患，坚决主张使用更昂贵的砖块，这样人们才能得到更多益处。[52]

　　用板条和灰泥建造建筑物还不是唯一的问题。维特鲁威还指出，一些特殊的软石也是有害的。这些软石往往很脆弱，无法承受霜冻和雨水，如果建筑物建在海洋附近，就可能被盐分侵蚀。也许最严重的是，这些软石不能受热，遇到大火就会碎裂。产自蒂沃利①（Tivoli）地区的蒂伯丁石确实有一些优点，但是优点并不多。这种石头能够经受恶劣天气的影响，可以承受巨大的重量，但不能受热，因为正如维特鲁威所说，这种石头含水量很低，却能吸收大量空气，火可以将热量传递给石头。维特鲁威建议使用在伊特鲁里亚的塔尔基尼安地区尽头发现的一种石头，他把这个地方称为阿尼西亚采石场（也许因为这些采石场由阿尼西亚家族的一支所经营）。这种石头主要分布在威西尼湖（今博塞纳湖②）和斯塔托尼亚地区（今托斯

40

---

①　蒂沃利：意大利中部城市，位于萨比尼山西坡，临特韦雷河支流阿尼埃内河，西距罗马 29 公里。城中有中世纪的城堡、文艺复兴式建筑的公园和罗马时代的建筑遗迹。——译者注

②　博塞纳湖：位于意大利中部，是约 30 万年前威西尼山脉因火山爆发而形成的。——译者注

卡纳南部），看起来像珍珠岩（浅色火山岩，内含黑色物质，会让人联想到胡椒粉），有许多突出的优点。石头内部含有大量水分和相对较少的空气，使其能够同时承受积水和高温，因此在下雨和发生火灾时，这种石头是一种非常好的防火材料。[53] 尼禄非常认真地使用这种防火石，并下令在 64 年大火灾之后罗马城重建的建筑中使用这种石头。[54]

　　必须使用木材时，最重要的是确保所使用的木材是防火的。维特鲁威发现，罗马房屋最主要的弱点在屋檐下，那里使用了木板隔热，他建议最好改用耐火的落叶松木。因为尤利乌斯·恺撒在进攻高卢时曾经遇到过这种树，他想放火烧毁拉里格努穆城中敌人定居点的一座塔楼，因塔楼的主材料为落叶松木，恺撒未能成功。维特鲁威提到，落叶松木的特殊之处在于其木材中充满了水和土，而且没有孔，因此火无法穿透。这种树生长在波河沿岸和亚得里亚海沿岸，向下游一直延伸到拉文纳港① （Ravenna），并被当地人普遍使用，但显然在维特鲁威所处的时代，这种木材还没有定期进口到罗马城。[55] 老普林尼确实记录过一根由落叶松木制成的巨大横梁，这是人们在罗马城所见过的最大的横梁，长约 37 米，直径大约 60 厘米。这棵落叶松在雷提亚（位于德国东南部）被砍伐，最初由提比略搬到罗马城，打算用来修复被烧毁的奥古斯都海战演习场附近的建筑。起初，这棵落叶松并没有用于任何建筑，而是作为一件新奇物进行展示，后来被尼禄用来修建战神广场上的大竞

---

① 拉文纳港：意大利北部城市，位于距亚得里亚海 10 公里的沿海平原上，是古罗马的海港，5—6 世纪成为东哥特王国都城，6—8 世纪是东罗马帝国统治意大利的中心。——译者注

技场了。[56]

　　据斯特拉波记载，为了减少经济公寓街区发生致命火灾的风险，奥古斯都强制实施了20米的建筑高度限制。[57] 尼禄在64年大火灾后重新实行这个限制，多年后图拉真又继续实行这一限制。但是人们总是无视这个政策，这种疏忽常导致朱维纳尔所描述的危险情况发生：直到公寓3层已经满是烟雾时，顶楼的人甚至才意识到发生了火灾。[58]

　　共和时期虽然结束了，罗马城却仍然继续遭受着严重火灾的侵袭。前23年是尤为黑暗的一年，罗马城暴发了瘟疫，这对许多人来说是致命的，奥古斯都的侄子马塞勒斯本来有望成为未来的继承人，却死于这场瘟疫，奥古斯都本人也得了重病。这一年还出现了洪水和暴风雨，以及火灾。[59] 关于火灾没有任何详细记录，但在奥古斯都统治期间，这些早期的严重火灾可能促使他认真考虑了现行防火和控制系统的不足之处。此外，罗马可能还出现了一些政治问题，是由一位叫马库斯·埃格那提乌斯·鲁弗斯（下称"埃格那提乌斯"）的人从事危险活动所引起的。我们知道埃格那提乌斯是狄奥和维雷乌斯·帕特库卢斯①（Velleius Paterculus）笔下的人物，后者是活跃在提比略统治时期的一位历史学家。[60] 埃格那提乌斯似乎是前22年的一位营造官，负责公共管理的各项事务。在任职期间，他利用奴隶扑灭住宅火灾争取声望。这为他赢得了大量民众的支持，使他能够直接进入等级制度的上一层成为大法官，而无须遵守常规的时间要求，否则他要到前20年才能当

---

　　① 维雷乌斯·帕特库卢斯：古罗马时期的希腊历史学家，著有《简明罗马史》。——译者注

选大法官。据维雷乌斯·帕特库卢斯记载，埃格那提乌斯随后
把目光投向了最高职位，即执政官，并希望重复之前的策略，
在担任大法官之后，即在前19年的选举中立即着手实施之前
的策略，但现任执政官不承认他的候选人资格。历史学家们记
录了埃格那提乌斯受挫后的回应，狄奥说他的行为"傲慢"。
维雷乌斯·帕特库卢斯则更具体，对埃格那提乌斯的指责也更
多，甚至称他密谋杀死奥古斯都，并为此集结了一群"像他
一样的人"，结果阴谋败露，他也被处死了。埃格那提乌斯的
所作所为，就像之前的克拉苏一样，突出表明罗马无法从国家
42 层面有效处理火灾问题，而政治上野心勃勃的人可以充分利
用当时极其混乱的制度，扩大自身的利益和野心。因此，这
个时期与前23年的火灾结合起来，在某种程度上或许可以
解释为何恰好在前22年，我们就看到了由奥古斯都发起和
建立的有组织的防火力量的第一次系统尝试，这种防火力量
可能有"刑事三吏"机制的许多原有职责。

　　奥古斯都重新规定了政府行政官员的职责。此前，罗马的
五大竞赛（大型公共运动会）一直由营造官负责，为了支付
这些竞赛的开支，政府从公共基金里拨一笔资金给营造官。此
前，政府对营造官可能要花费的额外资金并没有任何限制，因
此营造官争先恐后地举办更奢华的竞赛，希望获得人气，以
此提升自己的政治地位。这项政策后来被取消了，举办竞赛
的责任分派给了更高级别的官员，即大法官，并且花费不得
超过其他同僚。也许是为了弥补这些营造官无法再从举办竞
赛活动中获利，狄奥在记载中提到，奥古斯都指派营造官负
责灭火，并为他们提供了600个奴隶。[61] 显然，奥古斯都试

图把这项服务去政治化，并明确指出，今后处理火灾就是营造官的部分日常职责，而非获得政治人气的替代品。然而有趣的是，作为罗马帝国的元首，奥古斯都在这一时期并不把消防服务视为皇帝本人的职责。消防服务此时仍由一名传统的罗马营造官负责，至少这名营造官名义上是通过选举获得职位的。

就在前 7 年之前的某个时间，古罗马广场发生了一场大火灾，我们也是偶然发现的。据狄奥记载，那一年在朱利亚神庙举行了纪念阿格里帕①（Agrippa）的葬礼竞技活动，神庙位于战神广场，由尤利乌斯·恺撒开始建造，但由阿格里帕监督完成。据说，之所以选择这个地方，部分原因是战神广场已经无法使用（这个广场从早期开始就是公共演出场所，比如角斗士角斗的场所）。[62] 据我们所知，可能就在同一年，那里发生了一场大火灾，许多建筑被烧毁，广场也无法再使用。[63] 狄奥却偏离这个话题，把造成这场灾难的责任推给债务人，债务人盘算如果他们的财产在火灾中受损，就能免除自己的债务。我们并不清楚这些人为什么会这么想，这个事件说明当时可能有一种我们不了解的法律规定。[64] 然而，狄奥的说法也不是完全不可信，在某些方面甚至让人联想起后来有关尼禄和 64 年大火灾的毫无根据的谣言。无论如何，即使这确实是债务人的动机，他们似乎也未能成功。

虽然我们缺乏更详细的信息，但这场大火灾显然非常严

①　阿格里帕：全名马库斯·维普萨尼乌斯·阿格里帕（Marcus Vipsanius Agrippa，前 63—前 12 年），古罗马政治家、军人，奥古斯都的密友、女婿与大臣。奥古斯都大多数军事上的成功归功于他。——译者注

重，足以促使奥古斯都对 15 年前建立的火灾防预系统做出重
大改革。这些改革是他改组地方政府的一部分。罗马城由许多
街区组成，我们无法确定当时到底有多少街区（老普林尼 79
年去世时有 265 个）。这些街区现在由地方官监管，这些地方
官从自由人和解放自由民（曾经是奴隶，后被赋予自由）中
招募，享有相当高的地位，比如他们享有特权，着官服，并有
两名执法吏（实际上是保镖，这是地方官强大威望的标志）
随行。这些地方官负责防控火灾，国家将之前分给营造官的
600 个奴隶分配给他们。这是极其重要的创新举措，防火的职
责不再由传统选举产生的营造官负责，而是由地位更卑微的人
负责，这些人由皇帝直接任命。这是迈向帝国监管极为重要的
举措，也标志着组织严密、中央集权的消防力量的发展进入关
键阶段，而这种消防力量仅仅在 10 年之后就要发挥作用了。

　　我们至今尚不清楚这些地方官员如何履行消防职责，发
生严重火灾时如何协调行动。狄奥记载奥古斯都撤销了共和
时期罗马城的 4 个大区，取而代之的是我们现在所熟悉的 14
个区。很有可能，这些地方官员的治理区域在过去同属于一
个大区，爆发严重火灾时他们需要互相合作。在 6 年的另一
次消防服务重组过程中，这种消防服务肯定是按 14 个区进行
管理的。这种城市划分方法实际上在奥古斯都去世后延续了
很久，而且在古罗马晚期依然存在。[65]

　　或许此处需要讲一讲必要的题外话。在讲述 5 年发生的事
情时，狄奥中止了有关消防服务的记载，转而对罗马城的军事
力量进行了调查，包括禁卫军，以及希腊语称为"城市守卫"
的军队。该军事力量在拉丁语中意为城市部落（通常称为城

图 1.1 奥古斯都时期的城区 （J. 斯金纳）

市步兵大队）。这支特殊的军队并不是专门为灭火而成立的， 45
但我们需要大致考虑一下奥古斯都在第二年建立的消防体系。
城市步兵大队由 3 个驻扎在罗马城的步兵大队（韦斯巴芗统治
时期扩大到 4 个）组成，每个大队可能有 500 人，据苏埃托尼
乌斯记载，其职责是保护城市安全。[66] 从这 3 个城市步兵大
队最初编号为 10—12 可以看出，这些步兵大队显然是对 9 个
禁卫军步兵大队（1—9 大队）的补充，而且其驻地就在禁卫
军营区里。也许是为了防止禁卫军军官手中权力过大，新的步

兵大队由城市长官指挥。这种指挥分裂的后果在卡利古拉被暗杀后有所体现，当时克劳狄乌斯成为禁卫军选定的皇位继承人，而城市步兵大队仍然忠于元老院。[67] 最终，在其他重要的中心城市也成立了步兵大队，比如普特奥利①（Puteoli）、奥斯提亚和卢格杜努姆②（Lugdunum）。据推测，城市步兵大队在 5 年就已经开始运作了。狄奥对它们有所记载，但我们没有办法知道城市步兵大队是什么时候创建的。城市步兵大队在罗马城的职责基本上是维持秩序，但最初他们很可能负有预防火灾的责任——肯定负有防止抢劫和纵火的责任，尽管我们没有这方面的直接证据。[68] 如果这是它们早期的部分职责，这种安排肯定不太令人满意，而在第二年发生的毁灭性火灾中，其不足之处可能变得更明显。

　　再回到有关奥古斯都的叙述中，6 年，罗马城被一场大火烧毁。据狄奥记载，城市"许多地方"被烧毁。活跃于 3 世纪的罗马法学家乌尔比安③曾记载过仅一天之内就发生了几场火灾。[69] 这些信息片段就是我们对这场火灾严重程度及其影响所掌握的全部内容，我们无法确认任何一座受影响的建筑。情

---

① 普特奥利：前 338 年古罗马人开始统治坎帕尼亚地区，并于前 194 年将迪塞尔奇亚（Dicearchia）改名为普特奥利。从此，普特奥利逐渐成为古罗马及地中海地区最重要的商业港口之一，同时也成为古罗马军队向东方扩张的海上基地。——译者注

② 卢格杜努姆：意为卢格斯（Lugus）的城堡，卢格斯是高卢人的三面神，类似于希腊神话中的赫尔墨斯及罗马神话中的墨丘利。——译者注

③ 乌尔比安：全名多米提乌斯·乌尔比安（Domitius Ulpian，？—228 年），古罗马五大法学家中的最后一位。他曾官居要职，222 年为最高大法官，后在一次反对士兵骚乱中丧生。其著作为查士丁尼《法学汇编》的主要资料来源，构成了该汇编近 1/3 的内容。他在历史上第一次区分了公法和私法。——译者注

况显然非常严重，罗马当时的偏执氛围让人想起 64 年大火灾后的情形。狄奥指出，6 年的灾难发生在公众的不满程度日益高涨时期，由于饥荒和高额税收，人民的生活痛苦不堪。此后，连续的火灾引发了叛乱的谣言，有人认为火灾与皇室内部的阴谋有关，为此成立了一个委员会来进行调查。据说与 64 年大火灾一样，人们也找到了合适的"替罪羊"，在这次火灾中一个名叫普布里乌斯·鲁弗斯（Publius Rufus）的人被指控纵火，部分民众被请来作证。[70] 幸运的是，来自埃及的运粮船到了，缓解了火灾之后粮食短缺的问题，帮助平息了民众的激愤情绪，于是提比略（此时为奥古斯都的养子）和广受尊敬的日耳曼尼库斯一起举行了竞技活动，来纪念极其出色的罗马指挥官德鲁苏（提比略的兄弟、日耳曼尼库斯的父亲），从而消除了人们对社会问题的担忧。这种不良的普遍情绪似乎使奥古斯都相信，前 7 年应对城市火灾所进行的改革似乎还不够，国家显然需要一些更激进的措施。最迫切的是，消防服务需要被更严格地掌控在皇帝手中。

就在同一年，6 年，古罗马防火历史中最重要的改革措施出现了，奥古斯都创建了一支被称为消防大队的专业队伍。[71] 这支队伍的首要职责是防火，如有必要，还可能奉命承担防暴职责，但是我们不掌握可能发生过的案例。[72] 一开始，这些消防员是从解放自由民中招募的，他们服务 6 年（后改为 3 年）后可获得罗马公民权。[73] 当时国家共组建了 7 个消防大队，由新创建的骑士阶层①的消防大队长官负责指挥，消防大

---

① 骑士阶层：最初的罗马骑士为公骑士，马匹由公家提供，属元老阶层，是百人团中最有影响力的成员。前 4 世纪初，非元老阶层若自带马匹也可参加骑士团。1 世纪，罗马骑士获准出任行政公职，可以涉足财政管理。——译者注

队长官由皇帝直接任命，这样皇帝就可以牢牢地控制整个消防系统。[74] 这支队伍从某种意义上来说是准军事性的，苏埃托尼乌斯用军事语言来描述它，明确表示加入消防大队的解放自由民就是士兵。[75] "军团"是罗马军队中士兵单位的专业术语，已经用于禁卫军的 9 个部队和 3 个城市大队。学者们有很多争论，消防大队的每个大队最初究竟是由 500 名青壮男性组成还是由 1000 名士兵组成（我们知道 3 世纪初消防大队是由士兵组成）？1000 名士兵就是罗马军队中非公民辅助部队常见的两个大队的编制（正规军团中大队的标准编制是 500 人）。我们无法确定 6 年消防大队的规模，实际上，消防大队可能并没有遵守 500 人或 1000 人的辅助部队模式。[76] 据说奥古斯都的措施本来只是临时的，但事实显然证明这些措施非常有效，后来相关机制发展成永久机制。据狄奥记载，在他所处的时代，也就是 3 世纪，消防大队仍然存在。他还补充说，当时它已经不完全由解放自由民组成了。有一块铭文可以追溯到狄奥时代的皇帝塞普蒂米乌斯·塞维鲁①（Septimius Severus，193—211 年在位）统治时期，从而证实了这一点，铭文列出的自由人比解放自由民还多，[77] 这可能表明消防大队的声望越来越高了。

　　前 7 年，奥古斯都已经把罗马划分为 14 个区，他根据这种划分安排消防大队的组织架构。据 3 世纪的法理学家保卢斯②

---

①　塞普蒂米乌斯·塞维鲁（145—211 年）：罗马帝国皇帝，塞维鲁王朝开创者，193 年 4 月 14 日成为罗马皇帝，211 年 2 月 4 日去世。塞维鲁出身骑士阶层，约 173 年进入元老院，190 年成为执政官，192 年任上潘诺亚总督和驻多瑙河的司令官。——译者注

②　保卢斯：全名尤利乌斯·保卢斯（Julius Paulus），活跃于 2 世纪至 3 世纪，古罗马法学家与禁卫军将领，促进了 3 世纪古罗马法律的完善与发展。——译者注

（Paulus）记载，7 个消防大队负责整座城市的消防安全，每个大队负责两个区——这个系统可能非常灵活，保证在发生大型火灾时皇帝能够迅速交叉借调大队。[78] 此外，火灾可能是意外或人为的，而且纵火和其他犯罪之间的界限并不总是那么清晰。因此，消防大队有时对抢劫、欺诈、盗窃和奴隶逃跑等案件也有管辖权，后来的记载也证明了这一点。[79] 虽然消防大队没有在禁卫军发动的政治事件中扮演核心角色，但我们确实发现消防大队从早期开始至少发挥着次要作用，尤其在 31 年提比略统治后期，在消防大队长官马克罗的带领下，队员们密谋推翻了臭名昭著的禁卫军军官谢亚努斯。[80] 此外，69 年，消防大队陷入尼禄死后的权力斗争中，与城市步兵大队结盟共同对抗禁卫军。[81]

　　过去人们用斧头、斗链、长矛、梯子和浸满醋的垫子灭火，[82] 后来在某一时期出现了消防泵，塞维鲁王朝统治时期的铭文提到了"消防车"。[83] 我们尚不能确定尼禄统治时期罗马城是否已经有消防泵，但是小普林尼和皇帝图拉真之间的通信提到，2 世纪早期，比提尼亚（位于小亚细亚）的常规消防设施中没有消防泵，这意味着至少当时的人们认为消防泵应该是必需品。[84] 后来的铭文还提到过弩炮，实际上这是一种攻城火炮，可能用来摧毁火灾蔓延路径上的建筑物。在尼禄统治早期，塞涅卡曾通过书信指导尼禄，因为他发现，如果一座单独的房屋着火，这家人只需和邻居一起用水就可以将火扑灭，但是如果一场大火已经烧毁了很多房屋，人们就只能刻意毁掉城市的部分建筑才能将火扑灭，塞涅卡显然指的是有意清除部分建筑，64 年大火灾中人们就使用了这种方法。[85]

48

　　没有证据表明在奥古斯都统治时期甚至是尼禄统治时期，消防大队有专门的营区，早期队员可能暂时被安置在城市的各个地方。后来，流传下来的许多铭文提到了消防大队，我们在罗马还发现了他们生活过的遗迹。[86] 我们知道，哈德良在奥斯提亚成立了一支消防大队，其统治末期修复的一个大营区遗留下来的废墟，证明这支队伍曾经在此驻扎过。位于奥斯提亚的这个街区是由柱廊围绕的一个开放式大院落，上面至少还有一层。大多数房间是士兵的宿舍。我们从 3 世纪早期塞维鲁王朝大理石平面图的碎片中可以看出，当时罗马可能也采用同样的布局。那里的建筑由 3 个平行的长方形庭院组成，两侧是房间，整个结构为 155 米×175 米。[87]

　　很难评估这些消防大队中的消防员业绩如何，如果工作能力突出，他们就能阻止小火灾大面积蔓延，这样绝大多数火灾就不必记录在案。狄奥只特别提到过他们出现在一次大火灾现场，不过这也不足为奇，消防大队出现在火灾现场是理所当然的。[88] 我们几乎可以肯定，在一些文献史料中，他们是帮助大火蔓延的邪恶人物，但实际上他们可能是为了清理出防火带。当然，在消防大队成立后的约 1 个世纪，火灾仍然是罗马人关注的焦点。除了倒塌的房屋和诗人吟诵的内容外，朱维纳尔也将大火灾列为罗马人生活中的恐怖经历之一，这与诗人马提亚尔①（Martial）经常表露的情绪毫无

---

①　马提亚尔：全名马库斯·瓦列里乌斯·马提亚尔（Marcus Valerius Martial），罗马帝国诗人，40 年 3 月 1 日出生于西班牙比尔比利斯，64 年移民罗马。他于 80 年出版第一部作品《奇观》，后又出版其他 11 部作品。98 年他回到比尔比利斯，104 年去世。——译者注

二致。[89]

　　我们确实从尼禄统治时期的文学作品中获得了一些间接证据，证明消防大队的确卓有成效地完成了工作。塞涅卡在其作品中记载过罗马人为招待客人进行的一些准备工作，包括燃起温暖的篝火，但他认为这种火应该适度，而不能是像富贵人家点燃的熊熊大火，以致引发消防大队的警报。我们找到了一个有趣的例子，佩特罗尼乌斯①（Petronius）著名的《萨蒂利孔》②（Satyricon）一书记录了能引起消防大队注意的可能会是什么事。不加节制、自我放纵的狂欢场景，以及极其荒谬的人物，都出现在这部现存最古老的罗马小说里，我们可以肯定小说写于尼禄统治时期。故事发生在意大利南部类似罗马城的一个虚构城市里，在特里马乔③的盛宴结束后，一个奴隶放了个响屁，结果在附近巡逻的消防员认定发生了火灾，他们挥舞着斧头，提着水桶冲进了房子。[90] 虽然人们不能期望奥古斯都的改革能够完全解决城市火灾问题，但是从 6 年消防大队建立到他 14 年去世的 8 年里，罗马城里没有任何火灾记录。

　　帝国时期防御火灾还有另外两个方面值得注意。奥古斯都

① 佩特罗尼乌斯：全名盖乌斯·佩特罗尼乌斯·阿尔比特（Gaius Petronius Arbiter，约 14—66 年），古罗马作家，出身贵族家庭。据塔西佗《编年史》记载，他曾任比提尼亚总督、执政官等职。他还创作了著名的讽刺小说《萨蒂利孔》。——译者注

② 《萨蒂利孔》：留存不多的古罗马时期小说之一，被认为是欧洲流浪汉小说的代表作。小说用拉丁文写成，原文共 20 卷，现仅存第 15、16 卷，这两卷仍有残缺。小说用诗文间杂的体裁写成，描写 1 世纪意大利南部城镇的社会生活，对社会中下层人物，如流浪汉、诗人、修辞学家、骗子等，做了鲜明、生动的刻画。——译者注

③ 特里马乔：《萨蒂利孔》中的一个角色，生活在尼禄统治时期，本是一个奴隶，但凭借自己的努力，拥有了财富，以举办奢靡的宴会而闻名。——译者注

去世后记录的第一次火灾相对无关紧要，而这次火灾被记录下来，纯粹只是为了保留一个笑话。奥古斯都的继任者提比略有个风流的儿子，名叫德鲁斯，他是一个酗酒之徒，喜欢按照罗马人的习惯，在葡萄酒里加热水。有一次（日期不详）他加入禁卫军去帮助房屋被烧毁的人，有人要水时，他就告诉别人要确保水是热的（罗马式幽默，就像热葡萄酒一样，即使在最好的时候，也不是天然的味道）。如果整个故事不是纯粹捏造的，虽然发生火灾的地点不详，但很可能是在帕拉蒂尼山上的帝国宫殿附近，这样才能解释为何德鲁斯会和禁卫军一起出现。这件逸事虽然本质上没什么意义，但有两个方面非常有趣。值得注意的是，德鲁斯加入的是禁卫军而非消防大队，他和禁卫军一起出现并没有引起任何议论。这很好解释，禁卫军的正式职责是保护皇帝（及其家人），但事实证明他们也承担许多其他职责，比如刑事审讯、收税、维持秩序、参与消防活动，特别是在皇帝或皇亲国戚参与的消防活动中发挥重要作用，也许这是他们应有的角色。[91] 64 年，在尼禄忙于控制帕拉蒂尼山上的大火时，禁卫军军政官苏布里乌斯·弗拉乌斯就站在他面前。[92]

　　另一个有趣的细节是，皇帝的儿子参与灭火，说明这是皇室成员的传统，即他们亲自动手灭火。尼禄继承了这个传统，而且这显然在 64 年被证明了这一点。这个传统还不仅限于男性。有一次，提比略斥责母亲利维亚插手了他觉得应该留给男人做的事情，包括灶神庙发生大火灾时她参与了灭火工作。苏埃托尼乌斯提到，实际上在奥古斯都活着时，利维亚就有提供这种帮助的习惯，这间接暗示了奥古斯都本人可能也参与了灭火（我们没有直接证据证明奥古斯都真正参与了灭火）。后来，尼禄的母亲小阿格里皮娜也会陪丈夫克劳狄乌斯一起灭火。[93] 即使人们公认不负责任的"元首"卡利古拉也亲自参与了许多事情，如在 38 年阿米利亚那区一场严重火灾中，卡利古拉就与消防员一起救火。[94] 不久之后，在卡利古拉的继任者克劳狄乌斯统治期间，同一地区再次发生了非常严重的火灾。[95] 皇帝再次亲自参与其中，苏埃托尼乌斯描述克劳狄乌斯用了两天时间积极组织灭火，并向自愿参与灭火者支付现金。这很可能是狄奥（在摘要中）记录的事件，根据记载，克劳狄乌斯在妻子小阿格里皮娜的陪伴下出现在火灾现场。[96] 康茂德也在 191 年从郊区回到罗马城，亲自帮助士兵和平民扑灭在罗马城大部分地区发生的火灾，尽管毫无作用。[97] 64 年，尼禄在大火灾早期阶段就积极投入灭火工作。他还自掏腰包帮助清理火灾现场。韦斯巴芗也出钱帮助清理火灾现场，但更多的是亲自参与清理工作。在一场大火灾后，为了重建卡比托利欧山，他和其他人一起抬走碎石和砖块。[98]

救火似乎是人们希望领导人亲自参与的活动之一。例如在伦敦大火灾期间，国王查理二世及其兄弟约克公爵（后来的詹姆斯二世）在现场提供帮助就非常引人注目。根据记载，兄弟二人站在水里，花了好几个小时从泰晤士河抽水来灭火。[99] 似乎其他任何地方都不像古罗马这样重视帝国的责任。火灾显然造就了最好的罗马皇帝，激励他们不仅参与灭火，还在灾后慷慨解囊。后一种做法在共和时期有一个先例，前 44 年恺撒去世后有一段公共秩序混乱期，3 年后的前 41 年，根据记载城市居民和退伍士兵之间发生了暴力冲突，退武士兵要求把早先承诺的补助金发给他们。退伍士兵武器先进，训练有素，但是城市居民更了解地形，他们从房顶上往下投掷火把，造成了恐怖气氛。这似乎只是另一个城市暴动引发纵火的常见事件。实际上形势非常严峻，后果也非常严重，大片房屋被烧毁。为了缓解社会矛盾，政府只能将城市居民的租金减免到一定程度（因为问题在各地出现，意大利其他城市也提供了救援）。[100] 这是一个了不起的举措，也是已知的罗马政府在火灾之后提供的首次救援，而到了帝国时期，皇帝发现让民众知道皇帝非常慷慨在政治上是明智的。

　　27 年，西里欧山被一场毁灭性的大火吞噬。塔西佗声称整座山都被烧毁了，只有一个明显的例外——提比略雕像，当时被完好地保存在一位名叫尤尼乌斯的元老家里。人们往往把它和圣母神庙里克劳迪娅·昆塔的雕像相提并论。克劳迪娅·昆塔的雕像也在很早之前的一场火灾中免于被毁。3 世纪晚期，代表西布莉①女神的黑陨石从弗里吉亚②的佩西努斯③被运到罗马城，克劳迪娅前去迎接，她的所作所为众人皆知。据说她只身沿台伯河向上游拖着载有陨石的船只，鉴于她的英勇行为，似乎只有将其雕像放在圣母神庙的前厅才算公平。圣母神

① 西布莉：古代地中海地区崇拜和供奉的女神。西布莉被尊崇为众神、人类和动物之母。对众神之母的崇拜起源于小亚细亚弗里吉亚一带，后传到希腊，希腊人将其与盖亚合二为一。——译者注
② 弗里吉亚：安纳托利亚历史上的一个地区，位于今土耳其中西部。——译者注
③ 佩西努斯：位于小亚细亚中部的伽拉特亚地区，那里有大神母的圣殿，圣殿里供奉着大神母从天而降的黑陨石圣像，祭祀时猛虎拉着安放大神母圣像的大车巡游。——译者注

庙于前191年由马库斯·朱尼斯·布鲁图斯①（Marcus Junius Brutus）在帕拉蒂尼山上建成，同样公平的是，前111年圣母神庙被烧毁时，这座雕像又奇迹般地被救出，为多年后提比略雕像的幸存提供了很好的先例。在27年的大火灾中，部分人的财产被毁，提比略给他们提供了赔偿，从而避免民众指责他应该为火灾负责，这种指责不是因为他蓄谋纵火，而是因为他离开了罗马城（他当时正在卡普里岛②），这非常不吉利。36年，大竞技场的一部分被烧毁。据《奥斯提亚大事记》③（*Fasti Ostenses*）记载，提比略继承了帝国慷慨的传统，在面对这样的悲剧时，其向房屋业主补偿了房产的全部价值，共支付1亿塞斯特第④用于房屋修缮。这一事件再次证实了国家层面的援助与皇帝密切相关，特别引人注目的是提比略的节俭早已名声在外。[101] 提比略的继任者卡利古拉有很多令人赞赏的品质，苏埃托尼乌斯和狄奥认为他在火灾发生后的表现非常慷慨，他不仅协助灭火，还帮助赔偿民众所遭受的损失。事实上，这是在卡利古拉统治时期所记录的为数不多的积极行为之一。[102] 尼禄在64年大火灾后延续了帝国慷慨的传统，随后他

---

①　马库斯·朱尼斯·布鲁图斯：罗马共和时期末期政治家，是参与刺杀盖乌斯·尤利西斯·恺撒的主谋之一。布鲁图斯在前42年腓力比战役中战败，自杀身亡。——译者注

②　卡普里岛：第勒尼安海中的岛屿，属意大利，位于那不勒斯湾南部，东距索伦托半岛14公里，是一个石灰岩岛屿，最高点索拉罗峰海拔589米。——译者注

③　《奥斯提亚大事记》：记载了罗马前49—175年的重大事件，发现于罗马的主要海港奥斯提亚。——译者注

④　塞斯特第：古罗马时期用一种金黄色的铜合金（黄铜）制造的硬币。——译者注

还采取了救济措施。不过可以预见，文献史料对他的这一举措
并不感兴趣。

后世总是把尼禄和 64 年的灾难性大火灾联系在一起，但
他在灭火和预防火灾方面的总体记录似乎并不比其前任糟。在
他统治的近 14 年里，除了 64 年大火灾，罗马只发生过一起比
较严重的火灾。塔西佗记载过，62 年，因为一场大火，尼禄
体育馆被夷为平地。[103] 体育馆当时建造在大竞技场的大型浴
场旁边，靠近万神殿。60 年，尼禄为体育馆和大浴场举行了
落成典礼，共同庆祝尼禄举行的第一次伟大庆典——尼禄节。
塔西佗指出，当时出现了不祥的预兆，尼禄的青铜雕像被火烧
53　熔并变了形。这显然与之前的历史案例有所不同，27 年提比
略雕像、前 111 年克劳迪娅·昆塔雕像以及前 213 年幸运女神
庙被烧毁时塞尔维乌斯·图利乌斯雕像都被救了出来。

在尼禄后来的统治期间，没有更多的火灾记录，我们有理
由相信，在他去世的前 4 年里罗马城没有发生重大火灾。[104]
但是，为了正确评估 64 年大火灾的证据，我们还必须继续讲
述尼禄之后的所作所为，思考后来的一场大火灾，这场大火灾
给我们解释这个证据带来了极大挑战。

80 年，即 64 年大火灾后仅 16 年，罗马又被另一场大火烧
毁了，据说这预示着提图斯皇帝（79—81 年）要离开罗
马。[105] 后来的这场大火灾很可能和前一场同样严重，持续了
3 天 3 夜，烧毁了战神广场和卡比托利欧山的大片地区。苏埃
托尼乌斯把这场大火灾列为提图斯短暂统治时期内发生的可怕
灾难（以及维苏威火山喷发和瘟疫暴发）之一。对于这场灾
难，狄奥有很具体的叙述，他列出了被烧毁的建筑：伊西斯神

庙、塞拉皮斯神庙、朱利亚神庙、海神庙、阿格里帕浴场、万神殿、公共选举会场①、巴尔布斯剧场、庞贝剧场、屋大维娅柱廊及图书馆，以及卡比托利欧山上的朱庇特神庙（69 年维特里乌斯和韦斯巴芗的追随者之间爆发冲突时已被烧毁，后由韦斯巴芗重建）。[106]　狄奥所描述的破坏行为，似乎发生在未受 64 年大火灾影响的地区。我们必须对古罗马火灾的报告标准保持警醒，不能假设狄奥的叙述是详尽的或者全面的。诗人斯塔提乌斯②（Statius）在很可能写于 91 年或其后不久的诗歌里，歌颂了图密善骑在马背上的塑像。诗歌写道，主人公仰望天空发问："帕拉蒂尼山上新建的美妙宫殿能够'藐视'火灾吗？"[107]　考虑到图密善的宫殿建成于 92 年，在 64 年大火灾发生大约 28 年后，斯塔提乌斯所指的可能是 80 年发生的火灾。这值得我们认真思考，虽然狄奥没有发声，但是同样提醒我们不能对文献史料盲目信任。

　　就像 64 年的尼禄一样，火灾发生时提图斯并不在场，他在坎帕尼亚③（Campania）处理维苏威火山喷发一事。和尼禄一样，他似乎也是因为发生灾难而返回城里。苏埃托尼乌斯写道，提图斯亲眼看到城市被毁时，认为自己的时代已经结束。他迅速开展重建工作，捐赠自己住所里的艺术品，用于装饰公

54

----

① 公共选举会场：位于战神广场的一个公共投票大厅。这座建筑由阿格里帕开始建造，但由奥古斯都在前 7 年完成。——译者注

② 斯塔提乌斯：全名普布利乌斯·帕皮尼乌斯·斯塔提乌斯（Publius Papinius Statius，45—96 年），拉丁文学白银时代（18—133 年）主要的罗马史诗和抒情诗诗人之一。——译者注

③ 坎帕尼亚：位于意大利南部，北部是拉齐奥和莫利塞，西南部是第勒尼安海，东部是普利亚和巴斯利卡塔，西部是地中海。该地葡萄种植业历史悠久，可以追溯到前 12 世纪。——译者注

共建筑和神庙。但是提图斯活得不够长，没有监督重建的最后工作，是图密善负责完成了重建任务。图密善重新修建了卡比托利欧山上的朱庇特神庙，使其显得更加宏伟壮观。

要了解 80 年火灾对正确理解 64 年大火灾的潜在意义，我们需要清楚考古证据的一个特征，考古学研究的一个关键部分是地层学。人类在特定地点不同时期的生活情况都会在相应的占用层中得以体现。在理想的情况下，挖掘过程中暴露的垂直部分应该像一块精致的蛋糕，其中不同颜色的成分代表人类活动不同的历史阶段，保存在一系列整齐的水平层中。然而，考古遗址很少能这么整洁或简单。地层可以通过后来建筑的地基来切分，但是人们很难把以这种方式切断的单个地层与散落在整个遗址上的成片状的地方联系起来。也许最令人沮丧的是，相邻水平层的材料可能是相似的，当时间接近时可能包含容易混淆的年代证据，这些年代证据通常以陶器碎片的形式出现，其日期往往很难精准确定，最后这个普遍性问题让考古学家感到尤为沮丧。我们必须清楚，在某些地方，64 年大火灾所谓的考古证据反而可能与 80 年大火灾有关。

这次对罗马火灾产生的问题进行的选择性调查，从前 509 年开始，直到 64 年大火灾，甚至再往后几年，有许多持续性的特征。无论是哪个时代，我们能获得的资料都非常有限。这通常不仅仅是能不能得到信息的问题，更多的是信息质量的问题。我们在 64 年大火灾中所发现的一些故事主题在这整个时期内反复出现。我们注意到，罗马的某些地区似乎特别容易发生火灾。至关重要的是，这些地区包括 64 年大火灾起源的大竞技场，这是在评估 64 年大火灾是否为人为导致时必须牢记的事。我们还看到了重复出现的找人来顶罪的现象，人们有时把容易识别、不受欢迎的群体当作"替罪羊"，无论是卡普亚人还是基督徒都有可能成为"替罪羊"。与此有关的是，无论什么人被怀疑纵火，都会遭遇特别的敌意，人们甚至对那些似乎从火灾中受益的人产生了更强烈的怨恨。后来的火灾也揭示了元首制一个积极的方面——元首是人民的保护者，他有责任预防火灾，一旦发生火灾，他必须亲自参与救火，并向在火灾中遭受损失的民众提供补偿，这些是元首的特殊责任。尼禄在这一点上做得更多，他将合理的城市规划作为未来减少火灾风险的重中之重。

　　但就所有这些反复出现的情况而言，64 年大火灾的可怕规模及其深远影响，使它完全不同于罗马历史上其他任何一场大火灾，因为这场大火灾与罗马最为人熟知、最怪异的一位统治者相关，并给这位统治者带来了长远的影响。这场大火灾在罗马历史上的地位是不可动摇的。

56

第二章
大火灾

　　64 年肆虐罗马的大火灾是记载最为翔实的古代事件之一。朱利亚—克劳狄王朝的 3 位主要历史学家塔西佗、苏埃托尼乌斯和狄奥都用大量篇幅描述了这一事件。[1] 此外，我们还可以从诸如老普林尼的其他作家，以及大量的考古资料和碑文资料中搜集相关信息。然而矛盾的是，这些看似充裕的信息并未为我们提供事件实际情况的清晰图景。事实上，尽管 3 位历史学家从表面上看起来证据充足，但关于火灾如何蔓延或造成何种损失的细节，3 位历史学家的表述都非常笼统或语焉不详。如果老普林尼的《罗马史》没有失传，我们本来有可能从时人甚至是目击者的角度准确地了解事情的经过。[2] 因此，我们只能重点依赖文献史料中的描述，而这些文本在创作时，大火灾造成破坏的最后痕迹已消失，并且作者的叙述带有极端的倾向性。塔西佗提供的幸存建筑记录是迄今为止最有帮助的，但即便如此，他也只提供了 8 座受损建筑的名字。尽管塔西佗确实提供了罗马城被烧毁、损坏或未受影响地区总数的具体数字，但令人失望的是，他并未告诉我们这些数字分别代表什么。

　　关于其中一个细节我们非常清楚。我们确切地知道大火灾发生的时间，因为这一年是无可争议的。塔西佗和狄奥通常按年度整理史料——至少对于罗马事件的相关史料是如此，而这场灾难被确定无疑地归到 64 年。我们也可从塔西佗处获知火灾发生的确切日期，也就是 8 月 1 日的 14 天前，或者按我们的测定方案来算，即 7 月 19 日。根据传说，7 月 19 日正是前 4 世纪初高卢赛农人占领罗马的日子，这一巧合使这个日期得以保留下来。[3] 因此，这场火灾发生的年、月、日就确定了。

　　那么，大火到底燃烧了多久？这就有点棘手了。苏埃托尼乌斯说，火灾持续了 6 天 7 夜。[4] 苏埃托尼乌斯在转述来自相关档案中的特定信息时非常可信。毕竟，在职业生涯中，他确实有机会进入帝国档案馆。苏埃托尼乌斯提供的这个时间段，夜晚比白天多计一日，可能意味着火灾开始于黑夜，结束于黑夜。夜幕降临后，火灾现场人烟稀少，火势因此不受控制，初步形成规模，这是顺理成章的。生活在与这场火灾同一时代的老普林尼，这样描述此次事件——"尼禄皇帝统治时期的几次大火灾"。[5] 这种表述可能是经过深思熟虑的，塔西佗将此次事件划分为两个阶段。塔西佗声称大火在第 6 天熄灭，随后在提格利努斯的埃米利亚庄园复燃。如果我们从最广泛意义上理解塔西佗所谓的 "天"，那么 "第 6 天"便可与苏埃托尼乌斯的 "第 7 夜"联系起来，也就是说，最初阶段的大火并未在白天结束，而是在第 6 天的黄昏之后结束。最有可能的场景似乎是，7 月 19 日夜幕降临后，第一阶段的大火燃起，7 月 20 日、21 日、22 日、23 日、24 日持续燃烧，并在 7 月 25 日黄昏后熄灭。[6]

　　对塔西佗关于大火在第 6 天之后的某个时刻再度燃起的

说法，图密善统治时期有一系列内容相似的铭文能够予以证实，这些铭文在几个世纪前被人发现并进行了复制，但现在已经丢失。这些铭文记录这场大火持续了 9 天。[7] 这表明火灾开始于 7 月 19 日，似乎在 7 月 25 日夜幕降临后结束。如前所述，次日也就是 7 月 26 日的某个时刻大火复燃，持续了 7 月 26 日和 27 日两天，最终在 7 月 28 日的某个时刻被扑灭。塔西佗确实强烈暗示了火灾过程中有一段短暂的平静期（"在恐慌平息之前，或者平民重拾希望之前"）。此外，图密善统治时期的铭文几乎排除了火灾存在较长间歇的可能，因为铭文只提到了"9 天"，没有提到任何间隔时间，极具说服力地暗示了火灾的一次假的结束和一次新爆发之间最多只有几个小时。苏埃托尼乌斯可能只是忽略了火灾的第二阶段，因为正如塔西佗所述，第二阶段显然没有造成重大生命损失。[8] 我们的第 3 个主要文献史料来源是狄奥的证词，虽然这些证词在这个问题上无法提供任何帮助，但是他提供的信息与塔西佗、苏埃托尼乌斯和图密善统治时期铭文中的相关信息并不冲突。[9] 狄奥只是声称大火燃烧了不止一天，而是几天几夜，和苏埃托尼乌斯一样，他也没有提及第二阶段。那么，我们的初步结论是，这场火灾最有可能在 64 年 7 月 19 日日落后的某个时刻爆发，似乎在 7 月 25 日晚上熄灭，但在第二天再次燃起，最终在 7 月 28 日得到控制（见图 2.1）。

塔西佗对 64 年大火灾的记叙内容有可能在佩特罗尼乌斯的《萨蒂利孔》中得到反映，这部作品几乎可以确定创作于尼禄统治时期。作者很可能是尼禄的密友、"优雅的阿尔比

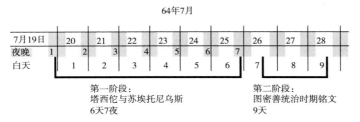

图 2.1 火灾时间表 （V. 路易斯）

特"佩特罗尼乌斯，佩特罗尼乌斯在大火灾第二年的阴谋清洗中死去。[10]《萨蒂利孔》中最为人熟知的一个片段——部分原因是这个片段几乎完整地被保存在手稿中——是"与特里马乔共进晚餐"，讲述的是一名滑稽的暴发户解放自由民，在意大利南部一座不知名的城镇举办了一场具有异国风情的宴会。宴会期间的某个时刻，特里马乔的妻子福尔图娜塔正在教训她的丈夫注意行为举止，一个管账员打断了他们，就像阅读城市官方公报一样，向他们汇报了主人地产上最近所发生的一系列事件。在这些事件中，他提到在庞贝的庄园里，特里马乔的执达吏纳斯塔的房子发生了火灾。[11] 现在我们从塔西佗那里得知，佩特罗尼乌斯招致了提格利努斯的敌意，提格利努斯嫉妒他，并向皇帝告发了他。[12] 但即便如此，似乎也没有足够的理由将特里马乔家的这场大火和提格利努斯的埃米利亚庄园第二阶段的大火进行某种形式的类比，而且执达吏纳斯塔也不等同于提格利努斯。[13] 值得注意的是，根据记录，特里马乔家的火发生于 7 月 26 日，而根据塔西佗的说法，很可能就是在这一天爆发了第二阶段的火灾。

在用来记录日期的术语中，还有一个惊人的巧合。在罗马日历系统中，7 月下旬的日期被表达为 "8 月第一天之前的多少天"。8 月这个单词 "August" 来源于奥古斯都（Augustus），从前 8 年开始 "8 月" 的拼写就是这种形式。然而，塔西佗在谈到大火灾开始的日期时，即 7 月 19 日，他说的是大火灾发生在 8 月第一天的前 14 天，"8 月" 用的是 "Sextilis"［"第 6（月）"］而不是 "August"。[14] 这是 "8 月" 的旧称，乍一看似乎是一个奇怪的古语，这是塔西佗唯一一次使用这种古老的语言形式（他也避免使用 "7 月" 的古体形式 "Quintilis"，这个词被 "July" 取代，以纪念尤利乌斯·恺撒）。[15] 可以说，塔西佗使用 "8 月" 的旧称是非常恰当的，因为根据他的报告，有人将大火燃起的时间和高卢人攻陷罗马城的日期做了神秘的类比，而后者相传发生于前 390 年，那时 "August" 这样的月份当然还不存在。但是在特里马乔的管账员宣读特里马乔地产上发生的事件清单时，也使用了同样的古语——"'Sextilis' 第一天的 7 天前"。[16] 这可能表明塔西佗和佩特罗尼乌斯都参考了一些共同的官方信息来源，因此提供了一个稍显奇怪的额外线索，即罗马城第二阶段的火灾发生在 7 月 26 日。

我们不仅清楚了解火灾发生的日期，还非常清楚火灾发生的准确地点。塔西佗清晰明了地告诉我们，大火开始于大竞技场靠近帕拉蒂尼山和西里欧山的一侧（大致是大竞技场的北侧）。[17] 前 600 年前后，罗马第一位伊特鲁利亚国王塔克文·普里斯库斯①（Tarquinius Priscus）在穆尔西亚山谷修建了大竞技场，穆尔西亚山谷是帕拉蒂尼山和阿文蒂诺山之间的一块

---

① 塔克文·普里斯库斯：也称老塔克文或者塔克文一世，罗马王政时代第 5 位国王，前 616—前 579 年在位，他的妻子是塔娜奎尔。——译者注

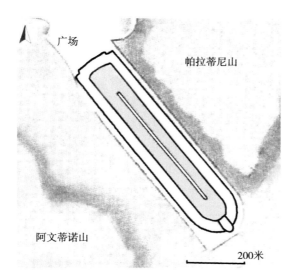

图 2.2　大竞技场（A. 路易斯）

凹地，被两座山之间的一条小溪一分为二（见图 2.2）。[18] 后来，塔克文·苏佩布国王强迫奴隶建造了公众看台。[19] 第一道起跑栅门是很久以后即 329 年安装的。[20] 最早的建筑可能是木质的，栅门似乎都使用亮色油漆粉刷。小溪可能构成了两条跑道之间的中央屏障，但此处现在已经被一条隐蔽的河道所掩盖。[21]

前 174 年，大竞技场进行了一次大规模重建，很可能尤利乌斯·恺撒在前 1 世纪中叶之后就奠定了大竞技场的基本规模：长 621 米、宽 118 米，可容纳约 15 万名观众。[22] 在恺撒统治时期，人们还沿着跑道外缘挖掘了宽大的运河，因比赛中时有动物出场，这样做是为了保护观众。运河不太可能有效防止火灾蔓延，尼禄无论如何也不可能填平运河来给骑士们提供座位。[23] 奥古斯都的副将阿格里帕继续恺撒的重建工作，增设了 7 个大型雕刻容器"海豚"，每个装有大型木制"蛋"一个，用来指示参赛者完成了多少圈。这项工作最终是由奥古斯都亲自完成的。[24]

关于大竞技场早期情况的考古证据十分匮乏，但幸运的是，与奥古斯都同时代的希腊历史学家狄奥尼西乌斯①（Dionysius）相当细致地为我们描述了大竞技场在前 7 年的模样。狄奥尼西乌斯所描述的当然是距 64 年大火灾约 70 年以前的大竞技场，但是他的描述从多个方面反映了尼禄统治时期这座建筑的情况。[25] 我们从狄奥尼西乌斯那里了解到对于我们的主题相当重要的信息：尽管这座建筑规模庞大，在 2 个长边和弯道区的半圆边上都设有 3 层座位（这 3 段连在一起，形成一个单一的结构单元）。即便在这个时期，上部的 2 层仍然是由木材制成的，这显然带来了严重的火灾隐患。狄奥尼西乌斯还告诉我们，建筑物外围环绕着一圈一层楼高的拱廊，底层是一些商店，商店上面留有生活空间。每个商店都提供一个进入大竞技场座位区的入口，使得大量观众可经由多个通道进出该建筑。

在大竞技场周边的商业区内，形形色色的人摆摊设点，呈现一片繁荣的景象。我们从一个名叫盖乌斯·尤利乌斯·厄帕夫拉的人的墓碑上得知，他在附近的一个小摊上卖水果；[26] 我们还听说一家小饭馆的老板李锡尼在饭馆里与喝醉酒的奴隶

---

① 狄奥尼西乌斯：前 1 世纪的希腊历史学家、文学评论家和修辞学家，自前 30 年定居罗马，用希腊文创作了关于罗马详细历史的作品。——译者注

们发生了争吵。[27] 西塞罗引用古代诗人恩尼乌斯①（Ennius）的一段话，表明至少从前 2 世纪早期开始，占星师和算命师就经常光顾该地区。奥古斯都统治时期的诗人贺拉斯创作其《讽刺诗》（*Priapea*）时，这种情况依然存在，并且确实持续到 1 世纪晚期。朱维纳尔谈到一位佩戴金项链的女人，她不知是否应该抛弃店主嫁给卖斗篷的人，因而在"海豚"（阿格里帕安装的计圈标志）附近寻求建议。[28] 事实上，这个地区满足了人们的所有需求。朱维纳尔证明这个地区聚集了大量妓女。有一部被称为《普里阿普斯②》的色情诗集，可以追溯到奥古斯都统治时期，其中描述了一位名为昆蒂娅的性工作者，她被称为"大竞技场之星"。大竞技场周边的名声保持了数年之久，在 3 世纪早期，据说个性极度张扬的皇帝埃拉伽巴路斯（Elagabalus）从妓女经常出没的地方将她们召集来，让她们听他做关于性技巧的讲解。除剧院和公共浴场之外，他们常去的一个地方被认定就是大竞技场。[29]

大竞技场的周边似乎被营造出一种集市般的氛围，这个地方多彩、嘈杂而无序，拥挤的商铺与杂乱的小作坊相毗连，肯定时常发生小规模的火灾，这往往会引发大火灾，历史记录证明了这一点。狄奥在讲述前 31 年 9 月安东尼和克利奥帕特拉在阿克提姆之战中的惨败之前，记录了大竞技场周

---

① 恩尼乌斯：全名昆图斯·恩尼乌斯（Quintus Ennius，前 239—前 169 年），古罗马诗人，创作过戏剧、史诗和其他文学作品，在古罗马文学史上占有重要地位，很受西塞罗敬重。——译者注

② 普里阿普斯：希腊神话中的生殖之神，是酒神狄俄尼索斯（或宙斯或赫尔墨斯）和阿佛洛狄忒之子，是家畜、园艺、果树、蜜蜂的保护神。普里阿普斯是大自然生产力和男性性欲的象征。——译者注

围发生的一场大火灾，据说是一群心怀不满的解放自由民放
的火。在此之前还出现了一个不祥的预兆：赛马期间，大竞
技场里一条狗咬死并吃掉了另一条狗。大竞技场的一部分被
大火烧毁。[30] 此外，36 年，大竞技场又有一部分被烧毁。
《奥斯提亚大事记》记录了这场火灾是从编篮筐作坊或制桶
作坊开始的，工人当时可能正在刚好紧靠建筑物的小作坊里
工作。与 64 年大火灾一样，36 年大火灾蔓延到了大竞技场
之外，但与 64 年大火灾不同的是，火势转向了南方而不是
北方，在阿文蒂诺山的低处区域肆虐。[31] 关于 36 年的灾难，
有一个极具巧合性的有趣故事：提比略任命了一个 5 人委员
会来裁决赔偿要求，其中一名成员是由执政官任命的，另外
4 名中包括尼禄的父亲格涅乌斯·多米第乌斯·阿赫诺巴尔
比。[32] 格涅乌斯在尼禄还是婴儿时就去世了，因此无法与儿
63 子分享任何关于处理火灾的经验。[33] 在 64 年大火灾之后的
几年里，大竞技场在图拉真统治时期（98—117 年）至少又
被烧毁了一次。[34]

　　如前所述，36 年的那场大火的起火点是凌乱地挤满大竞
技场外墙的众多作坊中的一个。我们虽然不能对 64 年发生的
事做到同样精确的了解，但情况似乎是相似的，因为塔西佗
称，64 年的大火是从大竞技场周围小商店里的商品开始燃起
的。据推测，具体地点可能是大竞技场边上的一家廉价餐馆，
因为尼禄禁止廉价餐馆出售除豆类和蔬菜之外的熟食，此举或
许是为了减少火灾隐患——肉类需要在更高温度下烹饪，因此
其准备工作会更加危险。[35] 64 年，火势失去控制，部分原因
可能是这场火灾始于深夜，未被及时发现。塔西佗所证实的另

一个因素就是一阵强风助长了火势。意大利特别容易出现非洲热风，这种热风源于非洲干燥的沙漠气流，气流向北涌入地中海地区，在夏季可以达到接近飓风的强度，风速高达每小时100公里。在1665年的伦敦大火灾中，强烈的东风对大火的蔓延和持续起到了主要作用。塔西佗说，在64年7月，火势迅速增强，很可能是因为商品易燃，随后被风卷起。在这一点上，我们没有充足的理由质疑塔西佗的说法。[36]

大竞技场最上面两层由木头建造，极其容易着火。正如塔西佗所言，没有坚固的围墙、壁垒和任何障碍物能阻挡火焰。很快，大竞技场北面整体的上层区域都着火了。如果在这个阶段风力减弱，这场火灾有可能就只是一场"常规灾难"，虽然足够严重，但其严重程度可能与一个世纪（前31年和36年）内已知的两起同样涉及大竞技场的火灾基本相当。事实并非如此，强风改变了一切。盛行的非洲热风导致大火首先从大竞技场蔓延到帕拉蒂尼山，之后在罗马狭窄的街道上上演的混乱场景，表明火势的蔓延方向在迅速改变，我们根本无法预测火势可能的蔓延路线。根据塔西佗的说法，火势快速蔓延，首先覆盖了他含糊提及的"平坦地区"。我们可以推断，塔西佗所说的"平坦地区"指的可能是大竞技场和帕拉蒂尼山之间的地带，但我们并不能肯定这个推断，因为这个"平坦地区"也有可能指的是大竞技场以东的帕拉蒂尼山和西里欧山之间的区域，或大竞技场以西的屠牛广场。然后，塔西佗用同样模糊的方式写道：火焰爬上了"高处"。我们几乎可以肯定"高处"是指帕拉蒂尼山（也许还有西里欧山），然后大火再次蔓延到较低处，这里可能是指帕拉蒂尼山另一侧斗兽场所在的山谷，

64

远离大竞技场，也就是大竞技场的东北方。[37] 此外，大火可能从帕拉蒂尼山和西里欧山之间洼地的某处转而向北移动，因此火焰可能从两个方向汇聚到了斗兽场山谷。

大火的确切蔓延过程在很大程度上只能靠推测，即使火灾初期的情况也是如此，但是从塔西佗的描述中我们可以合理得出这样一种结论：火焰在最初阶段是从大竞技场蔓延到帕拉蒂尼山高处的。这种场景重现在一定程度上得到了其他文献史料的支持。狄奥对火灾的开始地点含糊其辞，他把起因归咎于有人纵火，并称在城市的不同地方发生了人为纵火。[38] 他非常具体地描述了火灾是如何蔓延到帕拉蒂尼山的，并坚称"整座山"都被大火烧毁了。[39] 这与塔西佗的评论相符，塔西佗称尼禄最初不愿离开安提乌姆，但在他自己的房子也受到大火威胁时，尼禄只得赶回罗马城。狄奥补充道，即便尼禄回到罗马城也为时已晚，因为帕拉蒂尼山和尼禄的房子（或者说"尼禄在帕拉蒂尼山上的房子"）以及周围的一切都被大火烧毁了。[40] 狄奥所说的"一切"可能有些夸张，因为帕拉蒂尼山的部分区域似乎未遭受严重破坏。在帕拉蒂尼山西南侧，虽然胜利女神庙和玛图塔圣母神庙也遭到大火焚烧，但其损坏程度似乎也并不严重。阿波罗神庙在 67 年肯定依然矗立着，但其举世闻名的柱廊可能已被烧毁，因为柱廊在 64 年之前还经常被人谈起，之后却从未被提及。[41] 我们还了解到，在 65 年初，执政官维斯蒂努斯·阿提库斯①（Vestinus Atticus）仍然在帕拉蒂尼山上拥有一座可俯瞰整个广场的房子，并且人们会

65

———————————

① 维斯蒂努斯·阿提库斯：罗马元老院元老，65 年担任执政官。——译者注

在房子中举行晚宴。65 年，皮索阴谋①（Pesonian Conspiracy）
失败后，即将被捕的维斯蒂努斯·阿提库斯就在那座房子里自
杀了。[42]

　　虽然狄奥声称整座帕拉蒂尼山都被烧毁可能有些夸张，但
他关于大火蔓延到山上的基本记述是毋庸置疑的。事实上，老
普林尼无意中证实了这一点。老普林尼讲到了一种著名的荨麻
树的故事，这种树能够结出一种带甜味的可食用果实，除了名
字以外，它与常见的荨麻无关。老普林尼说自己还年轻的时
候，凯奇纳·拉尔古斯②（Caecina Largus）就在帕拉蒂尼山
上的房子周围种植了这种树，他喜欢向人炫耀其中长势良好
的几株。前 95 年，这座房子曾属于执政官卢修斯·李锡
尼·克拉苏③（Lucius Licinius Crassus），由于房子周围的荨
麻树备受人们青睐，凯奇纳·拉尔古斯在购置这套房产时还
遇到了竞争对手。这些树以长寿而闻名，老普林尼说这些树
在 64 年大火灾之前依然存在，并且说如果未曾被大火烧毁，
它们可能会存活到他撰写此文的时间（70 年）。这是老普林
尼给出的一个相当明确的说明，即 64 年大火灾确实对帕拉
蒂尼山造成了损害。[43]

　　我们可以在这里补充一条信息，苏埃托尼乌斯曾经写

①　皮索阴谋：65 年，一个名叫皮索的罗马元老策划了一起暗杀事件，试图通过
　　禁卫军的协助来暗杀尼禄。他和几个著名的元老、骑士以及一些士兵一起制
　　订了一个不太周密的计划。很快计划泄露，至少有 41 人被指控参与密谋，很
　　多人被处决或被逼迫自杀，其余的皆被流放。——译者注
②　凯奇纳·拉尔古斯：罗马政治家、元老院元老。他出身贵族家庭，是克劳狄
　　乌斯的朋友。——译者注
③　卢修斯·李锡尼·克拉苏（前 140—前 91 年）：罗马法学家、政治家和演说
　　家。——译者著

过，在帕拉蒂尼山上卡利古拉被暗杀的那座房子，直到被大火烧毁前，一直都有他的鬼魂徘徊。卡利古拉对恶作剧的嗜好，即使他死后，也永远不能被低估。尽管如此，这种说法也有些令人困惑——据报道，卡利古拉是在山上的一条地下通道中被杀的。苏埃托尼乌斯所讲的逸事中的房子可能指皇家住宅的某个不明区域，卡利古拉的朋友、犹太国王希律·阿格里帕①（Herod Agrippa）在那里发现了他的尸体，并且可能还把尸体掩埋了。[44]

　　还有一些考古证据表明帕拉蒂尼山可能发生了火灾。弗朗索瓦丝·维尔迪厄（Francoise Villedieu）在巴贝里尼高台（帕拉蒂尼山顶东北部）的发掘工作中，发现了朱利亚—克劳狄王朝时期的一座房子，这座房子在大火灾后就倒塌了，其被毁原因可能就是此次火灾。但是这座房子倒塌肯定还存在其他可能的原因，或许是由地震引发山体滑坡导致的。[45]

66

　　要说明大火灾期间帕拉蒂尼山上发生了什么，考古学几乎毫无帮助。后来尼禄开展了一次大规模的系统性清理行动，其间许多证据可能被全部抹去。[46] 同样的问题通常出现在罗马其他受灾地区，但帕拉蒂尼山是后来修建活动尤为密集之地，

67

特别是在弗拉维王朝时期，躲过最初清理行动的残骸将在随后的建造过程中被大部分清除。如今山上最明显的就是图密善于80年后某个时间段所修建的巨大的奥古斯塔纳宫。[47]

　　帕拉蒂尼山一直有久负盛名的住宅区，在共和时期晚期，罗马权贵争相在此处购置房产。大概在前40年末，奥古斯都买下了

---

① 希律·阿格里帕：也被称为亚基帕一世（前10—44年），1世纪的犹太国王，希律大帝的孙子。——译者注

演说家霍腾修斯[①]（Hortensius）的宫殿，前36年后，他自己的宫殿被雷电击中后受损，奥古斯都便把受损的这部分捐出新建了阿波罗神庙。[48] 他的慷慨之举得到了补偿，使其得以修建其他住宅。奥古斯都的宫殿似乎由多座建筑组合而成，苏埃托尼乌斯坚持主张其宫殿规模不大，正如他认为奥古斯都是一位不事张扬的元首一样。[49]

　　奥古斯都在帕拉蒂尼山的宫殿群的规模一直备受争议，而其继任者在帕拉蒂尼山上的建筑计划也同样充满不确定性，令人困惑。从奥古斯都统治时期到图密善统治时期浩大的建筑工事，使得这座山的建筑历史既复杂又充满争议。不幸的是，两种最新的主要出版物和一项考古调查（1990—2011年）都没有对这座山的建筑历史达成共识。[50] 由于这些问题争议太大，目前我们有必要集中关注似乎已有一致看法的几个重点问题。争议尤其大的是帕拉蒂尼山西侧的宏伟建筑群，那是一片大型住宅综合体（约1.5万平方公里）的平台，这片大型住宅综合体从弗拉维王朝时期开始被称为提比略宫，15世纪时被法尔内塞花园所掩埋（见图2.3）。最近的挖掘工作显示，在这片大型住宅综合体的平台下方明显存在一片建筑工事，其年代早于大型住宅综合体，这片建筑工事包含一个柱廊环绕的大型装饰水池，柱廊的一根铅管上刻有克劳狄乌斯的名字，我们可以确认其年代。在这片建筑前面，很可能曾经有一个高约5米

---

① 霍腾修斯：全名昆塔斯·霍塔卢斯·霍腾修斯（Quintus Hortalus Hortensius，前114—前50年），与西塞罗几乎是同龄人，古罗马演说家、政治家。19岁时他就发表了第一篇演说词，成为一位著名的辩护人。他的演说词几乎完全失传，仅留下28篇演说词的篇名。——译者注

的隐廊①（cryptoporticus），大概建于提比略统治时期。发掘者玛丽亚·安东涅塔·托梅伊（Maria Antonietta Tomei）推测卡利古拉就是在此被刺杀的。[51] 但是，在第二层克劳狄乌斯统治时期建筑之上，占据这片地区并在宏伟的平台上修筑这个独立宫殿建筑群的建造者的身份极具争议。众说纷纭，建造者可能是提比略、卡利古拉、克劳狄乌斯或尼禄，各方都满怀激情、意志坚定地捍卫自己的观点。最糟糕的是，甚至有一种理论认为，这片大型住宅综合体平台根本不是为了承载一座宫殿，而是奥古斯都圣殿的墩座，其修建工作是由提比略发起的，并由卡利古拉于 37 年完成，一段时间之后又被大火烧毁。[52] 因此，仅仅简单地将其描述成提比略宫甚至帕拉蒂尼山上任何其他朱利亚—克劳狄王朝时期的建筑，都是不可能的。然而似乎存在这样一个普遍共识：虽然在这块场地上建造巨型独立宫殿的并不是尼禄，但我们几乎可以肯定的是，尼禄至少扩建了这座宫殿。即便如此，我们仍旧无法确定尼禄究竟做了哪些工作。克莱门斯·克劳斯（Clemens Krause）发掘了该遗址的一部分，便相当自信地声称该巨型独立宫殿的建造概念确实出自尼禄，并且认为其外部尺寸为 133 米×148 米。[53] 我们只能假设，尼禄在 64 年前修建的建筑都会被大火烧毁。

　　在帕拉蒂尼山南部后来由图密善建造的一座巨大宫殿的餐厅下方，我们发现了可能是大火灾前建成的尼禄统治时期的建筑群（见图 2.4）。这是一座喷泉房，传统上称为利维亚温泉

---

①　隐廊：在古罗马建筑中，位于地下或半地下的长廊或通道，有由拱形物支撑的廊形结构。这种建筑有多种用途，在炎热的夏季可以用来纳凉，也可以用来保存肉类和小麦。——译者注

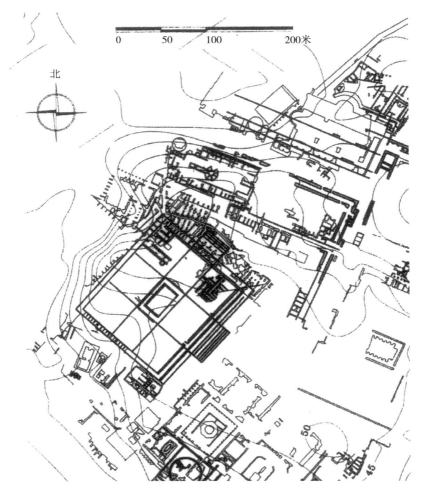

图 2.3 提比略宫细节图（C. 帕内拉）

浴场。虽然名字如此，而且考古证据也证明它与奥古斯都的妻子有关，但是这个建筑群是在利维亚死后很久才建成的（利维亚死于 29 年），因为这个建筑群几乎可以确定始建于尼禄统治时期，并且极有可能追溯到 64 年之前。水从建筑后方也就是北面倾泻而出，形成三支一组的细流瀑布。喷泉对面也就是其南侧，有一个围护结构，10 根斑岩柱支撑着天花板。这座建筑拥有一套地下供暖系统，可能用来消除喷泉带来的潮气。青铜制的柱帽以及华丽的彩色大理石板，使得整座建筑呈现出一种奢华感。这些柱帽和一些石板在古时被拆除并重新使用，剩下的一些则在 18 世纪这座建筑被重新发现时被人盗走了。天花板上的装饰壁画采用所谓的庞贝第四风格① （Fourth Pompeian Style），该风格的流行年代非常接近尼禄统治时期，奢华的装饰壁画也反映了尼禄的品位。[54] 这座浴场足以证明，详细的记录在考古发掘中具有重要意义，考古学家的档案也很有价值。著名考古学家贾科莫·波尼（Giacomo Boni）于 1907 年开始挖掘帕拉蒂尼山，他在笔记本中记录了发生在帕拉蒂尼山山顶的大火。波尼在笔记中写道，他在建筑的装饰部件和金属物品上发现了燃烧的痕迹，并在喷泉的台阶上发现了金属熔化的印记。[55]

80 年罗马城也发生了一场火灾，但是没有可靠记录表明这场火灾蔓延到了帕拉蒂尼山，而且无论如何，浴场都被图密善统治时期的一座建筑覆盖了。因此，浴场的修建时间肯定早于图密善统治时期，其间隔着两次建筑工事。学术界的普遍共识是，这个建筑群是由尼禄建造的，可以确定为尼禄在 64 年前所建的尼禄宫的一部分。[56]

---

① 庞贝第四风格：这种风格将透视效果与装饰纹样相结合，并在烦琐而逼真的景物中穿插人物活动，具有华丽的色彩以及空间感和动感，又被称为"庞贝的巴洛克"。——译者注

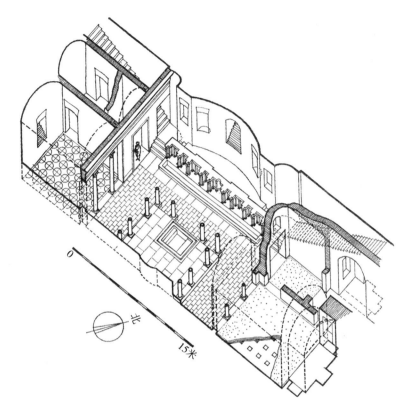

图 2.4　利维亚温泉浴场（B. 沃德-珀金斯、S. 吉布森）

　　塔西佗对大火从大竞技场蔓延的早期阶段进行了详细描述。在接下来的数日，大火的蔓延轨迹或多或少是无法密切追踪的。[57] 塔西佗记载，所有试图阻止大火蔓延的努力都以失败告终，因为大火蔓延速度极快；另外，这座城市的本质特征——街道狭窄曲折、楼群区块不规则——可能延缓了消防部门的反应速度。令人沮丧的是，塔西佗所提供的资料和其他历史资料对火灾地区的地形描述十分模糊，但这些资料毫不含糊地展现了时人所经受的极端恐惧。当时出现了难以想象的混乱场面，大规模的恐慌又加剧了这种混乱。塔西佗偶尔表现出厌恶女性的倾向，他声称妇女的哀号加深了恐慌感。狄奥的视角不那么狭隘，无论男女都会发出哀号，这种喧嚣加剧了大众的恐慌，而由于能见度较低，人们无法确定到底发生了什么事情，因此才恐慌。比起深陷恐慌大喊大叫的人，更不安的或许是那些被这场灾难吓得不知所措、哑然失声的人。他们被吓得失去活动能力，呆呆地站在街上，一动不动、一言不发。很明显，人们完全不知道该如何应对这场灾难，有人仓促逃离，有人踌躇不前，通常身后还拖拽着病弱者。狄奥指出，携带个人物品的人群减缓了人们逃离火灾地区的速度。雪上加霜的是，当时出现了一波抢劫浪潮，抢劫者被散落在地的一捆捆货物绊倒，导致了更大的混乱。街道变得异常拥挤，一些地方拥挤到人们几乎无法移动，拼命试图逃跑的人，被从后方拥来的人群撞倒，起身后又被横亘在各处的尸体绊倒，许多人因此窒息而亡或被挤压致死。

　　最可怕的大概是，这些文字叙述都明确表明，大风毫无章法地把火吹向四面八方。狄奥评论说，人们在帮助邻居灭火时，发现自己的房子也着火了，这说明风向发生了难以捉摸和意想不到的变化。"烟囱效应"可能使情况进一步恶化。它指密集高楼的狭窄间隔会促使火焰上方产生大量热空气，使得地面附近形成真空。被吸入真空区域的空气为火焰提供了氧气，从而助长了火势，由此产生的气流导致附近的风向变化无常。如果大火能沿着一条简单且相对统一的路线蔓延，灭火也就会相应地容易很多。如果风向发生不可预测的变化，大火的蔓延路线同样也会极不稳定，想要控制火势几乎毫无可能，而事实似乎就是如此。因此，人们发现逃到别处没有用，因为就在他们逃到了自认为安全的地方时，他们其实仍然被大火包围。他们环顾四周，似乎每个方向都有许多公寓楼失火，整座城市都陷于火海之中。狄奥将当时的场景比作军营的场景，闪烁的火光遍布四野。关于罗马城不同地区被烧毁的谣言一直散播。道路上挤满了惊慌失措的人，导致人们无法迅速逃离，从而无法逐渐撤出建筑物密集的地区，也无法分散到开阔的旷野。一些人索性在绝望中屈服了，他们失去了财产和生计，也失去了生活的意志，选择留在原地等死，其他人则因家人的死亡而悲痛欲绝，选择跳进火海终结痛苦。[58]

　　大火燃起时尼禄正在安提乌姆，[59] 人们对此没有丝毫可以辩解或怀疑的。安提乌姆是古罗马的殖民地，位于意大利西海岸，在罗马以南约 50 公里处。安提乌姆长期以来一直是罗马上层人士常去的度假胜地，尤其受到皇室的青睐。奥古斯都喜欢待在安提乌姆，那里还是朱利亚—克劳狄王朝的卡利古拉和尼禄两位皇帝以及尼禄的女儿克劳狄娅·奥古斯塔①（Claudia Augusta）的出生地。64 年，尼禄很可能正身处一座皇家别墅，别墅及其露台的遗迹都保留了下来。[60] 塔西佗说，尼禄一直待在那里，直到他自己的房子也陷入大火之中，当火焰威胁到"尼禄那座将帕拉蒂尼山上的住所与米西纳斯庄园连接起来的建筑"[61] 时，尼禄才回到城里。塔西佗的说法有些恶作剧的意味，从意识到火灾的严重性，到向尼禄传递这一

72

———————————

①　克劳狄娅·奥古斯塔：出生在安提乌姆，是尼禄和第二任妻子波培娅唯一的女儿。——译者注

信息之间必然存在延迟，进而促使尼禄返回城中，但塔西佗以这样的方式来呈现这件事，让人以为尼禄对人民的痛苦漠不关心，只有在自己的私人利益受到威胁时才会采取行动。事实上，正如前文所述，帕拉蒂尼山很可能在火灾早期阶段就被烧毁了。

抵达罗马城后，尼禄扮演了消防员的角色，维持了帝国前辈们更为可敬的一项传统。禁卫军军政官苏布里乌斯·弗拉乌斯后来描述道，在那个晚上，由于住所被烧毁，皇帝四下奔忙，顾不上寻求警卫的保护。[62] 然而，尼禄无力阻止"帕拉蒂尼山、他的宫殿以及附近的一切"被烧毁。[63] 塔西佗指的是哪座宫殿呢？我们并不清楚塔西佗所说的"帕拉蒂尼山、他的宫殿"是一个偏正结构，是指"尼禄在帕拉蒂尼山上的宫殿"，还是指两个相互独立的实体，即尼禄的宫殿以及帕拉蒂尼山。塔西佗说，这座宫殿从帕拉蒂尼山一直延伸到埃斯奎利诺山（米西纳斯庄园所在地）。苏埃托尼乌斯在不同语境下显然也谈到了塔西佗所提及的这座延展式建筑。在所有文献史料中，苏埃托尼乌斯是唯一给这座建筑起了名字的人，他将其称作"尼禄宫"（"过道宫"），因为它"横跨"了帕拉蒂尼山和埃斯奎利诺山之间的山谷。[64] 苏埃托尼乌斯谈道，这座建筑后来被著名的金宫所取代，而金宫就建在这片被大火烧毁的土地上。

有大量文献尝试确认哪些建筑属于尼禄宫。[65] 如前所述，帕拉蒂尼山上的利维亚温泉浴场通常被认为是尼禄宫的一部分。山谷的另一边是埃斯奎利诺山，山上遍布美丽的庄园和乡村风格的美丽别墅，尤其是米西纳斯庄园和拉米亚庄园，这两座庄园占地广阔，都为皇帝独有。此外，大火灾后建于埃斯奎利诺山的奥庇乌斯山嘴悬崖边的宏伟住宅，在大火灾以前极有可能是另一座建筑，因此也可被视为尼禄宫的一部分。从宫殿名字来看，尼禄想必也在两山之间的区域购置了房产，我们几乎可以肯定，当时有人认为这整个建筑群不是一座单一的宫殿，而是一个组织相当散乱的建筑集合，随着这位皇帝购入更多房产，这一建筑群逐步成形。因此，苏埃托尼乌斯在谈及尼禄宫时，他对"宫"这个词的使用是十分随意的。这个词至多可能指位于同一个大致区域并属于个人所有的全部房产。[66]

如果塔西佗对尼禄回城动机的描述是准确的，那么尼禄可能会重点关注某座具体住所——一座对他来说特别重要的住所。他可能会担心自己继承的父亲格涅乌斯建造并居住的房子。这座房子位于从维利亚山向北凸出来的一个山嘴上，旁边就是神圣大道，这条路从古罗马广场一直通往后来被斗兽场所占据的区域，靠近珀那忒斯神庙。早在尼禄统治时期，阿瓦尔兄弟①（Arval Brothers）就在这座建筑前为纪念尼禄的父亲而献祭。[67] 著名哲学家塞涅卡的父亲老塞涅卡有记载，格涅乌斯在担任执政官的那一年（32 年）建造了这座房子，包括位于一侧的浴场，浴场显然是一个十分重要的设施。格涅乌斯后来开始和演说家们混在一起，当母亲指责他懒惰时，

---

① 阿瓦尔兄弟：古罗马时期由 12 名成员组成的协会或牧师团体，最初的主要职责是每年为土地的丰产进行公共祭祀。该团体在共和时期几乎被遗忘，奥古斯都统治时期得到复兴，此后持续到大约狄奥多西一世统治时期。——译者注

他反驳道（原文为希腊语）："首要的是沐浴，然后是文学。"[68] 哈德良后来在金宫建筑群的中心——前厅建造了宏伟的维纳斯和罗马神庙。神庙的底座现在仍然存在，在底座下还有一座房子，这座房子曾一度被视为尼禄宫的一部分，但现在人们认为它是共和时期晚期、帝国时期早期一座年代更早的豪华住宅。人们认为这座房子是尼禄父亲的住宅，但这也只是推测。[69]

　　另有考古证据表明，大火蔓延到了帕拉蒂尼山北部（见图 2.5）。玛丽亚·瓜兰迪（Maria Gualandi）曾发表过一篇文章，内容是关于 20 世纪 80 年代卡兰迪尼在帕拉蒂尼山北坡进行的著名发掘工程的，该文章确定北坡较低处有部分房屋被烧毁。文章特别提到了标记为 7、8、9 号的房屋，这些房屋占据了由神圣大道和帕拉蒂尼坡道（不是古老名称）之间的一角。帕拉蒂尼坡道是一条铺面道路，位于后来的提图斯凯旋门附近，从神圣大道一直通向帕拉蒂尼山的山顶。这些房屋在火灾中受损，虽未被完全烧毁，但是后来也被主人遗弃了。虽然研究人员在这些房屋的墙壁上未找到火灾证据，但是在地层中有所发现，该遗址所有区域的地层都含有灰烬和碳纤维，以及烧焦变黑的碎屑。研究人员还发现了研钵、石盆和陶瓷餐具的碎片，从这些餐具的造型来看，它们似乎是朱利亚—克劳狄王朝时期的精美碗具。此外还有玻璃器皿、勺子、油灯，当然还有锅。研究人员在两个发掘场地，以及第 9 号房屋底层厨房或附属建筑内，发现了烧焦木板的残余物，一些木架子在火灾中倒塌，被压碎且压实在一起。

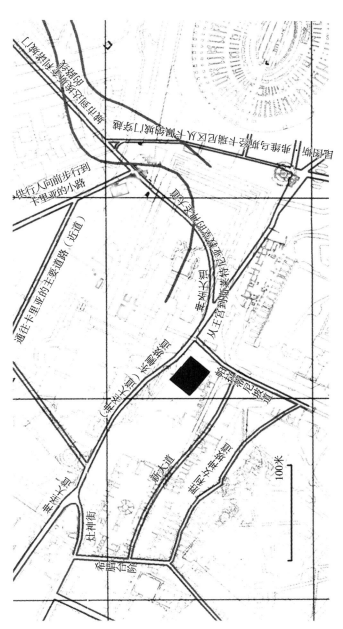

图 2.5　帕拉蒂尼山北部被大火烧毁的房屋（A. 齐科夫斯基）

在这场大火灾之后，尼禄下令开展了大规模的拆除工作，清理并平整场地，为建造金宫做准备。发掘人员无法提供这次火灾和拆除工作的确切间隔时间，但他们猜测间隔时间很短。燃烧层和拆除层中的发现物具有同质性，而且其中明显没有非洲餐具的遗迹（非洲餐具最初仅在弗拉维王朝时期进口），表明火灾及拆除工作都发生在尼禄统治时期。正如瓜兰迪所言，在大火灾之后，当尼禄开始雄心勃勃地进行他的建筑规划时，他不可能放任城市这一部分沦为废墟。遗憾的是，我们不大可能发现更详细的证据了，在清理工作中未移除的碎片可能已经都被 19—20 世纪在此地密集开展的考古人员清除了。[70]

75　维利亚山上还有一座家神殿（Compitum Acilii，供奉家神的神殿，见图 2.6），位于维利亚山的北部山嘴上，在神圣大道和通往卡瑞尼（Carinae）地区的道路交叉位置。1932 年，人们在开凿维利亚山修建帝国大道时，发现了神殿遗迹，包括一个由 4 级台阶与地面相连的平台，以及柱子和柱顶楣构的碎片，此外还发现了一块可以追溯到前 5 年的碑文，碑文清楚标明了神殿的名字。发掘者安东尼奥·马里亚·科利尼（Antonio Maria Colini）记录了建筑物上存在的燃烧痕迹，并将其与 64 年大火灾联系在一起。[71]

在君士坦丁凯旋门以北和斗兽场以西的地区，1981 年考古人员经过一系列重大的考古发掘工作（1986 年起杰出的考古学家克莱蒙蒂娜·帕内拉开始负责发掘工作），发现了一些最引人注目且令人信服的证据，证明 64 年大火灾对这座城市的布局造成了破坏。[72] 在后来修筑的君士坦丁凯旋门的北面，

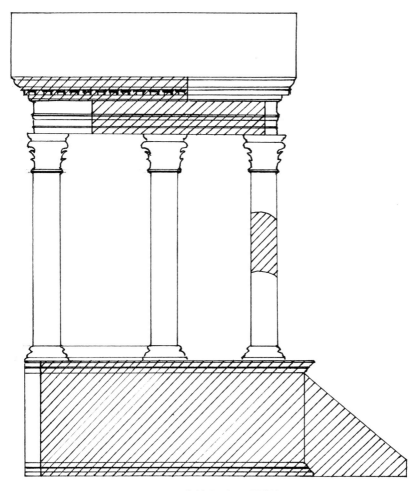

图 2.6 家神殿（K. 罗斯）

矗立着一座意义非凡的历史古迹——圆锥形喷泉柱（Meta
Sudans，又称"流汗转向柱"，因与大竞技场的转向柱相似而
得名），这座喷泉柱由图密善建于斗兽场西侧。[73] 该建筑由一

根 18 米高的柱子以及周围的环形水槽组成。喷泉柱一直被保
留到 20 世纪 30 年代，直到当时的法西斯当权者重建该地区时
拆除了这座建筑。在最近的发掘中，人们发现这根转向柱替代
了几乎处于同一位置的一座奥古斯都统治时期的相似建筑，该
建筑毁于 64 年大火灾中。奥古斯都统治时期的这座建筑建于
前 12—前 7 年，比后来弗拉维王朝的建筑矮 5 米，呈圆锥形，
高约 16 米，直径 3.5 米，矗立在一个基本呈矩形的水池中，
水池长边呈拱形凸出，以容纳圆锥体的圆形底座。奥古斯都统
治时期有这样一座喷泉柱或许是预料之中的，因为这座建筑在
奥古斯都的 5 大区（第 1、2、3、4、10 区）交汇处占据了具有
象征意义的位置。这座建筑在克劳狄乌斯统治时期受损后得以
修复。喷泉柱在 64 年大火灾中被彻底损毁，柱体的大理石都已
剥落，被掩埋在一堆瓦砾之下。柱体装饰着多立克式檐壁，上
面是檐口，檐壁碎片被保留了。值得注意的是，檐壁有明显的
焚烧迹象，表明其受到了火灾的影响（见图 2.7、图 2.8、图
2.9）。[74]

　　在发掘地北端有一条南北走向的街道，其历史可追溯到共
和时期。在 64 年之前的半个世纪里，这条街道两侧的区域都
得到了开发，西侧的区域可能发展成浴场，东侧的区域则有商
铺。发掘人员的结论是，这些建筑被 64 年大火灾烧毁了，不
久之后，该地区被埋在 3—4 米的填土层下，成为金宫的地基
（见图 2.10）。金宫建成后出现了一条新的南北走向街道，两
侧排布着一些房子，房子屋顶承载着从金宫前厅向西延伸出来
的露台。

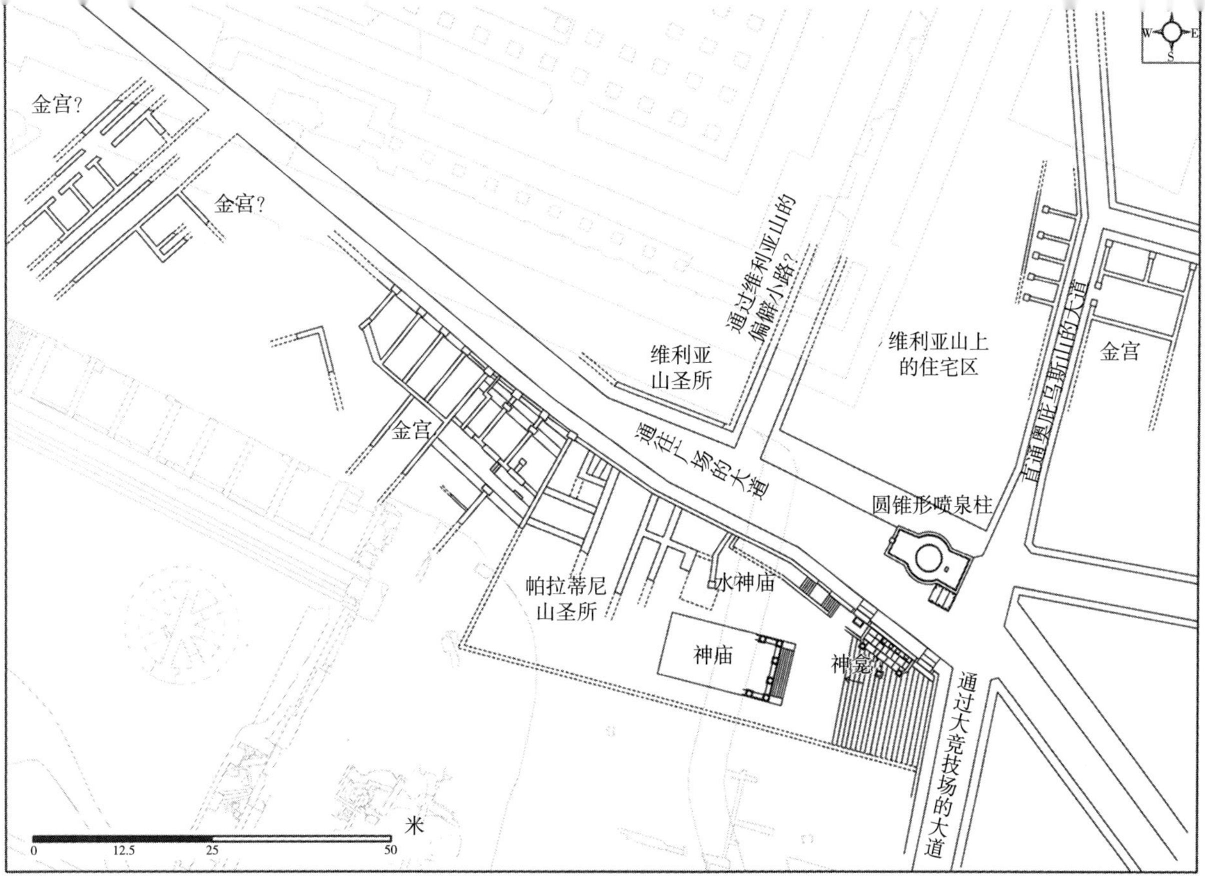

金宫？
金宫？
金宫
维利亚
山圣所
通过维利亚山的
偏僻小路？
维利亚山上
的住宅区
直通奥庇乌斯山的大道
金宫
通往广场的大道
圆锥形喷泉柱
帕拉蒂尼
山圣所
水神庙
神庙
神龛
通过大竞技场的大道
米
0
12.5
25
50

图 2.7 圆锥形喷泉柱周围区域（E. 布里恩扎）

**图 2.8 带有焚烧痕迹的奥古斯都统治时期的喷泉柱檐壁碎片
（C. 帕内拉、G. 帕尔迪尼）**

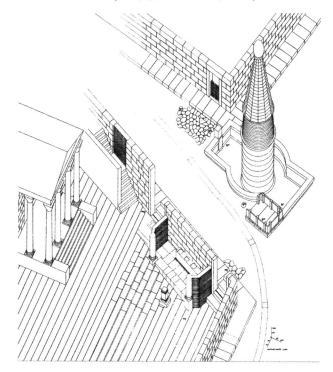

图 2.9 大火中被毁的奥古斯都统治时期的圆锥形喷泉柱（C. 帕内拉）

图 2.10　坍塌的废墟中的圆锥形喷泉柱区域（C. 帕内拉）

在帕拉蒂尼山东北角的山脚处，一堵可追溯至共和时期中期或晚期的墙沿东南—西北方向斜着穿过 90° 的拐角。墙的南侧有一座由石灰华石板搭建的平台，平台西侧有 4 级台阶，通向第二层的铺面，比第一层大约高出 1 米。在帕内拉看来，帕拉蒂尼山的这个角落可能与古代集会区有关，这一神圣庄严的圣所最初位于后世所建的圆锥形喷泉柱附近。这个场地后来不能再用来集会，但仍然用于举行某些仪式和典礼。[75] 帕内拉认为，在这个角落里发现的一座毁于大火灾中的小型神庙可能就是克劳狄乌斯在这片古老区域重建神庙的一部分。帕内拉还指出一种可能性（但并未被接受），这座重建的建筑可能是纪念奥古斯都的神殿，建在他出生的那座房子的原址上，据说此处正是氏族大会集会区。[76] 这也引出了一种可能性，附近的弗拉维王朝时期的圆锥形喷泉柱最初可能也是纪念奥古斯都的某座历史建筑的一部分。

整个遗址现场都存在被焚烧过的痕迹。在较低的铺面以及贴着墙面的一个平台上，人们发现了一组献词，是为官方活动中演奏音乐的青铜乐演奏团所题写的。碑文遭大火损毁严重，其中一组是为前7—前4年的提比略雕像所题写的碑文。另一组则出现在一块长基座上，这块基座最初承载着3尊雕像（奥古斯都的雕像、克劳狄乌斯的雕像，第3个雕像未知），在55年或56年重建后改为了尼禄及其母亲的雕像（有关尼禄母亲的碑文曾经一度被灰泥覆盖，大概是在她被谋杀后）。基座和雕像被64年大火灾烧毁了，题词石板被置于墩座前，但后来似乎被人遗忘了，被掩埋在修建金宫时的填土之下（见图2.11）。

人们在石灰华铺面上还发现了鲁尼大理石的建筑碎片和倒塌的砖面混凝土墙的残迹。这些都来自一个小型神庙的壁面，神庙正面可能有4根科林斯式石柱。这座神庙应该是矗立在石灰华台阶顶层、发掘区的西侧，在发生火灾时向东侧坍塌。[77] 神庙的题词部分被保留了下来。我们无法确定最初的神庙是怎样的，但这座小神庙似乎在51年后的某个时

图 2.11 音乐家的献词、题词（C. 帕内拉）

间由克劳狄乌斯重建，成为另一座建筑，而新建筑在 64 年
又被大火烧毁，通往神庙的台阶上也满是焚烧的痕迹（见图 82
2.12）。

图 2.12 通往小神庙有燃烧痕迹的台阶（C. 帕内拉）

在关于圆锥形喷泉柱发掘工程的报告中，萨比娜·泽焦
（Sabina Zeggio）研究了大火灾期间该地区遭受破坏的证据。
朱利亚—克劳狄王朝时期的地面上覆盖着一层（5—7 厘米）

黑色的燃烧过的物质（木头和金属），是大火灾在此地留下的碎片；这一层物质之上还有一层薄薄的灰褐色物质，这种物质被解释为火灾后立即沉积的灰烬。再往上是一层厚度不均匀（90—130 厘米）的物质，含有由焦土和碎片组成的亮红色物体，包括鲁尼大理石碎片以及两块檐口（其中一块是山墙左侧结构的构件），还有同属一根楣梁的两段残骸，上面刻有与克劳狄乌斯相关的铭文，这些都是这座神庙被大火烧毁后在倒塌或拆除过程中掉落的碎片。[78]

也许最能生动证明大火灾威力的是一座幸存下来的壁炉，它是圆锥形喷泉柱附近一座房子倒塌时坠落在地上的。壁炉的炉栅被火焰烧变了形。房子中的其他一些碎片掉进了喷泉水池里或落到了玄武岩路面上，在克劳狄乌斯统治时期人们就已经将这条路的路面升高了，而玄武岩也被火焰的高温和坠落的砖石破坏了（见图 2.13、图 2.14）。

圆锥形喷泉柱的发掘场地延伸至喷泉西部一条东西向的道路上，这条路顺着现在的哈德良统治时期宏伟的维纳斯和罗马神庙的墩座（在金宫前厅处）南边延伸开来。[79] 考古人员在这条东西向道路的南侧，即俗称（虽然是错误的）埃拉加巴卢斯浴场（Baths of Elagabalus）的地方，开展了挖掘工作，发现了两个由道路两侧房屋与作坊组成的建筑群。西边的建筑群靠近后来的提图斯凯旋门，墙壁是用碎瓦片加固的混凝土修筑的，可追溯至 1 世纪早期。西边的建筑群被 64 年大火灾烧毁，更东边的建筑群（更靠近圆锥形喷泉柱所在地区）同样如此。在东部建筑群中，出土了来自一座共和时期住宅的精美瓷砖镶嵌的地板碎片，这座住宅显然属于某个著名的上层阶级家庭

图 2.13 受热变形的炉算 (C. 帕内拉)

图 2.14 被高温和掉落砖石破坏的路面 (C. 帕内拉)

(据推测,奥古斯都在前 63 年可能就是在这座住宅里出生的)。[80] 该建筑在 1 世纪中叶被一座新建筑所取代,新建筑正面有 3 家商铺或作坊,面朝那条东西向的道路。从今天的视角看来,在一个显然是地位尊贵的人居住的住宅区前竟然会出现

商铺或作坊，这似乎很奇怪，但在古罗马，城市里私人住宅的
主人更加关注住宅内部而非外部。在这个建筑群建造发展的最
后阶段，大约在 10 年至 20 年，这些作坊已经排列延伸到了西
边（见图 2.15、图 2.16）。

84

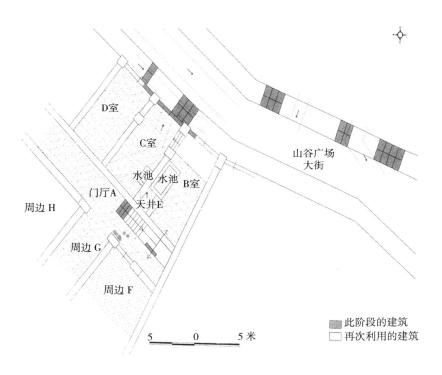

图 2.15　作坊和房屋（C. 帕内拉）

　　大火阻碍了这一地区的进一步发展。在 3 个作坊中，最
东边的作坊（B 室）内一块人字形图案的瓷砖地板有明显的
燃烧痕迹。考古人员在 B 室旁边的作坊（C 室）的地板和墙
壁上发现了燃烧的证据。他们在所有作坊中都发现了大量被

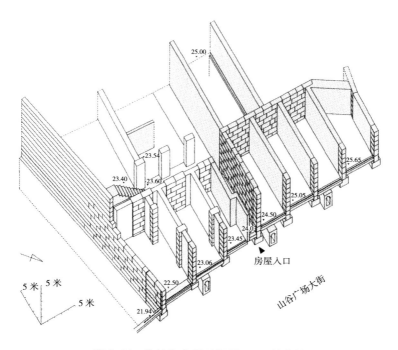

图 2.16　作坊和房屋透视图（C. 帕内拉）

火烧过的物品，其中一些陶器包含着可以证实 64 年大火灾就是造成这些破坏的原因的证据。在其中一家商铺里，一个架子在火灾中倒塌，架子上的物品也坠落在地板上，有灯、餐盘和碗等。人们在一堆堆烧焦的物质中发现了钉子和其他铁器，有可能属于风箱的金属喷嘴，以及青铜材料的碎块、把手、重物、圆盘碎片等，显然这些材料是被聚集在一起重新被压实的。这些物品原本可能并不属于这些被发现的房间，也许是人们在火灾后进行清理工作时从其他房间运过来的。房间里到处散落着双耳陶罐、壁画的碎片以及铰链等建筑组

件。有迹象表明，火灾拖延了房屋翻修计划。瓷砖和大理石
85 板靠墙堆着，大量马赛克嵌石铺面也等待着被重新使用。这些
迹象似乎展现出了一个雄心勃勃的翻修工程，并为这些缄默的
考古材料增添了一种悲凉之感（见图 2.17、图 2.18、图 2.19、
图 2.20、图 2.21）。

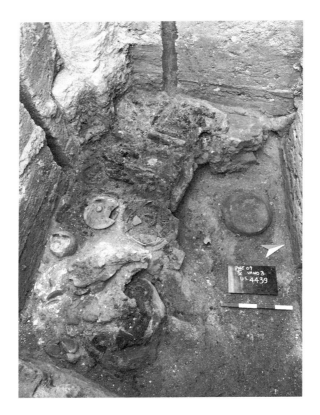

图 2.17　被压实的燃烧物（C. 帕内拉）

图 2.18　B 室内被火烧过的地板（C. 帕内拉）

图 2.19　C 室内被火烧过的墙壁和地板（C. 帕内拉）　87

　　在圆锥形喷泉柱以南，意大利考古学家和罗马美国学院[①]合作，在帕拉蒂尼山东北角斜坡的较低处开展了一次单独的与上述工作没有关联的考古发掘工作（帕拉蒂尼山东部发掘项

[①]　罗马美国学院：意大利为美国艺术家和学者提供独立创作和研究机会的机构。这所学院并不是通常意义上的学校，它不安排课程，但是为一些学科提供奖学金。学院成立于 1894 年，1913 年在罗马与美国古典研究学院合并。——译者注

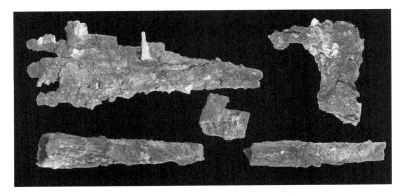

图 2.20 被烧焦的金属 （C. 帕内拉）

图 2.21 被火烧过的锅具 （C. 帕内拉）

目）。他们在一个小货摊的石灰华门槛上发现了一层很薄的火烧层，可能会溯源至 64 年大火灾，但这只是初步结论。[81]

之前提到的作坊位于圆锥形喷泉柱西侧。在圆锥形喷泉柱东面，火势蔓延到后来由韦斯巴芗建造的圆形露天竞技场——著名的斗兽场所在的区域。人们在该斗兽场地下室地面下方进行了考古发掘，发掘出了一些早期建筑，有些建筑显示出被火焚烧过的痕迹，这就是 64 年大火灾留下的痕迹。例如，人们在斗兽场西南区域地面下的 1 号试掘点，发掘出存在焚烧痕迹的共和时期晚期的灰泥抹面地面（见图2.22）。[82]　在斗兽场东边矗立着另一座重要的弗拉维王朝时期建筑——玛努斯角斗士学校（Ludus Magnus，见图 2.23）。这是由图密善创建的大型角斗士训练场，是他建造的 4 所角斗士训练学校中最大的一所，其中一部分是在 1937 年发现的，位于玛努斯角斗士学校北侧东西走向的拉比卡纳大街以及从学校中部呈斜线穿过的拉特兰圣约翰大街之间。假设学校在拉特兰圣约翰大街以南现在已经消失的部分，与大街以北的部分大致对等，那么这所学校就由一个竞技场构成，四周是围成长方形的带柱廊的房屋。发掘工作是 1960—1961 年在科利尼的指导下进行的，他发现了64 年大火灾的大量证据。科利尼指出，学校沿拉比卡纳大街的部分保留了一堵完整的墙

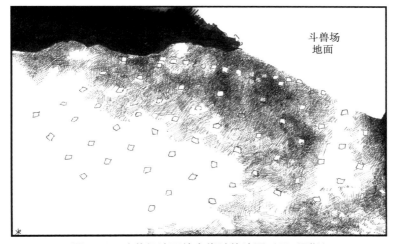

图 2.22　斗兽场地下被火烧过的地面（K. 罗斯）

89　壁，墙体前侧有一条人字形图案的铺面。随着挖掘工作的进
行，人们发现了一大堆被高温火焰烧毁但仍然可以辨认的砖墙
和石块。一扇窗户周围仍保留着格栅，但已被两堵坍塌的墙体
压至变形（见图 2.24）。[83] 大火灾后的残骸还有许多，包括碳
90　化木制品的残留物、粗陶和铁器碎片，以及一块大理石重物。

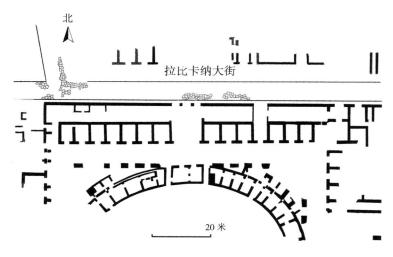

北

拉比卡纳大街

20 米

图 2.23　玛努斯角斗士学校（A. 路易斯）

玛努斯角斗士学校以东岿然矗立着中世纪修建的圣克莱门
特教堂。早在 1914 年，就有人把教堂的地下遗迹与大火灾联
系在了一起，当时人们正在教堂下面铺设一条排水沟，L. 诺
兰（L. Nolan）神父见证了这项工程。神父对考古学有浓厚的
兴趣，并留下了一份日期为 1914 年 3 月 5 日的书面记录：
"……还发现了一堵覆盖着石灰华的巨大凝灰岩墙，另外还发
现了大火灾的残留物，很可能位于拉比卡纳大街。"[84] 后来的

图 2.24　被火烧变形的格栅（K. 罗斯）

调查似乎证实了他的这份记录。[85] 教堂西侧的半圆形后殿建在密特拉神庙的旧址上，这座神庙于 1867 年被发现，于 1889 年被挖掘。密特拉神庙是塞维鲁王朝时期的建筑，神庙下面还有一座更早期的房子。弗雷德里科·圭多巴尔迪（Frederico Guidobaldi）已确定，这座房子可能建造于克劳狄乌斯统治时期或尼禄统治初期。他在墙上发现了火烧痕迹，填土中有超过 2 米厚的烧焦物质残留，表明这一地层被抛弃的真相已被 64 年大火灾湮没。[86]

人们普遍认为，由于大火持续燃烧了 9 天之久，很难想象
它不会蔓延到维利亚山以北地区，并沿着埃斯奎利诺山西侧向
北蔓延，一直烧到埃斯奎利诺山凸出的山体和维米纳尔山南部
山脊之间的地区。这里是苏布拉区，地方志将其归为第 4 区，
学者们通常认为这是塔西佗提到的遭到大火灾破坏的区域之
一，有些人则认为这是被完全摧毁的 3 个区域之一。大火可能
首先重创了帕拉蒂尼山的权贵聚集区，但在大火蔓延到维利亚
山以北后，它所遇到的情形与此前的大相径庭。苏布拉区十分
拥挤，以嘈杂和肮脏而臭名远扬，到处都是小商铺、小作坊，
聚居着贫穷的罗马劳动阶层，他们的生活空间狭小，大多数人
住在塔楼（公寓楼）里。2 世纪早期，朱维纳尔用"沸腾"
一词来形容该地区，并将其与富有的埃斯奎利诺山住宅区进行
对比。马提亚尔则描述说，这个地区极为嘈杂，街道肮脏不
堪，他从没见路面变干过。[87] 这里有许多作坊，似乎也有许
多妓院，对马提亚尔来说，"苏布拉妓女"是当时整个娼妓职
业的代名词。[88] 从马提亚尔的总体论述来看，无论 64 年此地
周边的破坏有多严重（我们必须记住，没有文献史料或考古
资料证明那里发生了火灾），到那个世纪末，苏布拉区似乎已
经恢复了它的旧貌。

在苏布拉区以南，通往古罗马广场的路上，有一个从共和
时期就已经存在的大型市集，而在 64 年后的记载再未提及这
个市集，人们猜测它已经被烧毁。71 年后，市集的位置被韦
斯巴芗新建的一座广场——和平殿广场所占据，其轮廓为方
形，也许正反映了它所取代的市集的外形。[89] 最近的调查发
现韦斯巴芗新修建筑之前被推倒的一堵墙的遗迹，墙的表面带

有网状坯（水泥芯上的菱形砖），可能属于这个市集的早期建筑，并在 64 年大火灾中被烧毁。尼禄从别处掠夺用于装饰其金宫的大部分雕塑后来被韦斯巴芗转移到了和平殿广场。[90]

　　大火可能对维利亚山北部的苏布拉区造成了损害，这个假设本质上是推测性的。在苏布拉区以南，考古发掘资料为斗兽场所在山谷发生的火灾提供了大量证据。再往南走，在帕拉蒂尼山和西里欧山之间的低洼地带，人们发现了关于火灾后果的又一个遗迹。意大利著名考古学家罗多夫·兰奇安尼①（Rodolfo Lanciani）找到了一份 19 世纪的目击者报告，报告描述了以前发现的令人震惊的考古资料。1877 年 5 月，人们当时正在修建一条排污主管，以便为埃斯奎利诺山和斗兽场周围的区域排水引流，目击者负责监督君士坦丁凯旋门和大竞技场之间部分管道的修建工作。他们在挖掘过程中发现了一条街道的遗迹，这条街道上整齐地铺设着石板，两旁排列着房屋、商铺和神殿，原先的路面比现在的路面低约 10 米。根据兰奇安尼的定位，这条街道从帕拉蒂尼山东北角一路往南通向现在的君士坦丁广场。在这里，火烧后的碎块后来也并未被清除，而是被分散开填平山谷，使山谷的地面上升了（见图 2.25）。如果兰奇安尼是对的，这个证据似乎证实了塔西佗的描述：大火蔓延到了群山及其中间的平坦地区。[91] 考古学家朱塞佩·卢格利②（Giuseppe Lugli）则提供了进一步的证据，他说在排污

----

① 罗多夫·兰奇安尼（1845—1929 年）：意大利考古学家、地志学家，古罗马研究权威，主要以著作《罗马城市图》《罗马城发掘史》闻名于世。——译者注
② 朱塞佩·卢格利（1890—1967 年）：罗马考古学家，1933—1961 年在罗马大学担任古罗马地形学教授。——译者注

管道挖掘点大约 7 米深的地方发现了遗址，他解释说这个遗址就是尼禄宫，由巨大的平行墙体和石灰华柱组成。卢格利指出，遗址显示出明显的大火焚烧痕迹。[92]

现今的君士坦丁大道，西倚帕拉蒂尼山，东邻西里欧山，在这条大道上曾分布着一些古老的店铺，这些店铺曾被大火烧毁，但随后发现的一些碎片进一步证实了兰奇安尼的观点。这些碎片包括前 2 世纪晚期的赤陶三角墙的碎片，有人确定这堵三角墙是幸运女神庙的一部分，地方志所提及的神庙位置最有可能在帕拉蒂尼山的东坡。如果这个说法是正确的，这座神庙应该被纳入塔西佗所总结的被烧毁建筑列表中，也将是唯一被认定的（尽管是暂时的）在帕拉蒂尼山上被烧毁的神庙。[93]

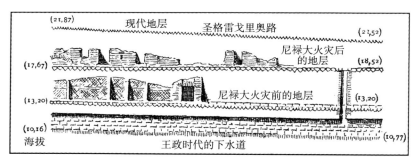

图 2.25　兰奇安尼所绘的剖面图（R. 兰奇安尼）

西里欧山的情况又是怎样的呢？我们也许可以从兰奇安尼的论述中推断出，山坡下半部遭受了火灾，但是有没有可能上半部也受到了火灾影响？相关文献中没有任何线索表明火势已到达山顶或蔓延至山的北面，我们必须再次求助于考古资料。

1984 年，考古人员在西里欧山北部一个古时称为非洲角（Caput Africae）的地区开展了考古发掘工作。这项工作在两个发掘地进行，第一个发掘地位于切利蒙达纳广场西侧，第二个发掘地位于旧军事医院东侧，这两个发掘地的考古调查研究都由卡洛·帕沃利尼（Carlo Pavolini）监督。[94] 在发掘工作初期，帕沃利尼发现了底层有残缺店铺的普通建筑。在由这些火灾中倒塌的建筑构成的地层中，帕沃利尼发现了少量的陶器和灯具碎片，这些碎片通常可以追溯到 1 世纪中叶或后半叶，基于这个发现，他得出结论，即这些建筑一定是建于大火灾之前。帕沃利尼在残骸中还发现了一枚朱利亚—克劳狄王朝时期的硬币，即"阿司"①（未进一步鉴定）。这次灾难留下了一层燃烧后的灰烬，其中有木地板和屋顶，以及从墙上掉下来的灰泥块。[95] 帕沃利尼解释说，这些建筑是西里欧山北部的最早期建筑，是 27 年提比略统治时期毁灭性大火灾之后山上新建的房屋，他还得出结论，即它们后来又被 64 年更具毁灭性的大火灾烧毁。帕沃利尼还发现了新建的梯状挡土墙的痕迹，他将此与大火灾后的建筑工程联系在一起。这个证据当然是站不住脚的——考古证据经常如此。[96]

　　由这个地区所得出的结论，在西里欧山另一个发掘地旧军事医院东侧得到了验证。帕沃利尼称医院东侧的建筑被烧毁，这是 64 年大火灾造成的。他还声称，大火灾还改变了西里欧山这一地区的建筑风格，由于人口密度增大，

95

---

　　① 阿司：古罗马标准货币，即一个等于 12 盎司的罗马磅，约合 326 克，每个钱币上都有象征权力的标记，还有牛、绵羊、山羊、马等动物的形象。——译者注

这里不再建造普通的房屋，而是建造塔式高楼（公寓楼），高楼的底层设有店铺。[97]

在理想情况下，我们应该将考古资料和文献史料完美结合，以此来了解古代事件。但是有关 64 年大火灾的文献史料十分有限，我们根本无法从中清晰地了解火灾的过程。文献史料未能清楚地提供大火蔓延的方向或范围，关于大火给这座城市造成的可怕影响，肯定有大量戏剧性的叙述，但在谈到具体细节时，文献史料所提供的信息惊人地匮乏。塔西佗确实提供了一份关于火灾起因的相当详细且令人信服的记录，但对于研究火灾的细节而言，塔西佗的帮助并不是很大（更不用提苏埃托尼乌斯或狄奥了）。苏埃托尼乌斯极为含糊地说明了大量公寓楼被烧毁，另外还笼统地介绍了在大火中付之一炬的古代遗留下来的纪念性建筑，包括更早期伟大的军事将领们的住所，以及罗马过去的皇帝们供奉的神庙和迦太基战争时期的神庙。[98] 缺少准确信息这个事实让人更怀疑苏埃托尼乌斯所关注的并非大火灾本身，而是要彰显尼禄的冷酷无情与不负责任。狄奥提出了一个宽泛的说法，即由于生命损失难以估计，因此 64 年大火灾是除了高卢人对这座城市的破坏外，罗马城所遭受的最严重的灾难。狄奥提供的信息当然比苏埃托尼乌斯提供的更多，他还透露，罗马城大约 2/3 的地区被烧毁，并提供了一个有用的细节——整座帕拉蒂尼山都被烧毁了。

96 狄奥无意中又提供了一条信息，可能对我们了解此次大火灾的规模有所帮助。他提出塔卢斯圆形剧场也是被大火烧毁的建筑之一。[99] 狄奥的记录是这座为人熟知的建筑被大火烧毁的信息的唯一文献史料来源，但这一记录令人极其困惑。这座建筑似乎曾坐落在战神广场上，这也是大火可能已蔓延至这个地区的唯一证据。该建筑的落成可追溯至奥古斯都统治时期最杰出的将军之一斯塔提里乌斯·塔卢斯①（Statilius Taurus）。他白手起家，是一位"新人"，在对抗庞贝大帝②之子塞克斯都·庞贝③（Sextus Pompey）的战役中发挥了重要作用。前34年，塔卢斯因其在非洲的军事成就获得了一场凯旋仪式奖励，随后建造了以他名字命名的圆形剧场，这是罗马第一个永久性的角斗场所。该建筑也是罗马第一个石制竞技场，但其内部也可能是木制的。他自费修建了这座圆形剧场，该剧场于前29年落成。在皮拉内西所绘图画中，桑西宫和台伯河之间有一些损毁的墙体，有些人辨认出这就是塔卢斯圆形剧场（见图2.26）。[100]

　　塔卢斯圆形剧场的位置一直饱受争议。[101]　人们一般认为它位于战神广场东南角，即法布里修斯桥④（Pons Fabricius）连接竞技场和台伯岛的西侧，比台伯河向西弯曲的地方稍远一点。斯特拉波说，就在这个地方，有"另一座竞技场"，他在

97

---

① 斯塔提里乌斯·塔卢斯：全名提图斯·斯塔提里乌斯·塔卢斯（Titus Statilius Taurus），继亚基帕之后奥古斯都统治时期最伟大的将军。他凭借军事才能和忠诚，获得了大量的财富和荣誉，曾3次被罗马军团拥戴为凯旋大将军，担任过几次祭司职务。——译者注
② 庞贝大帝：即格涅乌斯·庞贝（Gnaeus Pompey，前106—前48年），古代罗马共和时期末期的著名军事家和政治家。他骁勇善战，在前三头同盟中势力最强。庞贝在罗马内战中被恺撒打败之后逃到埃及，后被托勒密十三世的宠臣伯狄诺斯刺死，终年58岁。——译者注
③ 塞克斯都·庞贝（前67—前35年）：罗马庞贝大帝的小儿子，一生支持其父的事业，在罗马共和时期最后的内战中与恺撒及其支持者做斗争。——译者注
④ 法布里修斯桥：位于意大利，是世界上最古老的桥之一，建于前62年，至今仍屹立不倒。——译者注

图 2.26　皮拉内西所绘图画（皮拉内西）

那里还定位了 3 座剧场（可能是庞贝剧场、巴尔布斯剧场和马采鲁斯剧场）和 1 座圆形剧场，几乎可以肯定后者就是塔卢斯圆形剧场。[102] 人们一般认为（虽然并非所有人都支持）这座圆形剧场应该坐落于马采鲁斯剧场西面、菲利普斯柱廊与屋大维娅柱廊的南侧（巴尔布斯剧场位于两个柱廊的北侧）。[103] 对于上面所提到的这些相邻的柱廊，以及马采鲁斯剧场，没有文献史料提到它们曾被大火烧毁，这些邻近建筑都相当出名，如果曾被火灾损毁，必然会被人关注。此外，战神广场大体上幸免于难，且被选为避难场所。塔卢斯圆形剧场实际上是广场上唯一被确认受到火灾影响的建筑，或许是因为其结构中有大量木材，因此这个现象很不寻常。[104]

　　除了塔卢斯圆形剧场所在区域外，战神广场成了主要的应急避难场所。根据塔西佗的说法，尼禄安排在那里建立临时避难所，这条信息的依据大概是对尼禄相对有利的消息来源。事实证明这些避难场所仍然不够，因此尼禄不得不开放其他地方用于避难，包括他自己的花园，以及塔西佗所称的阿格里帕纪念碑——这个名称看起来似乎是官方的。[105] 阿格里帕是奥古斯都忠诚的战友和私人好友，也是尼禄的曾祖父（阿格里帕是尼禄祖母大阿格里皮娜的父亲，为奥古斯都之女朱利亚所生）。他在奥古斯都的罗马城市美化项目中发挥了积极作用。阿格里帕经过多次军事胜利积累了大量财富，因而获得了大量土地。虽然阿格里帕是在前 33 年任营造官时开始建造活动的，但他的建筑工程主要集中于前 27—前 25 年，当时他在广场上建造或修复一些重要的公共纪念碑。其中可能包括他所建的最负盛名，后来被大火烧毁又由哈德良重建的万神殿；同样被火灾大规模损毁的阿格里帕浴场；排列于拉塔路东岸的韦斯巴芗柱廊（由阿格里帕的妹妹开始修建，后由奥古斯都完成）；原本设计为大型选举会场却被奥古斯都用于角斗表演，后来变成市集的朱利亚广场，以及用来统计朱利亚广场选票结果的选举会场（由奥古斯都在前 7 年建成）。狄奥提到的海神尼普顿柱廊是为了庆祝塞克斯都·庞贝和安东尼的胜利而建造的，通常被认为是尼普顿阿格里帕会堂，据说是由哈德良修复的。[106] 这些建筑或至少其中部分建筑的建造是尼禄促成的。具有讽刺意味的是，在经历了悲惨遭遇后，毫无疑问，失去家园的人们已经筋疲力尽、萎靡不振，虽然其周遭景象是那么华丽辉煌、无与伦比，但他们仍需挨过这一段悲惨时期。不过，这些避难措施当然只是暂时的。

　　大火猛烈燃烧 6 天后，终于在埃斯奎利诺山的山脚下暂时停止了。塔西佗明确无误地提到了当时的人们特意建造了防火带，他评论道，在如此广阔的区域内，如此多的建筑被烧毁，除了开阔的大地和空荡荡的天空以外，没有任何东西可供大火燃烧了。然而，以为噩梦已经结束而如释重负的人随后都经历了令人崩溃的失望，因为大火再次燃起。塔西佗记载，火焰只是收敛了一段短暂的时间，随后再次燃起，这次是在提格利努斯的埃米利亚庄园。不幸的是，我们不知道这座庄园在哪里。[107] 塔西佗可能使用这个词来指代一座郊区别墅，别墅曾属于战神广场中的古老贵族埃米利亚家族，俯瞰着台伯河。[108] 别墅可能远离城市中心，塔西佗似乎证实了这一点，他评论说，火灾的第二阶段发生在城市中不那么拥挤的区域，战神广场就满足这一条件。另外，塔西佗特地提到大火最初在埃斯奎利诺山的山脚下停止，可能意味着第二阶段的大火也蔓延到了这座山上。正如罗伯特·帕尔默（Robert Palmer）所指出的，综合所有的古代地质学资料，罗马至少有两个地方被称为"埃米利亚"，[109] 甚至可能还有第 3 个地方。埃斯奎利诺山上有许多大型院落，这与塔西佗提到的"更开阔的区域"相呼应，我们不能完全排除那里也有一座埃米利亚庄园的可能性。

　　金宫中保存最好的部分还提供了耐人寻味的证据。金宫是坐落于奥庇乌斯山上的一个大型住宅区。大火灾后，这片宏伟壮观的宫殿的结构被改变，人们将对其进行更细致的研究，但目前我们可能需要注意的是，金宫的部分区域在 104 年被大火烧毁，随后图拉真在此地修建浴场时又将其埋入地下。20世纪 70 年代，劳拉·法布里尼（Laura Fabrini）对尼禄统治时期建筑的上层遗迹进行了仔细研究，发现了关于尼禄统治时期两个不同阶段建筑的证据（其他人根据对该建筑群其他部分的研究得出了相同结论）。她在地板和墙上发现了相当大面积的燃烧物和碳化沉积物。某些位置的地板下面覆盖着存在燃烧痕迹的更早时期的平台（证明地层不是被 104 年的火灾破坏的）。法布里尼因此得出结论，奥庇乌斯山宫殿在 64 年大火灾之前是尼禄宫的一部分，并且在那场火灾中遭到严重破坏，随后被重建并成为金宫的一部分。[110] 这个结论与苏埃托尼乌斯的论点完全吻合，苏埃托尼乌斯认为尼禄宫连接着埃斯奎利诺山和帕拉蒂尼山。[111] 这为我们提供了考古证据，证明大火确实向北蔓延到了埃斯奎利诺山。圣伯多禄锁链堂①（Basilica of San Pietro in Vincoli）很可能是保存火灾焚烧证据最北端的建筑，因为在教堂地下曾有一座共和时期的房屋，后来被尼禄统治时期的一座住宅所取代，该住宅很可能是金宫的一部分。塔西佗还称，与大火第二阶段人员的伤亡数量相比，被损毁的神庙和精美的公共建筑的数量似乎更多。令人沮丧的是，他并没有提供相关的具体案例，不过奥庇乌斯山宫殿可能是他脑海中受损的建筑之一。[112]

根据塔西佗的说法，在这场大火最终停止时，罗马下辖的14 个区中，4 个区没有被损坏，3 个区被夷为平地，其余 7 个区只剩下些许烧焦的建筑残骸。[113] 不同的研究人员采用不同方法对上述地区进行了鉴别，抽取维尔纳、菲尔诺、博热、帕尔梅、格里芬、帕内拉及阿什这 7 位 20 世纪的学者的研究成

100

---

① 圣伯多禄锁链堂：罗马市内的一座天主教圣殿，兴建于 432—440 年，主要是供奉圣伯多禄（彼得）在耶路撒冷被囚禁时所戴的锁链。——译者注

果为样本就足以说明。[114] 当然，他们的结论并不构成证据，但他们确实提供了一个视角，使我们可以深入了解那些致力于研究这一问题的人是如何解释证据的。我们从表2.1中可以明显看出，人们一致认为第10区和第11区已被焚毁。所调查的这7位学者中，有4位认为第3区也被焚毁，并且都认为它至少受到了破坏。第4区和第8区可能也被焚毁，尽管此种观点的支持者较少，但所有人都认为这2个区遭到损害。因此，人们综合学者们的共识得到一个合理的结论，即第3、10、11区被焚毁，第2、4、7、8、9、12、13区遭到损坏（当然，被焚毁和遭到被损坏之间的界限不可能是绝对清晰的）。这种综合推断旨在说明学者们达成了广泛共识，这必然不是确切的历史事实，但基于我们所掌握的文献史料和考古证据，这或许是我们最有可能接近难以捉摸的历史事实的方法了。

表 2.1　塔西佗所述受影响地区的学者鉴定

	焚毁	受损	未受损
维尔纳	Ⅳ，**X**，**Ⅺ**	Ⅱ，Ⅲ，Ⅶ，Ⅸ，Ⅻ，Ⅷ	Ⅰ，**Ⅴ**，Ⅵ，**ⅩⅣ**
菲尔诺	Ⅲ，**X**，**Ⅺ**	Ⅱ，Ⅳ，Ⅶ，Ⅷ，Ⅸ，Ⅻ，Ⅷ	Ⅰ，**Ⅴ**，Ⅵ，**ⅩⅣ**
博热	Ⅲ，**X**，**Ⅺ**	Ⅱ，Ⅳ，Ⅶ，Ⅷ，Ⅸ，Ⅻ，Ⅷ	Ⅰ，**Ⅴ**，Ⅶ，**ⅩⅣ**
帕尔梅	Ⅷ，**X**，**Ⅺ**	Ⅰ，Ⅱ，Ⅲ，Ⅳ，Ⅵ，Ⅻ，Ⅷ	**Ⅴ**，Ⅶ，Ⅸ，**ⅩⅣ**
格里芬	Ⅲ，**X**，**Ⅺ**	Ⅱ，Ⅳ，Ⅶ，Ⅷ，Ⅸ，Ⅻ，Ⅷ	Ⅰ，**Ⅴ**，Ⅵ，**ⅩⅣ**
帕内拉	Ⅲ，**X**，**Ⅺ**	Ⅱ，Ⅳ，Ⅶ，Ⅷ，Ⅸ，Ⅻ，Ⅷ	Ⅰ，**Ⅴ**，Ⅵ，**ⅩⅣ**
阿什	Ⅳ，**X**，**Ⅺ**	Ⅰ，Ⅱ，Ⅲ，Ⅶ，Ⅸ，Ⅻ，Ⅷ	**Ⅴ**，Ⅵ，Ⅶ，**ⅩⅣ**
7 人共识	**X**，**Ⅺ**	Ⅱ，Ⅻ，Ⅷ	**Ⅴ**，**ⅩⅣ**

注：加粗字体为共识。

　　计算火灾的实际严重程度是一项更需要碰运气的工作。塔西佗所说的 3 个区被完全夷为平地、4 个区没有被损坏，这是相当清楚的，但是大火对其余 7 个区的直观影响远不明显。他说这些区最后只剩下几处受损建筑的残垣断壁，我们对这一推测不能太当真。大型石砌建筑被大火烧毁后，它们几乎不可能只留下几处痕迹，大概率会保留坚固的外壳。这本身没有问题，从情理上来讲，塔西佗的言论虽然夸张但可以被接受，旨在达到戏剧效果。但问题是，我们不清楚他是指在这 7 个区的某些地区有一些建筑被烧毁，只留下几处痕迹，还是说这 7 个区的每座建筑都被烧毁了。后一种说法可能是对塔西佗拉丁语文本的直接解释，但由于大多数情况下区与区之间的边界基本上只是在地图上划的线，而不是自然屏障（像台伯河这样的分界线是例外），如果说 7 个区的每座建筑都受到了非常严重的损坏，而相邻的 4 个区的所有建筑全都毫发无损，这让人完全无法相信。事实上，即便是在人们认为被彻底烧毁的那 3 个区，也有一些建筑仍然屹立不倒，至少还保留着部分功能。由于这种极大的不确定性，试图精确地绘制火灾实际影响范围的努力（经常有人这样做）都将是徒劳的。图 2.27 应被视为有关火灾最小影响范围的极其粗略与保守的示意图，我们根本说不清楚火灾的实际影响范围。

　　关于受影响地区，苏埃托尼乌斯除了告诉我们有大量公寓楼被毁之外，几乎没有提供任何其他有用信息。此外，狄奥对火灾影响的评估虽然比苏埃托尼乌斯更有用，但仍然是模糊不清的。他计算出 2/3 罗马城被烧毁，这一面积可能排除了帕拉蒂尼山和塔卢斯圆形剧场受到破坏的部分，但我们对此并不能

102

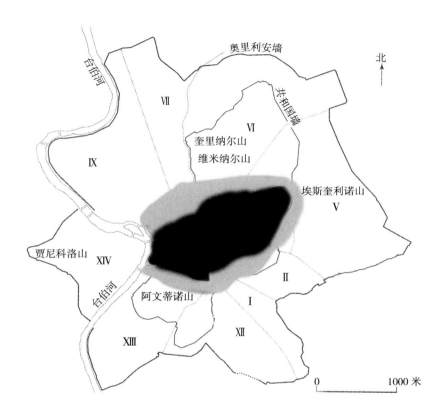

图 2. 27   火灾可能的影响范围（J. 斯金纳绘制，后由安东尼·A. 巴雷特补充）

确定。[115]

　　有一个文献史料提供了被烧毁面积的具体数字，但可惜的是，这一文献史料不具权威性。有一组书信被称为两个同时代的人之间的来往信件，两人在各自领域中颇负盛名。但事实是，这两人都不知道彼此的存在，他们便是哲学家塞涅卡和使徒保罗。这份书信集可能是在古代晚期（可能是 4 世纪晚期）

甚至中世纪被人搜集整理的。[116] 书信集的作者肯定见多识广，他知道塞涅卡和鲁基里乌斯的通信关系，也知道尼禄的妻子波培娅支持犹太人。尽管这些信件毫无疑问是伪造的，但它们可能引用了我们所不知道的文献史料，因此这些信件可能包含其他文本无法传递的有用信息。我们从第 12 封信中得知火灾持续了 6 天（作者显然读过苏埃托尼乌斯的资料），造成 132 座豪宅和一些公寓楼被毁。书信最后传达的一条信息令人相当沮丧，因为手稿中出现了分歧：关于着火的公寓楼数量，一个地方说是 4 座，这个数字低得离谱，特别是考虑到苏埃托尼乌斯曾说这是一个"巨大的"数字；另一个地方说是 4000 座，这个数字看起来很大，但实际上并非不合理。地方志指出城里公寓楼的数量是 4.43 万座或 4.53 万座，书信集所提供的较大的那个数字也不到公寓楼总数的 1/10（当然，这个数字的统计时间晚于尼禄统治时期）。[117] 此外，书信集里大多数信件提供的数字都是 4000 座。[118] 当然，由于我们不知道写信人是从哪里获取的信息，因此没有办法确定哪个数字更值得相信。

　　塔西佗没有提供被大火烧毁的建筑的详细清单，但他确实提到了具体的 5 座被烧毁的宗教建筑，它们都相当古老，与早期罗马有关。[119] 他首先提到的是月神庙，并说这座神庙是由塞维斯·图里乌斯①（Servius Tullius）供奉的。[120] 这座神庙一定是建在阿文蒂诺山上的，因为它靠近建在这座山上的谷神

103

---

　　① 塞维斯·图里乌斯：传说中古罗马第 6 任皇帝，也是伊特鲁里亚王朝的第 2 任皇帝，于前 578—前 535 年在位。——译者注

庙，且位于大竞技场南面。关于盖乌斯·格拉古①（Gaius Gracchus）之死的记录似乎证实了这座神庙的位置，格拉古是一位激进的平民保民官，由于他率领追随者占领了月神庙，于前121年在阿文蒂诺山上被处死。[121] 塔西佗提到这座神庙受损也很耐人寻味，因为无论根据文献史料还是考古资料，塔西佗都是唯一记录下火灾对阿文蒂诺山造成损害的历史学家，但是我们需要注意，与64年大火灾相关的一座图密善建造的祭坛在这座山的北坡底部被人发现。更神秘的是，同样位于阿文蒂诺山且距离月神庙很近的谷神庙似乎在这场大火中得以留存。[122]

塔西佗接下来提到了赫拉克勒斯的祭坛，这就是著名的"无敌大力神的大圣坛"，是罗马最古老的大力神祭坛，位于104 屠牛广场。塔西佗顺便提到了一个根深蒂固的传统观点，即祭坛是由阿卡迪亚的埃万德②（Evander）大约在特洛伊战争时期建造的。[123] 虽然人们没有发现祭坛的遗迹，但是4—5世纪学识渊博的语法学家和维吉尔评论家塞维乌斯③（Servius）将其精确定位在大竞技场的"大门"后。[124] 大竞技场位于

----

① 盖乌斯·格拉古：全名盖乌斯·森普罗尼乌斯·格拉古（Gaius Sempronius Gracchus，前154—前121年），罗马政治家，提比略的弟弟。前123年和前122年担任保民官，试图继承兄长的事业进行改革，这导致了一次宪法危机，以及他本人的死亡。前121年，他被元老院派来的军队逼迫而死。——译者注

② 埃万德：罗马神话中一名来自希腊阿卡迪亚的英雄，据说他将希腊万神殿、法律和字母表带到了意大利，并且在特洛伊战争前60年，在未来罗马的土地上建立了帕兰蒂姆城。埃万德死后被奉为神明，人们在阿文蒂诺山上为他建造了一座祭坛。——译者注

③ 塞维乌斯：全名塞维乌斯·霍诺拉图斯（Servius Honoratus），活跃于4世纪，拉丁语语法学家、评论家和教师，其关于维吉尔的评论文章极具研究价值。——译者注

屠牛广场东侧。祭坛可能是在火灾初期受损的建筑，因为火势是沿着大竞技场的长边蔓延的，祭坛受损就是大火蔓延到屠牛广场的具体证据。这个广场之前曾数次遭受火灾的侵袭，估计也会在 64 年遭到损毁，但除了塔西佗提到过一次之外，没有任何具体证据表明当时广场损坏了。人们在科斯梅丁（Cosmedin）的圣母教堂下发现了一座由大块凝灰岩建造的平台，考古学家夸雷利将其与祭坛联系在了一起。[125]

塔西佗继而说到朱庇特神庙。这座神庙与后来战神广场上的那座神庙虽然供奉同一个神，但背景有所不同，据说罗穆卢斯在与敌人萨宾人①（Sabine）发生冲突的关键时刻起誓，当时朱庇特帮忙"止住"了罗马的溃败。这当然只是一个传说，但是马库斯·阿蒂利乌斯·雷古鲁斯②（Marcus Atilius Regulus）于前 294 年在有些类似的情况下［这次事关撒姆尼特人③（Samnite）］，许下了类似的誓言，这一次才建造了神庙，位置据说是罗穆卢斯之前所指定的地点。神庙的位置是罗马地形学中争论最激烈的话题之一。[126] 许多古代文献史料提及了这座建筑，其中大多数将其与帕拉蒂尼山联系在一起，但文献史料中的相关内容未能达成一致。[127] 虽然卡兰迪尼在 2013 年公开宣布，他不仅在帕拉蒂尼山的山坡下找到了神庙

① 萨宾人：古意大利部落族人，定居在台伯河东岸山岳地区，以其特殊宗教信仰和习俗著称。前 290 年他们为罗马所灭，被赋予无选举权的罗马公民权，前 268 年又获完全公民权。——译者注
② 马库斯·阿蒂利乌斯·雷古鲁斯（约前 307—前 250 年）：罗马政治家和将军，前 267 年和前 256 年担任执政官，在第一次布匿战争中担任统帅。——译者注
③ 撒姆尼特人：意大利坎帕尼亚一个说奥斯坎语的古代民族族人，与早期罗马人多次发生冲突。——译者注

所在地，还发现了神庙的真实遗迹。神庙的位置无疑还是会长期充满争议。[128] 后来出现了一个新证据，有人发现了一块日历碎片，通过该碎片将神庙定位于第 10 区（帕拉蒂尼区），这与我们的猜想一致。[129] 然而令人惊讶的是，地方志将神庙归于第 4 区（和平殿区）。这表明在不同时期，神庙可能存在两个不同的定位，这足以解释为什么上述文献史料中的相关内容明显是不一致的。在最近对这个问题的相关调查中，怀斯曼① （Wiseman）提出，位于神圣大道南侧的早期神庙在 64 年被大火烧毁，整个遗址被挖空（没有留下考古痕迹），因此产生了平面较低的空间，这个空间随后被扩建的灶神庙所占据。人们可能在神圣大道北侧的另一个位置又重建了一座新的朱庇特神庙。[130] 如果是这样的话，对城市景观如此重大的重组应该是尼禄的建筑师塞弗勒斯和塞勒的典型手笔，他们从不会让自然阻挡去路。

塔西佗还记录了努马宫遭受的损失，这座宫殿在前 148 年和前 36 年曾两次被烧毁。宫殿在灶神庙附近——根据塔西佗的说法——灶神庙在 64 年也被烧毁了。这座神庙似乎是在高卢人入侵时被摧毁的，前 241 年再次被烧毁，前 210 年免于被大火火灾烧毁，不久后又在前 48 年再次受到火灾威胁，最后于前 14 年被烧毁。显然，灶神庙在 64 年大火灾后得到修复，在尼禄去世之前都可正常使用。尼禄的继任者加尔巴的后嗣卢

① 怀斯曼：全名 T. P. 怀斯曼（T. P. Wiseman），英国埃克塞特大学古典文学系名誉教授，教授罗马神话和历史硕士课程，也是英国国家学术院院士。——译者注

修斯·皮索·李锡尼亚努斯①（Lucius Piso Licinianus）曾在那里避难，并于69年1月15日被处死，同一天加尔巴本人也被杀。[131] 努马宫和灶神庙位于神圣大道南侧、古罗马广场东南端、帕拉蒂尼山的山脚下。这个地区自然也被大火焚毁了，但只有塔西佗提供了证明这种情况确实发生的唯一详细证据，因此再次说明他的信息是至关重要的。

　　我们没有恰当的理由怀疑塔西佗关于这5座独立建筑的评述，但他说有3个区被夷为平地、7个区只剩下废墟和"烧焦的遗迹"，或许有些言过其实。[132] 我们知道，64年大火灾不久之后，人们在朱诺祭坛为朱诺②（Juno）举行了祭祀仪式，当时没有人提及任何火灾损失。[133] 塔西佗描述了元老院于65年在古罗马广场举行的一次会议，旨在审判斯多葛学派哲学家和政治家特拉塞亚·培图斯③（Thrasea Paetus）。一些学者认为会址位于维纳斯女神庙，选择在这里召开会议，可能意味着常用的元老院会堂已遭损坏。[134] 但我们很难确定这座神庙确实用于召开元老院的这次会议，并且元老院会议经常在类似场所举办，所以我们对此不应该过度解读。在此期间，古罗马广场还开展了其他活动，没有迹象表明广场受到了任何严重损害。大火灾之后的一年，即65年4月中旬谷神节期间，曾身

106

---

① 卢修斯·皮索·李锡尼亚努斯（38—69年）：罗马贵族，被皇帝加尔巴收养，成为皇位继承人，却在"四帝之年"时期与加尔巴在同一天被杀。——译者注

② 朱诺：朱庇特之妻，号称天后，为妇女保护神。朱庇特神庙是用来供奉古罗马三位一体神（朱庇特、朱诺和密涅瓦）的，因此她与朱庇特同受供奉。——译者注

③ 特拉塞亚·培图斯：出生于14年，同年第1位罗马皇帝奥古斯都去世，培图斯是现今所知的斯多葛学派反对派政治派系中最杰出的成员。——译者注

陷大火灾中心的大竞技场举行了庆祝活动，这也是当年阴谋家们选择刺杀尼禄的场所之一。[135] 大竞技场显然运作良好，尼禄于 67 年从希腊凯旋并穿过这座城市时，不得不拆除大竞技场的大门以方便队伍前进。[136] 据说 65 年初，阴谋家皮索就藏身于谷神庙中等待刺杀机会。谷神庙位于阿文蒂诺山北坡，"遥看"大竞技场——显然当时这座神庙依然存在。[137] 可以说，在尼禄远征希腊不在罗马期间，帕拉蒂尼山可能是灾后重建的优先目标，但似乎在火灾结束后不久，帕拉蒂尼山就已经重建好了。67 年，尼禄穿过拆掉的拱门，前往帕拉蒂尼山上的阿波罗神庙。如果像前面所说的那样，阿波罗神庙的柱廊已被烧毁，那么神庙本身显然是完好无损的。[138] 此外，火灾发生后，人们立即查阅了西卜林神谕集。[139] 奥古斯都曾把这部神谕集转移到阿波罗神庙，而且火灾之后没有迹象表明这部神谕集被大火烧毁。此外，加尔巴于 69 年 1 月在阿波罗神庙进行了祭祀。[140] 就在同一天，奥托从帕拉蒂尼山上的提比略宫出发，前去会见那些选择支持他的反叛禁卫军，说明提比略宫是可以居住的。[141] 罗马城当然遭受了损失，但前人对罗马城受损程度进行的戏剧性评估，我们必须对此抱以谨慎态度。

　　罗马人认为这场大火灾与几个世纪前高卢人攻陷罗马城之间存在密切且重要的联系，这几乎是必然的。狄奥用最笼统的语言描述了这种联系，声称 64 年大火灾让人们想到这座城市以前是如何被高卢人攻陷的。[142] 塔西佗说，有些人注意到了这个奇怪的巧合，64 年大火灾发生在 7 月 19 日，而这一天正是赛农人攻陷罗马城的周年纪念日。[143] 塔西佗称，还有人发现了一种更加神秘的联系，计算出这两次灾难之间经过了完全相等的年、月和日期数。根据传说,高卢人在前390年7月19日(几乎可以肯定这并非准确日期)烧毁了罗马城。前390年到64年这454年,相当于418年加418个月加418天。[144] 3次重复同一个数字,加之"3"在当时又是一个神秘数字,赋予了这个巧合更为神秘的意义。[145] 同样,在伦敦大火灾之后,人们注意到火灾发生的年份1666年当中有"666"这个数字,而该数字正是启示录中野兽的标记。[146] 那些相信存在某种支配万物的天意的人总是很容易认为这样的安排是某种伟大的道德命令的结果,而矛盾的是,意外事件并不总是因为意外才发生的。合乎逻辑的下一步便是将尼禄视为宇宙毁灭的代理人。

具有讽刺意味的是,提醒人们谨记64年大火灾的最引人注目的实物并不属于尼禄统治时期,而是属于图密善统治时期(81—96年)。图密善建造了一系列祭坛,来纪念64年大火灾,更是为了使自己与尼禄之间形成鲜明对比。[147] 所谓的"火灾祭坛"(这个名字相对较新)是为纪念火神瓦尔肯而建造的,目的是履行一个已经许下但没有兑现的誓言。正如其旁侧的碑文向我们解释的那样,当时这座城市"在尼禄统治时期"燃烧了9天,誓言就是在这一时期许下的。其中一座祭坛被保留下来。我们不知道最初建造了多少祭坛,但可以相当肯定至少有3座,依据是从梵蒂冈附近和阿文蒂诺山、奎里纳尔山上(唯一幸存的祭坛所在之处)发现的3则碑文。这些碑文的真迹无一留存,现在我们只能从发现时的复制品中得知其内容。

第一则被记录的碑文是贾科莫·马佐基(Giacomo

Mazocchi）在 1521 年复制的。他指出，这块碑石是作为修建圣彼得大教堂的建筑材料从其他地方运来的，即使碑文显然是在梵蒂冈地区被发现的，也并不能为其出处提供任何线索。[148] 第二则碑文于 1618 年被发现，据说位于阿文蒂诺山山脚下面向大竞技场西南侧的山坡处。[149] 当时制作的复制品似乎不是以石刻本身为原本，而是以马佐基转录梵蒂冈的碑文为基础。有可能阿文蒂诺山碑文被发现时状况很糟糕，但留存下来的部分足以表明它与 1521 年发现并在当时得到复制的碑文是相同的。被发现的碑文有附带说明，描述了祭坛区（幸存了一段时间，但后来都消失了）内的台阶和纪念碑石，这与唯一幸存的位于奎里纳尔山的第 3 座祭坛非常相似。1618年，几乎不可能有人知道奎里纳尔山上的祭坛，因此很难不让人做出这样的假设：阿文蒂诺山上曾经存在另一座祭坛，与奎里纳尔山上的那座类似。此外，曾经还有一座祭坛位置未知，也就是梵蒂冈碑文最初出现的地点。第 3 则碑文是最完整的。1642 年，人们在奎里纳尔山上建造圣安德里亚教堂时发现了刻有碑文的石头，并在此后不久进行了复刻。复刻文本被存放在梵蒂冈，但是原石已经丢失，所以其文本依然只存在于抄本中。

在 1642 年首次考古发现之后，奎里纳尔山遗址一直无人问津，直到 1888 年在该地区出土了祭坛（见图 2.28）及其区域内的大量遗迹。祭坛的石灰华核心部分得以保存，它体积很大，宽 3.25 米、长 6.25 米、高 1.26 米，顶部已损毁。现存基座的某些位置仍留有大理石覆层，祭坛本身也是用大理石贴面的，石灰华上的金属夹具孔洞仍然很明显。祭坛建在 1 个平台上，平台南侧和西侧下 2 个台阶就是一片石灰华铺面，该铺面又比街道路面低 3 个台阶，下沉约 1 米。铺面前缘设置了一系列纪念碑石作为分隔标记，这些碑石高 1.4 米，顶部呈金字塔形，间隔 2.5—3 米，划定了这个区域的范围。

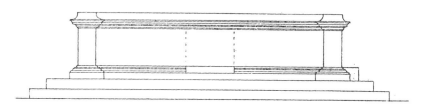

图 2.28　奎里纳尔山上的祭坛（C. 赫尔森）

在奎里纳尔山发现的碑文副本是迄今最完整的，现保存在梵蒂冈。[150] 这则碑文与其他两个版本之间有些小差异，这是不可避免的，因为在制作这些副本时，原始碑文的保存状态和可读程度都不尽相同。目前来看这些差异并不显著。碑文结尾残缺不全，具体如下。

　　该区域由纪念碑石划分界限，由金属钉封锁，该区域以及更低处的祭坛是由恺撒·多米提安努斯·奥古斯都皇帝为实现一句誓言而捐献的。在尼禄统治时期，罗马城里的大火燃烧了 9 天有余，那时尼禄就许下了这个誓言，但很长一段时间内并没有兑现。祭坛奉献时还立下了规定：禁止任何人在此区域内建造建筑物、保留原有建筑物或开展商业活动、种植树木或任何其他植物。指定负责此区域的大法官或另一名执法官应在每年 9 月 1 日前的第 10 天，在火神节①时用红色牛犊和红色猪进行祭祀，[151] 同时吟诵祷词……下文所写……9 月的第 1 天……被给予……此为恺撒·多米提安努斯·奥古斯都·日耳曼尼库斯皇帝、大祭司长所制定。

碑文包含了丰富的内容，给我们提供了祭祀日的大致信息，但并不精确，因为文本后半部分十分零碎。祭祀日的日期显然是在 8 月的某个时候（9 月 1 日之前），碑文指示应在每年 8 月 23 日的节日上为火神瓦尔肯举行仪式，很可能祭坛是在同一天举行祭祀仪式的。祭祀仪式由图密善完成，其头衔为"日耳曼尼库斯"，直到 83 年（可能是下半年）图密善才获得这一称号，因此实际上可以排除祭坛在 83 年举行祭祀仪式的可能性。由于没有关于日期的其他提示，这意味着祭坛可能是在 84—96 年中某年 8 月举行的祭祀仪式，而图密善于当年 9 月 18 日被暗杀。正如下面将要讨论的，早些的日期或许比后面的日期可能性更大。[152] 碑文特别强调了该地区的神圣性质，着重阐述了禁止开展的活动，如植树或商业活动。碑文也表明该地区是被带刺的围栏保护着的。神圣场所当然就是这般不容侵犯，但通常不会如此赤裸裸地展示其神圣不可侵犯性，也不会提到架设围栏，借此强调它的神圣是需要不惜一切代价来维护的。

这可能会为这个地区的历史提供一些线索。很明显，祭坛是为了实现尼禄早先许下的誓言而供奉的。宣誓的时间是罗马

① 火神节：火神瓦尔肯专司破坏性之火，罗马人每年 8 月 23 日庆祝该节日，以避免火灾。——译者注

城被大火焚烧后，采用了完成或过去时态。如果尼禄是在大火燃烧时许下誓言的，那么自然会使用进行时态"正在燃烧"，因此尼禄的誓言很可能是在大火灾之后许下的。即便如此，完成时态并不能完全排除正在发生的事件。显然，尼禄也没有履行誓言，但是他有没有可能部分履行誓言呢？这一祭坛区域（以及这一系列活动中的其他工程）有可能是尼禄开始建造的，但并非由他完成。我们知道，大火灾后尼禄尽职尽责地举行了一系列宗教仪式。未完工的建筑可能在随后 20 年里一直不被人重视，在此期间其神圣性也通常为人所忽视，正是由于过去的疏忽，图密善在举行自己的祭祀仪式时才需要强调这个场合的神圣不可侵犯性。

也许最令人沮丧的是，碑文没有告诉我们当时建造了多少座祭坛，也没有告诉我们为什么要建造一系列祭坛，而不是一座单独的祭坛。长期以来，人们一直猜测罗马城的 14 个区各有一座祭坛，这看似合理但完全是猜测。也有人认为，祭坛可能是为了显示火灾的蔓延范围，因而标记了火灾范围的外部边界。[153] 如果真是如此，那么我们已知的两座祭坛的位置就太令人惊讶了。人们认为奎里纳尔山躲过了大火灾，阿文蒂诺山的北侧靠近大火灾中心，但被发现的祭坛靠近山坡底部，表明火焰并未向山上更高处蔓延，这似乎很不寻常。[154] 此外，如果这是建造祭坛的目的，那么碑文为何不提及这一事实？除非这一事实存在于被破坏的碑文之中。

这座祭坛当然是与图密善和尼禄同时关联在一起的。祭坛让图密善得以使自己与尼禄之间形成鲜明的对比，弗拉维王朝的皇帝乐于诋毁这名统治者。"尼禄统治时期"这个短语的使用很能说明问题。它作为大火灾的修饰语，但使用的是尼禄名字的形容词形式，而不是他的官方名称"尼禄·克劳狄乌斯·恺撒·奥古斯都·日耳曼尼库斯"及其全套头衔，因为这可能会提高尼禄的地位，而这位皇帝在死前被元老院宣布为全民公敌，他的名字可能被从碑文中剔除了，而此时人们可能也在怀疑这场大火灾就是尼禄策划的。至少，尼禄推卸了自己的责任。相比之下，图密善超越了自我，不仅履行了自己的职责，还履行了尼禄所忽视的那些职责。图密善这么做可能也有特别的目的，他认为自己处于极其尴尬的境地。正如狄奥所述，64 年大火灾可能是自高卢入侵以来罗马城遭受的最具毁灭性的一场灾难。[155] 但尽管如此，仅仅 16 年后，80 年大火灾也是一场巨大的灾难，即便不如 64 年大火灾那么严重，其毁灭性也不容小觑。

当然，图密善可以否认其个人责任，因为火灾发生在提图斯治下，而后者确实对所发生的灾难有强烈的个人负罪感。[156] 提图斯是图密善的兄弟，也是弗拉维王朝的一员。如果人们普遍对 80 年大火灾感到不满——虽然管理部门不值得赞扬但不应受到责备，在它们的监管下，事情无论进展顺利还是不顺利，它们往往都负有部分责任，这是不可避免的，那么也会有一些污点溅到图密善身上。乍看之下，图密善举行与 64 年大火灾相关的仪式，而忽视 80 年大火灾，这显得有些奇怪，但实际上可能没那么奇怪。如果尼禄真的发誓要在整座城市建造一系列纪念火神的祭坛，然后又未能兑现承诺，那么就可以说，80 年大火灾的责任也能归咎于尼禄，而图密善作为一位负责任的元首，正在采取措施消除或降低这种情况再次发生的风险。

当然，碑文并没有说尼禄应该为 80 年大火灾承担至少一部分责任——公开明确地提及后来的这场灾难无益于塑造良好的公关形象，因此这个信息是间接而不是直接传播的。这也是为什么碑文并未因 64 年的事件而指责尼禄，重点不在于尼禄可能对火灾负有直接责任，而在于他忽视了自己作为元首的职责，因此他对后来的火灾负有间接责任。如果上述设想是正确的，那么在 84 年（图密善获得"日耳曼尼库斯"称号之后）或不久之后举行祭祀仪式或许是更好的选择，那时人们仍然对 80 年大火灾感受强烈，但这个日期并没有得到证明。

如果没有别的用意，祭坛确实说明了为什么 64 年大火灾是发生在罗马城的一场"大火灾"。这座城市在 80 年遭受了一场骇人听闻的灾难，但碑文表明，即使是这样大规模的火灾，也敌不过 64 年的那场大火灾。64 年大火灾已经在罗马火灾史上获得了前所未有的地位，成为典型的参考系，根植于大众的想象之中，并且正逐渐变成古罗马的标志性符号。

113

第三章
责　任

　　如果我们相信文献史料所描述的内容，那么64年大火灾几乎在火苗最终熄灭之前就已变质，变成了"尼禄大火灾"。根据现有资料，在大火灾最严重的时刻，当人们惊恐地逃离家园时，罗马城就已经遍布谣言，说尼禄要把这座燃烧的城市当作戏剧背景。[1] 据塔西佗《编年史》记载，这一年还未结束，谣言就变得更加可怕，暗示尼禄不但在火灾中表现凶残，而且还亲自下令烧毁罗马城。[2] 文献史料中所谓尼禄烧毁城市行为背后的动机各不相同，这取决于叙述者：或者是为了用更有趣的事物取代旧城市，或者是为了获得土地建造金宫，或者是为自己的诗歌创作寻求灵感，或者只是为了满足他残忍的欲望。无论动机是什么，尼禄的罪行都是明确的——他就是纵火犯。[3]

　　在分析人们对尼禄罪行的详细争论时，我们可以对64年大火灾进行更全面的研究。事实上，历史上尚无已确认的案例表明有人打算烧毁一座大城市，而且最终成功了。批评人士可能会引用凯瑟琳·奥利里（Cathrine O'Leary）的话，据说1871年，她家的牛踢翻了一盏灯笼，最终烧毁了芝加哥的大部分地区；或者会引用面包师托马斯·法里纳（Thomas Farriner）的话，他的房子在 1666 年着火，并最终给伦敦造成了毁灭性的后果。不管这些事情的真相是什么——当然在奥利里女士所处的情况下，很可能没有什么真相——罪魁祸首不是法里纳先生和奥利里女士，甚至也不是奥利里女士的牛。[4] 他们当然不想故意造成这样的破坏，他们只是一场更大悲剧的偶然参与者。这两场灾难的首犯都不是恶意纵火犯，主要是风，再加上恶劣的环境——干燥的空气、拥挤的房屋、大量的木头构件。严重的火灾一般都是偶然发生的。当然，有些人会故意放火烧毁一座建筑，甚至是一片建筑，而且大火在某些条件下可能会蔓延到整座城市。但是，想秘密放火烧毁整座城市基本上是完全不可能实现的。塔西佗的说法实在太荒谬，他口口声声说尼禄理应对烧毁罗马城大部分地区负责，但随后就有人发现火灾是从大竞技场附近一家商店的货物中开始燃起的。[5] 蓄意对整座城市进行纵火，需要大规模的人员参与，这种破坏行为根本无法秘密进行。比如在 1812 年拿破仑占领莫斯科期间，俄国游击队员烧毁了城市 4/5 的地区，这些火灾是俄国人公开发表反抗声明，以及持续不断地进行大面积人为干涉的结果，根本没有人试图假装这些火灾是意外事件。因此，从一开始，这些常规想法就大大削弱了尼禄有罪的说法。

还有其他几个论点可反驳尼禄有罪的说法。64 年 7 月 17 日的晚上是满月。[6] 一轮满月在城市上空升起，按现代的说法，应该是在当地时间 7 月 16 日 7 点 02 分升起，第二天（7 月 17 日）早上 4 点 04 分落下。满月最大、最圆的时间是 7 月 17 日凌晨 2 点 08 分。我们可以确定，仅仅 2 天后，也就是 7 月 19 日，就发生了大火灾。古人比我们在现代被光污染的城

114

市里更能清楚地意识到月光的影响。罗马城有可能被人蓄意纵火，而且在几乎是满月的情况下，纵火犯可能有一定的行动优势，但满月也是进行秘密行动最糟糕的时间，会大大抵消他们的行动优势。对阴谋家来说，在农历的这个时间点策划纵火，显然是不正常的。

此外，认为尼禄想烧毁整座城市来建造奢华的金宫这种说法，是人们熟知的归咎于尼禄的纵火动机，但这个动机几乎没什么意义，甚至毫无意义。皇帝本来就可以根据国家征收的需要，征用这个项目所需的土地。如果他想避免滥用权力可能带来的耻辱，也可以像奥古斯都那样花钱购买土地。奥古斯都功德碑的铭文写道，他在用战利品购买的土地上建造了广场（以及战神庙）。[7] 有人可能会说，尼禄可以先烧毁城市，火灾后再通过拍卖获得被破坏或烧毁的房产。事实上，应对灾难的代价是巨大的，造成了非常严重的后果，几乎肯定导致了罗马银币的贬值，而且费用肯定远远超过购买所需土地的潜在成本，而尼禄只要按照正常程序购买所需房产即可获得土地。此外，即使从尼禄的角度来看，在大竞技场附近引发火灾可能也是最糟糕的选择。这个地区位于帕拉蒂尼山的西南斜坡下，主要业主不是别人，正是皇帝本人。塔西佗特别告诉我们，尼禄在帕拉蒂尼山的房产确实被烧毁了，但是只有摧毁已经建好的尼禄宫，建造金宫才有可能。[8] 事实上，在所有因火灾而遭受重大损失的业主中，尼禄肯定会排在首位。除皇帝之外，特别被提到在大火中失去财产的人，只剩下凯奇纳·拉尔古斯以及提格利努斯，提格利努斯的埃米利亚庄园也被烧毁了。[9]

在大火灾发生前的某个时间，尼禄决定躲避罗马城盛夏的酷暑，前往安提乌姆的海滨别墅，火灾发生时他仍然在那里。[10] 由于尼禄不在场，似乎就排除了一种说法，即他安排这场大火只是为了寻找灵感创作一部伟大的史诗，使其与古代描写特洛伊陷落的史诗相媲美。如果这是尼禄的初衷，他肯定要么一开始就留在城里，要么一听到火灾的消息就立刻赶回罗马城——从第一天晚上起，就没人想到这场火真的能持续燃烧9天。尼禄在听到这个消息时也不相信，他一直待在安提乌姆，直到听说尼禄宫受到了大火威胁。如果这些话准确地描述了尼禄的行为，说明他当时在想办法应对现实环境，而不是操控现实环境。

因此，尼禄似乎不应该为 64 年烧毁罗马城的这场大火负责。这个问题仍然很值得研究，因为针对他精心编造的有罪论，本身已经成为一个话题，之所以值得研究，不是因为它有可能解释清楚罗马城如何被烧毁，而是因为它所揭示的灾难时期神话的力量，以及神话最终如何能够呈现一种现实的集体心理。

火灾发生时人们将责任归咎于尼禄，这并不奇怪。事实上，这是可以预料的。人们被逼到极度绝望的境地，必然无法接受这样的说法：这场灾难只不过是因为运气不好，是纯粹偶然情况下的偶发事件。在这个时候，人们迫切需要确信，发生任何事情都是有原因的，不愿受大自然随意摆布。64 年，必须有人对大火灾负责，必须有一个罪魁祸首，而掌管国家的人就是最显而易见的目标。同样，在 1666 年伦敦大火灾之后，在一群想象中的法国、荷兰和教皇派反派中，其中一个嫌疑人

116

正是国王查理二世，据说他因为父亲查理一世在伦敦被处决打算对伦敦进行报复。64 年大火灾之后，更有意思的不是人们在群情激愤时还要死死抓住尼禄有罪这根"稻草"，而是这种看上去几乎没人会相信的认定尼禄是纵火犯的言论，在弗拉维王朝的宣传攻势下，竟然如此根深蒂固。为什么这种言论在某种意义上能一直持续到今天，成为一种固有观念，甚至几乎排除了所有其他可能性？只有清醒的古典研究人员的小圈子是个例外。

117 　　一种解释是，对大多数人来说，尼禄似乎就是这种会烧毁自己城市的人。当时人们赋予尼禄或卡利古拉的大多数特征——虽然不是全部——都不可避免地将他们塑造成了典型的暴君，人们对他们的所作所为抱有深切的怀疑态度。据说，卡利古拉对自己的统治期内没有发生灾难感到遗憾，所以他希望人民遭受各种形式的灾难，包括火灾。据说古怪的康茂德也被怀疑曾在 192 年下令烧毁罗马城的大部分地区。[11] 显然，暴君可能就是要被镇压的纵火犯。因此，纵火的诽谤很可能一直离不开尼禄，在罗马城故意纵火正是像他这样邪恶的暴君能干出来的事。尼禄是否应该被冠以这个名声无关紧要，但直到他生命结束前所流传的故事还在证实，尼禄给人留下的就是这种刻板印象。68 年初，文代克斯在高卢起兵叛乱，最终引发了导致尼禄垮台的一连串事件。苏埃托尼乌斯指出，民众"坚信就是尼禄"谋划了一些可怕的邪恶事件。他认为，这体现了尼禄的本性，而这句话几乎预示着以后必定会发生一系列残忍事件，这些事件包括处决军团指挥官和行省总督，给整个元老院下毒，把野兽放到大街上，而对本

书来说重要的事件是烧毁城市（城市纵火）。据说，尼禄只
是因为这些行为太不切实际，最终才放弃了。因此，人们认
为"纵火犯尼禄"是非常适合他的角色，而这个角色是在与
大火灾完全无关的情况下被强加在他身上的，苏埃托尼乌斯
在此并没有将尼禄与 64 年大火灾联系在一起。据苏埃托尼乌
斯所说，尼禄想象了一系列邪恶计划，但值得注意的是，1
个世纪后狄奥却只选择了其中两项：尼禄决定除掉元老院以
及烧毁罗马城。[12]

　　人们从什么时候开始指控尼禄纵火呢？如果我们能够相
信很久之后塔西佗在《编年史》中所记载的内容，认为皇帝
有罪的谣言在大火灾之后迅速散播，皇帝必须寻找"替罪
羊"来逃避指责，那么所有这些就都可以回溯到 64 年下半
年的某个时间。然而，这个证据非常复杂，过分依赖这个证
据会显得过于轻率。65 年初，随着所谓的皮索阴谋曝光，在
这一年的上半年，的确有一个非常具体的指控。其中一名参
与者是禁卫军军政官苏布里乌斯·弗拉乌斯，当被指控参与阴
谋时，他试图摆脱麻烦，但后来他意识到摆脱指控没有希望，
于是决定反抗。苏布里乌斯大胆宣称，只要皇帝值得他效忠，
他就忠于尼禄，可是尼禄背叛了这种忠诚。塔西佗让苏布里乌
斯列出清单，指出尼禄的哪些异常行为导致了他内心的变化。
苏布里乌斯列举了尼禄谋杀自己的母亲小阿格里皮娜和妻子屋
大维娅；参加战车比赛，可能并不是指活动本身，而是参与公
共竞赛；参与演出（这真是讽刺，因为政变领袖皮索也在舞
台上表演）；最后，很明显在清单末尾，苏布里乌斯指出尼禄
是纵火犯。[13]

118

　　苏布里乌斯作为告密者，他的话值得认真思考，因为他显然是有一定地位的人。[14] 他对小阿格里皮娜始终忠诚，这表明他可能是从军团调到禁卫军军队的人之一，当时小阿格里皮娜是克劳狄乌斯的妻子，她利用自己的影响力在罗马为年轻的尼禄获取支持。[15] 要成为禁卫军军政官的人通常需要长期在军队服役，然后再晋升为百夫长。像苏布里乌斯这样资历深厚的军官，常年待在皇帝身边，他的指控远比苏埃托尼乌斯和狄奥所记录的模糊的谣言有分量得多。苏布里乌斯称他最初想在发生火灾时刺杀尼禄，当时皇帝身边没有守卫，我们据此推测苏布里乌斯当时和尼禄在一起，这使得他的说法显得极为可信。[16]

　　尽管如此，我们还是不能过分受限于苏布里乌斯表面上看起来特别有分量的证词。如果大火灾之后国家派人按照现代调查程序进行过正式的问询，给予证人豁免权，可以交叉质证证人，那么某个有第一手信息的证人的证词就相当重要了。然而，我们必须注意，我们面对的是一个即将死亡的人的声明，他还在自己所服务并且最终背叛了的统治者的手中。苏布里乌斯可能已经决定冲进大火中，在这种情况下，他可能很乐意用手头方便获取的任何武器刺杀尼禄。此外，还必须注意，我们面对的是传闻，而不是诉讼案件的文字记录。苏布里乌斯在面对死亡时很可能谴责尼禄，而且这些话很可能是由在场的某个人传递出来的。虽然存在已经得到确认的声明，指责尼禄沉溺于战车比赛和戏剧表演，而且他要为母亲和第一任妻子的死负责，但未经证实就指控尼禄是纵火犯，这可能只是后来才传播开的，那个时代用这样的话描述尼禄可能是潮流之举。[17] 亲罗马的犹太作家约瑟夫斯①（Josephus）在 75 年列出了一份尼禄罪行清单，当时距大火灾发生仅仅 11 年，约瑟夫斯的清单包括尼禄谋杀兄弟（布列塔尼库斯）、妻子、母亲和其他近亲属，在公共舞台上表演，但有趣的是他并没有提到尼禄对大火灾负有责任。[18]因此，苏布里乌斯所谓的指控可能是后来添加的，或许是在弗拉维王朝统治时期，纵火成为传说中与这位皇帝有关的诸多罪行之一。

苏布里乌斯的证词可能只是虚构的，目的是把自己描绘成无情的专制君主手下一位高贵的受害者。值得注意的是，对苏布里乌斯这种明目张胆的虚伪行为，塔西佗谨慎而沉默地忽略了。塔西佗坚持认为，苏布里乌斯一直忠诚地为尼禄服务，直到尼禄辜负了他的忠诚。苏布里乌斯提到尼禄最早的背叛行为是 59 年 3 月杀害小阿格里皮娜，而苏布里乌斯似乎非常乐意把事业放在第一位，继续为尼禄服务了 5 年多，其中至少在一段时间担任禁卫军军政官这个高级职务。另外，我们不能低估单纯恶意的作用，即便是像苏布里乌斯这样拥有优秀资历的人，他只要有自己的小算盘，就会散布谣言。[19]关于他说过的话，我们能够相信的是其中保留的一个传说，即在 65 年，一名禁卫军军官指控尼禄参与了纵火，但我们应该极其谨慎地用这些话来证明 64 年实际发生的事情。

即使在最不可能的情况下，苏布里乌斯的确有有效的内部

① 约瑟夫斯：全名提图斯·弗拉维乌斯·约瑟夫斯（Titus Flavius Josephus，37—100 年），1 世纪犹太历史学家。他出生于罗马帝国所管辖犹地亚行省的祭司家族，母亲是王族后裔。他在第一次罗马抵抗战争中曾经当过犹太起义军的领袖和指挥官，是 70 年耶路撒冷被毁灭的见证人。代表作有《犹太古史》《犹太战争》《驳斥阿比安》和《自传人生》。——译者注

120　　信息，我们也不可能知道这个信息是否被透露给民众。狄奥声称人们用天下所有的诅咒来咒骂尼禄。我们必须非常谨慎地看待狄奥的说法，他承认，民众实际上并没有说出尼禄的名字，人们只是诅咒"那些放火焚烧城市的人"。狄奥因此推断，他们肯定指的就是尼禄，这是一个巨大的假设，显然不符合现代证据标准。他说的也许是对的，罗马人贬低的是那些有责任的人，但如果他们拒绝点名攻击尼禄，最可能的原因其实很简单，就是他们不相信尼禄是罪人。他们的诅咒说明他们需要指责别人，并且显然不清楚谁是纵火犯，只是确信有人纵火，但这个人并不一定是尼禄。[20]

　　实际情况可能是，与皮索阴谋有关的另一个人公开指控尼禄纵火，但他的说法比苏布里乌斯更模糊。与纵火计划相关的某些人，无论是积极的参与者，还是事后被捕的无辜旁观者，都是赫赫有名的人。塞涅卡最有可能属于后者，可以说是其中最著名的人。其次肯定是塞涅卡的侄子，著名诗人马库斯·安纳乌斯·卢卡努斯（Marcus Annaeus Lucanus），即卢坎①。[21]卢坎于39年出生在西班牙科尔多瓦，是塞涅卡的弟弟安纳乌斯·梅拉（Annaeus Mela）的儿子。卢坎在婴儿时期就随家人来到罗马，他是个文学天才，塔西佗把他和罗马的两位诗坛名人贺拉斯和维吉尔归于同一个"超级明星"级别。[22] 卢坎的诗歌才华把他带进了尼禄的圈子，这种联系证明是有效的，据说有段时间他曾担任过财务官，尽管他在65年去世时只有26岁。

---

① 卢坎（39—65年）：古罗马诗人，最著名的作品是史诗《法沙利亚》，描述了恺撒与庞贝之间的内战。——译者注

　　塔西佗声称卢坎和尼禄之间的紧张关系是由职业上的嫉妒导致的。据说尼禄把卢坎当作竞争对手，并限制他的作品被公众知道，他们的敌对关系也变得尖锐起来。[23] 卢坎卷入了这场阴谋，据说他极力否认自己有罪，并通过指控自己的母亲来挽救名声，但他的努力被证明是徒劳的，最后被迫自杀。[24]

　　据苏埃托尼乌斯记载，卢坎在一首"造谣诗"中攻击了尼禄及其最有权势的朋友们。这首诗没有名字，但可以确定与他遗失的作品《被烧毁的城市》（De Incendio Urbis）有关，这一点也被卢坎的另一位传记作家瓦卡（Vacca）提到过。[25] 另一位活跃于 1 世纪末的诗人斯塔提乌斯可能在图密善统治末期写过赞美卢坎的诗，并且提到过卢坎的这首诗。他想象着缪斯女神卡利奥佩（Calliope）预言卢坎将要创作的史诗，"你一定会谈到雷穆斯山① （Remus） 上有罪的暴君那可怕的火焰"[26]。如果斯塔提乌斯的确是在转述卢坎的话，那就有力地说明卢坎认为尼禄应对这场大火灾负责。当然，卢坎也有可能用的是更中性的语言来描述这场大火灾，而斯塔提乌斯则多此一举地加入了他那个时代的观点。

　　如果我们排除卢坎诗中可能暗示尼禄罪行的内容，那么证据应该出现在第一次记录尼禄应为火灾负责的历史悲剧《屋大维娅》（Octavia）中。这个历史悲剧的手稿与塞涅卡的其他作品一起流传下来，但其创作时间毫无疑问晚于塞涅卡的作品。学者们认为其创作时间应该在尼禄去世后的一年内，即

121

---

① 雷穆斯山：据推测，这里的雷穆斯山即指罗马城。根据传说，罗穆卢斯与雷穆斯 （Remus，约前 771—前 753 年） 为孪生兄弟，也是罗马城的奠基人。——译者注

68 年 6 月至 69 年初（在加尔巴短暂的统治期内），但在弗拉维王朝时期人们通常认为时间应该更晚。[27] 故事讲述的是 62 年发生的事情，当时尼禄与第一任妻子屋大维娅离婚。当然，这些事情早在大火灾之前就发生了，但对灾难的暗示是通过预言来实现的，这个预言就是尼禄纵火毁灭了城市（第 831 行）："快让城市房屋在我的火焰中坍塌吧。"在"火焰"前直接加上"我的"使人毫不犹豫地相信尼禄在大火灾中发挥了作用。然而，考虑到这出悲剧的创作时间并不确定，也可能是弗拉维王朝时期甚至更晚，因此《屋大维娅》不能被用来证明尼禄统治时期或者其统治结束不久民众的普遍态度。

我们在转向更可靠的历史资料时，或许可以先从否定的证据开始。如前所述，大约在 75 年，约瑟夫斯提供了尼禄的罪行清单，但没有提到他对大火灾负有任何责任。[28] 另外，乍一看尼禄似乎确实受到了与其同时代的老普林尼的指责。老普林尼在 77 年出版的《自然史》中，描述了在帕拉蒂尼山上发现的尤为精美的荨麻树，他说这些树直到尼禄统治时期的多次火灾前一直存活，也就是尼禄烧毁整座城市前的那些年里。老普林尼还补充说，如果不是这位"元首"还加速了这些树的死亡，这些树会一直青翠欲滴、生机勃勃。[29] "还"这个字可能暗示着在大火灾中，尼禄不仅害死了民众，还毁了这些树。"尼禄烧毁整座城市前的那些年"先前并未出现在老普林尼的手稿中，直至 1868 年人们才在一部注释书（抄书吏添加的评论）中的其他手稿中发现。[30] 此外，句子最后非常尴尬地重复了"元首"这个词，还有同样尴尬的不确定的"还"字，似乎是想说明尼禄也杀了人。因此，指责尼禄的这句话很可能是后人加在老普林尼手稿中的，某个抄书吏可能想帮助提供有用的信息，也或许只是一个恶作剧。[31] 老普林尼确实在手稿中无可争议的部分提到了"尼禄统治时期的多次火灾"，其用意可能是表达"尼禄有罪"，但这种表述也可能只是按时间顺序排列的标记。显然，引用老普林尼的手稿内容作为证据证明当时的民众普遍相信尼禄纵火烧毁了罗马城是很危险的。

令人沮丧的是，能够组合起来证明尼禄有罪的所有证据，经仔细审查之后最多也只算得上模棱两可的证据。事实上，第一个有文件记载的明确认定尼禄应该为大火灾负责的说法，不早于图密善统治的最后几年（图密善死于 96 年），与上文引用斯塔提乌斯在《希尔瓦》（Silvae）中的语句一致，"有罪的暴君的火焰吞没了罗马高地"。[32] 这句话可能很好地改写了卢坎一首失传的诗中的部分诗句，并指向了 65 年之前流传的一些说法。关于这一点我们很难确定，但至少那句语的确表明 1 世纪末人们共同的信念，即普遍认为尼禄应该为大火灾负责，而且显然这种信念被那些意在迎合当时王朝的人兴高采烈地四处宣扬。当然，必须强调的是，我们这里所说的是认为尼禄有罪的信念，并不是说他确实有罪。而且，我们所谈论的还是非官方的信念。虽然弗拉维王朝的皇帝们极力贬低尼禄，但他们从未将 64 年大火灾的责任归咎于他。图密善在 80 年大火灾后为使火神瓦尔肯息怒建造祭坛时，批评尼禄在 64 年大火灾后忽视了类似的义务，但他们并不认为尼禄对大火灾本身负有责任。此外，认为尼禄应该负责的说法并不普遍。马提亚尔大致和斯塔提乌斯处于同一时代，且一直对尼禄持严厉的批评态

123

度，他指责尼禄破坏城市、建造金宫，[33] 但是马提亚尔并没有提到过任何谣言说皇帝本人确实是纵火犯。

　　这样看来，最晚到 1 世纪末，像斯塔提乌斯这样的作家就已经开始宣称尼禄应该为 64 年大火灾负责。当然，一代人以后，从苏埃托尼乌斯的《尼禄传》来看，这种说法已经深入人心，以至于连苏埃托尼乌斯都不做他想，也认定尼禄有罪。大概在同一时期，虽然有点不大情愿，但塔西佗还是记录了一些不同的观点。1 个世纪后，狄奥直截了当地把尼禄刻画成纵火犯，从未提出任何不同的意见。

　　在苏埃托尼乌斯、塔西佗和狄奥的叙述中，有些主题是其中 2 个人共有的，甚至是 3 个人共有的，但在细节上又有所不同。苏埃托尼乌斯声称，有人在随意聊天时引用一个无名的希腊悲剧演员的台词"我死后让地球着火吧"，这与路易十五的"我死后哪怕洪水滔天"类似，而尼禄则用拉丁语"不"反驳，然后用希腊语说："在有生之年希望看到世界被毁灭。"[34] 这并非不可信，这个所谓的尼禄的回答似乎要急于表现一个典型的叛逆少年的形象。但是，那些被设计用来让我们显得机智的语句，后来却被断章取义地用作对付我们自己的武器，使我们常常感到困扰。

　　苏埃托尼乌斯把尼禄那句话当作正式证据，证明尼禄长期有烧毁罗马城的企图。狄奥也引用了同样一句台词，他称之为"著名的引用语"（没有说明剧作家是谁），但有趣的是，他说引用这句话的并不是尼禄，而是提比略在他生命后期所引用的，提比略当时正欣喜地思考着如何将骚乱引发到可能的继任者卡利古拉身上。[35] 除非狄奥在这里犯了个错误，并且记错

了那句话的出处，不然本来是提比略说出的一个好句子，却被
用来抹黑尼禄。狄奥还记载了尼禄大肆宣扬说普里阿摩斯①
（Priamos）有幸见证了自己的统治和国家同时完结（这句话本
章下文会讨论）时，轻率地把要烧毁罗马城的计划公之于众，
这就使情形变得更复杂。[36] 狄奥又在较早之前类似的场景中，
描述提比略预测卡利古拉灾难性继位的情形，把同一种情感又
归结到提比略身上。[37] 这两种表达看上去像陈词滥调的对偶
句，可以被叙事人选择用于任何一个人。有趣的是，苏埃托尼
乌斯把普里阿摩斯逸事的变换形式的事件归结到提比略身上，
使上下文的内容显得更可信。提比略不但对收养的孙子卡利古
拉非常警惕，而且对自己的亲孙子提比略·杰梅勒斯
（Tiberius Gemellus）也非常嫌弃，因为他觉得这个孩子是私生
子，杰梅勒斯的母亲利维拉②（Livilla）曾与禁卫军军官谢雅
努斯有过婚外情。所以据说提比略曾公开宣称普里阿摩斯非常
幸运，因为他比所有的亲戚活得都长。[38]

　　我们发现，对有可能是最著名的火灾事件，3 位历史学家
的表述内容也各不相同。狄奥告诉我们，在火势最猛烈时，尼
禄爬上了"帕拉蒂尼山最高点"，"最高点"也许指的是整座
山的山顶，也许特指皇家宫殿顶部，以便能整体看清火灾的状
况。[39] 之后，尼禄又拿起"竖琴演奏装备"，继续吟唱《特
洛伊陷落》。苏埃托尼乌斯提供的应该是同一个事件的不同版
本，[40] 在他的叙述中，尼禄爬上了米西纳斯庄园的高塔。米

---

① 普里阿摩斯：特洛伊战争时期的特洛伊国王，帕里斯之父。——译者注
② 利维拉：全名克劳狄娅·利维拉（Claudia Livilla），为提比略之子德鲁苏斯的
　 遗孀。——译者注

西纳斯庄园并不出名，它很可能并不在帕拉蒂尼山上，而是位于埃斯奎利诺山上，所有者米西纳斯①（Maecenas）死后庄园就成为帝国财产。[41]　显然，苏埃托尼乌斯和狄奥的描述是有差别的，而苏埃托尼乌斯的描述更为可信。毫无疑问，帕拉蒂尼山几乎从一开始就处于大火灾中心，尼禄肯定会避开这里，125　除非他在履行消防员的职责。苏埃托尼乌斯告诉我们，尼禄一爬到塔上，看到火焰就感到异常兴奋，认为火焰美丽无比。塔西佗提供了一剂令人清醒的解药，让我们不至于沉浸在有趣的秘闻中。他给了我们另一个更加克制的版本，据传言，在城市被烧毁时，尼禄出现在了他的私人舞台上。塔西佗告诉我们，尼禄在这个私人舞台上吟唱了《特洛伊陷落》，把过去特洛伊所遭受的苦难与罗马城当时遭受的苦难进行了比较。[42]　直至64年初，尼禄一直在自己的私人舞台上表演，就在那一年，火灾发生前不久，他首次出现在那不勒斯的公共舞台上。[43]后来，他在公共舞台露面变得更常见，据狄奥所述，65年初，他在一家剧院的管弦乐队中表演了自己的诗歌《三驾马车》（*Troica*）。同年，塔西佗提到他在第二次尼禄节庆祝活动②的舞台上朗诵了一首无名诗。[44]　大火灾后进行的这些公开表演显然涉及特洛伊战争的相关素材，可能为谣言提供了原始材料，也可能引发了带有敌意的猜测，认为尼禄在公开场合吟唱

---

① 　米西纳斯：全名盖乌斯·西尔尼乌斯·米西纳斯（Gaius Cilnius Maecenas，前70—前8年），罗马帝国皇帝奥古斯都的谋臣，著名外交家，同时还是诗人艺术家的保护人。诗人维吉尔和贺拉斯都曾蒙他提携。他的名字在西方被认为是文学艺术赞助者的代名词。——译者注

② 　尼禄节庆祝活动：尼禄规定自60年起每5年进行一次庆祝活动，65年举办了第2次庆祝活动。——译者注

的《特洛伊陷落》之前已在私人舞台上表演过，这是可以预料的，而这些私人表演的灵感直接源自罗马城被烧毁。[45] 只有塔西佗承认，他所记录的不过是谣言，未经证实，但这些谣言似乎证实了苏埃托尼乌斯和狄奥对尼禄的固有印象。因此，塔西佗是谨慎的，这种谨慎令人钦佩，但是苏埃托尼乌斯和狄奥选择忽视这种谨慎，并把谣言作为事实呈现了出来。

当然，我们在严重依赖这 3 种主要文献史料前，一定要先评估尼禄有罪还是无罪，此时仔细考虑这 3 种叙述究竟是否公平和客观非常必要。我们从塔西佗的叙述开始考虑最合适，因为他的叙述被公认为这 3 种文献史料中信息量最丰富和最可靠的。

塔西佗在叙述 64 年大火灾时，明确且毫不含糊地提到了一个具体细节——这次大火灾比之前或之后烧毁这座城市的任何一次火灾都可怕得多。然而，在责任分配问题上，塔西佗矛盾重重。令人欣慰的是，从一开始塔西佗就承认有两种不同版本的火灾，一种认为火灾是皇帝的邪恶阴谋，另一种认为火灾是一场意外。塔西佗认定二者选一是不可能的。[46] 尽管塔西佗总体上对尼禄是蔑视的，但他对火灾的具体责任划分谨慎而公正，并坚决抵制将这场灾难当作棍子来殴打自己不喜欢的人或物。[47] 著名的庞贝剧场是共和时期罗马城的伟大地标之一，也是罗马城的第一座石头剧场，在 22 年提比略统治时期被烧毁，当时塔西佗对这一事件也同样表现出了开放的态度。[48] 那场火灾中似乎没有人故意纵火，塔西佗强调那是偶然发生的事件（几乎和描述 64 年大火灾时的用词一模一样）。62 年，200 艘船在港口被烧毁，剩下 100 艘船向台伯河上游驶去时，

126

塔西佗使用了同样的语句。[49] 69 年，在韦斯巴芗的支持者和维特里乌斯的支持者究竟哪一派烧毁了卡比托利欧神庙这个问题上，塔西佗也表现出了同样的公平和公正，他认为这是个开放性的问题。[50] 事实上，塔西佗所描述的 64 年大火灾比表面上看起来复杂得多。尽管他声称自己专业上是正确的，但他的叙述并不像我们预想的那样毫无偏见。虽然塔西佗名义上说事情有多种原因，但是他巧妙地添加了一些内容，使读者认为尼禄的行为非常无耻，他理应受到谴责，对尼禄的纵火指控几乎是无可辩驳的。塔西佗的叙述本身就是一篇精彩绝伦的派系文章，给我们留下的印象是尼禄完全有可能烧毁罗马城，可能他确实也是这么干的。塔西佗从未公开指责尼禄纵火，他也没有必要这么做。通过仔细挑选事实内容，巧妙地使用影射的方式，他已经塑造出了纵火犯尼禄的形象。[51]

在古代，火灾不仅是城市生活中不可预测的危险，而且被赋予了浓厚的神秘色彩。火灾可能是更大的灾难到来的前兆，也或许是神祇不满的表现。塔西佗在叙述 64 年大火灾之前，讲述了尼禄在罗马城的种种逾矩行为，简要描述了提格利努斯组织的宴会。提格利努斯在水库上建造了一个木筏，这个水库为阿格里帕湖供水，阿格里帕湖是前 25 年在战神广场修建的。木筏由男仆们划行，拖着小拖船，小拖船上装饰着黄金和象牙。周围全部是从世界各地进口的外来动物，甚至水库边也有奇异的海洋生物。水库边散布着妓院，高级妓女们在岸上裸体嬉戏，提供服务，到了晚上，整个地方灯火通明，回荡着人们欢聚畅饮的声音。在那里，尼禄沉迷于各种可以想象到的恶习。最让他快乐的事情莫过于举行婚礼，人们在婚礼上可以看到传统罗马仪式中的正式礼服、占卜师、火把、嫁妆，尼禄自己甚至还戴上了新娘面纱。在那里，他嫁给了解放自由民毕达哥拉斯（Pythagoras），正如塔西佗所说，此人也是这个变态团伙的成员之一。[52]

这段耸人听闻的叙述之后是一个极其简单的语句——灾难降临了。尽管塔西佗是一位负责任的历史学家，但他并没有明确说出"狂欢"和大火灾这两个事件之间有何正式联系，但通过这样的叙述顺序，加上他在描述火灾时用了"推断"这个词，因此历史现实（"接着"）生动地强调了事件发生的紧迫性，从而在读者脑海中创造了一种联系，使读者将大火灾的责任归咎于尼禄，而无须暗示尼禄投出了第一支火把。[53] 虽然塔西佗没有公开这么说，但这场大火灾似乎是神祇对尼禄统治下罗马持续衰败的一种天谴。[54]

塔西佗最初对大火灾的起源给出了一个客观解释。大火发生在大竞技场旁边的商店里，那里有许多易燃物。风势带动火势，蔓延到建筑物密集地区狭窄而蜿蜒的街道上，人们拼命逃离造成了非常混乱的局面。[55] 塔西佗在第一章结尾时，明确描述了一些看起来像是犯罪的行为："没有人敢去灭火，无数人试图扑灭大火，却不断遭到生命威胁，还有些人公开投掷火把，大声喊着说他们'收到了命令'。这样做方便他们趁火打劫，也或许他们的确接到让他们这么做的命令。"[56] 这听起来很令人震惊，这些人似乎是有意为之。然而，如果火灾中有些人在烧毁建筑物，其实也不意外，因为如果一场大火根本无法扑灭，基本上唯一可行的办法就是在大火蔓延的道路上制造一个缺口。在理想的情况下，人们可以有序地拆除建筑物，清除

128

可燃物，制造一个缺口。在紧急情况下，这种耗费大量时间的方法并不是切实可行的，唯一切实可行的方法是在火灾可控地区摧毁一些建筑物。我们几乎可以肯定，塔西佗所描述的正是这样的行为。同样，根据苏埃托尼乌斯的说法，有人看到"仆人们"在烧毁建筑物，或者按照狄奥的说法，有些人被派到城市各处"放火"，几乎可以肯定这都是皇帝授命的，因为他们是消防员，当时在执行完全正常的灭火任务。

　　这种消防措施从 64 年开始实施，后来也得到了塔西佗本人的证实。他指出，埃斯奎利诺山山脚下的大火直到第 6 天终于被扑灭（尽管是暂时的）的唯一可能的原因是大片地区的建筑物已经被拆除，唯一能抵御凶猛大火的武器是一块清空的地面和开阔的空间。[57] 苏埃托尼乌斯也间接支持了塔西佗的说法，他指出有人用军事器械拆毁了石砌的粮仓，又把粮仓点燃烧毁，因为这块土地就是尼禄打算建造金宫的地方。[58] 在这种情况下，消防员当然会"按照命令"工作，而且自然会向试图前来干预的民众公开他们的权威来源。这些未透露姓名的人显然是公开行动的，丝毫没有考虑过保密事宜。他们根本没有采取任何行动来掩饰自己的做法，这充分说明他们根本不是在犯罪。塔西佗没有给出明显合理的解释；相反，他令人困惑地暗示说，入侵者或者只是抢劫者，或者可能真的是按命令行事。在提到第二种可能时，塔西佗巧妙地让这个话题充满不确定性。读者自然会问"谁的命令？"而塔西佗的沉默就是为了鼓励我们为自己提供答案——"尼禄的命令"，却丝毫不解释尼禄发布这些命令是有原因的，而且发布的时机也非常恰当。

塔西佗神神秘秘地描写了"神秘人"按照命令烧毁建筑物，混淆了人们的视线以后，塔西佗又提到大火灾发生时，尼禄还在安提乌姆，非但没有立刻返回罗马城，反而一直等到大火直逼尼禄宫才回到罗马城。[59] 这个暗示非常明显，尼禄没有回来履行自己作为元首的职责——扑灭大火、照顾民众，反而铁石心肠，非常冷漠，一个人舒舒服服地待在安提乌姆。尼禄最终回到罗马城纯粹是为了个人的私利，也就是说，他是为了保护自己的财产才回到罗马城。塔西佗省略了尼禄推迟回来的最明显的原因，即他只是在大火非常严重的情况下才回到了罗马城。[60]

接下来，塔西佗描述了尼禄所实施的救援措施。尼禄把人们暂时安置在战神广场，搭建了避难所，甚至把其中一些人安置在自己家里。尼禄从奥斯提亚和其他社区运来了粮食，降低了粮食价格。所有这些措施肯定都是值得称赞的，但是并没有得到这位历史学家的赞扬，塔西佗说这些措施是流行做法（是"针对人民的"，而不是"受欢迎的"）。[61] 这些措施被证明并不成功，不一定是因为它们未能改善罗马人的生活（塔西佗对此未做任何评论）。这些措施未能为尼禄赢得民众的认可，其隐含的意思就是他这么做是为了公关，而不是出于任何人道主义目的。这种公关之所以未能成功，是因为在火灾最严重的时候传来了一个谣言，说尼禄"站在他的私人舞台上，吟唱着《特洛伊陷落》"。在这里，塔西佗的确承认这个故事只是谣言，但他认为时机合适时可以再次重复这个谣言，即使不可避免地造成了负面影响。

人们对重大灾难的反应有所不同。在 64 年大火灾之前大约 2 个世纪，即前 146 年，据说普布利乌斯·西庇阿·埃米利安努斯①（Publius Scipio Aemilianus）看到迦太基城被摧毁而痛哭，并将其与特洛伊的陷落相提并论，甚至引用了荷马130《伊利亚特》中的诗句。[62] 罗伯特·奥本海默②（Robert Oppenheimer）在 1945 年目睹第一次原子弹试验时，背诵了《薄伽梵歌》③（Bhagavad Gita）中的台词，为世人所熟知。约翰·查平在 1871 年芝加哥大火后，为《哈珀周刊》创作了极有感染力的作品，坦率地表达了艺术家在发生巨大灾难时所面临的困境——在面临极端恐惧时共同的人性与对巨大灾难的迷恋之间挣扎。他说："没有任何语言能够表达出这个场景的宏伟、极致的崇高。"查平引出了我们的理解，甚至是同理心。[63] 然而，尼禄所受到的对待远没有那么宽容，特洛伊战争显然使他着迷，他把这个主题的诗作看作自己最重要的作品之一。[64] 对尼禄来说，只有把特洛伊的陷落与烧毁罗马城大部分地区的大火灾相提并论，才能真正引人注目。毕竟，其他人喜欢的是把大火灾和高卢人攻陷罗马城相提并论。尼禄吟唱

① 普布利乌斯·西庇阿·埃米利安努斯：全名普布利乌斯·科尔内利乌斯·西庇阿·埃米利安努斯（Publius Cornelius Scipio Aemilianus，约前 185—前 129年），即小西庇阿。他是罗马共和时期将领，两次出任执政官一职，并率军攻陷迦太基城，结束了罗马与迦太基的百年之争。——译者注
② 罗伯特·奥本海默：全名尤利乌斯·罗伯特·奥本海默（Julius Robert Oppenheimer，1904—1967 年），著名美籍犹太裔物理学家，"曼哈顿计划"的领导者，美国加州大学伯克利分校物理学教授，被誉为人类"原子弹之父"。——译者注
③ 《薄伽梵歌》：印度教的重要经典与古印度瑜伽典籍，成书于前 5 世纪到前 2世纪，为古印度的哲学教训诗，收载在印度两大史诗之一《摩诃婆罗多》中，是唯一一本记录神而不是神的代言人或者先知言论的经典，共有 700 节诗句。——译者注

诗歌的形象后来被强化成一幅标志性的漫画，城市被烧毁时皇帝却无所事事，沉迷于个人消遣，而他本应履行一个负责任的"元首"的职责。

塔西佗接下来记载，到了第 6 天，大火在埃斯奎利诺山的山脚下停止，但随后又再次燃起。虽然死伤人数减少，但火灾造成了巨大的财产损失。这些信息本身并不重要，但塔西佗又接着说："那场特别的大火引发了一桩更大的丑闻，因为大火是从提格利努斯的埃米利亚庄园里燃起的，尼禄似乎想寻求建立一座新城市的荣耀，要兴建一座以他的名字命名的城市。"[65] 这种说法相当奇怪，几乎没有逻辑。但是，我们可以看到一种模式开始出现。塔西佗的正式立场是，引发大火的原因无法确定，但凡对尼禄有害的指控，他都会很高兴地一再重复，却不对这些指控做任何评价。我们当然可以说尼禄利用大火灾造成的破坏进行了大规模重建计划，但这远远不能证明是他放火创造了机会。说尼禄想建造一座新的以自己的名字命名的城市，只能增加人们对他的偏见。此外，读者也许会反对，如果尼禄的计划只是获取埃斯奎利诺山上被大火灾破坏的财产，把那里建造成金宫金碧辉煌的一部分，他就不可能这么努力地把火扑灭在山脚下。这似乎是在暗示，只有在提格利努斯的埃米利亚庄园里发生第二次火灾，他才有可能秘密实施这个计划（尽管之前提到的一群不明纵火犯似乎根本未考虑过保密问题）。但是，故意在那里放火当然也会损害提格利努斯的财产，这肯定是一个沉重的代价。

塔西佗接着对被大火烧毁的精美建筑进行了非常中立的描述。[66] 这一小节本身并无奇特之处，实际上却被用作下一节

131

的序言，开篇就讲述尼禄利用被破坏的土地来建造金宫。塔西佗虽然没有公开表明自己赞同这一观点，但也没有反驳，而仅仅通过重复这些话，他就在读者心中强化了对尼禄纵火的怀疑。那一章的其余部分着重强调规划中的金宫如何精美、奢华（含蓄地将其与普通人遭受的巨大损失进行对比），从而定下了偏见的基调。[67]

接下来塔西佗讲述了尼禄所采取的措施，直面大火灾造成的后果并降低未来发生类似灾难的风险。我们本来可以期待塔西佗在这一章能详细展示尼禄在大火灾后的所作所为，在某种程度上塔西佗也确实做到了。塔西佗承认，这些措施既产生了实际效果，又有美学吸引力，因而很受欢迎，但即使是这种值得称赞的行为，也不得不接受质疑。人们找到了抱怨的理由，道路越宽阔，就意味着建筑物之间的距离越远，因此无法遮挡炙热的阳光。这些抱怨相对来说微不足道，但塔西佗并没有费心指出这一点，所以这一小节就以这个负面基调结尾，从而给读者留下最后的印象，即尼禄在大火灾后采取的措施并不是受所有人欢迎的。[68]

接下来是拉丁文学中最著名的段落之一，也是塔西佗所有作品中最具争议的一段，内容涉及尼禄在大火灾后对待基督徒的方式。[69] 下一章将详细讨论这个主题，这里只需提到一些重点。我们知道，尼禄举行了某些仪式来安抚民众，但无论是这些仪式还是他的慷慨行为，都无法结束他下令放火的谣言。为了结束这些流言蜚语，他需要找一个群体来担责，并把目光投向了基督徒，这是一个很方便的目标，因为基督徒非常不受欢迎（直至他们受到极其残酷的惩罚）。塔西佗接下来的叙述内容很有争议，思路也并不总是那么清晰，也许他是故意的，但实际上基督徒的确被定罪且被判处了残酷的惩罚。有评论说，基督徒是"有罪的"（或者是当时罗马人的观点，或者是文章作者的观点），因为他们可能犯了与基督教有关的可恶罪行，而不是因为纵火，尽管这一点并没有被确认。无论如何，人们开始为这些基督徒感到难过，因为他们受到惩罚，表面上是为了公共利益，实际是为了满足尼禄的残忍欲望。这段内容的主题似乎要表达基督徒虽然罪有应得，但尼禄仍应受到谴责，因为他无情地惩罚了这些基督徒。

灾后重建需要大量资金。筹集资金是政府的职责，尼禄有责任筹集必需的资金完成这项工作。尼禄在执行这项任务时似乎精力旺盛，旺盛到塔西佗声称意大利都要被这些新实施的措施"摧毁"了，需要上交贡品的行省和盟国是如此，本来不该上交贡品的城市也是如此。塔西佗没有提供任何证据表明这些资金被用于私人目的或浮夸的目的，相反，他把注意力转移到谈论被掠夺了宝藏的神庙。我们不清楚尼禄如何利用掠夺来的财富，但塔西佗又将尼禄塑造成了一个掠夺者，他为了积累个人财富洗劫了那些神圣场所。[70]

塔西佗在叙述中从未公开放弃超然的姿态，但他故意混淆视听，有意转移注意力，刻意关注负面因素，这样塑造出来的就是一个邪恶、有罪的皇帝，让人们纷纷怀疑皇帝纵火。然而，塔西佗的确也承认，关于尼禄是纵火犯存在一些分歧。苏埃托尼乌斯运用的方式就截然不同，他应该可以获得与塔西佗基本相同的原始资料，但他在描述大火灾时，从未想过为尼禄摆脱任何质疑。[71] 从尼禄所说的第一句话开始他就是有罪的，苏埃托尼乌斯简单而教条地说"他烧毁了整座城市"，而且是"公开"的。他大胆断言，尼禄既未放过自己的臣民，也未放过自己的城市。在开始描述大火灾前的"前言"中，苏埃托尼乌斯加上了所谓的皇帝无情的话——"在有生之年希望看到世界被毁灭"。紧接着苏埃托尼乌斯断言道，皇帝显然已达成心愿。[72]这些充满敌意的开篇话语为整个大火灾事件定下了基调，这根本不是在记载历史事件，只是揭露尼禄的邪恶本性。

苏埃托尼乌斯先是明确指出尼禄实现了摧毁罗马城的野心，又解释了刺激尼禄这么做的原因，但是他的解释模棱两可，显然并不能让人信服。他提到尼禄厌恶"旧建筑和荒凉而狭窄蜿蜒的街道"。这样就可以提供尼禄摧毁一座城市的合理理由，甚至是非常合理的理由，尤其是在像尼禄这样的幻想家希望建造一座新罗马城的情况下。从纯粹务实的角度来说，将现有建筑事先清理干净，再对城市进行重建容易得多。但是，即便我们相信苏埃托尼乌斯的话，要摧毁肮脏的旧罗马城也绝不会是尼禄的真正的动机。这个传记作家玩了一个双重游戏。他面临的是一个难题：纵火是犯罪，但烧毁肮脏的旧城再重建，可能不会被视为令人发指的行为。罗马人非常熟悉凤凰这种鸟，它是神话中的一种鸟，每 10 个世纪就会在火中自焚一次，新的凤凰从火焰中飞起。就像凤凰一样，罗马民族在某种意义上是在火中诞生的。正如维吉尔在伟大的民族史诗《埃涅阿斯纪》（*The Aeneid*）第二卷中所述，罗马民族的起源可以追溯到原型英雄埃涅阿斯①（Aeneas）逃离燃烧的特洛伊城踏上

---

① 埃涅阿斯：古罗马的神，荷马史诗《伊利亚特》将其与传说中的赫克托耳相比较，他在维吉尔所写的《埃涅阿斯纪》中是英雄人物。——译者注

前往意大利的旅程，建立起一个新国度。这个主题经常被积极地引用。因此，在 80 年大火灾之后，马提亚尔明确将罗马城视为凤凰，抛弃了罗马城的旧形象，呈现出统治者的光辉形象。马提亚尔的叙述显然涉及图密善的重建倡议。同样在图密善的统治下，斯塔提乌斯也谈到了从火焰中诞生的新宫殿。[73]

这个主题的另一个新的形式来自提玛格尼斯①（Timagenes），他是住在亚历山大的希腊人，于前 55 年被捕，被作为奴隶带到意大利。他在意大利获得了自由，成了一名著名的教师，并创作了《世界通史》（Universal History）。提玛格尼斯似乎对奥古斯都和他妻子利维亚特别反感，也非常厌恶罗马城。据塞涅卡说，看到这座城市经常被大火包围，提玛格尼斯通常会很高兴，但他也很烦恼，因为新修的建筑往往比旧建筑漂亮许多。[74]

134

事实上，许多建筑在被大火烧毁后，取而代之的往往是更精美的建筑，正如伦敦大火后，古老的圣保罗大教堂被烧毁，取而代之的建筑则被公认为城市的瑰宝。[75] 一些辉煌的罗马建筑取代了被大火烧毁的建筑。前 14 年，古罗马广场上的保卢斯大教堂被烧毁，取而代之的是埃米利亚大教堂。这座建筑在 22 年得以修缮，被装饰一新，老普林尼非常欣赏这座新建筑，认为它是罗马杰出的建筑之一。[76] 图拉真在奥庇乌斯山下修建的宏伟浴场，称得上是最重要的罗马帝国浴场，就修建在金宫的废墟上，金宫的部分建筑在 104 年大火灾中被烧毁。[77] 著名的万神殿最初修建于前 27—前 25 年，在 80 年被烧毁后重建，后来再次被烧毁，并由哈德良进行了大规模重建。这位皇帝非常

---

① 提玛格尼斯：希腊作家、历史学家和修辞学教师。——译者注

喜爱万神殿，这里是他在罗马选择上朝的 3 个地点之一，到 4 世纪，阿米亚努斯（Ammianus）仍然认为万神殿是罗马城最伟大的奇观之一。[78] 这些重要建筑的重建者因改善了先辈们的工作而受到含蓄的赞赏。在 64 年大火灾后，塔西佗在提到重建的崭新有序的罗马城时，也表达了钦佩之意。重建的罗马城的有序与高卢人攻陷罗马城时造成的混乱完全不同。塔西佗还记录说，那些还记得 64 年前罗马城的模样、带有浓厚怀旧情绪的老人，也承认新建的罗马城是美丽的。[79]

　　苏埃托尼乌斯巧妙地扭转了这个想法，解决了自己的困境，称尼禄只是假装这是他烧毁城市的原因："丑陋的旧建筑似乎让人反感。"[80] 尼禄被视为纵火犯已经足够糟糕，但据苏埃托尼乌斯的说法，现实情况更糟糕——他还是一个虚伪的纵火犯。出于审美烧毁自己的城市也许还称得上体面，但这也只是一种掩饰。尼禄真正的动机——虽然苏埃托尼乌斯并未明确解释——也许更邪恶。当然，他只是想用更美丽的东西取代罗马城的说法完全是猜测，除非苏埃托尼乌斯能读懂尼禄的心思。尼禄也可能开过一些不合时宜的玩笑，说要把城市夷为平地。正如约翰·贝杰曼①（John Betjeman）在第二次世界大战时创作的关于沉闷的（他所认为的）英国斯劳小镇的著名讽刺小诗中说的那样："来吧友好的炸弹，落在斯劳小镇上！它现在已经不适合人类居住了。"若果真如此，这就是在公共生活中试图表现幽默的另一个危险例证。

　　苏埃托尼乌斯称没有人试图保密——尼禄"公开"烧毁

---

① 约翰·贝杰曼（1906—1984 年）：英国桂冠诗人。——译者注

了这座城市，他指的是塔西佗（以及狄奥）都曾记载过有人促使大火蔓延的事件。苏埃托尼乌斯又增加了更多细节，他提到一些前执政官在自家庄园上抓住了手里拿着火种和火把的尼禄的"内侍"（其实是"家仆"）。苏埃托尼乌斯把这些提供情报的人称为"前执政官"，暗示这些人无可指摘，他们所说的话完全可信。[81] 苏埃托尼乌斯确实提出了一个可能很重要的观点，他指出"这些仆人"的行为完全公开，因此前执政官没有试图阻止他们。然而，对于这种显然很奇怪的情况，苏埃托尼乌斯却没有任何解释，因此很难不让人得出这样的结论，即他们之所以公开行动是因为他们的行动与犯罪沾不上边，也没有不当之处。"这些仆人"其实是消防员，做了平时训练的工作，也没有受到业主的阻挠，因为他们在执行官方的完全适合灭火的任务。

　　苏埃托尼乌斯接着说，粮仓所在地就是后来建成的金宫所在地，因此被尼禄觊觎，由于粮仓被石墙包围，于是"这些仆人"先用弩炮破坏粮仓，再用火点燃它们。弩炮通常是军队攻城时所使用的拆除武器，消防大队对这种武器很熟悉，而苏埃托尼乌斯使用负面语言所记录的这些行动，也正是我们所了解的制造防火屏障的必要步骤。苏埃托尼乌斯继续对比这次灾难对尼禄本人及其臣民的影响，穷人被赶到坟墓里避难，拥有悠久军事传统的贵族家庭失去了家园，庄严的神庙被烧毁。尼禄却毫发无损地逃脱了，他从米西纳斯庄园的高塔向下俯视，陶醉在美丽的火焰中，吟唱着《特洛伊陷落》。[82] 最后，苏埃托尼乌斯将关注点放在尼禄的贪婪上。此时最明智的原则是，既不移动尸体，也不清理残骸，尼禄却自掏腰包承担了这

136

个任务，这被当作他企图进行灾后掠夺的阴谋。苏埃托尼乌斯还引用了塔西佗《编年史》中的说法，尼禄为了应对大火灾所造成的后果，强迫个人和行省捐款，导致个人和行省都一贫如洗。[83]

苏埃托尼乌斯既未为我们提供关于大火灾的清晰连贯的叙述，也未对尼禄的行为进行恰当的分析。他很少给我们提供所需要的材料，我们需要的是历史学家所写的材料，而不是传记作家所写的材料。苏埃托尼乌斯的确提供了一些有用的精确信息，如大火灾（或者至少第一阶段）持续了六天七夜，但除此之外，关于大火灾发生的位置和进展情况，他未能提供任何有用的信息，也没有明确大火灾何时开始，哪些建筑被烧毁，或者大火灾是否可以分为两个阶段等。但是他确实达到了某种目的，解释了尼禄的罪行如何被大部分受过教育的罗马人认为是理所当然的。此外，苏埃托尼乌斯的陈述几乎没有历史价值。[84]

狄奥也描写了大火灾，大约比塔西佗和苏埃托尼乌斯晚1个世纪，但他似乎也借鉴了类似资料。我们不清楚他是咨询了前人还是直接从共同资料中借鉴，但是他肯定没有提到过为尼禄开脱的人。和苏埃托尼乌斯一样，狄奥断然相信尼禄应对大火灾负责，因此他竭尽所能地描述对尼禄的偏见，这丝毫不令人吃惊。此外，由于一次历史事故，他的原稿丢失，留存的资料只在后来的一些节选本中出现。因此，有些时候我们连狄奥描述大火灾的确切顺序也不能确定。

和塔西佗一样，狄奥一开始就描写了尼禄举行的骇人听闻的宴会。尼禄举办了好几场精彩的表演，一次大型的公众盛会

成为表演高潮，却最终演变成混乱的狂欢，其中不乏酗酒和滥
交。奴隶和角斗士与罗马上流社会妇女滥交，她们的丈夫或父
亲就在一旁观看，场面完全失去了控制，许多人被卷入混乱的
人群并被压死。[85] 狄奥评论说，"此后"——这个词指代不
清，几乎毫无意义，他常用这个词按事件发生的顺序来组织材
料，但事实上根本没有先后顺序——尼禄决定做一些他早就渴
望做的事，就是在他有生之年摧毁整个城市和帝国。虽然塔西
佗似乎想暗示皇帝的残暴行为后来以大火灾的形式受到了神的
惩罚，而狄奥则含蓄地相信尼禄是有罪的，他的放肆行为与大
火灾有更直接的关联，因为一个毫无道德感的人完全能够做到
这两点。

狄奥用微妙的希腊语为已经发生的事情定下了基调。他指
出，尼禄毫无疑问已经有了摧毁罗马城的野心。对于有人可能
会挑战狄奥的说法，怀疑他是否能够读懂尼禄内心深处的想
法，狄奥补充道，尼禄在任何时候都会说普里阿摩斯是幸运
的，因为他的统治和他的国家同时完结（此处手稿有损，我
们不能确定准确情绪）。也就是说，如果第一次有人诋毁尼禄
有破坏性的野心，尚不能给人留下深刻印象，那么很快还有第
二次诋毁。这显然是"欲加之罪，何患无辞"。[86] 对狄奥来
说，纵火纯粹是由想要毁灭的欲望引起的疯狂行为，但他并没
有提供任何证据证明尼禄早有纵火之心，人们想知道狄奥能提
供什么证据。狄奥之所以编造这个说法，仅仅是因为从一开始
他就找不到尼禄纵火的充分理由，做出这个推断并不难。

狄奥继续说，尼禄派人到不同地点纵火，假装喝醉酒或进
行其他故意破坏活动，并在不同地点点火。[87] 狄奥说尼禄是

"秘密"行事，但这个做法似乎完全被尼禄派去纵火的人的行为暴露了，他们表现得露骨且残忍——所谓的"秘密"只能说明他们是在皇帝的指示下去做的。"秘密"这个词是有倾向性的，事实上狄奥确实没有证据能将抢劫和醉酒闹事与尼禄联系起来。因此，缺乏证据必定意味着这种安排是秘密的，而火灾又发生在不同地点，这就导致人们对大火灾的真正起始位置产生了困惑。狄奥在这里完全忽略了塔西佗及其所借鉴的历史资料，这些历史资料确认大火灾的起始位置就在大竞技场附近。狄奥之所以说大火灾的起始位置不确定是有道理的，如果知道大火灾在一个确定地点发生，蓄意纵火的说法就完全站不住脚。

　　接着，狄奥用一个描述性很强的段落，讲述了城里的混乱场景以及到处弥漫的恐慌氛围。[88] 罗马人民对统治阶层感到非常失望，派去提供援助的人反而烧毁了房屋。狄奥没有对这种行为进行深入解释，而这种行为的目的可能是建立防火隔离带。其中一项貌似合理的指控是"士兵们——包括消防员——都在忙着抢劫"。这里的"士兵们"最初大概指禁卫军。考虑到大火灾的规模以及禁卫军过去的服役模式，他们很可能被召集前去救援，因为禁卫军已经开始参与火灾救援，提比略的儿子德鲁斯就曾在火灾中提供过援助。对于抢劫的可能性，我们也必须认真对待。或许在一些明显的抢劫案件中，贵重物品其实是被其合法主人从大火中救了出来。在任何大型火灾发生时，抢劫事件也会发生。[89] 就在所有这些恐怖事件正在上演时，尼禄却爬上了"宫殿最高处"，吟唱起《特洛伊陷落》。[90]

　　狄奥声称，除高卢人攻陷罗马城外，这一次是罗马城所经历的最严重的灾难，城市约 2/3 的地区被烧毁，死亡的罗马人数不胜数。据狄奥说，人们开始用各种语言诅咒尼禄，猛烈抨击应该对大火灾负责的人，但事实上他们并未提到尼禄的名字。狄奥这时非常笨拙地提到两个对尼禄不利的神谕被翻了出来。一个神谕说罗马城将毁于内乱，另一个神谕说尼禄将终结朱利亚—克劳狄王朝的统治："埃涅阿斯的最后一个儿子，杀死亲生母亲的人将统治这个国家。"这两个神谕实际上与大火灾没有任何联系，可能流传于尼禄统治时期。这很难不让人怀疑，神谕没有明确日期（狄奥承认第二个神谕出现的时间不能确定），却被默默附在狄奥的文献中，似乎只是为了强化一个观点，即不点名指责应为大火灾负责的人的胡乱涂鸦实际上针对的就是尼禄。[91] 狄奥的结束语与塔西佗和苏埃托尼乌斯的主题一样，即个人和整个社会的共同作用导致了巨大的困难。[92] 这3位历史学家都很自然地忽视了在经历如此严重的危机后筹集资金的必要性。

很明显，认为尼禄应该为大火灾负责的说法本身并没有什么说服力，但3位主要历史学家的明显偏见进一步强化了这种说法，尤其是苏埃托尼乌斯和狄奥。他们固执地对有关大火灾的信息随意进行负面处理，试图使人们产生一种根深蒂固的印象：虽然没有令人信服的证据表明尼禄有罪，但任何有理性的人都不可能接受他无罪的想法。而且事实上，文献史料所主导的认为尼禄应为大火灾负责的观点的确占据上风。直至19世纪末学者们才开始质疑这种观点。到20世纪末，可以说，至少在学术著作中，甚至在人们的普遍认知中，尼禄在很大程度上已经被免除了纵火指控，这无疑是正确的。当然，尼禄确实要为很多事情负责，但我们可以肯定他并未下令烧毁罗马城。

第二部分｜浩劫余波

第四章
基督徒与大火灾

　　尽管尼禄以自我为中心的花花公子名声在外，但在大火灾发生后，他非常认真地承担了自己作为"元首"的责任，首先是制定合理的法规，将未来发生类似灾难的风险降到最低。他还面临第二个责任：如果有天神不悦而带来灾难的危险，他必须尽一切努力与天神调和，以免天神再生不满。关于这一点有一个非常有力的先例：前390年高卢人摧毁罗马城后，卡米卢斯在城市解放后采取的第一个行动，就是提出一系列赎罪措施，以确保诸神的庇佑。[1]

　　在64年大火灾之后大约20年，图密善在其统治时期建造了很多祭坛，其中有碑文证据表明尼禄曾在这个领域内进行过一些初步努力，但未能坚持下去。祭坛上的碑文显示，这些祭坛本来是尼禄为了履行最初在大火灾之后所立下的誓言而建的，可是后来似乎要么被遗忘，要么被忽视，直至他去世都未能完成。尼禄的誓言从形式上看应该是承诺建造一些祭坛，后来图密善祭坛在火神节上供奉过一头红牛和一头红猪，我们可以比较肯定地假设尼禄也承诺要为火神瓦尔肯举行类似的仪式，这是合乎情理的，因为瓦尔肯就是掌握毁灭之火的神。

　　塔西佗详细描述了尼禄在大火灾后立即采取的宗教措施，

143

他记录了当时新设立的建筑规范，认为这些规范是经过"人类推理"后所采取的行动。塔西佗提到需要记录尼禄为安抚众神做了哪些努力。[2] 塔西佗用了"接下来"（而不是字典中常见的"很快"），将这两个话题联系在一起，但这个大事年表不应该安排得太紧凑。建筑规范的制定和实施需要相当长的时间，而宗教措施则可能在大火灾发生后很快被采取。塔西佗随意选择了"接下来"这个词，可能只是为了表达他处理这两个话题的顺序，而非事情实际发生的顺序。

人们认为 64 年大火灾的情形非常严重，因此需要查阅著名的西卜林神谕集。根据传说，这些古老的希腊诗歌神谕集已被库迈①（Cumae）的西比尔②（Sybil）卖给了塔克文·普里斯库斯，并被保存在卡比托利欧山上朱庇特神庙的地下室中，以便举行赎罪仪式时参阅。[3] 前 83 年，神庙被大火烧毁，原书也在火灾中焚失。后来经过二手史料进行重组，新的官方藏品保存了将近 500 年，直到 5 世纪初被强大的罗马将军斯提利科③（Stilicho）摧毁。从前 12 年起，这些书籍就

---

① 库迈：古希腊屯垦区，位于那不勒斯西北部，是希腊在意大利本土的第一个殖民地。——译者注
② 西比尔：希腊神话中著名的女预言家。在古希腊罗马时代，西比尔是多位女先知的统称。人们相信西比尔属于某位神，通过她们传达神谕。古代最著名的西比尔来自库迈。根据传说，她曾经向罗马最后一位皇帝塔克文·普里斯库斯以高价出售 9 条神谕，被拒绝后焚烧了其中 3 条，又将剩下的以相同价格再次出售，被再次拒绝后，她又烧掉其中 3 条。最后，她以原价把仅剩的 3 条神谕卖给了皇帝。据说皇帝被两个大臣说服，最终相信了西卜林神谕集中的内容。——译者注
③ 斯提利科：全名弗拉维乌斯·斯提利科（Flavius Stilicho，约 359—408 年），曾辅佐罗马皇帝狄奥多西一世之子弗拉维乌斯·奥古斯都·霍诺留，是西罗马最后的伟大统帅之一。——译者注

被保存在帕拉蒂尼山上阿波罗神庙的图书馆中，虽然有充分证据表明帕拉蒂尼山在 64 年大火灾中遭到了大规模破坏，但这些书似乎被完好无损地保存下来。

不出所料，塔西佗提到的第一个神祇就是火神瓦尔肯，他说人们都在向火神祈祷，从图密善祭坛上所记录的尼禄未能履行的誓言来看，这些祈祷可能都伴随着誓言。塔西佗还把谷物女神色列斯①（Ceres）及其女儿普洛塞尔皮娜②（Proserpina）也放进了需要安抚的神祇名单中，但是把这两位女神放在此处让人很难理解。西卜林神谕集确实在其他场景中提到过向谷物女神进行赎罪仪式，谷物女神可能与新建筑所在的位置有特殊联系。[4] 但也有可能，把这两位女神包括在内，仅仅是因为色列斯和普洛塞尔皮娜神庙就在大竞技场附近，靠近大火灾中心。[5] 最后，在卡比托利欧山和奥斯提亚的海滩上，由已婚妇女来举行安抚仪式，向朱诺表达敬意，她们从海滩上取水，将水洒在朱诺神庙和雕像上。[6] 已婚妇女还在诸位女神雕像前举行正式宴会来安抚她们。按照惯例，人们都是坐着的（在男神雕像前举行的同类仪式中，人们都是斜躺着的）。

虽然尼禄尽了最大努力，但塔西佗告诉我们，无论在民事领域还是在宗教领域，皇帝所做的一切都无法平息四处散播的邪恶谣言，即尼禄亲自下令放火。[7] 尼禄非常敏锐地意识到，一旦负面观念在大众头脑中扎根，几乎没有可能将其清除。塔西佗需要一个戏剧性的解决方案，而戏剧性的表现手法正是他

---

① 色列斯：古罗马神话中的谷物女神。——译者注
② 普洛塞尔皮娜：古罗马神话故事中谷物女神色列斯的女儿，被冥神普鲁托（Pluto）看上并被掠到冥界。——译者注

的强项。《编年史》讲述了接下来发生的事情——这是我们唯一的信息来源，也可以说是整个古典文学领域中最具争议的文本。使争议变得更复杂的问题是，《编年史》中的这一部分真的是塔西佗所写的，下文会讨论这个重要问题。

　　《编年史》声称尼禄为了打破他本人亲自下令纵火的谣言，找到了合适的"替罪羊"。他选择的目标是一个当时已经非常不受欢迎的群体，即基督徒。尼禄对基督徒施加了可怕的惩罚，将他们活活烧死或让野兽咬死。[8] 这一事件在基督教历史上的重要性怎么强调也不过分。在 64 年之前，基督徒个人曾受到过单独的惩罚，但尼禄所采取的这些措施则代表了圣典记录之外针对基督徒群体的第一次暴力行动，这是由罗马人而非其犹太人（基督教早期为犹太教派）对基督徒所采取的第一次大规模行动，也是第一次大规模处决信仰基督教的信徒。在早期基督教教义中，以殉道者的身份死去是高尚的。64 年大火灾后不久，基督徒的经历被视为第一次大规模殉道，这是教会 2000 年历史上的一个重要里程碑。[9] 正如布伦特·肖①（Brent Shaw）所说，这是基督教编年史上的一个"根本性事件"。从某种程度上说，这次殉道是一次象征，同时也设定了场景，使之后几个世纪中基督徒在罗马统治者手中不断殉道。[10] 这也是在此后近 2000 年中，尼禄始终作为一个典型恶棍的形象无法消除的主要原因。

　　然而，究竟发生了什么？《编年史》中一章的一节

145

---

　　① 布伦特·肖：加拿大历史学家，普林斯顿大学古典文学教授。主要研究领域为罗马世界的地区历史，特别强调罗马帝国的非洲省份、罗马家庭的人口和社会历史，以及暴力和社会秩序问题。——译者注

（15.44.2—15.44.5）讲述了有关基督教的情况。为方便起见，我们将其标记为叙述的"第一"部分（15.44.2），它解释说尼禄需要"替罪羊"，并已找到理想人选，而这些人行为可怕，已经遭人记恨了，他们当时普遍被称为克雷斯人（这个词可能为"Christens"）。赋予他们这个名字的人叫基督，在提比略统治时期被小行省总督本丢·彼拉多①（Pontius Pilate）处决。有害的迷信活动被暂时镇压，但很快再次爆发，不仅在这个诅咒的发源地犹太②（Judea）行省，还包括罗马，世上所有令人厌恶的、可耻的一切都汇聚在一起，竟然还受到了人们的欢迎（15.44.3）。

这一章接下来的叙述（15.44.4）逻辑就非常不清楚了："随后，因为这些人的揭发，许多人被定罪（或'与他们有联系'）——更多的是因为他们受到普遍仇视，而不是因为他们是纵火犯。"这段话似乎在说，许多人与那些认罪的人"有联系"。"有联系"是《编年史》流传下来的有关这部分内容的唯一手稿中所使用的一种表述，但是许多学者对保存下来的文本并不满意，并且认为"有联系"是抄书吏犯的错误，他们把"有联系"修改为"有罪的"。诚然，最初抄写的文本内

① 本丢·彼拉多（？—41年）：罗马帝国犹太行省总督，26—36年在职。根据《新约》所述，他曾多次审问耶稣，不认为耶稣犯了什么罪，但在犹太宗教领袖的压力下，将耶稣钉死在十字架上。——译者注
② 犹太：又译朱迪亚，为古代巴勒斯坦南部地区，包括今以色列南部及约旦西南部地区。耶稣在世时，它是由希律王室所统治的王国，也是罗马帝国叙利亚行省的一部分。随着希律王朝的衰落，这个地区成为罗马帝国的犹太行省，随后成为犹太人反抗罗马帝国统治的血腥之地。第二次犹太战争后，哈德良宣布废除犹太行省，将它与叙利亚行省合并，改为叙利亚—巴勒斯坦行省。——译者注

容在传播过程中似乎并没有太大差别（许多人是通过什么方式与有罪的第一个群体"联系"起来的?），但是我们不知道，文本晦涩难懂是因为手稿错误还是仅仅因为叙述不清楚。[11] 修改"有联系"也许是正确的，但显然我们也应该随时保持怀疑态度，不能仅仅因为某个词真实出现在手稿中，就以此为基础来解释有关这个词的关键性争议信息。无论如何，我们可以肯定，这种谴责与纵火关联并不大，更多的是因为所谓的"基督徒蔑视人类"。

146

基督徒遭受了可怕的侮辱。他们身披野生动物的皮，被野狗撕成碎片，或者被绑在十字架上，在太阳落山后，他们就被做成人形火炬（相关的手稿文本有很大争议）。[12] 在《编年史》有关"基督徒"的最后一部分（15.44.5）中，我们知道尼禄提供自己的私人花园用于举办娱乐活动和赛马比赛，他与普通人混在一起，冒充驾车手。这一事件的后果是"尽管这些基督徒有罪并且理应受到严厉惩罚"，但罗马人开始同情他们，因为他们被处决"并不是为了公共利益"，而是为了满足某个人的残忍欲望。

《编年史》所描述的事件的确非常可怕，但尽管如此，对普通读者来说，这一章描述的只是一个相对比较清楚的古代事件，大火灾之后，基督徒被指控，被判有罪且受到了惩罚。整章的原始拉丁文本总共只有大约154个字（这里增加了"大约"一词是出于谨慎，因为我们无法完全确定原始手稿的确切措辞）。我们还可以再前进一步。学者们的兴趣几乎全都集中在前两部分（15.44.2—15.44.3），这两部分总共大约93个字。但就是这个相对简短的段落，篇幅不到100

字，却鼓励学者们写出了好几本书以及约 100 篇学术论文，基本上全部或者至少一部分是与这个话题有关的。此外，这个人数众多且蓬勃发展的学者行业迄今为止还没有出现衰退的迹象。对比一下研究这段文本的出版物总字数与被分析的这段文本的总字数，这几个句子无疑是古代经典中被研究、审查及争论最多的句子。本章接下来的内容只能简要概括学者们所付出的巨大努力。[13]

　　重要的是我们应该注意到，塔西佗对其大事年表的安排非常随意。他没有说明大火灾之后经过多久基督徒才被逮捕。他确定大火灾发生的时间为 64 年 7 月 19 日。塔西佗在讲述发生在意大利的事件（虽然并不一定全部是外部军事行动）时，通常是按照编年史的体例（材料按年度安排），由于他把基督徒受罚和大火灾放在同一年，在大概 7 月中旬以后，我们由此可以推断，要么是他从记载中发现基督徒受惩罚是在 64 年末，要么就是他所引用的资料太模糊，这些资料并未明确指出基督徒受到惩罚的时间，因此他自作主张决定选择 64 年下半年这个时间段。

　　我们知道，在耶稣死后，教派开始受到镇压。这本身就是一个很有迷惑性的说法，因为《新约》并未提及，在耶稣被钉上十字架后，罗马统治者立即对基督徒采取过什么行动。[14] 事实上，在基督教会早期，罗马人不会把犹太人和基督徒进行区分，在罗马人看来，信仰基督教的犹太人相对较少，而且相对分散，基督教基本上属于犹太教的异端教派。[15] 此时对基督徒采取行动的并不是罗马人，而是犹太官员，目的是在当地小规模的骚乱期间维持秩序。基督教传教士在传教时偶尔会导

147

致骚乱，需要犹太官员进行干预，基督教传说中有时出现可怕的语句："他们煽动民众、长者、抄书吏，袭击他［圣斯蒂芬①（St. Stephen）］，抓住他，把他带到公会议……又用石头砸他。"[16]

我们没有可靠的证据说明罗马对基督教最早期的活动有何反应。在事件发生近 200 年后，基督教作家德尔图良②（Tertullian）保留了一份几乎让人难以相信的记录，提到提比略在 37 年去世前不久（耶稣被钉在十字架上通常可以追溯到30 年代初），曾向罗马元老院提议可以接受信仰基督教的行为，但这个请求遭到了拒绝。[17] 在随后的卡利古拉（37—41年在位）统治期间，犹太人和罗马人关系急剧恶化。但是没有任何证据［以 20 世纪 60 年代的伟大电影《圣袍千秋》③（The Robe）为例］表明卡利古拉可能听说过基督教，无论它是作为一个犹太教派，还是作为其他教派。

148　　　随着克劳狄乌斯即位（41—54 年），情况变得更加复杂。在克劳狄乌斯统治期间，我们第一次听到了一个合理证据，提到某个活跃在罗马的群体，他们可能被认定为基督徒。苏埃托

---

① 圣斯蒂芬：许多基督教神学中公认的圣人，被认为是第一位基督教殉道者。根据《使徒行传》（Acts of the Apostles），圣斯蒂芬在 36 年与犹太教堂的成员发生争执后被谴责犯了亵渎罪。——译者注
② 德尔图良：基督教著名神学家、哲学家和作家，生于迦太基，因其理论贡献被誉为拉丁西宗教父和神学鼻祖之一。他在神学历史上影响深远，是第一位提出本质（substance）与位格（person）的神学家。——译者注
③ 《圣袍千秋》：1953 年上映，是由亨利·科斯特执导，理查德·伯顿、简·西蒙斯等主演的美国剧情片，讲述一个监督耶稣受难的保民官（卡利古拉统治时期）在惊恐之中了解了神的旨意，继而相信神，成为神的信徒，宁愿放弃自己的生命也不向罪恶妥协的故事。——译者注

尼乌斯记载说，克劳狄乌斯驱逐了那些犹太人，他们在"克斯多"（Chrestus）的煽动下，一直在持续制造骚乱。[18] 学者们做出了很多努力，试图发现这位神秘的"克斯多"的身份，至少从 15 世纪起，学者们就猜测这个人应该就是"耶稣基督"，他一直在通过其教义鼓舞和煽动追随者。[19] 这个名字可能看起来不寻常，但实际上，德尔图良和拉克坦提乌斯①（Lactantius）都记录"克斯多"是"基督"的常见错误发音，《编年史》可能也记录了相同信息，这取决于我们采信的手稿是如何书写的。[20] 然而，"克斯多"是解放自由民中常见的名字，也有几位学者认为"克斯多"与基督教毫无关联，这个人可能只是某个犹太教激进分子，其身份也许永远无从知晓。[21] 但是，波利尼（Pollini）清楚地指出，如果不是苏埃托尼乌斯提出来，这个在犹太人中制造麻烦的人就会籍籍无名、身份不明，而他的名字恰与基督教在犹太社区引起极大骚乱时著名的"耶稣基督"同名，这似乎是令人难以置信的巧合。[22] 克劳狄乌斯所遇到的问题是，在罗马的犹太人社区内部，一些犹太人改信基督教，但在帝国东部的一些行省，这些改信基督教的犹太人又遭遇了顽强的抵制。

　　因此，苏埃托尼乌斯在克劳狄乌斯统治期间似乎很可能提及过基督徒。他确实在《尼禄传》中提到过这些人，与他描述的大火灾的内容没有关联之处，日期也不确定。[23] 在皇帝所采取的许多值得赞赏的措施中，苏埃托尼乌斯列举的是从各

---

① 拉克坦提乌斯（260—330 年）：基督教护教士，被誉为"基督教的西塞罗"，著有《天父的工程》《神圣教规》《论迫害者之死》等，为古罗马君士坦丁大帝建立基督教帝国奠定了基础。——译者注

个方面看似乎都是为了维护公共秩序而采取的极为常规的措施，包括对基督徒采取的一些抵制措施。苏埃托尼乌斯简短地描述过：基督徒就是一群致力于奇怪而邪恶的迷信活动的人，因此他们"受到了惩罚"。[24] 他还在同一小节里记录了一些其他措施，包括减少公共宴会（但资助人向受供养人分发食物除外）、禁止演员及其最狂热的崇拜者集会、[25] 限制战车驾车手的行动（过去他们常常占领街道，以从路人那里偷窃为乐），同时限制容易发生冲突的小酒馆里出售的食物种类（以前各种零食都可以出售，后来限制只能出售蔬菜和豆类食品）。苏埃托尼乌斯在此列出的所有措施似乎都是为了规范反社会的行为。我们据此可以合理地推测出，针对基督徒的行为应该属于同一类，这说明基督徒做出过违规行为，可能与城里的犹太人发生过冲突。[26] 考虑到上下文，苏埃托尼乌斯所列的条目肯定指的不是《编年史》所描述的大火灾后基督徒所遭受的可怕惩罚。

　　在对苏埃托尼乌斯和塔西佗有关早期基督徒的话题进行解释时，存在的一个共性问题，即两人都未提及这些基督徒在罗马的实际状况，只提到基督徒显然人数众多。根据塔西佗的说法，"数量庞大"的基督徒遭到围捕。我们似乎没有理由怀疑，在尼禄统治时期一定有基督徒居住在罗马城里。根据《使徒行传》，圣保罗在接近罗马城时，很可能是在 60 年前后，他受到了一群信徒的欢迎，于是大为振奋，与这些人相伴完成了余下的旅程。[27] 但是 64 年基督徒的数量并不确定，除非苏埃托尼乌斯和塔西佗超越了自己所处的年代，才能声称基督徒数量众多，并已经成为一个足以被单独识别的群体。[28]

当然，《编年史》中的所谓"数量庞大"的表述可能是夸大其词的，无论如何，基督徒的数量本质上是相对的，这种表述的目的是将最初认罪的群体与后来遭到围捕的群体进行对比。如果最初涉及的人数不超过三人，对此我们完全无从确认，那么随后遭到逮捕的人数，假如是 30 人，相对来说也称得上"数量庞大"。

无论当时罗马城有多少基督徒，第一批定居在罗马的基督徒很可能会寻求其他信徒的陪伴，他们往往会居住在同一地区。这些人有可能集中居住在台伯河西侧，即现在的特拉斯提弗列区①（Trastevere），在尼禄统治时期，这里主要聚居着下层体力劳动者。无论如何，有些证据虽然微不足道，但说明贫穷的犹太人就居住在这片地区。[29] 这片区域免于被 64 年大火烧毁，因为有台伯河屏障的保护，这可能使人们更怀疑，基督徒应该为这场大火灾负责。

在 64 年大火灾后，人们对有人被围捕的消息不感到奇怪。任何大灾难都让人感觉必须有人为此负责并受到惩罚。我们已经看到，前 31 年，几座重要的罗马建筑被大火烧毁时，解放自由民被怀疑纵火，因为他们对新财产税政策感到不满，这个理由非常牵强。尽管人们只凭感觉认为这些人引发了火灾，并且引起了骚乱，最后政府只能动用武力平息。[30] 同样，前 7 年，古罗马广场发生了一场火灾，结果有人指控是债务人故意纵火，目的是希望免除他们的债务。同样，人们显然没有确凿证据证明债务人负有责任，歇斯底里似

150

---

① 特拉斯提弗列区：罗马第 13 区，位于台伯河西岸、梵蒂冈以南。——译者注

乎导致了这种疯狂指责。[31] 在64年大火灾之后，罗马一定处于高度紧张状态，这是可以理解的。人们愤怒地谴责那些应该为大火灾负责的人，即使他们根本无法确定肇事者是谁。[32]如果尼禄觉得自己有危险，他肯定会非常乐意提供那些被遗漏的名字——基督徒。

基督徒似乎是非常完美的"替罪羊"。休·拉斯特①（Hugh Last）曾说："如果发布的声明想赢得信任，受指控的罪魁祸首必须是公众很容易相信为邪恶的人。"基督徒似乎确实符合这一要求。塔西佗描述基督徒的信仰是"有害的迷信"和"诅咒"，"基督徒因其可耻的罪行而被憎恨"，是进入罗马的"可恶、可耻"事物的典型代表。[33] 但是，我们此时必须谨慎。布伦特·肖坚信，这种语言以及苏埃托尼乌斯把基督徒描述为"一群致力于奇怪而邪恶迷信的人"，在与他们同时代的小普林尼的作品中也得到了呼应。这种语言几乎可以肯定地反映了作者本人自己的时代而非60年的罗马。[34] 毫无疑问，罗马早期的基督徒肯定会面临一定程度的不信任和怀疑，尽管我们根本无从得知，但罗马人对基督徒这种深刻而普遍的反感似乎根本不可能从60年就开始形成，这种反感是后来由基督徒所谓的邪恶活动造成的。本来就有一个更普遍的理由让基督徒成为理想的嫌疑人——他们是当时公认的制造麻烦的人和公共秩序的敌人，不管在什么地方，他们总是能与犹太教发生冲突，让统治者深感头痛。

一旦责任落在基督徒身上，他们就会被围捕和审判。《编

① 休·拉斯特：全名休·马基宛·拉斯特（Hugh Macilwain Last，1894—1957年），牛津大学及布拉森诺斯学院古代历史学教授。——译者注

年史》所描述的基督徒被围捕及传讯的情景令人感到困惑，也引发了争议。该书首先指出："因此，先是那些认罪的人被逮捕了。"这句话让人感到惊讶，因为认罪行为通常应该在逮捕之后，而非逮捕之前。[35] 此外，这些人承认犯了什么罪？鉴于在被定罪后，认罪者受到了最严厉的惩罚，而且根据认罪者的证词，其他人之所以被牵涉其中，"更多的是因为他们普遍被仇视，而不是因为他们是纵火犯"，这的确证实最初被逮捕的人一定承认犯了纵火罪。

如果事实果真如此，这段叙述不但隐晦而且充满矛盾。塔西佗在介绍大火灾时，指出起火原因可能有两个：一是这是一起意外事故；二是尼禄故意纵火。我们或许会争论说，他在这个问题上表现得很狭隘，但是又不像苏埃托尼乌斯和狄奥那么狭隘，而且当时的情形比塔西佗所想象的微妙得多。大火灾可能是有人故意制造的，但纵火之人是其他人而非尼禄。大火也可能是偶然间烧起来的，一旦起火，火势就无法控制了。这里的问题不是实际发生了什么，而是塔西佗所谓的发生了什么：尼禄为了转移批评，"捏造了罪魁祸首"。这里没有任何歧义，"捏造"这个词让人完全不会产生怀疑，任何指控都是凭空捏造的。但是这些罪犯似乎一直在为这场事故承担责任。当然，可能有些特殊情况导致了这个结果，但即便如此，塔西佗也没有做出解释，或许他是有意为之。这样看来，就像冤假错案一样，基督徒因其反社会行为而受到憎恨，根本与大火灾无关。即使他们没有犯纵火罪，本质上也是有罪的。然而，如果他们是纵火案的"替罪羊"，这似乎意味着他们只需要承认一件事——自己是基督徒。[36] 那么，这是否意味着信仰基督教本

152

身在 64 年就是一种罪行呢？这个问题似乎比较直接，但事实上，这个问题曾引发过一场巨大的争论。许多学者声称，在那个时代已经有法律规定基督教为非法宗教。一些学者认为，相关法律是由尼禄制定并颁布的，德尔图良提到过，在尼禄统治时期有一个专门谴责基督徒的机构。[37] 但是机构有许多含义。有一种更合理的说法，即德尔图良认为尼禄是第一个开始迫害基督徒的皇帝，他没有制定专门的法律来规定基督教为非法宗教。[38] 而且如果有这么一项正式法令，那么它应该是在整个帝国范围内普遍适用的，但没有可靠证据表明基督徒广受迫害。[39]

153

有些学者甚至准备接受德尔图良的说法，认为提比略在面对元老院的反对时仍然接受了基督教，但又在其统治晚期制定了第一部法律。[40] 像这样针对基督徒的任何形式的正式法律，似乎都已被一位罗马作家证明是假的，这位作家是我们可以追溯的最早提到基督徒的人，很可能比塔西佗讲述大火灾提前了 10 年（如前所述，《编年史》根本无法确定大火灾的具体日期）。这个作家就是小普林尼，伟大的"百科全书式"的作家老普林尼的侄子和养子、塔西佗的密友，图拉真统治时期比希尼亚—本都省的总督。小普林尼的许多信件被保存了下来，其中最著名的一封信写于 112 年，因为有人匿名告发，基督徒开始出现在小普林尼面前，于是小普林尼在信中询问图拉真如何继续处理基督徒。[41] 图拉真的回复也被保存了下来，证实罗马并未制定政策围捕基督徒并加以迫害。看起来，64 年大火灾过后甚至 50 年了，罗马仍然未对这个教派进行系统性迫害——针对基督徒的行动似乎取决于当地的情况以及政策。显然，小普林尼并不知道有任何针对基督徒的正式法律，而图拉真似乎也没有理由来纠正他。事实上，大约50年前，蒂莫西·巴恩斯①（Timothy Barnes）着重强调过，到德西乌斯②（Decius，249—251年在位）统治时期，对基督徒的迫害才开始形成正式法令，在整个帝国范围内成为一项正式国策。

当然，在德西乌斯之前很早，基督徒就已经开始被罗马官员惩罚并处死，但过程极不正式，这非常令人惊讶。共和时期最常见的刑事程序是刑讯，即司法调查，由陪审团主持，受行政长官监督。帝国时期，刑讯并未被明确废除，但被各种帝国程序所取代。在更高政治层面上，最重要的审判机构是元老院法庭，由皇帝行使法官的权力。[42] 显然，这种机制不能用于日常犯罪，这导致"特殊程序"出现，在这种程序下，调查、起诉和判决都由帝国行政长官负责，行政长官根据自己的职务权限，通过行使个人的自由裁量权伸张正义，但是大多数法学家认为这种制度很难令人满意。[43] 罗马行政长官有非常广泛的自由裁量权，尤其在不涉及罗马公民的案件中。正如巴恩斯所说，（对基督徒的）迫害是"局部的、零星的，几乎是随机的"。[44] 尤其在帝国早期，正是这种情况，从2世纪哈德良开始，主审长官的自由裁量权逐渐开始受到皇帝"宪法"或法

---

① 蒂莫西·巴恩斯：全名蒂莫西·D. 巴恩斯（Timothy D. Barnes），爱丁堡大学荣誉教授，著有《君士坦丁和尤西比乌斯》（*Constantine and Eusebius*）。——译者注
② 德西乌斯：全名盖乌斯·麦西乌斯·昆图斯·德西乌斯（Gaius Messius Quintus Decius，201—251年），罗马帝国皇帝，于249年9月至251年6月统治罗马帝国。——译者注

律法规的限制。[45]

从理论上来说，针对基督徒的案子可能由皇帝亲自审理，原则上尼禄可以亲自主持对基督徒的审判，就像他在 65 年对皮索阴谋同案犯进行审判一样，但这似乎不大可能。尼禄一般不会亲自参与司法审判。62 年尼禄介入了维彦托（Veiento）案，这个人是他的亲密伙伴，被控以权谋私，这个案件是个例外。[46] 在 65 年审判皮索阴谋同案犯时，尼禄肯定参与了审判，因为他对那些共谋反对他的人的命运非常感兴趣。[47] 在各个行省，主持刑讯的行政长官就是行省总督，比如小普林尼在调查比希尼亚—本都的基督徒时就是行省总督。在罗马城，通常情况下司法长官就是城市长官。[48] 不管怎样，基督教传说都声称城市长官往往就是在早期对基督徒进行审判的人。[49] 64 年城市长官是提图斯·弗拉维·萨比努斯（Titus Flavius Sabinus），他是未来皇帝韦斯巴芗的兄弟。[50] 另一位城市长官候选人就是禁卫军军官，保护皇帝及其家人与保护国家之间的界限并不分明，禁卫军军官在维持公共秩序方面发挥着越来越大的作用，根据案件性质，可能负责逮捕和处决罪犯。[51] 64 年的禁卫军军官包括提格利努斯和费尼乌斯·鲁弗斯（Faenius Rufus），提格利努斯是尼禄的邪恶伙伴，鲁弗斯是尼禄母亲的亲密盟友。这两人自 62 年塞克斯图斯·阿弗拉尼乌斯·布鲁斯（Sextus Afranius Burrus）去世后一直担任禁卫军军官。[52] 为准确起见，我们还应考虑消防大队长官也有权审理案件的可能性，后来，消防大队长官无疑获得了直接审理纵火案的权力。[53] 当时的长官姓名不详，但无论如何，这种事情在政治上可能过于敏感，不适合交给与他同一级别的其他人。

因此，我们可能会处于一片混乱之中，没有关于基督徒被定罪原因的确切信息——这些指控模糊且不明确。只要被告不是罗马公民，主审法官就有权自行决定指控罪名，无论是什么罪名，罗马城里绝大多数的早期基督徒很可能面临这种情况。也许人们相信一种说法：无论是否有根据，基督徒要么在火灾中负责点火，要么至少在着火以后往火里加了柴。《编年史》称，最初的谣言是尼禄故意散播的，但我们也必须考虑一种可能性，即使在大火灾之后有人真的针对基督徒采取了行动，那也与尼禄没有多大关系，甚至完全没有关系。《编年史》指出尼禄错误地把基督徒当作怀疑对象，这完全是猜测。为了回应与基督徒有关的未经证实的谣言，行政长官可能使用了其强制权（"胁迫和惩罚权"）逮捕并审问了基督徒。第一批被逮捕的基督徒应该是那些已经公开宣扬自己的信仰、承认自己是该教派成员的基督徒。这些基督徒先受到调查，其他基督徒遭到围捕，然后也受到了调查，但是在这个时候区分基督徒和纵火犯可能已经毫无意义了，他们几乎很自然地不可避免地被视为一类人。[54] 暴徒统治在盛行，在公众眼中基督徒是"有罪的"，应该受到"示范性惩罚"。[55] 这是操纵大众思维的经典政治三段论的典范：可怕的麻烦制造者在城市里纵火；基督徒是可怕的麻烦制造者；因此，基督徒纵火烧了城市。[56]

尼禄把基督徒和纵火联系起来从而故意制造误会，因此《编年史》中的叙述混乱的内容可能只是为了表现出尼禄这个"讨厌鬼"的本性，而非作者出现失误或者刻意隐瞒真相。在

155

这种情况下，人们对塔西佗最糟糕的评价也不过是他本来可以把这一部分解释得更清楚。罗纳德·西姆①（Ronald Syme）想方设法让塔西佗这个历史学家摆脱了困境，他解释说塔西佗"再现了事件本身的混合性——虚假的纵火指控和对基督徒的真正厌恶"，[57] 但塔西佗可能并不无辜。针对大火灾和基督徒的描写显示，他很可能有双重目的，因此故意混淆了问题。塔西佗直截了当地说尼禄选择基督徒作为"替罪羊"。塔西佗非常不喜欢基督教，因此千方百计针对基督徒制造敌意和偏见，虽然他很谨慎，并未直接把他们称为纵火犯。由此可知，当时的人们是为基督徒感到遗憾的，即使他们"有罪"，可能也只是与基督教有关的行为，即常见的违规行为、普遍被仇视等，《编年史》并未明确说明他们犯了哪些罪。因此，读者很难不被误导，错误地认为基督徒因纵火烧毁罗马城而获罪，到这一节结束时，《编年史》似乎确定基督徒的确在各个方面都是有罪的。我们也就忽略了一个重要事实，即基督徒最初进入人们的视线只是因为他们是尼禄故意针对的目标。

所以，如果《编年史》关于 64 年大火灾与基督徒的段落传递的信息是混乱的，在很大程度上可能正是因为作者希望与尼禄一起制造混乱。事实上，我们怀疑塔西佗可能想同时达到几个目的。他首先使自己表现为一个客观的历史学家，留下客观的记录，证明这场火灾可能是一场意外。他力图把自己表现

---

① 罗纳德·西姆（1903—1989 年）：出生于新西兰，其主要著作是《罗马革命》（1939 年），这部著作对尤利乌斯·恺撒被暗杀后罗马政治生活进行了巧妙而有争议的分析。——译者注

为一个客观的历史学家，但是同时又想给人们留下一种印象——毕竟这件事很有可能是尼禄的错，而且在制造"这是尼禄的错"这一印象的同时，又暗指基督徒并非纯洁无瑕。[58]塔西佗对尼禄的蔑视几乎在《编年史》提到这位皇帝的每章中都表现得非常明显，但他似乎也同样强烈地憎恨基督徒。在描述火灾造成的后果时，我们找不到一个简单而明确的陈述，说明基督徒虽然遭到普遍憎恨，但他们实际上并未纵火。正如雅维茨（Yavez）所说："塔西佗非但不澄清，反而要迷惑读者，同时对尼禄和基督徒加以谴责，因为二者他都很厌恶。"[59]

当然也有可能3种明显不同的情况都发生了。火灾可能是意外发生的，一旦火势变大，如果尼禄意识到他有这个机会重建城市，或者为诗歌创作寻找灵感，或者不管出于哪种动机，他都可以利用这个机会，把相对有限的小火灾变成一场大火灾。在小火灾演变成大火灾时，基督徒会将其视为基督再临的预兆，他们急切地期待着，因此真正的信徒可能助长了火势。在这种情况下，我们可能有理由认为，3种主要文献史料所提到的致使火势变大的不明人物就是基督徒。[60] 但是，正如前文所述，这里所争论的不是实际发生了什么，而是《编年史》所叙述的发生了什么。作者似乎千方百计地试图蒙住我们的眼睛。

上述内容说明，《编年史》的相关章节中提出了以上问题。这样一来，人们就认为这一节是塔西佗的真实作品，但是这一节中有些内容非常古怪，因此到19世纪晚期，关于基督徒的整个章节都被谴责是插补内容，是有人假冒塔西佗的风格

157

写的，后期被插入手稿，我们几乎可以肯定这并非偶然，而是有人故意为之，以此来欺骗大众。认为这一节是伪造的说法流传甚广，但并没有多少支持者。[61] 我们必须承认，《编年史》中的词汇、语法及常见的拉丁语风格，完全与人们所了解的塔西佗的作品一致，而且文本中并没有假冒作品可能有的过分夸张的言辞。如果整个章节确实是插补的，那么这个章节一定至少是在 4 世纪末被插入手稿中的，因为其中一部分被活跃在 5 世纪初的基督教作家所引用，比如苏尔皮西乌斯·塞维鲁①（Sulpicius Severus，下称苏尔皮西乌斯），他作为著名的《圣马丁传》（*Life of Saint Martin*）的作者而闻名于世。[62]

　　假设有这么一个假冒者成功地编造了一个构思精妙的惊天骗局，那么这个假冒者具备两个不同的身份。首先这个人可能是基督徒，聪明而世故，他知道严厉批判自己的信仰并对基督教产生负面影响，可以迷惑本来就持怀疑态度的读者，能够提高他编造的文本的可信度。因此，虽然这一节看上去在反对尼禄，但是这个基督徒故意不从极为有利的角度来表现。其次这个人可能是个异教徒，既反对基督教又反对尼禄派，他利用这个机会，把插补内容当作武器一石二鸟。

　　对塔西佗非常了解的学者接受了这个拉丁语文本，认为这确实是塔西佗的作品，但是必须承认，有着悠久历史的文本，就像艺术品一样，虽然被极有天赋且诚实的专家认定为真品，但也可能最终被证明是赝品。此外，那些认为塔西佗的文章是

·　① 苏尔皮西乌斯·塞维鲁（363—420 年）：早期为基督教苦行僧，是高卢罗马历史的权威作家，被认为是他那个时代最优雅的作家，他还是一名受过良好训练的律师。——译者注

真的学者——人数众多——也的确承认，文章中有些内容令人感到困惑。其中有一部分内容尤其尴尬，简介称作者提供了基督徒的背景介绍，但在介绍当时已经非常有名的本丢·彼拉多时引起了人们的怀疑，文章称他为"小行省总督"，却没有任何地方提到他是负责一个"行省"（犹太行省从严格意义上来说不是真正的行省，行政上隶属于叙利亚行省）的长官。当然，彼拉多是后来基督教传说中一个非常著名的人物，耶稣受难时他是犹太行省总督。对于塔西佗时代的罗马读者来说，他还尚未成名，作者只有在需要提供解释信息的时候才会提到他。这也许是可以解释的，《编年史》中有几卷涉及提比略统治后半期的情况，现已失传，其中一卷曾提到彼拉多，当时他还在职，塔西佗提到他在任期内总体来说并不称职。但是，在失传的这卷书中，彼拉多不大可能是主要人物，因为塔西佗在《历史》中提到过犹太行省"在提比略时期非常平静"[63]。把彼拉多担任行省总督与耶稣受难放在一起讨论，这件事本身就令人惊讶。对与耶稣有关的这个细节，罗马人丝毫不感兴趣，但相关细节对信仰基督教的读者有着相当重大的意义。

　　更引人注目的是，《编年史》说彼拉多是"小行省总督"，这是非常不准确的。用"小行省总督"来指代行政官员已有很长的历史（这在帝国时期之前很早就已经得到证实），但在耶稣受难时期，也就是提比略统治晚期，这个词并不适用于骑士阶层的总督，比如在犹太省这样的准行省。[64] 事实上，把骑士阶层的人任命为小行省总督的做法是从克劳狄乌斯统治时期开始的，即在 41 年以后。这种变化显然并非同时在所有地方发生，似乎只是逐渐开始推行。[65] 在克劳狄乌斯之前，像彼拉多这样的骑士阶层总督拥有"长官"头衔。我们有明确的一手史料，足以证明彼拉多也不例外。犹太行省恺撒里亚市一座建筑的铭文明确地把他称为"长官"。[66] 当时的基督徒对彼拉多官职的兴趣很可能已经远超对塔西佗时代的罗马异教徒的兴趣，而且从技术上看，这种称呼犯了严重的最基本的时代错误，因而增强了神秘性。塔西佗在其他地方都相当谨慎地使用类似术语，并仔细区分了小行省总督和长官的用法。例如，他记载了在 63 年准备针对帕提亚人①（Parthians）的重大进攻期间，某些信件分别写给"负责邻近行省（叙利亚）的领主、国王、长官、小行省总督和大法官"，信件区分了小行省总督（所有"小行省"的总督）和军事长官（指挥某些行省内部成立的步兵大队）。[67] 有记录称塔西佗会使用一些他所处时代的词语和概念描述更早前发生的事件，这可能是真的（这就可以解释他用来描写基督徒的语句了）。[68] 但是他在彼拉多的官职上犯的错是一个基本的历史错误，如果犯错的是塔西佗，这真的非常令人惊讶。[69]

　　如果这段文字并非塔西佗所写，而是后人插补的，可能有线索能够解释这个错误是如何产生的。基督教最初是在一个多语言地区发展起来的，但早期基督教记录中的通用语是希腊语，即《新约福音书》（*New Testament Gospels*）使用的语言。少数早期用拉丁语写作的基督教作家，比如德尔图良，其写作内容似乎是从希腊语文本翻译过来的。后来拉丁语文本产生

---

① 帕提亚人：发源于伊朗高原东北部，在希腊化时代（塞琉古帝国时期）结束时迅速占领了从两河流域至青藏高原西部边境地区，建立了帕提亚帝国（又称安息帝国）。——译者注

（奥古斯都提到过数量庞大的翻译为拉丁语的福音书），到最后，在5世纪前几十年，哲罗姆①（Jerome）完成了拉丁语文本的《新约》。[70] 最早提到的一些拉丁语文本的《圣经》于3世纪中期（约248—258年）出现在迦太基主教塞浦路斯人的作品。塞浦路斯人可能不懂希腊语，但他们的拉丁语作品充满了《圣经》引文（拉丁语译本）。然而，我们不知道这些拉丁语文本产生的漫长过程究竟从何时开始、从哪里开始。我们也不清楚最初是否有一个单一文本，在不同时间、以不同方式被修订，从而产生了多种版本。[71] 尤其《马太福音》（Synoptic Gospels）似乎有两种拉丁语版本来源：一种版本是在罗马统治下的非洲发展起来的；另一种源自欧洲，很有可能受到了非洲的影响。在哲罗姆之前的拉丁语版《新约》中，希腊语源文本中彼拉多的官职用了很常见的希腊语动词"霸权"（"成为领袖"），而古典拉丁语文本（哲罗姆《新约》之前的拉丁语文本的统称）甚至《新约》本身，在《路加福音》（Luke）第3.1节中都将这个官职译为"小行省总督彼拉多"。动词"监管"有很多含义，既可以表达"管理"的一般意义，也可以表达"履行自己作为小行省总督的职责"。《编年史》错误地把彼拉多当作小行省总督，作者很可能受到了古典拉丁语措辞的影响。所有这些更能说明，至少那些专门提到"小行省总督彼拉多"的说辞很可能是由一个非常熟悉基督教作品的人

160

---

① 哲罗姆（约340—420年）：早期基督教拉丁教父，是古代西方教会的圣经学者，约340年生于罗马帝国斯特利同城（今前南斯拉夫境内），366年加入基督教。他一生致力于神学和《圣经》的研究，曾根据希伯来语版本，用拉丁文重新翻译《圣经》，即《通俗拉丁文译本》。——译者注

插补的。

《编年史》继续提供了令人惊讶的信息，"有害的迷信活动被暂时镇压，但很快再次爆发，不仅在这个诅咒的发源地犹太行省……"历史资料中没有其他证据表明罗马试图在犹太行省内镇压基督徒，而且很难令人相信的是，在基督受难后罗马会有兴趣这么做，这个教派根本没有重要到必须采取严肃应对措施。如前文所述，第一代基督徒所面临的问题往往是由于基督徒和非基督教犹太人之间的摩擦而导致的。"早期基督徒受到正式压迫"这种说法，似乎更明显的是基督教的说法，而不是罗马当权者的说法。

这里还存在术语问题，确定一部手稿的原始书写内容是个永恒的难题，术语也因此变得更加复杂。现存《编年史》的相关章节提到，尼禄选择了一群被"粗俗人"（实际上指"普通人"）称为基督徒的人——大概指的是在未受过教育的人群中开始出现的一个词，用来描述基督的信徒。我们没有充分证据证明基督教一词最早被普遍使用是在什么时候。根据《使徒行传》，最早在安提俄克①（Antioch）地区出现"基督徒"这个称呼，当时有预言称克劳狄乌斯统治时期会发生一场大饥荒，虽然预言不能确认指的是哪一场饥荒，但安提俄克事件（大饥荒）显然发生在克劳狄乌斯去世之前，即 54 年 10 月。[72] 当然，我们这里谈论的是"普通人"非正式、非官方的用法。布伦特·肖评论说，在 60 年初，大约在圣保罗去世时，"基督教"仍然不是罗马官方用来指称这个教派的正常用语。[73] 但是，有确凿证据表明，手稿上最初拼写的并不是

① 安提俄克：古叙利亚首都，现为土耳其南部城市。——译者注

"Christiani"（基督徒），而是"Chrestiani"（克雷斯人），后来人们删除字母"e"，换成字母"i"进行了纠正。通过对原始手稿进行紫外线检查，我们可以确认最初的字母是"e"。[74] 这个字母"e"究竟是由当时知道自己弄错了的抄书吏修改的，还是后来由其他人修改的，仍然是一个悬而未决的问题。有迹象表明，从墨水的痕迹看，从"e"变成"i"是后来改的，但也有人认为，最初是同一个人进行的改动，后来又由其他人进行了修饰。[75] 这可能是一个琐碎甚至迂腐的变体拼写问题，但事实上，这种变体使我们以不同方式来解释这个段落。如果最初的拼写是"Christiani"，那么我们猜想大火灾发生时，纵火的这些教徒就是后来著名的基督徒，普通老百姓对这个称呼非常熟悉。如果拼写方式是已经验证过的早期的"Chrestiani"，那么在大火灾发生时，"基督徒"这个词大概是人们熟悉的正常词汇，只是普通人错误地把音发成了"Chrestiani"。《编年史》的作者用过去时态表示"普通人过去这么称呼"，千方百计证明自己并没有犯时代错误，作者所说的话并不属于他的时代，而是属于大火灾后紧跟的那个时期。[76]

无论哪种书写方式是正确的，罗马读者都似乎对术语细节的讨论不太感兴趣，但基督教作家或者专门书写基督教问题的作家应该对此很有兴趣。因此，根据以上列举的原因，我们至少应该对这段话抱极大怀疑："这些人由于其可耻的罪行而遭人憎恨，普通人把他们称为基督徒或克雷斯人。赋予他们这个名字的人叫基督，在提比略统治时期被小行省总督本丢·彼拉多处决。有害的迷信活动被暂时镇压，但很快再次出现，不仅在这个诅咒的发源地犹太行省……"本章结尾将重新讨论

《编年史》中可能有插补内容的问题。

学者们对《编年史》中这一节的研究重点通常放在文献史料关于这个话题都有何论述，这当然是正确的。但是历史学家进行历史编纂时通常也有一个原则，不仅考虑某个特定文献史料的内容，更要思考这个文献史料未表述的内容，这可能有点儿矛盾。这种无言的争论往往不太受重视，因为文献史料之所以选择不提及某个特定事件，一定有非常充分的理由。然而，《编年史》在描述基督徒命运时，反面证据似乎多得惊人。继《编年史》之后，如果我们只局限于人们普遍认为真实、时间推定比较合理的文献史料内容，那么最早记录基督徒的文献史料来自上文已经提到过的 5 世纪时的苏尔皮西乌斯，他记录基督徒因在 64 年大火灾中的所作所为受到尼禄的指责和惩罚。苏尔皮西乌斯对《编年史》加以解释，并引用了塔西佗所描述的基督徒遭受的部分惩罚。[77] 在他之前，除《编年史》外，无论异教徒还是基督徒，都未明确提及这个问题，这非常值得关注。尤其是，苏埃托尼乌斯和狄奥都详细描述过大火灾的情景，却未提到过大火灾后对基督徒的迫害。当然，他们的根本目的是确切证明尼禄应为大火灾负责，不过他们把众人的注意力引到大火灾中第三方这个事实，是否真能达到他们搅浑责任划分这个目的，还有待商榷，[78] 但是这并不能阻止他们利用这一点继续诽谤尼禄，因为尼禄把自己的罪过转移到了第三方身上。

除《编年史》外，其他文献史料也都保持了"沉默"，这一点我们从大火灾可以追溯的最早被提及的年代就能看出。老普林尼在《自然史》中提到在大火灾期间，精美的荨麻树遭到破坏，但根本未提及对基督徒的惩罚。由于老普林尼更传统的历史著作《罗马史》现已失传，人们无法证明他实际上并未讨论过惩罚这个问题，但如果他曾讨论过这个问题，而《自然史》对这个事件又没有一点暗示，这就太令人吃惊了——以他兼收并蓄的写作风格，他肯定会有所暗示。他的侄子也就是养子小普林尼，虽然在担任比希尼亚—本都省总督时，在书信中大量引用过老普林尼作品中的内容，却从未提及在老普林尼的作品中读到过任何有关基督徒命运的内容，而且他当时正处于不知该如何处理这个陌生教派的困境中，这就难免更令人诧异了。[79]

163

　　虽然苏埃托尼乌斯激动地对尼禄的残忍行为进行了详细描述，并急切地谴责了所谓的尼禄命令手下纵火，但关于在大火灾之后立即对基督徒采取行动这一点上，苏埃托尼乌斯完全保持了沉默。在谈到惩罚基督徒的原因时，他显然指的是并不严重的公众骚乱。[80] 在其他地方，苏埃托尼乌斯甚至写道，尼禄反对以骇人的戏剧性的方式处决犯人，在大竞技场上演的角斗士表演中从未处死过任何人，甚至未谴责过罪犯。[81] 关于这个事件的第 3 个主要文献史料来源是狄奥，有关基督徒他只字未提，尽管他强调，人们对纵火的人普遍很反感。当然，狄奥有关这一时期相关内容的原文并未被保存下来，我们只能从后来的摘要中得知他的叙述，但像《编年史》描述的有关基督徒这样戏剧性的事件，狄奥不太可能注意不到。

　　大火灾后，异教徒作家的作品也都对基督徒的命运保持沉默，只有《编年史》可能是唯一的例外，这已经足以令人感到惊讶，但更引人注目的是，在 5 世纪早期苏尔皮西乌斯之前，毫无例外没有一位基督教作家提起过大火灾之后对基督徒大加惩罚的事实，或者表示知道《编年史》相关章节所描述的内容，这个事件显然应该被视为第一次大规模的殉道或迫害。这意味着"没有任何传说、殉道史或者故事把这个事件作为主题，我们甚至在尼禄统治下遭受各种迫害和殉道的故事以及传说中也都未曾发现相关内容"。[82]

　　学者们所引用的关于 64 年大火灾最早的基督教史料来源，是罗马第 3 位主教克莱门特①（Clement）的记录。根据基督教传说，他在 1 世纪最后 10 年活跃在这座城市中。[83] 在克莱门特写给哥林多教会的信中，他提到了对基督教妇女进行的惩罚。尽管一些学者尽了最大努力，仍然没有找到这些惩罚与大火灾之间有何关联，甚至不清楚这些妇女在何时、何地受到了惩罚。[84] 第一位现存史料来源的权威是撒狄主教墨利托②（Melito，180 年去世），他翔实地记录了尼禄迫害基督徒事件。据他所说（原始文本未能保存），尼禄和图密善都曾在心存不良的诽谤者的诱导下，错误地指责了基督教教义，但他未提到过 64 年大火灾后的情景。[85] 在墨利托之后，基督教一个流传甚广的传说提到，尼禄是迫害基督徒的第一人。德尔图良、拉克坦提乌斯、哲罗姆和尤西比乌斯③（Eusebius）都同意把这个不光

---

① 克莱门特（约 88—97 年）：殉教的罗马主教，历史学家认为他就是《新约·腓力比书》中保罗所说与自己同工的革利免。——译者注
② 墨利托：撒狄主教，撒狄是罗马亚西亚省的一个城市，靠近西安那托利亚的士麦那。墨利托是早期基督教的伟大权威，其影响力主要来自其作品，目前绝大多数已失传。——译者注
③ 尤西比乌斯（约 260—340 年）：早期基督教神学家、历史学家。他曾任该撒利亚主教，著述甚多，被称为"教会史之父"，其 10 卷本的《基督教教会史》是研究基督教初期教会史的重要资料，其他著作还有《编年史》《圣经地名表》《福音的准备》《驳异端》等。——译者注

彩的"荣誉"送给尼禄。所谓的尼禄统治时期保罗和彼得殉道的故事在 2 世纪末被记载在文献史料，[86] 基督教作家可能从他们的死亡中推断出当时的迫害行动范围更广，尼禄也因此不恰当地被称为"第一位迫害者"。[87] 我们几乎可以肯定，保罗确定死于尼禄统治时期，彼得或许也是如此，但没有文献史料能将他们的死亡与大火灾的后果联系起来。[88]

我们比较了解德尔图良，他 160—170 年出生于迦太基（当时已经是基督教中心）。德尔图良不遗余力地谴责尼禄是第一个迫害基督徒的人，也是第一个让基督徒流血的人。[89] 德尔图良似乎对第一手文献史料进行了研究。比如，他很熟悉小普林尼和图拉真往来的书信，几乎可以肯定他本人读过这些书信，因为德尔图良作品中的内容与书信中的内容是一致的。[90] 德尔图良要么不知道《编年史》中所描述的大火灾的后果，要么虽然知道却选择了忽视它们（这几乎不可能）。他笼统地提到过针对基督徒的错误指控，那么他为什么没有提到 64 年基督徒成为"替罪羊"的事呢？

在我们的清单上，下一个有关的基督教历史学家是一位同样重要的人物。此人名为尤西比乌斯，约 260 年出生，很可能出生在该撒利亚①（Caesarea），他于 303—313 年担任这个城市的主教，死于 330—340 年。他最著名的作品是《编年史》②

---

① 该撒利亚：地中海一个重要港口，据称是大希律王在地中海所建之人工海港。《新约》记载的不少事件都与该撒利亚有关。——译者注

② 《编年史》：古代世界史重要文献，4 世纪由尤西比乌斯创作。原书为希腊文，现仅存残篇，有一些古代译本传世。内容分前后两部分：前半部为编年文，记录巴比伦和亚述历史（附历代亚述国王和波斯国王年谱）以及犹太、埃及、希腊、罗马历史；后半部为编年表，系古代一些国家的大事年表。——译者注

（*Chronicle*），原本已失传，但是后人根据一些节选和译文将这部通史复原。他还著有《教会史》（*Ecclesiastical History*），是一部记录教会从使徒时期一直到作者所处年代的编年史。尤西比乌斯对大火灾后发生的事件保持了沉默，这一点表现得尤其明显，因为《教会史》讲述了整个帝国内殉道事件的详细历史，从历史的角度看，有些事件尤为重要，而其他事件则无足轻重。[91] 尽管主题就是关于殉道，但尤西比乌斯从未提到塔西佗《编年史》所讲述的尼禄惩罚基督徒事件，这些惩罚事实上应该是有记载的第一次大规模处决基督徒。尤西比乌斯声称他查询了大量资料。我们可以看出，通过德尔图良的记录，尤西比乌斯很了解后来的基督教历史，也很了解小普林尼和图拉真之间的书信往来，即便他本人并未亲自查阅这些信件。[92] 在描述尼禄的越轨行为时，他并未提到基督徒和大火灾之间的关联，让人很难不得出这样的结论，即他从未听说过这种关联。[93]

尤西比乌斯不仅对大火灾后的迫害行为表示沉默，而且人们对其作品的深入分析似乎可以提供确定的证据证明他对针对基督徒的迫害行为毫不知情。哲罗姆的译文保留了尤西比乌斯的《编年史》，这部著作 64 年目录下的章节记载着，尼禄为了看到火烧特洛伊同样的场景，放火焚烧了大半个罗马城。[94] 这部著作 68 年目录下的章节记载着，尼禄是第一个发起迫害基督徒行动的人，彼得和保罗因此死于罗马。[95] 尤西比乌斯显然从所能搜集到的资料中确定，64 年大火灾和第一次迫害基督徒不是相继发生的，中间相隔了 4 年。[96]

基督教神学家和护教论者拉克坦提乌斯出生于 3 世纪中期罗马治下的非洲，死于 325 年，死亡地点可能是高卢。拉克坦

165

提乌斯著有大量作品，其中最著名的是《论迫害者之死》（*De Mortibus Persecutorum*），讲述那些迫害基督徒的人以及上帝对他们的惩罚，他强烈谴责尼禄是迫害者之一。[97] 但是我们又在一个很重要的基督教史料中发现，该史料对尼禄在大火灾之后针对基督徒采取所谓的行动只字未提，这也很令人感到惊奇。[98]

甚至直至 5 世纪初，大约在苏尔皮西乌斯撰写《编年史》时，他在书中明确提到塔西佗所述的对基督徒进行的惩罚，但关于这个重要话题，其他人仍然继续保持沉默。活跃于那个时期的基督教神父和神学家奥罗修斯①（Orosius）所提供的有关大火灾的细节，基本源自苏埃托尼乌斯。[99] 他还描述了基督徒在罗马受到的迫害，包括处决彼得和保罗，但他也未把这些迫害行为和大火灾联系在一起。

最后，除表明基督教史料来源对此保持沉默外，作为补充，我们还必须说明，基督教反对者对此也保持了沉默。如果基督徒因放火焚烧罗马城而被定罪，我们肯定能看到基督教反对者会着重强调这一事实。比如 2 世纪时，希腊哲学家、基督教反对者塞尔苏斯②（Celsus）撰写了反基督教的讽刺作品

_____

① 奥罗修斯：全名保罗·奥罗修斯（Paulus Orosius，约 380—420 年），古代基督教历史学家，其著作《反异教史》（7 卷）记述自基督创世至 410 年的世界历史，力图把一部世界历史描绘成巴比伦、迦太基、马其顿、罗马四大帝国相继出现的历史进程。他所采用的"四帝国分期法"对基督教编年史学家产生了重大的影响，《反异教史》一书也成了中世纪世界史编纂的准绳。——译者注

② 塞尔苏斯：古希腊哲学家，推崇柏拉图哲学，最著名的作品是《真言》，约著于 175—177 年，这部作品之所以流传下来，是因为奥利金在《驳塞尔苏斯》中大量引用了《真言》的内容。——译者注

《真言》（*Alethes Logos*），他因基督教作家奥利金①（Origen）大量引用其中内容（奥利金增加了驳斥）才得以为人所知，但塞尔苏斯似乎也忽略了塔西佗《编年史》所提供的本来很有用的内容。[100]

　　这里有两点非常明显。第一，苏埃托尼乌斯保持了沉默（以及小普林尼和狄奥不那么明显的沉默），这似乎排除了塔西佗《编年史》所述的大火灾后基督徒遭到残忍迫害的可能性。苏埃托尼乌斯列举大火灾后尼禄所采取的常规行政措施时，几乎没有提到过基督徒遭受了刑罚，假设在罗马最重大的一场灾难后真的有刑罚，而且被残忍地实施了的话。第二，在苏尔皮西乌斯之前，基督教的所有作家——所有人、每个人——都不可能从未提及这位最早迫害基督徒的皇帝导致基督徒第一次殉道的情景。

　　显然，在历史著作中有个非常严重的错误。第一种解决方法是把这个错误归咎于塔西佗，因为是塔西佗依据后来可疑的文献史料进行了描述。[101] 19 世纪，皮埃尔·巴蒂福尔②（Pierre Batiffol）首次指出塔西佗犯了一个小错误，他把这两个事件合二为一了，而大火灾和惩罚基督徒在历史上其实并无关联。[102] 之所以出现这种混淆，正如苏埃托尼乌斯所述，可

---

①　奥利金：基督教早期的希腊教父，著有《驳塞尔苏斯》，约著于 248—250 年，共 8 卷，其中详细征引了《真言》中的论点并逐条加以反驳，因此保存了该书的大部分文句。现存最古老的《驳塞尔苏斯》为梵蒂冈图书馆中的 13 世纪羊皮卷抄本，仅存后 6 卷，前 2 卷于 1941 年在开罗附近发现的蒲纸抄本中可见到。——译者注
②　皮埃尔·巴蒂福尔（1861—1929 年）：法国天主教牧师、著名神学家，研究方向为教会历史。——译者注

能是因为尼禄对基督徒采取了行动，其中包括指控基督徒纵火，但这个指控只是很小的罪名，而且与 64 年大火灾毫无关联，很可能只是一系列指控中的一个。从某种意义上可以认为，两个事件本就毫无关联的这种思想，是对古时已有的一种理论的恢复，因为尤西比乌斯事实上已在大概 4 年前就把大火灾和迫害基督徒区分开了。这就可以解释，苏埃托尼乌斯盲目相信尼禄应该为大火灾负责，他完全可以把惩罚基督徒也当作尼禄采取的措施之一，因为皇帝本人显然相信那些措施是明智的、值得歌颂的，但把基督徒当作"替罪羊"进行惩罚就不一样了。在这个场景中，塔西佗所得到的有关尼禄惩罚基督徒的文献史料与苏埃托尼乌斯所得到的相同，令人吃惊的是，两人在提到基督教时所使用的语言也惊人的相似。塔西佗可能是由于疏忽，也可能有意才把后来针对基督徒的行动与大火灾之后暴民们的愤怒情绪联系在了一起。

我们虽然不知道是什么导致基督徒受到了惩罚，但是根据《新约》所提供的充分证据，以及苏埃托尼乌斯所著的《克劳狄乌斯传》（*Life of Claudius*），罗马统治者很可能面临着基督徒与更主流化的犹太人之间的剧烈冲突。[103] 尼禄因受妻子波培娅的影响，可能更倾向于支持犹太人，而波培娅的亲犹太态度给约瑟夫斯留下了深刻印象，他称她为"敬仰上帝的人"。[104] 约瑟夫斯前往罗马为被大法官费利克斯囚禁的犹太牧师辩护时，与波培娅发展了密切的私人关系。约瑟夫斯的任务可以顺利完成，大部分得益于波培娅的支持，他还收到了波培娅的慷慨馈赠。约瑟夫斯并不是受到皇室热烈欢迎的唯一一位犹太客人。在 60—62 年，一个犹太代表团来到罗马，抗议耶路撒冷的一堵墙被拆毁，因为这样会把神庙暴露在公众面前。由于波培娅插手，尼禄做出了对他们有利的裁决——据约瑟夫斯所说，这是为了取悦波培娅。[105] 在裁决罗马可能发生的基督徒和主流犹太人之间的冲突时，波培娅可能也同样利用了自己对尼禄的影响力。

塔西佗的确犯了一个错误，我们接受这个想法就必须承认，从现实情况看，其《编年史》涉及基督徒与大火灾关联的问题几乎是无解的。我们还面临着基督教作家同样保持沉默的问题，即使塔西佗粗心大意，被大火灾后基督徒受迫害这个虚假的故事所骗，或者把两个无关的历史事件联系起来，我们也很难相信，每位基督教作家都比塔西佗更有经验、更有洞察力，因此都能承受早期基督徒殉道这样的悲惨事件。要知道，德尔图良曾经愉快而认真地接受了提比略同情基督徒这种显然非常荒谬的观点。与此相比，在 64 年大火灾之后对基督徒的迫害无疑极其合理而且可信。

5 世纪之前，除塔西佗的《编年史》外，每种史料都对基督徒受迫害保持明显的沉默，似乎令人严重怀疑，在苏尔皮西乌斯之前究竟是否有历史学家认真研读过塔西佗所描述的在大火灾之后对基督徒进行的惩罚，至于《编年史》中的这一部分究竟是否有历史依据，或者这一部分是否有严重问题，并不重要。人们能想象这些基督教作家根本没有接触过《编年史》，或者根本没有接触过后来的版本吗？这个怀疑并不像最初看起来那么荒唐。塔西佗的好友小普林尼宣称塔西佗的历史著作是不朽的。当然从长远来看，小普林尼无疑是正确的，今天塔西佗备受赞赏，被学者们深入研究，但他似乎并没有对自己的直

系后代产生什么影响。[106] 3 世纪的塔西佗皇帝①（275—276 年
在位）坚信自己是这位历史学家的后人，不断下令把这位同
名作家的作品抄录下来，试图改变他被读者忽视的状况。这
些信息来自内容稀奇古怪且完全不可靠的帝国传记作品集
《罗马皇帝传》②（*Historia Augusta*），据传写于 4 世纪晚期或 5
世纪早期，这本书并不能为塔西佗皇帝的行动提供可靠指导，
但如果当时的历史学家塔西佗的作品流传甚广的话，这件逸事
就不可能流传下来。[107] 甚至到 6 世纪，作家卡西奥多鲁斯③
（Cassiodorus） 在 提 到 塔 西 佗 ［引用《日 耳 曼 尼 亚 志》④
（*Germania*） 中谈论琥珀收藏的内容］时，还提出了"某个科尔
内利乌斯"，暗示这位历史学家在当时已经陷入了相当没有名气的
境地。[108]

　　塔西佗《编年史》中有几卷已完全佚失，至于保存下来
的书中，两个"半部"中每卷自中世纪后只保存下来一本。
后来的美第奇家族藏品就包括《编年史》第 11—16 卷（第 11
卷和第 16 卷部分缺失，最后两卷完全丢失，或作者从未写过

---

①　塔西佗皇帝：全名马库斯·克劳狄乌斯·塔西佗·庇乌斯·费利克斯·因维
克图斯·奥古斯都（Macus Claudius Tacitus Pius Felix Invictus Augustus，200—
276 年），罗马皇帝，曾获得"伟大的哥特征服者"头衔。——译者注
②　《罗马皇帝传》：一部拉丁文历史文献，由 30 篇罗马帝国中后期的皇帝传记组
成，其中包括被冠以奥古斯都或恺撒称号的正统帝王，还包括一些自立为王
或仅凭军队拥立坐上王位的僭主。该书作者为戴克里先至君士坦丁时代（3 世
纪末至 4 世纪中叶）的 6 位历史学家。——译者注
③　卡西奥多鲁斯（约 485—580 年）：古罗马政治家、学者、修士，以管理维瓦
留姆修道院图书馆闻名。著作包括《杂录》《远古史》《论灵魂》《哥特史》
（已失传）等。——译者注
④　《日耳曼尼亚志》：塔西佗所著，其中讨论了日耳曼人各部落的风俗、社会状
况，以及很多地理情况。塔西佗还在书中探讨了琥珀的成因，认为"琥珀其
实是一种树木的油脂"。——译者注

最后两卷），以及塔西佗《历史》中所有现存的各册书籍，都
169　是 11 世纪在卡西诺山①（Monte Cassino）上的本笃会修道院②
里的手抄本，这些手抄本一直籍籍无名，直至 14 世纪后半叶
被薄伽丘③（Boccaccio）带到佛罗伦萨时才开始为人所知。[109]
这部最后唯一的手稿就是有关基督徒受到惩罚的唯一文献史料，
直至苏尔皮西乌斯证实现在被视为罗马最伟大历史学家的某个
人当时有所疏忽，苏尔皮西乌斯也见证了这个现实，有时古典
文献能被保存下来，主要靠运气，而不在于作者的声望。[110]

　　塔西佗的《编年史》是直至 4 世纪末大体失传的吗？不
妨这么说，《奥勒留皇帝传》（*Life of the Emperor Aurelian*，奥
勒留皇帝于 270—275 年在位）的作者认为，尽管《罗马皇
帝传》的作者都是我们可能认为比较权威的历史学家［包
括李维、萨路斯特以及奥古斯都统治时期的作家庞贝·特罗
古斯④（Pompeius Trogus）和塔西佗］，但是这些人也难免会
犯错，而《奥勒留皇帝传》的作者声称他指出了这些人的
错误。但遗憾的是，他并没有明确说明曾经读过塔西佗的哪
些书。[111] 德尔图良显然比较了解塔西佗，甚至曾经取笑过

---

① 卡西诺山：意大利中部拉齐奥大区弗罗西诺内省卡西诺郊外一座标高 519 米的
　石山，山上有一座由圣本笃在 529 年建立的本笃会修道院。——译者注
② 本笃会修道院：本笃会的第一座修道院，是圣本笃于 529 年在罗马防御工事的
　遗址上建立的。——译者注
③ 薄伽丘：全名乔万尼·薄伽丘（Giovanni Boccaccio，1313—1375 年），意大利
　文艺复兴运动代表人物，人文主义作家、诗人，代表作有《十日谈》《菲洛柯
　洛》《苔塞伊达》。——译者注
④ 庞贝·特罗古斯：罗马奥古斯都统治时期的历史学家兼博物学家，著有长达
　44 卷以记载罗马以外世界的历史为主要内容的通史著作《腓利史》。因为这部
　巨著，特罗古斯曾与李维、萨路斯特和塔西佗一起被古人列为四大拉丁文历
　史学家。——译者注

他，在文字游戏中把他的名字说成"最狡猾的骗子"（"塔西佗"的意思是"沉默"）。尽管德尔图良在两部著作中都提到过塔西佗的《历史》一书，而且奥罗修斯非常自由地引用过《历史》中的内容，但没有确凿证据表明，在苏尔皮西乌斯之前有哪位有名的历史学家曾经亲自接触过《编年史》，而不是《历史》。[112] 4 世纪的士兵兼历史学家阿米亚努斯·马塞林努斯① （Ammianus Marcellinus） 在 《奥古斯都功德碑》 中发现了可以与 《编年史》 相呼应的内容。[113] 但是这些并不能实质性地改变 《编年史》 中所疏忽的这一中心主题，他们所能做的，只是把人们对这一重要著作所述的证据往后推迟了几代人。因此基督教权威可能会对 《编年史》 中所提到的事件保持沉默，原因很简单，他们从未读过相关内容。

还有第二个更激进但在某些方面简单得多的解决方案，这个解决方案由波利多尔·霍查特② （Polydore Hochart） 在 19 世纪末第一次明确提出。霍查特认为，塔西佗《编年史》关于大火灾后迫害基督徒的整个小节的内容都是插补的，是在苏尔皮西乌斯之前的某个时间点被添加到原文中的。[114] 这种说法是有依据的，我们可以注意到，《编年史》 中有关"基督徒"一节 （15.44.2—15.44.4），是突然加进来又突然删掉的，即使整个段落被删除，也不会造成文章脉络严重错位。事

170

---

① 阿米亚努斯·马塞林努斯 （330—395 年）：罗马帝国后期历史学家，希腊人，生于叙利亚的安条克，378 年定居罗马。以拉丁文撰写的 《大事编年史》，记述 96—378 年的罗马历史，可视为塔西佗 《历史》 的续编。现仅存第 14—31 卷，为罗马帝国时期有价值的史学著作。——译者注

② 波利多尔·霍查特：一位法国船东，对文字、宗教和历史感兴趣。——译者注

实上，目前我们仍然找不到答案，没有迹象表明尼禄寻找"替罪羊"的后果可能是什么，这个话题只能暂时被放弃。而且，前文已经提到过，奇怪的还有在提到本丢·彼拉多职务时出现的错误，以及关于基督教起源的怪异细节。

霍查特认为这个段落是重要插补内容的理论似乎并没有赢得多少读者的认同，而他声称苏埃托尼乌斯提到尼禄对基督徒进行惩罚也是插补内容，这也并未带来多大帮助，他甚至声称小普林尼和图拉真之间的通信往来也是假的，因此他的说法从一开始就让人半信半疑。[115] 这种说法一直未掀起什么波澜，但在 20 世纪 60 年代，这个问题再次由保罗·索马尼（Paul Saumagne）提出，他指出塔西佗《编年史》的叙述中有两个部分——具体提到基督徒的部分，以及基督徒受惩罚的细节部分——是插补。[116] 后来，卡利尔①（Carrier）又指出了一个比较小的插补之处，删除了莫名其妙提到本丢·彼拉多的一句话。[117] 卡利尔指出了这一小段插补内容，删除了其中非常棘手的部分，但并未删除大火灾后对基督徒进行迫害的基本描述，也未删除这些描述所引发的问题。

另一种可能性是，假设在索马尼和卡利尔两者之间还存在一段有限的插补内容，假设在 5 世纪苏尔皮西乌斯读到《编年史》之前不久的某个时刻，一段假冒的有关基督教的段落被插补在塔西佗所著的《编年史》中，这些假设完全未提及基

---

① 卡利尔：全名理查德·卡利尔（Richard Carrier, 1969—）：美国历史学家、作家和社会活动家，其作品关注经验主义、无神论和耶稣的历史性。他发表了许多有关古代哲学和宗教的文章并出版了相关著作，倡导耶稣不存在理论。——译者注

督徒（卡利尔保留的观点），但是提到了基督徒受惩罚（索马尼删除的观点），文本读起来应该是这样的。

2. 但是，无论是人类的足智多谋，还是皇帝的慷慨大度，抑或是对神灵的赎罪安抚，都无法阻止人们相信是皇帝下令放火的可怕谣言。为了消除流言蜚语，尼禄找到了大火灾的罪魁祸首，却导致了对基督徒的离奇惩罚。这些人被普通人称为克雷斯人，由于其可耻的罪行而遭人憎恨。3. 赋予他们这个名字的人叫基督，在提比略统治时期被小行省总督本丢·彼拉多处决。有害的迷信活动被暂时镇压，但很快再次出现，不仅出现在这个诅咒的发源地犹太行省，还出现在罗马城。世上所有令人厌恶的、可耻的一切都汇聚在一起，竟然还受到了人们的欢迎。

4. 因此，起初那些认罪的人被逮捕，后来由于他们的揭发，数量庞大的人群也被逮捕——更主要的原因是其他人仇视他们（或是"他们仇视其他人"），而非因为他们是纵火犯。他们死后继续受到侮辱。他们身上裹着兽皮，被野狗撕成碎片；或者被钉在十字架上，夜幕降临时被做成人形火炬点燃提供照明。5. 尼禄把花园贡献出来做秀场，他还组织竞技表演，穿上战车手的服装与普通人混在一起，或者站在战车上。因此，虽然那些人罪有应得，理应受到警诫性惩罚，但人们也开始同情基督徒，觉得他们被杀并不是为了公共利益，而是为了满足某个人的残忍欲望。（塔西佗《编年史》：15.44.2—15.44.5）

171

　　这样的插补内容或许能解释异教徒作家和基督教作家在大火灾后保持沉默的原因。不仅如此，由于描述基督徒受惩罚的内容从未改动过，这也可能意味着，之所以有人进行插补，是因为他看到了耶稣被钉在十字架上的叙述，认定这些受害者就是基督徒，因此改动了原文内容，尽管钉在十字架上是罗马人对非公民采取的常见惩罚手段，而且事实上在其他古代社会也被广泛采用。[118] 通常被理解为"仇视人类"的这个短语"*odio humani generis*"，常出现在插补内容以外的文本中，也与基督徒有关。这个短语有多种解释，不仅指"仇视人类"，还指"被人类仇视"。无论如何，罗马人已将"仇视人类"这个概念与基督徒（以及犹太人）联系起来，但并不仅限于他们。比如在共和时期后期，西塞罗谈到罗马同胞中典型的一类人时说道："他们出于热情要保护私有企业，或者出于仇视人类说他们要管理自己的事，而这似乎并
172 不会伤害到他人。"[119]

　　当然，把这段话当成插补内容并不能解决所有问题，此处仍然存在认罪的问题。我们可以解释，在任何重大灾难之后，总有少数人决心要求承担责任。让我们回忆一下法国人罗伯特·休伯特①（Robert Hubert）的著名案例，他在 1666 年承认纵火焚烧了威斯敏斯特市的一座建筑，并由此引发了伦敦大

---

　　① 罗伯特·休伯特：时年 26 岁的休伯特是一位钟表匠的儿子，当伦敦努力从大火中恢复时，他正试图逃离这个国家。当局制止了休伯特，他承认自己是纵火犯。休伯特宣称自己是天主教徒，尽管有目击者声称他是新教徒。还有证据表明，火灾发生时休伯特根本不在伦敦。尽管主持审判的法官怀疑休伯特罪行的真实性，但休伯特还是被宣判有罪并被判处死刑。大火停止后仅几周，休伯特就被绞死了。——译者注

火。[120] 尽管火灾发生时休伯特甚至不在英国，威斯敏斯特市实际上也没有受到火灾的影响，但休伯特还是被逮捕、审判、定罪并被绞死了。这就是那个时代疯狂的特质。在 64 年的罗马城，很可能有少数同样被误导的人渴望做出类似的事。或者有些人可能对上帝的惩罚表示满意，只是被非信徒误解了；或者有些人可能是故意寻求殉道，在被审问时并不否认自己有罪。[121] 这些人很可能被围捕、审问，可能遭受酷刑，接着其他人会作为通敌者被逮捕，基本上都是因为流言，而当局没有这些人纵火的实际证据。这些解释或许也是经过精心设计的，但并不是必需的。如果手稿是由一个人胡乱插补和修改的，那他很有可能在序言中删除了一些词语，这些词语可能是用来解释定罪原因的，但并不适合插补人用来证明大火灾后基督徒被牵涉其中的原因。无论如何，过早认罪始终是一个问题，无论基督徒还是非基督徒。

因此，有两种解释可以解决塔西佗《编年史》这一节中所出现的根本问题：要么就是塔西佗单纯地犯了个错误，把两个独立事件合二为一，而这个文本就连早期基督教作家都无法得到；要么就是《编年史》提到基督徒的这一节并不是塔西佗写的，而是 4 世纪某个时间的插补内容。虽然两种解释都不完美，但每一种都可能比单纯从字面意思理解文本更合适。重要的是，每种解释都在 64 年大火灾之后的进程中排除了基督徒受惩罚的可能性。

无论哪个选择看起来更有吸引力，它仍然意味着 64 年大火灾最戏剧性和最持久的后果都基于一个错误的假设，即"尼禄在早期教会记忆中留下了不可抹去的污点"，[122] 这并不

173

一定是因为事情真正发生了，而是因为人们坚信发生了这样的事情。在 2000 年的大部分时间里，基督教一直在纪念经受苦难的第一批殉道者。但是，为此提供动机的事件本身极有可能是虚构的。不过对信仰基督教的人来说，这或许并无区别，尽管学者一直在非常冷静地表达反对意见，但塔西佗《编年史》中的描述无疑仍然会继续给人们带来深刻的灵感。

第五章
新罗马城

　　无论根据哪种定义，64 年大火灾都算得上一场顶级灾难。然而矛盾的是，灾难的破坏性虽然严重却也意味着从毁灭之中或许能衍生出好的结果，因为重大灾难往往会刺激统治阶级采取行动。罗马的元首政治正是采取行动的理想工具，因为采取这些行动需要那个杀伐决断之人具有无限的热情和旺盛的精力。

　　尼禄在 64 年大火灾后进行了富有远见的改革，尤其在早期发生的巨大灾难——高卢人攻陷罗马城的背景下，更是收获了无数赞誉。但是有一种根深蒂固甚至在很大程度上会让人误入歧途的看法，认为高卢人摧毁的是一座干净整洁的城市，而这座城市是根据古希腊世界规划城市的形式原则设计的。高卢人撤退后，在个别罗马人的倡议和推动下，在混乱的自由放任思想的鼓动下，出现了疯狂的重建狂潮，人们只顾重建却很少或根本不考虑规划，甚至不考虑监督措施。人们热火朝天地开工建造，不受任何约束，随意占用碰巧看到的空地，完全不尊重产权，也没有认真考虑规划合适的管网。李维引用这一点来说明古代下水道的变化，这些下水道最初是沿公共水道修建的，而到了他的时代（前 1 世纪末），下水道却经常从私人建筑下铺设。[1] 令这种混乱情况更加恶化的是，营造官在加紧

建造，却没有实行常规的公共监督措施。当时的命令就是加快
建设速度，屋顶瓦片由国家提供，人们可以在任何地方采石、
搜集木材，只要能保证在 12 个月内完工。整个城市里大片建
筑物拔地而起，虽然罗马城不是在一天内重建的，但完全可以
说是在一年内重建的。[2]

　　据说这种毫无秩序的私搭乱建导致的结果是，和谐有序的
旧罗马城变成了混乱不堪的新罗马城。也许传说是这样，当代
学者认为，这一切大部分是人们想象出来的。高卢人摧毁罗马
城极不现实，没有考古证据证明他们确实摧毁了罗马城。虽然
后来蜿蜒曲折的街道上的混乱和无序无疑是事实，但这几乎可
以肯定是在罗马城陷落之前出现的情况，当终于有人开始考虑
如何改变这种混乱的局面时，人口数量已经变得过于庞大，导
致这一切根本无法实现。因此高卢人攻陷罗马城之后，罗马城
发展成这样一个杂乱无序的城市，与其说是辜负了之前的荣
光，倒不如说是错过了一个良机。

　　这实际上也没什么区别，无论曾经发生过什么，尼禄都可
以把城市早期的混乱情况当作先例加以避免。在这种想象的背
景下，64 年的罗马城可以在一个聪明而精力充沛的"元首"
的保护下，正确重建并获得新生。塔西佗和苏埃托尼乌斯对尼
禄未来城市发展规划的看法，大部分实际上是赞扬的。[3] 苏
埃托尼乌斯承认，尼禄重新设计新城市的思路是经过深思熟虑
的。[4] 塔西佗则把尼禄进行的有序重建与高卢人撤退后的一
片混乱进行了对比，而且他接下来所描述的情景与现代城市规
划概念非常接近。[5] 不可否认的是，在某些地方，塔西佗的赞
扬中夹杂着温和的批评，但这种批评暗示的是一种不大热情的

钦佩，而非严厉的抱怨。

　　从 64 年大火灾的灰烬中发展起来的罗马城的街道经过了适当的勘测，铺设了宽阔的路面并保留了空地，公寓楼高度有所限制。[6] 从那里的挖掘证据来看，重建原则在制定之初应当是让其他城镇效仿的，如奥斯提亚，从塞蒂穆斯大理石地图①（Severan Marble Plan）上可以看出，这些原则显然在罗马城后期的建设中被保留下来。[7] 重建原则包括禁止与邻居共用一堵墙；每座住宅都要有自己单独的墙壁，周围有隔离空间。尼禄制定了具体规定确保建筑物坚固，其中之一是不得在建造时使用木材，应尽可能多地使用石头，甚至还指定了可以使用的石头种类——阿尔巴诺石或加宾石，以及罗马平原的各种火山石。阿尔巴诺石，顾名思义，是从阿尔巴诺丘陵（Alban Hills）采石场采集的，加宾石则是在位于蒂沃利和弗拉斯卡蒂（Frascati）中间的加宾平原采集的，这两种石头都被认为能够有效防火。阿尔巴诺石较柔软，更有韧性，颜色也更浅；加宾石粗糙而坚硬，斯特拉波认为这种石头更能防火。庞贝剧场和奥古斯都广场等著名工程在建造时都大量使用了加宾石。[8] 尼禄要求必须使用石头的确切意图尚不完全清楚。他这么做可能是想通过包层对建筑物外表面进行防火，但也可能是因为法规规定混凝土生产时必须使用这些具体品种的石头。尤其在建造拱顶时，由于底部缺乏保护层，如果混凝土中含有石灰石骨料或混合不良的石灰石，底部在高温下就很容易

176

——————————————

　　① 　塞蒂穆斯大理石地图：在罗马帝国最繁荣的时期，有一幅用大理石雕刻成的地图，高 13 米、宽 18 米，上面绘制了古罗马城区的平面图，精确到城中的每一座房子、每一节台阶和每一根石柱。——译者注

破裂。罗马人之所以经常使用阿尔巴诺石和加宾石做混凝土骨料，可能是在 64 年大火灾后，法律规定了这两种石头是耐高温最有效的材料。[9]

尼禄强制要求对建筑物高度进行限制。[10] 他不是第一个也不是最后一个试图对建筑物高度加以规范的人。奥古斯都曾经非常认真地处理建筑物高度问题，并热情地宣传某个名叫鲁提利乌斯（Rutilius，其他不详）的人关于这个主题的演讲——"关于建筑物高度"。[11] 他降低了所有新建筑物的高度，将所有公共街道上的建筑物高度限制在约 20 米。[12] 这样的法规显然非常有必要。哲学家帕皮里乌斯·法比阿努斯①（Papirius Fabianus）活跃在紧随奥古斯都后的提比略统治时期，他曾抱怨建筑物太高，根本不能避免火灾发生。[13] 从长远来看，奥古斯都很可能没有获得太大成功，否则尼禄大概不会认为有必要引入新的法规，尽管这些法规显然很相似。同样，尼禄的新法规在实践中也难以实施，他很可能与奥古斯都一样运气不佳。无论如何，2 世纪初时图拉真再次通过法规限定建筑物高度，这次是约 18 米。[14] 在这项计划周密的措施后，又有至少 3 位皇帝为此殚精竭虑，但在图拉真统治后期或其统治刚刚结束时，朱维纳尔仍然抱怨建筑物过高："从高耸的屋顶，到屋顶瓦片击中头顶，那是多么遥远的距离啊！"[15]

在另外一项旨在降低火灾风险的措施中，尼禄要求在建造某些类别的建筑物时需要有柱廊。他似乎认为这是一项非常重要的措施，因为据说他愿意自掏腰包支付这项费用。柱廊的作用是什

---

① 帕皮里乌斯·法比阿努斯：斯多葛学派哲学家昆图斯·塞丘斯（Quintus Sextius）的学生。——译者注

么？塔西佗只在谈起公寓楼时提到过这个新要求，并且评价说，这是为了保护街区正面的建筑，而这些街区正面的建筑是面向街道的。苏埃托尼乌斯说，不但公寓楼，私人住宅也要建造柱廊，而且还多了一个完全不同的功能——平屋顶可以当作灭火时的平台。[16] 这两种解释似乎都不充分。高度当然能给消防员灭火提供一些帮助，但柱廊顶部几乎无法提供有效的高度，尤其是所有古老建筑最容易着火的部分就是其木房顶。格斯·赫曼森① （Gus Hermansen） 指出，塔西佗和狄奥在描述大火灾时，强调了燃烧碎片从屋顶掉落并堵塞街道的严重后果。在这种情况下，在发生严重的火灾时，有遮蔽的柱廊就可以被当作紧急出口。他指出，关于尼禄所制定法规的影响力，我们可以从奥斯提亚2世纪的建筑物中找到端倪。在奥斯提亚，建筑物之间保留空间，公寓楼一层是空的，这是完全按照尼禄的规定建造的。[17]

尼禄的总体措施在实践中究竟有没有效果可能很难判断。在每个时代，城市火灾的历史似乎总是如此：因发生悲剧而制定的法规当时被积极采纳，然后随着悲剧记忆消失再被大家忽视。朱维纳尔说过，到2世纪初，火灾的可怕风险，尤其是对住在高层公寓楼里的穷人来说，是罗马城市生活的显著缺点之一。[18]

在发生这样一场大规模的灾难后，尼禄似乎制定了一项合理的健康与安全法令，禁止人们接触废墟下的尸体和碎石瓦砾，并派人清除这些尸体和碎石瓦砾。苏埃托尼乌斯贬低这个显然非常明智的预防措施，暗示尼禄的动机只是更方便

178

---

① 格斯·赫曼森：著有《奥斯提亚：罗马城市生活的方方面面》。——译者注

获得战利品。苏埃托尼乌斯的指控很可能没有益处，反而更能说明其只是为了体现尼禄在大火灾后所采取的相关措施是多么恶劣。[19] 碎石瓦砾要被运走填充奥斯提亚的沼泽，从台伯河将谷物运到罗马城的船只装满残骸碎片返回。整个过程表明这是一项有良好规划和细致组织的工作。

警卫们被派去保障供水系统，并确保有足够数量的用水点。这是一项极明智的预防措施，能够保证以后更有效地灭火，因为过去常有人切断水供应设施，把水挪作他用。[20] 这种盗窃是由来已久的问题，早在前184年，人们就听说过老加图①（Cato the Elder）作为监察官前去处理公共用水被转接到私人住所、商店和田地里的问题。前50年，凯利乌斯·鲁弗斯（Caelius Rufus）在担任营造官时，与奸诈的水务经销商起了冲突，这些经销商接受商店店主的贿赂，将公共用水转接给他们，就这个问题，鲁弗斯做了备受赞赏的著名演讲——"关于供水系统"。[21] 之后，尽管尼禄做了很多努力，这个问题仍然存在。塞克斯图斯·尤利乌斯·弗朗提努斯②（Sextus Julius Frontinus）在97年被涅尔瓦皇帝③（Nerva）任命为水务官，任职期间，

---

① 老加图：即马库斯·波尔基乌斯·加图（Marcus Porcius Cato，前234—前149年），罗马共和时期的政治家、社会活动家、演说家，前195年担任执政官。他也是罗马历史上第一位重要的拉丁语散文作家。——译者注
② 塞克斯图斯·尤利乌斯·弗朗提努斯（40—103年）：罗马军人和工程师，曾任不列颠总督，著有兵书《谋略》，对流体力学也提出过一些有益的见解，担任过罗马导水管监察官。——译者注
③ 涅尔瓦皇帝：全名马库斯·科克乌斯·涅尔瓦·恺撒·奥古斯都（Marcus Cocceius Nerva Caesar Augustus，30—98年），是罗马帝国第12位皇帝，安东尼王朝第1位皇帝，五贤帝时代第1位皇帝，96年9月18日—98年1月27日在位。——译者注

他写了一份关于供水现状的翔实报告。他发现，农田、商店甚至妓院都在非法抽水，他详细地讲述了这些人的阴谋诡计。这些人把大大超出执照许可规定的导水管放进供水系统中，水管上本来应该标记尺寸，可标记的尺寸是错的，而且水管放置的级别低于其授权级别，这样人就可以抽取更多的水。还有人把导水权转让给新的所有者，就可以在供水系统中放置一条新的导水管，但旧的导水管有时仍留在供水系统中。城市下方还有一些秘密导水管，从不同地点接入供水系统。[22] 这对尼禄来说可能是一场必输无疑的战争，但他还是采取了行动，除增加供水系统接入点以外，还提供了消防装置，公众都可以使用。

179

尼禄或许发现有一件事非常困难，甚至根本不可能完成，就是对大火灾之前已存在并在火灾中保留下来的建筑上强制实施新法规。据说，尼禄制定的法规在新开发的城区中得以应用，那里的公寓楼用中等硬度的混凝土建造，远离城市中心，或许在战神广场北侧，或者围绕台伯河西岸尼禄位于梵蒂冈区内的宅邸。我们在战神广场北侧，沿着科索大街，也就是古代的拉塔大道挖掘出的公寓楼遗迹中可以发现一些规律。[23] 我们对古梵蒂冈地区（现为高档时尚的普拉蒂区）的布局了解得并不充分，但是有证据表明，这个区域与尼禄在那里建造的竞技场（赛马场）的布局基本一致。竞技场大致呈东西走向，东侧靠近科妮莉娅大街。[24] 米里亚姆·格里芬①（Miriam Griffin）发现这里可能还有一项宏伟规划。在讨论尼禄制定建筑物改革法典时，苏埃托尼乌斯提到过一个城市规划，即扩大

---

① 米里亚姆·格里芬：杰出的罗马历史学家，牛津古典文学学院和萨默维尔学院古典文学学院的重要人物。——译者注

城市范围，将奥斯提亚囊括在内，通过运河将这个港口与罗马城连接起来。[25] 这项规划可能是在 64 年大火灾后开始的，当时拓宽城市道路、防止住宅过于拥挤（包括金宫在内）的多项计划，导致城市中心住宅空间缺乏。尼禄可能打算鼓励罗马人卖掉土地，到新扩建的城市区域建造住宅。这个规划也许还与填充奥斯提亚附近的沼泽地有关。[26]

尼禄的许多举措符合现代旨在鼓励企业与政府进行合作的做法。国家并不直接参与房屋建造，而且尼禄似乎已经设立了激励措施鼓励个人承担这项任务。尼禄提供补助金，根据个人等级和财产价值按比例分配，并谨慎地确定了私人房屋或公寓楼的完工时限，以便申请人获得补助金。[27] 后来的法律记录中有一项法令，规定凡通过非正式仪式被释放的奴隶（"半公民"），如个人资产不低于 20 万塞斯特第，并且至少花费一半或以上财产建造住房，就可以获得完整的公民身份，我们应该将这项法令的时间追溯到这一时期。在正常情况下，这些通过非正式仪式被释放的奴隶的自由和公民权都受到限制，而且这些奴隶还可以被转卖给其他家庭。在这个特殊时期，这些条件都被废除了。[28]

在实施过程中，尼禄的激励计划比如建筑法规等，可能很难推行——重新建造房屋取决于业主的意志和精力，即使业主有意志和精力，也不一定能够将其转化为有形的结果，除非有可用的劳动力来完成实际的建筑工作。罗马当时并没有足够数量的熟练工匠来完成这项工作。大约 6 年后，直到 70 年，韦斯巴芗从东方征战结束回到罗马时，大部分重建工作尚未完成（不过有些问题可能是 69 年内战爆发时发生的严重火灾带来的损失所导致的）。[29]

64 年大火灾使尼禄成为一名负责任的元首，他下定决心采取有效措施以避免未来再次发生类似灾难，并为受灾百姓提供帮助。这个过程显示出尼禄在规划和组织方面具有相当高的天赋。与此同时，火灾造成的破坏也表现了尼禄性格中的另一面，他得以在规模宏大的重建项目中，尽情地实现自己对艺术的幻想。在整个统治时期，尼禄展现了他对建筑的澎湃激情。[30] 4 世纪的历史学家奥勒留斯·维克多①（Aurelius Victor）记载过一句名言，图拉真曾评论说，尼禄在 5 年间就超越了其他所有皇帝，明确指向尼禄给罗马城带来的实际改变。已知的几大项目如下：塔西佗和小普林尼都赞叹不已的巨型木结构露天剧场，建造在大竞技场内，于 57 年一年之内完工；64 年大火灾前在战神广场上建造的大型公共浴场和综合体育馆，3 世纪时古希腊哲学家斐洛斯特拉图斯②（Philostratus）将其描绘为罗马城里最精美的建筑，马提亚尔对此也深表赞赏；59 年在西里欧山上修建了大市场，这个市场曾经短暂地出现在尼禄统治时期的硬币上；为了庆祝战胜帕提亚人，于 62 年落成了凯旋门。[31] 他还修建完成了奥斯提亚港以及赛马场（梵蒂冈竞技场）。这些都是旨在改善公共便利设施的令人钦佩的工程。在尼禄之前有一个无可挑剔的榜样——奥古斯都，是他确立了帝国的传统，即元首有责任美化这座城市以提升帝国的威望，人人都知道，他曾夸口要把罗马

181

---

① 奥勒留斯·维克多：全名塞克图斯·奥勒留斯·维克多（Sextus Aurelius Victor），活跃于 4 世纪，是历史学家和异教徒，360 年创作帝国简史《恺撒》一书，389 年成为罗马城市长官。——译者注
② 斐洛斯特拉图斯：著有《泰那的阿波罗纽传》一书，该书或许是反基督教宣传的一种形式。——译者注

城从一个砖砌的城市变为大理石建造的城市。[32]

然而，无论 64 年大火灾之前尼禄的建筑记录多么惊人，他早期的建筑工程完全无法与 64 年后从废墟中拔地而起的金宫相提并论。宏伟的建筑发出的信息是模棱两可的。一方面，它们可以表现出统治阶级的利他主义愿望，为公民提供优越的便利设施。在朱利亚—克劳狄王朝时期的罗马，人们对元首都有这种期待。另一方面，它们也可能代表着统治阶级反常行为甚至狂妄自大的性格。[33] 在大火灾之后，尼禄对罗马城重建的宏伟设计体现了这两个极端。他用一系列精美的建筑优化了这座城市，即使是那些怀念旧罗马城的人也不得不承认，尼禄重建的新罗马城真是美轮美奂。[34] 与此同时，尼禄也抓住这个独特的机会，尽情地放纵自己对建筑的幻想。我们从塔西佗和苏埃托尼乌斯的描述中明显可以看出，他希望建造宏大建筑群的理念——正如金宫所表现出来的——在大火灾之前就已形成，并在尼禄宫的建造过程中得以体现（见图 5.1）。[35] 但是 64 年大火灾提供了惊人的机会，把他对奢华建筑工程的渴望提升到了前所未有的高度。尽管苏埃托尼乌斯曾说，建造金宫是为了"恢复"被大火烧毁的尼禄宫，但如果我们只从字面意思来理解他的措辞，或者以为他对尼禄的概念思维有伟大的见解，那一定是错误的。[36] 尼禄宫本身并不宏伟，文献史料对其没有任何评论，据我们所知，它只是金宫的陪衬，而金宫实际上则是一个截然不同的建筑项目。关于 64 年大火灾后果的研究理应对金宫进行详细研究。不可否认，这个建筑群中的大部分建筑保存时间并不长，但它们对罗马建筑产生了变革性的影响，也对罗马人看待城市的态度产生了变革性的影响。

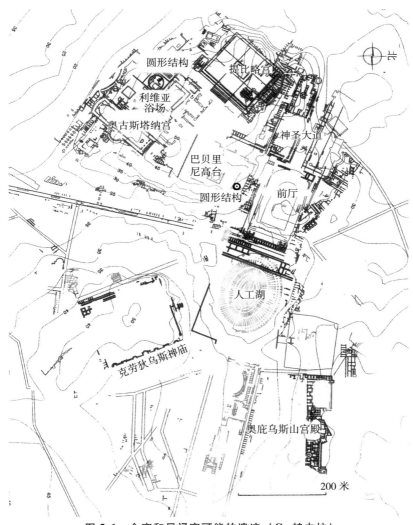

图 5.1　金宫和尼禄宫可能的遗迹（C. 帕内拉）

尼禄获得了被大火摧毁的土地，围绕罗马市中心一个湖边
建造了一座壮观的宫殿，其间点缀着大片的花园绿地。宫殿东　183

面是一条精美的连拱大道，从广场向上一直通往宽阔的前厅，前厅修建在维利亚马鞍形山的一座平台上，平台上放置着巨人像，这座巨大的雕像最初可能是以尼禄为原型设计的，从这里可以通往一个大型的观赏湖。尼禄命人在西里欧山上尚未完工的克劳狄乌斯神庙的基座上，建造了一座喷泉，我们几乎可以肯定他这么做是为了给下面的人工湖提供水源。他还命人在奥庇乌斯山的边缘、斗兽场山谷北侧，建造了一个巨大的建筑群，在南侧，金宫无疑与帕拉蒂尼山上新建或者重新翻修的建筑融合在了一起。因此，我们从西里欧山、埃斯奎利诺山和帕拉蒂尼山这 3 个高地上看，金宫都呈现壮丽的景观（见图 5.2）。如果将这一切视为一座整体住宅，那它也是一座复杂得惊人的住宅。直到几十年后，哈德良在罗马城东北约 30 公里处的泰伯（今蒂沃利）建造的奢华别墅群，才能与金宫相媲美。

184

图 5.2　金宫复原图（R. 卡尔拉尼）

塔西佗和苏埃托尼乌斯，尤其是后者，都对金宫进行了生动描述。苏埃托尼乌斯指出，金宫的前厅大得足以容纳一座约35米高的巨大雕像，3排柱廊延伸了足足1.5公里。水池"像海一样大"，周围环绕的建筑像一座座城市，一片片不同的耕地、葡萄园和树林，养育着许多野生动物和家禽家畜。塔西佗也记载，田野、湖泊和树林都生机勃勃，非常开阔。苏埃托尼乌斯还补充了许多金宫内部的细节：浴室里流淌着海水和含有硫黄的温泉水，所有物品都包裹着黄金，镶嵌着宝石和珍珠母。[37]他接着写道，餐厅天花板由旋转的象牙镶板组成，上面布满了鲜花，管子喷洒着香水。主餐厅的上方是一个圆顶，昼夜不停地旋转，就像一个天体一样。

在金宫的所有奢华特色中，最吸引人的很可能就是这个旋转餐厅。我们的信息完全来自苏埃托尼乌斯。到目前为止，考古学家已经确定了旋转餐厅4个可能的位置，其中2个在帕拉蒂尼山上，第3个在奥庇乌斯山宫殿著名的八角形大厅里，第4个可能位于人工湖西侧。有人认为，尼禄统治时期的古罗马铜币（见图5.3）上的圆顶结构可能就代表着旋转餐厅（人们通常以为它是他较早时在西里欧山上修建的市场）。[38]下文中会讨论这个旋转餐厅在金宫中可能的几个不同位置。

旋转装置代表着当时的一种建筑趋势。塞涅卡的抱怨清楚地体现，他认为时人放弃了大自然，喜欢上了一些机巧设备。塞涅卡曾描写过一个餐厅，天花板上安装了可移动面板，面板在用餐过程中不断变换画面，还有一个通过隐藏的管道从高处喷洒香水的小玩意儿。塞涅卡不是唯一这么认为的人，

185

图 5.3　尼禄统治时期的古罗马铜币（耶鲁大学艺术画廊）

活跃于前 1 世纪的瓦罗①（Varro）也描述过自己在卡西努姆城②（Casinum）附近的奢华乡村庄园里的所见所闻。这个庄园最著名的是其鸟类饲养场，一个奴隶男孩不停地转动巨大的机械旋转装置为鸟类投送食物和水。庄园正中是一个圆形大厅，内部标示着白天太阳的位置及晚上星星的位置，以表示当时的时间。为了模仿雅典著名的风塔③（Tower of the Winds），庄园穹顶上描绘了 8 种主要的风；有个箭头应该是与外面的风向标相连的，指向塔内的盛行风。在这些描述中，我们还可以加上佩特罗尼乌斯《萨蒂利孔》中的一段

---

① 瓦罗：全名马库斯·特伦蒂乌斯·瓦罗（Marcus Terentius Varro，前 116—前 27 年），罗马学者和讽刺家，曾任财务官一职。他著有约 75 部计 600 多卷著作，题材广泛，包括法学、天文、地理、教育、文学，以及讽刺作品、诗歌、演说词及信札，其中《梅尼普斯式讽刺诗》最为著名。——译者注
② 卡西努姆城：位于古罗马城东南部的一座城市。——译者注
③ 风塔：八面测风向的塔，建于雅典中心广场上，内有滴水式时钟。——译者注

话。特里马乔在举行宴会时，会拉开天花板的面板，放下一个圆环，圆环上有为客人准备的礼物，水果中藏着喷管，向客人身上喷洒藏红花香水。尼禄的旋转餐厅似乎是当时人们已经司空见惯的一种建筑形式。[39]

金宫的客厅据说是用尼禄从全国各地掠夺来的雕像装饰的。令人沮丧的是，老普林尼只是在广泛描述希腊一些最伟大的雕塑时，在结尾处才提供了这个信息，而且他只提到最好的雕塑作品最终都去了金宫，但没有说明哪件雕塑具体在哪里。帕萨尼亚斯①（Pausanias）列出了尼禄所掠夺雕塑的详细清单，但是他的记录对我们也没有什么帮助，因为他也未能提供这些雕塑的最终去处。[40]

186

金宫始终令人着迷，并激发人们进行了大量学术研究，但是现代学者往往只能靠推测进行研究。尼禄去世时，金宫的大部分建筑尚未完工，部分被弗拉维王朝拆除又加以重建。即使弗拉维王朝所留下的建筑，在图拉真统治时期也几乎注定要消失。因此，我们只能满足于在后世建筑的基础结构（往往无法明确确定）中所发现的珍贵遗迹。而且，在评估文学作品所描述的相关情况时，我们也必须相当谨慎，因为文学作品在描述这种宏大的建筑项目时，往往会进行不怀好意的夸张。几十年前，奥维德②（Ovid）声称，维迪乌斯·波利奥（Vedius Pollio）曾是奥古斯都富可敌国的朋友，他的家"有一座城市

---

① 帕萨尼亚斯：2世纪罗马的希腊地理学家、旅行家。——译者注
② 奥维德（前43—17年）：古罗马最具影响力的诗人之一，发表了著作《爱的艺术》，与奥古斯都推行的道德改革政策发生冲突。8年被流放到托弥，10年后忧郁而死。——译者注

那么大"。3 世纪的古希腊历史学家赫罗迪安①（Herodian）则写道，塞普提米乌斯·塞维鲁②（Spetimius Severus）皇帝的儿子们住在一座比城市还大的宫殿里。[41] 这些都是夸张的描述，把狂热地修建宏伟建筑当作暴君的传统特征。据苏埃托尼乌斯所说，卡利古拉的建筑项目迫使他将平原抬高到山丘的高度，或将山丘夷为平地。[42] 老普林尼声称罗马城两次被皇宫包围，先是卡利古拉统治时期，接着是尼禄统治时期，他还提到了包围这座城市的金宫。尽管卡利古拉非常热衷于修建豪华建筑，但我们也知道这种指责非常荒谬，所以对尼禄的指责也不能过于认真。[43] 诚然，到尼禄统治时期，许多大型公园式花园和庄园归帝国所有，比如梵蒂冈地区的阿格里皮娜花园、平乔山上的卢库卢斯花园、埃斯奎利诺山上的米西纳斯庄园和拉米亚庄园、奎里纳尔山和平乔山之间的萨勒斯特花园，因此，从某种意义上来说，这些广袤的帝国产业包围了城市中心。但是，老普林尼显然不想介绍这些花园和庄园，而是着重介绍向居民区伸出真实触手的巨型宫殿。[44] 我们应把其他提到金宫规模的参考资料，都应放在各自的上下文中来看。苏埃托尼乌斯记录了一首流行诗，说罗马城正在变成一座房子，罗马人应该搬到维爱城，但前提是尼禄的房子不会把维爱城也吞掉，这首讽刺诗借助流行诗句达到了作者的目的，把某

187

---

① 赫罗迪安（170—240 年）：希腊历史学家，著有《罗马帝国史》，内容包括康茂德统治时期（180—192 年）、五帝之年（193 年）、塞维鲁王朝（211—235 年）及六帝之年（238 年）。——译者注

② 塞普提米乌斯·塞维鲁：全名卢修斯·塞普提米乌斯·塞维鲁·珀尔蒂纳克斯（Lucius Septimius Severus Pertinax，145/146—211 年），罗马帝国皇帝（193—211 年在位）。——译者注

种想法推到了极其荒谬的地步。[45] 马提亚尔说，虽然最近整座城市渐渐变成了一座豪宅——金宫，但就在这样的土地上，弗拉维王朝的公共建筑拔地而起。我们必须记住，马提亚尔使用这样的语言是为了取悦弗拉维王朝的赞助人。[46] 尼禄的宏伟建筑群里的实际生活区，可能并不像文献史料里所暗示的那么奢华。无论如何，狄奥用了整整一节的内容，着重讲述短暂在位的皇帝维特里乌斯① （Vitellius） 是如何热爱奢华生活的（由别人来买单）。狄奥写道，维特里乌斯认为金宫很糟糕，陈设太少，也很平庸。维特里乌斯生病时，发现很难找到一个让自己感到舒适的房间，他的妻子加莱里亚对皇宫房间里缺乏陈设品的情况也进行了严厉批评。[47]

同样，关于现代对金宫规模的评估，我们也应该保持应有的怀疑态度。这些计算结果差别很大，保守的数字是约 40 公顷，最高的达到约 162 公顷。[48] 这么大的差别看上去非常显眼，但我们在试图计算一个界限不明的建筑群的总面积时，这或许是可以预见的结果。[49] 人们甚至对这个建筑群的基本特点也难以达成一致意见。有学派认为它只是一座传统别墅，完全符合罗马传统，或许有点奢华，但本质上并没什么了不起。据说，奥庇乌斯山上被保存下来的建筑废墟，让人联想到庞贝时代绘画中出现的海滨别墅，里面有雕塑、湖泊和植被。相反地，有人认为金宫是一个非凡的创新项目，它打破了传统模式，摆脱了旧时的束缚，代表着罗马建筑史上一个新的里程

---

① 维特里乌斯：全名奥鲁斯·维特里乌斯·日耳曼尼库斯·奥古斯都 （Aulus Vitellius Germanicus Augustus，15—69 年）。罗马帝国第 8 位皇帝，"四帝之年"时期第 3 位皇帝，69 年 4 月 16 日—69 年 12 月 22 日在位。——译者注

碑。还有一种观点认为，这是一座君王受东方王权概念启发而建造的宫殿，它充满了宇宙学和天文学的象征意义。[50]

就连其名字本身——金宫——也很令人费解。"宫"强烈暗示这是一座私人住宅，是有明确轮廓的单一结构住房。但是，在文献史料中用这个词来指代尼禄的住宅群时，肯定是不科学的。老普林尼在谈到这座城市被两座"住宅"所包围时，无疑**188**希望创造出这样的形象：一连串独立的住宅组合在一起，从而形成一片宏大的建筑群。因此，"金宫"一词的翻译具有一定的误导性，"金色的住宅群"也许更合适。[51] 从什么意义上说这个宫是金色的？我们还不能确定这个元素名称的意义，这个名称也许特指住宅外部的一层镀金。马提亚尔说，金宫的大厅"闪闪发光"，老普林尼也对其使用的黄金数量表示惊讶。[52] 这应该是符合尼禄口味的，据说在 66 年，提里达特斯①（Tiridates）来到罗马被加冕为亚美尼亚国王时，尼禄就给庞贝剧场镀了金。[53] 塞涅卡的典型特征是抨击一切，反对财富，他引用过奥维德描述阿波罗金色宫殿的词语——"金光闪闪"，可能当时他是在隐晦地指向金宫，[54] 但这也许只是一个巧合。任何一座建筑需要镀金，都必须在建造后期进行，而且几乎不可能的是，塞涅卡于 65 年初去世，在他去世前竟然能目睹宫殿被镀金。

从更抽象的角度来看，"金"这个字可能只是简单地将这个建筑群视为一个新黄金时代即将开始的预兆。这种比喻意义

---

① 提里达特斯：帕提亚王子，帕提亚战争后与罗马达成协议，罗马承认提里达特斯为亚美尼亚国王，但王冠必须由罗马皇帝授予。提里达特斯进入罗马科尔布洛的军营，在尼禄塑像前，由科尔布洛代理皇帝为提里达特斯加冕。后来，提里达特斯亲赴罗马，尼禄再度为他加冕，并以盛大的仪式相迎。——译者注

是希腊作家狄奥·克里索斯当（Dio Chrysostom，并非历史学家卡西乌斯·狄奥）强烈暗示的，这位作家在韦斯巴芗统治时期居于罗马，可能在金宫大部分建筑被烧毁之前见到过金宫。他在一次演讲中称，金宫实际上毫无价值，并不比一棵金树更有用，而且他自己决不会想要一座真正的金房子，更不用说像这样只是名叫"金宫"的房子了。这种说法并没有什么意义，只不过是尼禄创造的比喻用法而已。[55]

　　关于金宫，我们应该关注一个问题：尼禄把建造金宫作为公共项目还是私人项目？金宫内的一些房间应该是专供皇帝及其家人使用的（这肯定包括埃斯奎利诺山和帕拉蒂尼山上的宫殿），但如果把金宫看作一个有明确边界的建筑群，可能并不合理，边界明确的建筑群需要道路改道，不允许除皇帝及其家人以外的人随意进出。在这个建筑群里，可能有一些道路被改，当然也有一些公共道路穿过大竞技场山谷。[56] 我们知道人工湖附近有一座幸运女神庙，公众一定可以进入。奥古斯都开创了一个先例，他雇用代理人，在本人不在场的情况下获得了帕拉蒂尼山上的财产，并在返回罗马城时宣布将这块土地作为公共用地，他甚至在那里建造了阿波罗神庙。[57] 然而，像提比略这样极其注重私人生活的皇帝，无疑会建造一座住所享受与世隔绝的生活。但是，其他有名望的罗马人似乎很欢迎公众进入他们的家。前61年，庞贝欢迎人们进入他的花园。前45年，恺撒在西班牙蒙达战役①（Battle of Munda）中打败庞贝之子，然后邀请罗马民众来到他的花园里庆祝胜利。[58] 尼禄

189

————————

① 蒙达战役：古罗马内战期间恺撒打败庞贝残余势力的战斗。——译者注

比庞贝或恺撒更爱交际，更不用说提比略了，他似乎相信自己
只能生活在舞台和公众的视线里，被奉承他的民众包围。他渴
望民众的关注，而且他与民众在一起时感到非常舒服。塔西佗
曾经轻蔑地评论说，尼禄喜欢把整座城市当作自己的家。[59] 如
果没有民众的赞美，他建造大型宫殿的终极目标就会消失。[60]
这种态度看上去似乎有些张扬，但事实上这与同样伟大的维特
鲁威几十年前所写的箴言是一致的。维特鲁威主张的原则是，
一个人的住所应该与其职业相匹配。比如，商人的住所里应该
有储藏室，银行家的住所里应该有安全的金库等，但贵族，即
担任公职的人和经常在家里履行公职的人，都应该以金宫为蓝
图建造自己的住所，从而体现公职的特点，住所应该包括豪华
的大前厅、宽敞的门厅和庭院、宽阔的小树林和人行道。

　　因此，金宫可能就像一座小型的竞技场，是具有高度美学
价值的私人空间，除此之外的地方是为所有人设计的，向所有
罗马人开放。[61] 苏埃托尼乌斯评论说，奥古斯都在大竞技场
里修建了自己的陵墓，作为最后的安息地，这显然是一个非常
私人的地方，但又向公众开放了陵墓四周的小树林和人行
道。[62] 用更现代的术语来说，金宫当然就是埃斯奎利诺山和
帕拉蒂尼山及西里欧山之间的一部分，肯定不是新天鹅宫①
（Neuschwanstein）或白金汉宫。在现代，可以与之媲美的可能
是玛蒂尔德高地②（Mathildenhöhe），那是德国达姆施塔特市

190

---

① 新天鹅宫：由巴伐利亚国王路德维希二世兴建，位于德国拜恩州南部富森近
　郊的一座小山峰上。——译者注
② 玛蒂尔德高地：德国达姆施塔特市的制高点，当地有著名的达姆施塔特艺术
　村，由黑森大公路德维希于1897年创建，是当时建筑和艺术领域新兴改革运
　动的中心。——译者注

郊外一个公园式地区，装点着引人注目的新艺术建筑，这是黑森大公（Grand Duke of Hesse）的独创，那里的建筑本身大多为私人所有，但也有些公共建筑，两种建筑类型同时出现在一个美丽的景观区内，这里是对民众开放的公园。甚至有人说，尼禄可能还允许在这个建筑群里从事一些小型的工业活动。[63] 要估算出没有明确边界的宫殿的面积，注定是要失败的。

　　负责建造金宫的建筑师（或工程师）是塞弗勒斯和塞勒。[64] 除负责建造金宫外，他们几乎完全不为人所知，但从名字来看，他们是罗马人而非希腊人。[65] 显然他们深得尼禄青睐，可能因为富有远见卓识而吸引了尼禄的注意。他们不畏惧明显难以克服的障碍，因为之前曾经受命利用罪犯挖凿一条可以通航的运河，从坎帕尼亚的阿维尔努斯湖一直到台伯河口，共 258 公里。[66] 苏埃托尼乌斯有记载，这条运河宽度要达到足以让 2 艘 5 排桨船只通过。这样一来，塞弗勒斯和塞勒就能获得皇帝几乎不加限制的资源，尽情地把他们野心勃勃的冲动付诸实践。我们在罗马也可以发现他们活动的痕迹，因为奥庇乌斯山的边缘被切断来建造宫殿，维利亚马鞍形山被挖掘并加固以建造宫殿的前厅。这样的建筑风格也符合当时的时代特点，我们在苏比亚科（Subiaco，后来拉齐奥的本笃会修道院所在地）也能找到同样人类战胜自然的证据。尼禄统治时期，人们在那里建造了一座豪华别墅，用大坝拦截河水来建造人工湖。

　　全面展示金宫建筑群的文学作品始于马提亚尔。在韦斯巴芗之子及其继承人提图斯（79—81 年在位）的短暂统治期间，马提亚尔用挽歌式的对偶句，为我们留下了生动的描述，以庆祝韦斯巴芗建造的圆形剧场（后来的斗兽场）开业。

191

在这里，闪闪发光的巨人像高耸入云，

高高的脚手架从街道上搭起，[67]

过去，野蛮皇帝那令人憎恨的大厅金光闪闪，

一座独立的房子开始占据整座城市。

在这里，壮丽的圆形剧场里站着受人尊敬的人，

过去这里是尼禄的湖泊。

在这里，我们为浴场和快速出现的便利设施而惊叹，

过去一座傲慢的庄园偷走了穷人的住所。

克劳狄家的门廊展开了宽阔的阴影，

过去矗立的是注定要失败的宫殿最远的角落。

罗马被归还给了罗马，在您的统治下，恺撒大帝，

曾经只是主人的乐趣，现在变成了人民的乐趣。

（马提亚尔，《奇观》第 2 页）

马提亚尔在此提供了非常丰富的信息。[68] 他在圆形剧场遗址上发现了尼禄的人工湖，并指出这个建筑群还包括西侧地区，在韦斯巴芗统治时期那里矗立着尼禄的巨型雕像。马提亚尔还指出，宫殿占据了奥庇乌斯山的一部分，至少是后来修建提图斯浴场的地方。最后马提亚尔指出，尼禄建筑群在东南部最远是以克劳狄乌斯神庙的平台为标志的。他没有提到帕拉蒂尼山上的任何建筑，也没有提到古罗马广场附近的建筑。上文所提到的苏埃托尼乌斯的证词，可以对马提亚尔的描述进行补充。[69] 对于苏埃托尼乌斯的叙述，我们应该注意其中忽略未提的是什么内容。苏埃托尼乌斯即使提供了地形线索，似乎也只限于维利亚马鞍形山和斗兽场山谷之间，他提到前厅、人工

湖、小树林，却根本不提克劳狄乌斯神庙，也不提两侧山丘上的建筑，如帕拉蒂尼山、埃斯奎利诺山、西里欧山上的建筑，也不会像马提亚尔那样，提到古罗马广场和前厅之间的建筑。这些遗漏和差异不一定有什么问题，但它们强化了一个概念——金宫的边界很难确定。

弄清楚金宫的边界的最简单的做法是依次考虑建筑群的每个部分，同时了解，这些"部分"在某种程度上是为了便于分析而进行的随意划分。我们可以从迄今为止最复杂，而且正因如此反而变得最简单的事情开始——研究帕拉蒂尼山建筑群。这个地区给考古学家带来了巨大难题。他们可以合理推测，尼禄从早期就开始增加山上皇家宫殿群的建筑了，而且这些建筑可能就是早期尼禄宫的一部分，这已经暂时得以确认。然而，要确认哪些建筑属于后来的金宫，则更为冒险。人们普遍认为，如果尼禄最初不负责建造提比略宫这座巨大的独栋宫殿，他可能在 54 年掌权时，就对当时已有的尼禄宫进行了开发和改造。这座尼禄宫，不管最初是尼禄自己建造的，还是翻新之前的建筑，都极有可能被毁于 64 年的大火，正如塔西佗所暗示的那样。[70] 人们也普遍认为，正是在被烧毁的部分遗址上，尼禄修建了金宫项目的部分建筑。怀斯曼提出，尼禄在大火灾后实际上对帕拉蒂尼山进行了大面积的重新设计，建造了 4 座大型建筑。第 1 座是提比略宫，第 2 座是修建在维利亚山的山嘴上的宽大的前厅，后来在哈德良统治时期成为维纳斯和罗马神庙所在地。怀斯曼还在山丘东北部的巴贝里尼高台上找到了另一个地方，那里后来建造了一座图密善统治时期的宫殿（第 3 座建筑）。第 4 座建筑占据了后来另一座图密善宫殿即宏伟的奥古斯塔纳宫所在地。[71]

在最后这个区域，利维亚温泉浴场通常被当作尼禄宫的一部分，后来在这个浴场上方修建了图密善宫殿的躺卧式餐厅①。浴场被一座巨大的建筑穿过，这座建筑一定比浴场修建的时间晚（因为该建筑穿过了浴场），但这座建筑也在下层，因此一定早于在这个区域上修建的图密善宫殿。[72] 这座建筑只有地基被保存了下来，是两个同心圆的结构，由旋臂连接。地基外部周长 35 193 米的砖墙也被保存下来，墙外有防水层，是砂浆涂抹的大理石包层。圆形结构外是一个正方形大底座，只有一些痕迹保留下来，大约 42.5 平方米（见图 5.4）。这座建筑的建造顺序非常强烈地显示这里就是金宫的一部分，也许是其中一个旋转餐厅的地基。

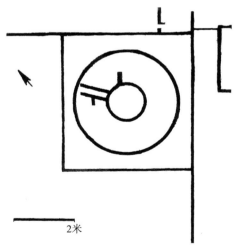

2米

图 5.4　帕拉蒂尼山金宫的圆形结构图（A. 路易斯）

---

① 躺卧式餐厅是古罗马的特色，古罗马人通常会在餐厅正中央摆放一张小矮桌，四周摆三张躺椅，躺椅摆放形状呈"门"字形，空的一侧方便仆人上菜、收拾餐具。就餐客人多时，主人可以适当添加躺椅，最多加九张。——译者注

　　2009年，人们在巴贝里尼高台东北部发现了一个有类似结构的建筑，被保存得很好。70—92年，这里先是建造了一个人工露台，后来在露台之上修建了一座大型图密善宫殿。在此之前，尼禄已经先修建了令人赞叹的基础结构，当时就矗立在山坡上（见图5.5）。后来这个基础结构被掩埋，形成阶梯状的坡地，支撑着上面的图密善宫殿。这座建筑最近在弗朗索瓦丝·维勒迪厄①（Françoise Villedieu）的指导下被挖掘出来。遗留下来的部分是一个直径达4米的中立柱，由两堵同心墙包围。外层墙壁较厚，达2米，直径20米，内层墙壁直径为16米。

194

图5.5　巴贝里尼高台下旋转房间的基础结构（F. 维勒迪厄、N. 安德烈）

　　中立柱是中空的，底部有门可以通往立柱内部和环形楼梯。两套半圆形拱门连接着中立柱和环绕的墙壁（见图5.6）。整个保存下来的"塔"形结构高达20米，上层建筑已经消

---

　　①　弗朗索瓦丝·维勒迪厄：任职于法国艾克斯–马赛大学考古系。——译者注

图 5.6　地下室及内部台阶、中立柱（F. 维勒迪厄、C. 杜兰德）

195　失。[73] 维勒迪厄认为，可以把它当作另一种形式的旋转房间。这两个圆形结构（这个及穿过利维亚温泉浴场的建筑）支持了怀斯曼的说法，金宫的这两个部分位于山上两个不同的区域。值得注意的是，这两座建筑的形式都非常新颖，说明在64 年大火灾之后，尼禄在帕拉蒂尼山上所修建的所有建筑，与斗兽场山谷对面、埃斯奎利诺山上所保留下来的令人叹为观止的宫殿一样，都有着非凡的创新性。

　　我们从马提亚尔的描述可以判断（"克劳狄家的门廊展开了宽阔的阴影，过去矗立的是注定要失败的宫殿最远的角落"），西里欧山的山坡似乎是金宫的最东端。[74] 在这里，这个建筑项目利用了宏伟的可能尚未完工的克劳狄乌斯神庙的基座。修建神庙的工程中止了，在基座东侧增建了一个巨大的喷

泉房。[75] 喷泉供水来自早期克劳狄乌斯修建的引水渠——克
劳狄亚水道桥的一条山嘴。尼禄把这条山嘴建在又高又细的拱
门上，弗朗提努斯称其为"尼禄式拱门"，韦斯巴芗后来对它
进行了加固。[76] 基座东侧于 1880 年被挖掘，人们发现，当时
正在修建现代的克劳狄亚大道。人们在挖掘过程中发现了一
堵巨大的砖墙，长 167 米、高 11 米，中间有一系列交替的壁
龛，对称地在正中央形成一个大厅。在每一对矩形壁龛之间，
有 3—4 个半圆形壁龛，尺寸稍小。人们在这里没有发现马提
亚尔提到的柱廊的痕迹，但沿街一面本来可能有一排石柱，
石柱之间的开口处正好对着壁龛。人们发现了一条水道的痕
迹，很可能水就是从此处向北流入尼禄的人工湖。整个立面
几乎肯定会以雕塑装饰，可能上面还有一层建筑，或许还有
瀑布。

　　在韦斯巴芗最终建造完成克劳狄乌斯神庙时，喷泉房无疑
已被破坏。在基座北侧，几乎没有建筑幸存。这里有许多带拱
顶的房间，其中一些涂抹了石灰，某个地方一定曾布有导水
管。沿斜坡向下有阶梯状坡地的痕迹，可能是喷泉瀑布。斜坡
上无疑曾经有一些建筑。一座喷泉被保存了下来，呈船头的形
状，上面雕刻着野猪头和海怪。[77]

　　苏埃托尼乌斯在描述金宫时，把目光放在了斗兽场山谷和
维利亚山上，可以说苏埃托尼乌斯把中心放在这个宫殿上了，
而且把最好的位置留给了他所说的"前厅"。苏埃托尼乌斯提
到，这个前厅建造的目的是放置尼禄的雕像——巨人像，这座
雕像最终由韦斯巴芗矗立起来（据狄奥所述在神圣大道上）。
这可能表明，韦斯巴芗横跨该地区开辟了一条通道，不过我们

196

当然不知道尼禄是否曾经想把这个前厅当作私人领地。[78] 这似乎也不太可能，巨人像无疑是为了让人看到和崇拜的。我们知道，韦斯巴芗最初的确将巨人像矗立在了前厅，因为哈德良后来把雕像移至靠近韦斯巴芗圆形剧场的地方，为他建造不朽的维纳斯和罗马神庙让出位置，这就意味着我们知道雕像最初的大体位置，也知道从神庙基座到前厅的位置。为了放置前厅巨大的水平平台，建筑师削平了维利亚山和帕拉蒂尼山的山坡，并进行了加固。这应该是一项巨大的工程，似乎非常有可能直到尼禄去世前，前厅远未完工。已经完成的工程也在弗拉维王朝时期遭到破坏，在哈德良统治时期，尼禄建造的所有建筑都被摧毁，为的是给神庙基座留出位置。我们必须补充的是，哈德良所建造的建筑后期也都遭到了破坏，尤其是在 20 世纪 30 年代建造的法西斯帝国大道直接从这座建筑的前厅穿过。因此，除了在东南角附近的外围外，我们没有发现最早的尼禄建筑的明显痕迹。

当然，我们必须记住，在使用"前厅"这样的词语描述金宫的各种建筑时，苏埃托尼乌斯借鉴了熟悉的建筑术语，并为其贴上传统的标签，但这些标签并不一定能真正反映尼禄的独特概念。事实上，苏埃托尼乌斯在这里对建筑物的描述非常隐晦，也许他是以技术描述为蓝本，而他自己或许对此也并未完全理解。虽然从表面上看，他提供了非常精确的信息，但我们仔细查验后，就会发现他并未能提供什么有用信息，这非常令人沮丧："前厅（金宫）是这样的，里面有（或者'可能有'）他（尼禄）的巨大雕像，约 35 米高；它非常宽敞，3 排柱廊有 1 英里长。"一切都很好，但我们不知道"它非常宽敞"中的"它"指的是什么。拉丁语的表述和英语的表述一样模棱两可，"它"很可能指的是所谓的前厅，也或者指整个金宫。我们也无法判断在尼禄统治时期，巨人像是否就矗立在前厅，或者说前厅设计的目的就是放置这座巨人像。其他的描述就更令人沮丧了："它"有 3 排柱廊，是每排柱廊都长达 1 英里，还是说这个柱廊共有 3 排石柱，总长是 1 英里？而且译文出现了"英里"这个词，因为柱廊有 1000 个单位长，很可能指的是 1000 步，因此接近现代的英里（"1 罗步"是我们的"2 步"），但也不见得指的不是 1000 罗尺。[79] 因此，苏埃托尼乌斯提供的证据并未实现其真正的目的。一项研究得出结论：哈德良神庙的基座的确与尼禄之前已经进行的建筑项目一致，尼禄的建筑项目占地 1.7 万平方米，而且，神圣大道上的柱廊部分从古罗马广场一侧一直上升到前厅，而另一侧是前厅的基座，柱廊和基座并不在一条直线上，而是稍微相差了几度。

　　随着圆锥形喷泉柱被挖掘出来，前厅东南角许多有益的信息也得以被世人所知。东西向道路沿前厅东南侧部分往前延伸，道路东侧部分由伊曼努埃尔·布里恩扎①（Emanuele Brienza）进行了仔细研究，他得出结论，这条道路从最东端一直上升到提图斯凯旋门的位置，高约 10.2 米，高度增加了 5% 或 6%。[80] 道路两侧都有柱廊，布里恩扎得出结论，柱廊由一系列拱形拱顶组成，下面是长方形支撑柱，支撑柱上叠合了啮合式装饰性壁柱（见图 5.7）。啮合式装饰性壁柱的柱头

198

---

　　① 伊曼努埃尔·布里恩扎：意大利恩纳可利私立大学地中海考古学系教授，研究重点为地中海考古学、考古学和中世纪历史。——译者注

部分碎片被保存了下来，可能属于尼禄统治时期。[81] 为了解释道路坡度问题，布里恩扎假设柱廊的地面沿斜坡向上，而壁柱基座大小不同，从而可以弥补高度的变化。屋顶的层次当然是水平的，并且按阶段划分。我们必须记住，尼禄的柱廊绝不可能超出基础结构，我们至少从保留下来的一些建筑痕迹看得出来这些柱廊可能属于弗拉维王朝时期。

图 5.7　柱廊复原图以及前厅南侧（E. 布里恩扎）

　　前厅里摆放的最突出的物件就是尼禄最杰出的作品，同时也是 64 年大火灾后可以见到的持续时间最久的遗迹，即自古代开始就被称为巨人像的纪念雕像，这正是尼禄的目的。[82] 这个作品给老普林尼留下了深刻印象，他对巨人像的起源和外观进行了详细描述。[83] 老普林尼告诉我们，巨人像由雕塑家泽诺多鲁斯（Zenodorus）建造，他是当时领先的执业者，专门承建超过真人尺寸的大型雕像和建筑委托项目（除此之外他并不为人所知）。泽诺多鲁斯受雇承建进行金宫项目时，人还在高卢，需要完成一份为期 10 年的合同，即为阿维尔尼人^①（Arverni）建造一座巨大的墨丘利雕像，总价为 40 万塞斯特第。显然，他在这项任务上的巨大成功使得尼禄派人邀请并委托他建造金宫。在老普林尼看来，泽诺多鲁斯从事的是一种没落的艺术行业。虽然尼禄愿意提供金银，但雕塑家选择使用青铜，而且由于青铜体积巨大，人像必须分开制作，再进行组装。这种方法是最后一次使用，此后熔合青铜的技术就消失了。

　　老普林尼说，泽诺多鲁斯的作品是古代所有雕像中最大的一件，成品可能约 35 米高。[84] 狄奥则明确让我们知道，这个作品实际上是在 75 年完成的，不是由尼禄而是由韦斯巴芗完成的，那时韦斯巴芗担任执政官，当时距 64 年大火灾已经过去了 10 多年。[85] 1961 年，卢格利认为，这座雕像不可能在尼禄有生之年完成，一定是在第一次组装完成之后就立刻在 75 年矗立起来了。卢格利的观点得到了广泛认同，毕竟泽诺多鲁斯花了 10 年时间才建造出尺寸更小的墨丘利雕像，而在 64 年中期到 68 年早期，几乎没有足够的时间来完成巨人像。[86]

　　巨人像代表了什么呢？当然，老普林尼明确表示，泽诺多鲁斯最初受委托建造一座外形类似尼禄的雕像。实际上，老普林尼参观了这位雕塑家在罗马的工作室，对在那里看到的黏土模型以及模型与尼禄的相似程度印象非常深刻（老普林尼的回忆说明他并没有看到雕像最终矗立起来）。

---

　　① 阿维尔尼人：属古凯尔特部落，居住在现今法国中部奥弗涅（Auvergne）地区。——译者注

　　人们并不清楚这座雕像一开始究竟要代表什么。当然，它可能只为了代表尼禄，老普林尼暗示了这一点，因为在尼禄耻辱地倒台以后，雕像就被奉献给了太阳神。[87] 一开始巨人像是打算代表太阳神的，名义上也是要代表太阳神，但是具有尼禄的外形特征。[88] 狄奥评论说，有人认为巨人像很像提图斯，如果在尼禄去世前，巨人像的确吸收了尼禄的面部特征，这也许说明要么因为这张脸有点普通，要么是韦斯巴芗在组装雕像时进行了再加工。巨人像可能确实代表太阳神，因为在后来的硬币上，巨人像戴上了辐射形王冠。[89]

200

　　当然，尊贵的罗马人雕像随处可见，但矗立起一座代表尼禄本人且如此巨大的雕像，如果最初就是这个目的，这是很不寻常的，因为泽诺多鲁斯最后已知的任务是建造上帝的塑像，这可能并非偶然。尼禄似乎也没有将自己的形象局限于青铜像。老普林尼曾经提到过一幅巨型油画，上面是尼禄的画像，同样高约 35 米，画像被放置在宫殿里，很可能在埃斯奎利诺山上。这种事以前从未发生过，尽管不一定全然如老普林尼所说"史无前例"——他指的可能是这么大幅的油画。[90] 油画和巨人像高度所出现的巧合，说明第二件作品可能是把规划中的青铜像暂时复制在画布上，但是把这么大尺寸的油画挂起来，从技术上来说是一个重大挑战。不管怎么说，后来巨人像被雷电击中了。

　　2 世纪时，哈德良需要占用巨人像的位置来修建伟大的维纳斯和罗马神庙，他用 24 头大象将仍然矗立在那里的雕像运送到斗兽场附近。根据传说，是哈德良把尼禄的特征从雕像上除去了，但我们完全相信，这些特征根本没有出现在巨人像上。[91] 2 世纪晚期，据说康茂德把巨人像的头部去掉，用自己的头、一根木棒和一只青铜狮子来代替，把自己变成了后世的大力神，而在他死后，太阳神的特征显然得以恢复。[92]雕像后来成为一座历史悠久的纪念碑，这座纪念碑被刻在 3世纪时的硬币上，其位置靠近斗兽场和圆锥形喷泉柱，[93] 直到 354 年，纪念碑一直矗立在那里，[94] 随后它的命运就无人知晓了。圆形剧场附近哈德良统治时期的部分基座于 19 世纪被发现，20 世纪 80 年代人们重新测量了基座，[95] 尺寸为17.6 米×14.75 米，由砖面混凝土组成，最初还有一层大理石覆面，否则，巨人像的痕迹根本不可能保存到今天。从某种意义上来说，巨人像是 64 年大火灾之后最著名的建筑遗迹，但是后来被罗马最著名也是人们最熟悉的地标建筑——斗兽场所取代。[96]

　　在前厅东侧，位于埃斯奎利诺山和西里欧山之间的洼地，至今仍由韦斯巴芗的斗兽场所占据，尼禄正是在这里建造了著名的人工湖。马提亚尔提供了其具体地点的唯一的文献史料，塔西佗和苏埃托尼乌斯的描述虽然简略，但无疑也与马提亚尔的信息高度一致。苏维托尼乌斯非常夸张地描述人工湖"像海一样大"，那一定是非常引人入胜的。传说中人工湖被视为"万能布朗"①（Capability Brown）式的杰作，湖水与周围的风景融为一体，四周群山环绕，营造出大自然在山谷间的低地里创造出这一汪天然湖水的氛围。考古研究对这一假设产生了严重的怀疑，人们现在普遍认为，这个湖完全是人为景观，

201

---

　　① 万能布朗：原名兰斯洛特·布朗（Lancelot Brown），英国景观建筑师，被称为"18 世纪英国最后一位伟大的艺术家""英国最伟大的园丁"。——译者注

不仅需要由西里欧山上的喷泉房供水，形状也是人造的，非常规则。需要注意的是，马提亚尔和塔西佗都提到了"几个湖"，用的是复数（马提亚尔有可能是出于韵律的需要），说明这个人工湖可能由一个主体人工湖和一个或多个小水池组成。[97]

从 19 世纪晚期开始，人们在埃斯奎利诺山较低的山坡上发现了柱廊或露台的痕迹，这是在安装煤气管道或铺设下水道等公共设施的过程中偶然发现的。在挖掘圆锥形喷泉柱地区时，人们发现了更多实质性的证据，[98] 所出现的证据都指向一个矩形的大人工湖，四周有大量建筑，看上去更像凡尔赛宫而非布莱尼姆宫①（Blenheim Palace）。当然，考古证据并不明确（考古证据永远如此），挖掘圆锥形喷泉柱的过程中也显示，人工湖西侧应该有一排房间，虽然这并不一定能排除其不是自然现象。[99] 挖掘团队的结论得到苏埃托尼乌斯所描述的人工湖的印证，不过我们必须承认，苏埃托尼乌斯的描述是间接的。苏埃托尼乌斯说，这里"被城市一样的建筑所包围"。这个描述通常用来指代点缀着神龛和柱廊的建筑，就像英国乡村庄园里的装饰建筑一样，但这个描述的意义有更多限制，暗示着"四周都被围栏围了起来"。[100] 据考古学家们所说，这里的"围栏"应该就是柱廊，柱廊适合形状非常规则的空间，几乎可以肯定都是长方形的。苏埃托尼乌斯说"被城市一样

---

① 布莱尼姆宫：别名丘吉尔庄园，是历代马尔伯勒公爵府邸，前英国首相温斯顿·丘吉尔的出生地。这是英国唯一一座非宗教、非王室却具有"宫"称号的建筑，也是英国园林的经典之作。宫殿位于牛津伍德斯托克，1987 年被列为世界文化遗产。——译者注

的建筑所包围"很令人困惑，这种表达当然无法呈现出如画的风景。一种可能性是，长方形的框架与苏埃托尼乌斯所描述的前厅 3 排柱廊相呼应，本来的计划可能更宏伟壮观，让我们更容易联想起一座城市而非一座园林。苏埃托尼乌斯所说的话，比如说人工湖"像海一样大"，体现了过于荒谬的夸张手法，但当然很可能因为四周围绕的柱廊从未超出基础结构，我们根本无法看到柱廊，才给苏埃托尼乌斯提供了进行夸张想象的空间。[101]

　　在撰写圆锥形喷泉柱的发掘报告时，莫拉·麦德里①（Maura Medri）得出结论，人工湖面积约 195 米×175 米，位于 3 排柱廊内。[102] 从大范围内的证据来看，帕内拉认为，人工湖周围的地基下堆积了大量火灾后的碎片，位于高出水平面 16 米处到 20 米处（见图 5.8）。在修建人工湖底部的实际过程中，人们应清理碎片残骸。[103] 在人工湖底部以下，人们发现了尼禄统治时期之前建造的墙壁和路面遗迹，高出水平面 15.5 米，说明人工湖底部一定高于这个高度。[104] 地下水位据估计可能高于水平面 12—14 米，因此很可能需要从西里欧山引来人工供水。虽然我们没有发现湖底的痕迹，但尼禄统治早期的地面高度高于水平面 15.5 米，而在大火灾之后，周围的碎片残骸的高度在 20—22 米，根据这个差异计算，湖底的深度应该在 4—6 米。[105] 土壤中的黏土可能足以保持水分，而不需要人工盆地。人们在山谷东南部发现了一个很深的下水道，

───────────

① 莫拉·麦德里：曾任教于罗马大学人文学系、卡塔尼亚大学人文学系。——译者注

呈直角形转弯，雷（Rea）认为这个下水道与人工湖是相通的。[106]

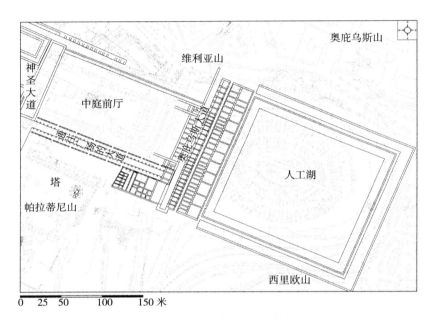

图 5.8　人工湖和前厅（C. 帕内拉）

在圆锥形喷泉柱的挖掘过程中，人们也发现了有效的物理证据。人们沿着现代的圣格雷戈里奥路（Via di San Gregorio）继续向北，在西部的前厅和东部的人工湖之间，发现了两个平行的建筑街区。在西侧，也就是紧邻前厅的东部，通往埃斯奎利诺山的道路两侧是一些长方形房间，也许是商店，店门朝向道路。在韦斯巴芗统治时期这些房间都要被拆除（如果曾经建造完成的话），留出斗兽场和前厅之间的空间，这很可能就是圆形剧场周围所形成的无障碍区的一部分。也有另外一种可能，在建造圆形剧场的过程中，前厅的东部柱廊被拆除，这片区域也被清理，直至哈德良后来建造神庙时基座的东部区域（见图 5.9、图 5.10）。[107]

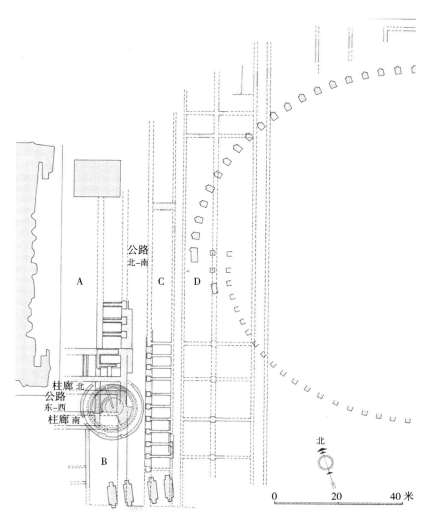

公路
北-南

A 　 C 　 D

柱廊 北
公路
东-西
柱廊 南

B

北

0 　　　　20 　　　　40 米

图 5.9　前厅和人工湖之间的区域（C. 帕内拉）

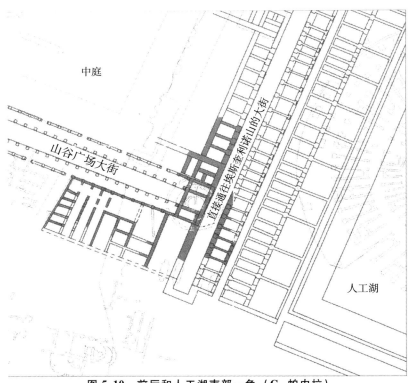

图 5.10　前厅和人工湖南部一角（C. 帕内拉）

　　在前厅两侧一排房间的东部，也就是在房间和人工湖之间有一条走廊，走廊把这排房间与东边的另一排房间分隔开来。因建造巨人像以及后来修建现代地铁线路，后排房间也被破坏或者摧毁了。人们已经检查过后来的建设项目挖掘出的遗迹，而最近的勘探挖掘也搜集到了一些新证据。[108] 然而，这些遗迹数量太少，所以出现多种完全不同的解释。卡兰迪尼认为，金宫的主要住宅区就在这个位置，包括苏埃托尼乌斯所描述的旋转餐厅。[109] 对于从这些不足为信的证据中能够得出什么结论，

204

帕内拉则更为谨慎。她认为，这两大排单层的房间有可能处于 205
一片阶梯状的山坡上，是前厅与人工湖之间山坡的一部分。[110]

在人工湖东侧，几乎没有任何建筑被保存下来，而苏埃托尼乌斯所描述的近似乡村的景观可能就在这里。[111] 苏埃托尼乌斯提到过大片的土地——耕地、葡萄园和树林，饲养育着许多野生动物和家禽家畜。根据老普林尼的说法，这个地区的其中一座建筑可能是幸运女神庙，就建在金宫附近。原来的神庙最早是由塞尔维乌斯·图利乌斯捐奉的，而新建筑一定是非常壮观的，因为它是用从小亚细亚东部卡帕多西亚①（Cappadocia）进口的非常坚硬而且透明的石头建造的。白天，即使神庙大门关闭，其内部仍然能被自然光照亮。[112] 206

文献史料并未把前厅西侧与古罗马广场之间的地区当作金宫的一部分。大约1个世纪前，埃斯特·范德曼②（Esther Van Deman）研究了尼禄建筑的考古证据发现，从她那个年代开始，207
广场和前厅之间的部分通常就被认为是尼禄建筑的一部分。[113] 19世纪后期，考古材料开始出现，主要包括建筑中的基础结构，比如地基和柱基，以及各种分散的建筑碎片。神圣大道似乎从广场笔直向东延伸，并加宽到大约30米。大道继续往东，向上延伸至维利亚山的山坡，再向上延伸至帕拉蒂尼山的坡道（见图5.11），海拔已经增加了约14米。[114] 尼禄在道路两侧修建了连拱廊，由两排柱子组成，中间可供行人通行，可能有两层，距地面上的街

---

① 卡帕多西亚：历史上一个地区名，大致位于古代小亚细亚（土耳其）东南部。在古希腊历史学家希罗多德时代，卡帕多西亚包括从托罗斯山脉至黑海之间的广大地域。——译者注
② 埃斯特·范德曼：全名埃斯特·博伊西·范德曼（Esther Boise Van Deman，1862—1937年），19世纪末20世纪初优秀的考古学家。——译者注

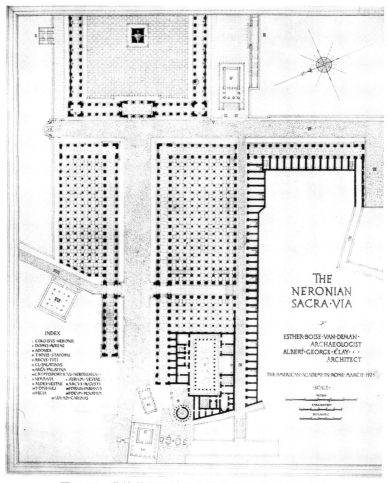

图 5.11 范德曼所绘神圣大道及前厅（E. 范德曼）

图中文字原文不清晰，此处不翻译。——译者注

道高度约为 2.5 米，行人可以通过台阶走上去，这些连拱廊与街
道斜坡的坡度是一致的（见图 5.12、图 5.13）。[115] 两侧都有拱
形大厅，从大厅规模来看，可能是为了发展商业建造的。[116]

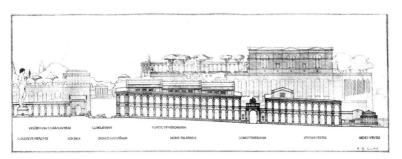

图 5.12　范德曼尼禄柱廊复原图（E. 范德曼）

图 5.13　柱廊细节图（E. 范德曼）

208

柱廊底部的文字为神圣大道区域发现的尼禄柱廊碎片。——译者注

209 　　范德曼的结论受到了挑战，最著名的挑战者是费尔南多·卡斯塔诺利（Fernando Castagnoli）。这位挑战者指出，范德曼认为属于金宫的大部分工程很可能是弗拉维王朝时期修建的。[117] 我们无从知晓，截至 68 年，尼禄的建筑项目进行到了什么程度，但至少在弗拉维王朝时期国家似乎已经对其进行了重大改造。柱子内侧加固了扶壁，说明是要承受比尼禄所规划的更重的建筑结构。[118] 对金宫前厅西侧所进行的重建工作——也只能推测——是不可避免的。由于缺乏考古证据，我们无法确定尼禄在基础结构以上究竟完成了多大工程，因此这个问题变得异常复杂。

　　金宫中完好无损地保存下来的最完整的部分，位于斗兽场山谷一侧，在帕拉蒂尼山对面，就在埃斯奎利诺山西南的山嘴上，这里被称为奥庇乌斯山。[119] 此处本来有一座辉煌的宫殿，之所以没有保存下来，并非由于它不具备建筑史上的重要意义——这是毫无疑问的，而是由于纯粹的意外，经过 104 年的火灾后，这个建筑群被纳入图拉真浴场的基础结构中，并一直保存完好，直到文艺复兴时期被重新发现。[120] 我们不清楚这座宫殿与金宫从整体上有何关联，因为任何文献史料都没有提到过，马提亚尔在评论提图斯公共浴场时提到这座宫殿与浴场西侧相连——"一座傲慢的花园把穷人的房子偷走了"。

　　奥庇乌斯山宫殿于 15 世纪被发现时备受赞赏，学者们最初以为它是某位受人尊敬的皇帝的宫殿，比如提图斯或图拉真，直到 19 世纪才确认这是尼禄的宫殿。宫殿属于尼禄这一点如今并未受到严重挑战，[121] 但学者们偶尔会认为这座宫殿并非简简单单地隶属于金宫，而是整个建筑群的主建筑。[122]
我们在做出这样的假设时必须谨慎。苏埃托尼乌斯使用"前
厅"这个词，无论多么随意，至少暗示如果有主建筑，也只
有维利亚山和斗兽场山谷地区才能构成金宫建筑群的"心
脏"。[123] 有了这个提醒，我们必须承认，奥庇乌斯山宫殿是
我们唯一能够正确评估金宫在罗马建筑史上重要地位的建筑，
而且学者们认为这个地方确实很重要。金宫被誉为古代最著名
的建筑之一，它是古典建筑历史上的一个里程碑。威廉·麦克
唐纳①（William MacDonald）是多本罗马建筑标准手册的作
者，他认为金宫是一个真正的转折点和一座革命性的里程碑，
展示了艺术和建筑如何能够受益于一个强大的统治者的铁腕统
治，而这个统治者决心建造一座与自己身份和地位相匹配的宫
殿，他可以在其中放纵自己的想象力和创造力。正因如此，尼
禄利用了混凝土常见的防火特性，并使其能够展现至高无上的
美学魅力。[124] 麦克唐纳还指出，罗马人对多边形、曲线和直
线的组合设计经久不衰的热爱，都是从这个建筑群开始
的。[125] 罗马拱顶结构首席专家林恩·兰开斯特②（Lynne
Lancaster）则认为，这种巨大的转变与其说是利用混凝土创造
了拱顶技术，不如说是设计态度的转变，以及利用自然光为建
筑提供照明的方式的转变。[126]

　　保存下来的奥庇乌斯山宫殿由一个长长的柱廊建筑组成，

210

---

① 威廉·麦克唐纳：全名威廉·劳埃德·麦克唐纳（William Lloyd MacDonald，
1921—2010 年），马萨诸塞州史密斯学院艺术系教授，其以关于罗马帝国建筑
及其对欧洲建筑的影响的研究和出版物而闻名。——译者注
② 林恩·兰开斯特：俄亥俄大学古典和世界宗教系博士，罗马美国学院梅隆大
学人文学教授。——译者注

西侧是一座五边形庭院。或许是为了对称，东侧也有一座类似庭院，人们已经发现了一些保存下来的遗迹（见图 5.14）。[127]如果这座建筑的确是对称的，那么它的长度正好超过 350 米，如果相邻的提图斯浴场也属于原始建筑群的话，长度就会达到 500 米，这可以与凡尔赛宫主宫立面的 402 米相媲美了。[128]此外，这种对称的排列意味着其中轴就是宏伟的穹顶八角形大厅，关于这一点下文还有更详细的介绍。人们几乎普遍认为，目前的奥庇乌斯山宫殿代表着不同的建造阶段，较早期的阶段可以追溯到 64 年大火灾之前，因此应该属于尼禄宫。拉里·鲍尔①（Larry Ball）仔细观察了这个建筑群的建筑技巧，就这个问题进行了详细研究，最终得出结论：建造者当时购买了这一片的所有土地，并巧妙地利用可用空间设计各座建筑。此外，科雷利②（Coarelli）还观察到，西侧的房间与宫殿其他部分的衔接非常突兀，并认为这里可能就是尼禄宫和金宫之间的交界点。劳拉·法布里尼③（Laura Fabbrini）在八角形大厅上方第二层发现了火灾痕迹，这更增加了这座宫殿在火灾之前已经作为整座建筑一部分存在的证据。[129]

尽管如此，我们仍然能推测出这座保存至今的建筑的一些显著特征基本上反映了尼禄在大火灾之后的宏伟愿景，这个建

211

---

① 拉里·鲍尔：威斯康星大学史蒂文分校野外考古学家和西方艺术史教授。——译者注
② 科雷利：全名菲利波·科雷利（Filippo Coarelli），意大利佩鲁贾大学希腊和罗马古董教授，《庞贝》（2002）编辑、《斗兽竞技场》（2001）合著者，以及许多关于罗马艺术和考古学著作的合著者。——译者注
③ 劳拉·法布里尼：曾在意大利比萨大学任教，20 世纪 80 年代对奥庇乌斯山宫殿进行了广泛研究。——译者注

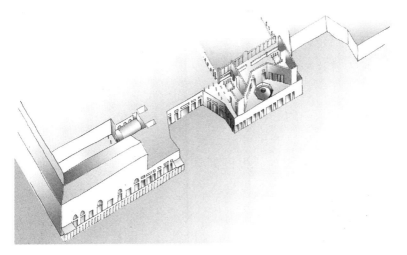

图 5.14　奥庇乌斯山宫殿复原图（H. 贝斯特）

筑群与金宫保存下来的部分所展现的富有想象力的雄心壮志是完全一致的，比如神圣大道上的连拱廊、前厅、人工湖、西里欧山上克劳狄乌斯神庙基座上的喷泉房等。尽管法布里尼认为，即使是奥庇乌斯山宫殿的真正瑰宝——著名的八角形大厅——最早也只是尼禄宫的一部分。她还指出，从较早时期的证据来看，这个大厅也只能算中规中矩，根据其辉煌的富有想象力的外在特征，法布里尼则将其归结为火灾后阶段建造的。[130]

　　在西侧，五边形庭院建筑群的两侧似乎各有一套独立的耳房。正中心是一个长方形庭院，东、南两侧各有一排房间，其中一个是喷泉房。麦克唐纳认为，根据轴对称原则来设计多个房间，可以说是革命性的。[131] 喷泉房的设计富有创新性和想象力，使用了拱顶结构，是为了提供额外支撑。在西侧，通往院落的最大的桶形拱顶房间（跨度为 13.75 米），由两侧的支

212

撑墙进行加固（桶形拱顶实际上就是沿规定距离将简单的弯曲拱门加以延伸，从而制造出半圆柱形的效果）。[132]

　　紧挨着这一区域的西侧就是提图斯浴场，于 80 年建成，现在只能从帕拉狄奥①（Palladio）的绘图中看到。[133] 提图斯浴场与原来东侧的尼禄宫殿完全对称（见图 5.15）。这强烈表明，在尼禄的建筑群里可能也有一个浴场，甚至可能通过台阶与下面的人工湖相连。提图斯很可能是对已有的浴场加以利用，进行了简单的改造或翻新。[134] 这种观点得到了一些文献史料的支持，苏埃托尼乌斯和马提亚尔都强调过，提图斯浴场很快就竣工了。[135] 同时也有人指出，如果提图斯浴场是一座独立建筑，就不会有通常的柱廊和花园；反过来说，如果没有提图斯浴场，那么尼禄宫殿里似乎就缺少一个浴场。[136]

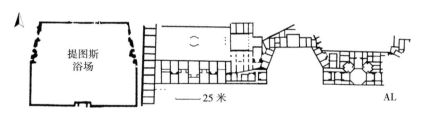

图 5.15　奥庇乌斯山宫殿及提图斯浴场 （A. 路易斯）

　　奥庇乌斯山宫殿从文艺复兴时期以来就广为人知，从那时起就被学者们仔细研究。20 世纪 80 年代，法布里尼对现有考

----

①　帕拉狄奥：全名安德烈·帕拉狄奥（Andrea Palladio，1508—1580 年），意大利建筑师，曾对古罗马建筑遗迹进行过测绘和研究，著有《建筑四书》（1570 年）。他设计的建筑以邸宅和别墅为主，最著名的包括位于维琴察的圆厅别墅、威尼斯的圣马焦雷教堂等。其建筑设计和著作的影响力在 18 世纪达到顶峰。——译者注

古证据进行了仔细研究，我们目前的许多理解基于她的结论。[137] 此外，法布里尼证明宫殿应该建造在至少两层结构以上，因此可以俯瞰北方和南方。上层现在所剩无几，部分已被发掘出的建筑位于八角形大厅上方，内庭院位于东侧；保存下来的只有两个带喷泉的柱廊和一个两侧有石柱的水池。相比之下，下层的保存状态相对较好。

　　这座宫殿是由混凝土房间组成的大型建筑群，已确认共有142个房间。混凝土的广泛使用使这个建筑群真正与众不同，并在建筑史上牢牢占据了一席之地。[138] 尼禄把混凝土拱顶设计水平提升到了新高度，并投入到大规模生产中，而且这个建筑群还被视为最早的里程碑式建筑群，其中拱顶既体现了高超的技术，也体现了艺术之美。[139] 塔西佗说，当时有一个要求是，火灾后的新建筑必须"无梁"（无必要的梁）。按常理推测，这通常意味着人们不会在地板或墙壁上使用木材，以减少易燃材料数量。麦克唐纳却认为，塔西佗这句话指的是人们转而大量使用混凝土修建拱顶，因此建造过程中不必使用房梁。这与苏埃托尼乌斯的说法是一致的，他提到尼禄构想出了一种"城市建筑的新形式"。[140]

　　根据奥庇乌斯山宫殿的证据，我们可以认为金宫在建筑创新方面取得了最显著的一大进步，而奥庇乌斯山宫殿中最引人注目的遗迹无疑就是著名的八角形大厅。[141] 大厅最宽处跨度约14米，每个侧面都有长方形壁龛。这个大厅常被视为设计精妙的圆形餐厅的样板，还有可以旋转的天花板，正如苏埃托尼乌斯所描述的那样。大厅北侧的壁龛里安装有一个水盆，水可能是从上一层流下来的。格里芬发现，水流下来的角度比喷

213

泉通常需要的坡度更大一些，她认为可能是水在驱动某个机械装置。在八角形大厅的穹顶中心，光线从一个圆形的开口处照射进来，人们在万神殿中看到的光线也是如此。这个开口处可能悬挂了一个机械转动装置，穹顶外部有两套圆形的凹槽沿开口处转动，凹槽可能就是为了这个发明设计的轨道。[142]

　　八角形大厅是一个大胆而复杂的建筑作品，设计不拘泥常规，证明塞弗勒斯和塞勒所采用的设计方式极其新颖。拉里·鲍尔指出，这个大厅的设计向后来所有的罗马建筑师"发出了挑战"，他形容这个大厅的设计水平比希腊或罗马之前的任何建筑的设计水平都高。在鲍尔看来，这个大厅深刻地改变了罗马建筑的历史，标志着一个漫长发展过程中的关键阶段，在这个过程中，罗马人从希腊人的柱梁建筑中解放出来，利用混凝土创造了自己独特的拱顶建筑。鲍尔评价说，这个大厅确定了"技术能力与复杂几何图形应用的新标准"，与帕拉蒂尼山上的图密善宫殿（92 年完工）以及哈德良在战神广场上建造的万神殿和在蒂沃利修建的别墅（都始建于 118 年）一起，在利用混凝土建造拱顶建筑方面取得了开拓性进展，为技术能力和复杂几何图形应用确立了新的标准。[143]

　　从某种意义上说，八角形大厅类似于传统住宅的中庭，有一个房顶方井①，各个房间都朝向中心区域（见图 5.16）。在这里，大厅的房顶是穹顶，事实上这是罗马第一座拱顶建筑，尽管可能算不上真正意义上的穹顶，因为它从八角形设计的 8

214

---

① 房顶方井：希腊人、伊特鲁里亚人和罗马人的贵族住宅中常常使用房顶方井，雨水可以经此流入院中的蓄水池。——译者注

图 5.16 八角形大厅（E. M. 穆尔曼）

个分段面变形成 1 个半球形，一直上升到圆形开口处。[144] 八
角形大厅底部由 8 个拱墩构成，这些拱墩形成了出口，其中 3
个出口可以通往殿外，另外 5 个出口分别通往辐射出去的房
间。东西轴线上的 2 个房间，每个房间都有 1 个桶形拱顶。中
间的 2 个房间以及北侧的房间倾斜着接入八角形大厅，尤其有
趣的是房顶是交叉拱顶，这是目前所知最早的交叉拱顶，由 2
个桶形拱顶交叉形成。[145] 或许最具突破性的特点是，光线可
以从八角形大厅拱顶的拱腋上方透过，形成今天所称的"天
窗"（见图 5.17、图 5.18）。[146]

215

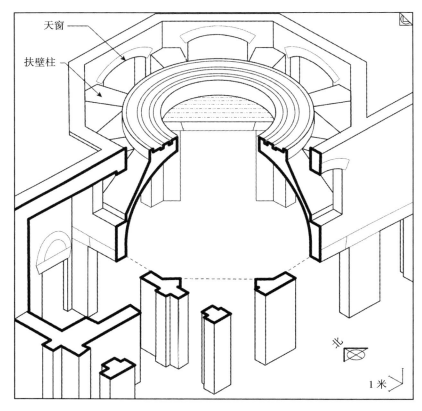

天窗

扶壁柱

北

1米

图 5.17 八角形大厅拱顶结构 （L. 兰开斯特）

　　奥庇乌斯山宫殿的重要性在于其建筑设计的大胆和创新，但同样值得注意的特点是其墙壁上的装饰，墙壁上大面积描绘了后来称为庞贝第四风格的绘画，这种绘画形式自克劳狄乌斯统治时期开始发展。我们知道其中一个画宫殿壁画的工匠的身份甚至他确切的名字，在堪称有些声望的艺术家中，老普林尼记录了一个叫法穆卢斯（Famulus）的人（手

216

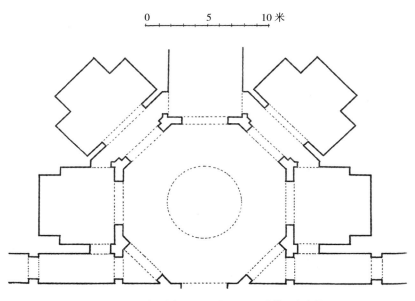

图 5.18 八角形大厅平面图（B. 沃德-珀金斯）

稿中有时也称他为阿穆利乌斯或法布卢斯），此人和塞弗勒斯以及塞勒一样，是典型的罗马人，行为严肃而且端庄得体，绘画时总是穿着托加长袍。法穆卢斯的主要绘画作品就是金宫里的壁画，[147] 根据老普林尼的说法，他的绘画风格严肃而庄重，同时又不失华丽。[148] 拉罗卡（La Rocca）认为，老普林尼是在暗示，虽然法穆卢斯使用了很多种颜色，但这些颜色相互补充，因此整体效果看起来并不显得过于明艳。[149] 他画过一幅密涅瓦的画像，画像中密涅瓦的眼睛似乎一直在房间里跟随着参观者。画像几乎可以肯定就在金宫里，因为老普林尼说过，人们在其他地方很难见到法穆卢斯的作品，这个任务变成了他的监狱。不过，这座监狱压迫性

217 　不强；在艺术家模式下，法穆卢斯可能穿得像一个资产阶级，但在工作习惯上，他有点像波西米亚人，每天只画几个小时。[150]

　　2 世纪早期，图拉真将奥庇乌斯山宫殿整体掩埋，作为自己豪华的公共浴场的地基，从而节省了资金。也许他认为这是一个额外的好处，能抹去尼禄在埃斯奎利诺山上所建造的奢华宫殿的最后痕迹。具有讽刺意味的是，正是他的举动使尼禄的宫殿以及装饰宫殿墙壁的壁画得以保存下来。宫殿和壁画一直被埋藏在地下，未暴露在空气中，直至教皇西克斯图斯四世①（Sixtus IV）时期才被重新发现。圣伯多禄锁链堂开始修复期间，这些房间才得以重见天日。由于宫殿墙壁被埋在地下，希望看到壁画的人只能靠绳索和滑轮系统下去，摸索着穿过一个地下甬道，爬行到达目的地。艺术家乔瓦尼·达·乌迪内②（Giovanni da Udine）是早期游客之一，他与拉斐尔③（Rapheal）大师一起亲自探索了这些房间。两位艺术家被精美的壁画震惊得目瞪口呆，为这些壁画已经保存了这么长时间而感到惊奇，这并不难理解。[151] 自重新发现之日起，金宫的这一部分就成了解古希腊和古罗马艺术最重要的资源之一。[152] 我们必须明白，

① 西克斯图斯四世：原名弗朗西斯科·德拉·罗维雷（Francesco Della Rovere），1471—1484 年担任教皇，原为热那亚方济各会会士，通过买卖圣物神职和收取高额税收而使家庭和教皇国致富。——译者注
② 乔瓦尼·达·乌迪内：拉斐尔的合作者，曾将拉斐尔的工作状态以灰泥浮雕的方式雕刻在他的作坊中，他曾与拉斐尔及其他多人一起合作梵蒂冈城的长廊壁画，负责灰泥工作。——译者注
③ 拉斐尔：意大利著名画家，"文艺复兴后三杰"中最年轻的一位，代表了文艺复兴时期艺术家从事理想美的事业所能达到的巅峰。——译者注

当时庞贝古城①（Pompeii）和赫库兰尼姆城②（Herculaneum）尚未在后古典世界展露面目，游客们毫无准备，突然发现如此丰富奢华的壁画场景、异国情调的植物绘制写实图案及象征设计图案、真实及虚拟的动物、日常生活及神话中的人物等，都用如此丰富的颜色极富想象力地呈现了出来（见图 5.19）。"当时的人……都被震惊了，自然界中从未出现过的各种不真实的形象被用冷淡甚至自满的态度表现出来，却让人感觉无比真实。"[153] 因房间在地下，这里又被称为"洞穴"，相应地，在墙壁及天花板上所发现的绘画也被称为"洞穴画"。

艺术家们受到了眼前所见景象的启发，其影响也在当时房间的壁画上有所体现。怪诞的图案开始在拱形天花板的框架镶板中出现，所有房间都用明亮的色彩装饰，墙壁靠上的部分绘有精心设计的舞台场景。金宫的影响也开始凸显，1516 年，拉斐尔开始为红衣主教比别纳③（Cardinal Bibbiena）的浴室绘制壁画，该浴室与比别纳在梵蒂冈宫的私人卧室相连。单独的怪诞图案"突出地显示在拱形天花板的框架面板上，但整个

218

---

① 庞贝古城：亚平宁半岛西南角坎帕尼亚地区的一座古城，距罗马约 240 公里，位于意大利南部那不勒斯附近，维苏威火山东南 10 公里处，西距风光绮丽的那不勒斯湾约 20 公里，是一个背山面海的避暑胜地。始建于前 4 世纪，79 年毁于维苏威火山爆发。由于被火山灰掩埋，庞贝古城的街道、房屋保存得比较完整。从 1748 年起对这座古城的考古发掘持续至今，为了解古罗马社会生活和文化艺术提供了重要资料。——译者注

② 赫库兰尼姆城：古罗马海滨度假胜地，毁于 79 年维苏威火山爆发。赫库兰尼姆城比庞贝古城离维苏威火山更近一些，虽然强风把维苏威火山喷出的火山灰吹向了东南方向的庞贝古城，但是随之而来的火山岩屑最终让赫库兰尼姆城难逃厄运。它被覆盖在 23 米深的火山岩屑下。——译者注

③ 比别纳：教皇利奥十世时期的红衣主教，是教皇的好友，在梵蒂冈宫有私人卧室。——译者注

图 5.19　奥庇乌斯山宫殿壁画（L. 米利）

房间都呈现明亮的色彩，墙壁上部绘有精心设计的图案"。[154]
金宫影响的直接结果体现在拉斐尔绘制的梵蒂冈凉廊（Loggia
of the Vatican）中。[155] 13 个拱形廊顶棚绘有《圣经》里的场
景，墙壁上画满了垂直的微型画。这可能是有史以来最令人印
219　象深刻的地方之一，其灵感来自 64 年大火灾。具有讽刺意味
的是，许多尼禄统治时期的壁画在曝光后状况都快速毁坏。第
一次系统的挖掘工作是在 18 世纪晚期，人们对保存最完好的
壁画进行色彩修复并制作了许多版画，这个记录非常宝贵，因
为有些原始材料如今已经无处寻觅了。

　　墙上的这些壁画具有很强的影响力。金宫引人注意的另一点，也是在建筑上的创新，就是拱顶使用马赛克。[156] 现存最好的作品在奥庇乌斯山宫殿西区的喷泉房里，红色的拱顶背景中镶嵌着一块马赛克，主题是奥德修斯将葡萄酒递给一个独眼巨人。八边形的框架基本上都缺失了，但大部分似乎是浅蓝色和灰绿色，而图案则由黑色、卡其色和绿色的镶嵌块组成（见图 5. 20）。[157] 本来用在地面上的材料应用到了拱顶上，后来的建筑物中使用马赛克也变得极为常见。

220

图 5. 20　奥庇乌斯山宫殿奥德修斯马赛克（H. 拉瓦涅）

金宫的一个完整区域完工时，尼禄开玩笑说，他终于有了一个适合人类居住的住所。[158] 奥托①（Otho）皇帝很高兴能沾上尼禄的光，批准了 5000 万塞斯特第来建造宫殿。[159] 尽管如此，金宫仍然没有达到下一任皇帝维特里乌斯所习惯的舒适标准。但无论如何，金宫的大部分建筑注定很快就会消失。韦斯巴芗在那里待的时间很短，通常他更喜欢去萨勒斯特花园。[160] 韦斯巴芗拆除了当时未完工的克劳狄乌斯神庙基座上的喷泉，完成了神庙的其他建造工程。[161] 此外，他还拿走了尼禄收集的艺术品，用来装饰自己的大型建筑——和平神庙（可能由他的儿子图密善建造完成）[162]。韦斯巴芗还排干了尼禄人工湖的湖水，建起了圆形剧场，即后来的斗兽场，在他死后由其儿子提图斯完成。[163]

在同一时期，提图斯在奥庇乌斯山西区匆忙建造完工的浴场开业了，浴场可能是对尼禄宫里的浴场进行了翻新或改造。[164] 奥庇乌斯山宫殿东侧未受到提图斯浴场的影响，又继续作为住宅区被使用了一段时间，这似乎是金宫唯一继续使用的住宅区，直至 104 年，这片住宅区毁于大火中。[165] 80 年大火灾后，图密善在帕拉蒂尼山上建造了一座新宫殿，这样就可以去除金宫的所有痕迹。尼禄的巨人像是 64 年大火灾后保存时间最长的建筑纪念碑，直至 354 年，此后巨人像的遭遇就无人知晓了。

64 年大火灾后，罗马的确经历了变革，而且是惊人的变

---

① 奥托：全名马库斯·萨尔维乌斯·奥托·恺撒·奥古斯都（Marcus Salvius Otho Caesar Augustus，32—69 年），罗马帝国第 7 位皇帝，"四帝之年"时期第 2 位皇帝，69 年 1 月 15 日—69 年 4 月 16 日在位。——译者注

革。尽管如此，我们或许也可以认为，人类的荣耀本质上是转瞬即逝的，尼禄修建新罗马城就像一次现场教学，所有建筑基本上都是暂时的。最终，它们会倒塌或衰败，或者再被修复和翻新，直到最后最初的结构几乎没有一丝痕迹能够保存下来。尼禄在大火灾后修建的建筑，大部分似乎存在的时间极其短暂，大多数建筑的存在时间甚至未到下一个统治王朝。不过更重要的是，这些建筑的遗迹被保存了下来。在一位更关注艺术而非日常管理的统治者的赞助下，64 年毁灭性的大火灾激励人们创造了崭新的建筑形式和理念，这些形式和理念一直延续，至今仍存在于我们的脑海中。从这个意义上说，大火灾对我们的视觉文化所造成的影响无疑是深刻而久远的。

221

222

第六章
大火灾的意义

　　历史上有一些瞬间，比如切尔诺贝利核泄漏事件，在骇人听闻的灾难发生时，对执政体的打击是致命的。我们似乎目睹了类似情景在 64 年罗马城被大火焚毁时出现了。对居住在罗马城的居民来说，这场火灾无疑是一场灾难。火灾过后，人们产生了强烈的猜忌和怨恨，所有这些在皇帝和罗马精英阶层之间制造了一条无法跨越的鸿沟，最终这场大火灾不仅对尼禄本人来说是一场灾难，对当时的王朝来说也是如此。在 64 年之前，尼禄的地位几乎是无法撼动的。他做过一些极其残暴的事情，比如谋杀亲生母亲，但残忍地杀害亲生母亲这样的事件，在儿子非常受欢迎而母亲被人厌恶的情况下，其影响也可能逐渐淡化，而且尼禄身边还有像塞涅卡这样的公共关系专家帮助他处理任何可能的敌对反应。作为一场灾难，64 年大火灾独属一类，其影响是前所未见的。虽然灾后尼禄的确继续掌权将近 4 年，但事实证明，64 年大火灾所造成的创伤是致命的，从而使他的悲惨结局几乎难以避免。

　　大火灾导致民众对尼禄的支持全面崩溃，这对其权力控制所带来的损害永远无法修复。不过，我们必须谨慎，不要过分夸大这一事件。64 年大火灾后，皇帝的受欢迎程度下降并不是一个简单的现象，实际上情况非常复杂且微妙。我们尤其需要自问，从那时起，尼禄是否处处不受欢迎，是否失去了广大罗马人的喜爱。[1] 令人惊讶的是，这很难确定，因为古代文献史料通常几乎是关于上层阶级的，很少有人关注普通人的思想和情感。

223

　　我们也许可以从显而易见的问题开始，64 年大火灾后，财产被毁以及灾后恢复的巨大成本所带来的重大经济损失，几乎只有富裕的上层阶级才能感受到。大多数普通罗马人没有房产，甚至在火灾发生之前，以现金的方式来衡量，他们对财政所做的贡献也并不大，因此，他们没有特别的理由对 64 年后引入的严厉财政措施感到愤怒。众所周知，朱维纳尔一直轻蔑地坚持认为，罗马的下层阶级只对两件事——面包和娱乐感兴趣。[2] 至于第一件事，狄奥确实说过，尼禄在大火灾后立即暂停了粮食发放。[3] 不过毫无疑问，粮食发放很快就重新开始了，娱乐算得上尼禄统治时期的特色，且项目繁多。除了众多为让人们快乐而设计的传统表演外，66 年还在罗马城举行了一场盛大的庆典，提里达特斯在典礼台上表示臣服，尼禄加冕他为亚美尼亚国王，随后举办了盛大的宴会。在这些场合中，罗马人究竟有多大热情当然是难以衡量的。可以肯定的是，在尼禄死后的 20 年里，东方出现了至少两名冒名顶替者，而且他们还有相当数量的追随者。[4] 虽然苏埃托尼乌斯称，在尼禄已死的消息传来时，人们戴上自由帽①（liberty cap），狂喜地在城里奔跑，但他也承认，在相当长的一段时间里，仍然有

---

① 自由帽：一种无檐锥形帽，古罗马时期由被释放的奴隶所戴。——译者注

人在尼禄的坟墓前种植在春夏开的花，为他做雕像，张贴他制定的法令。[5]

那些好不容易继承尼禄皇位的人，也并未表现出似乎深信自己取而代之的是一个声名狼藉的统治者。当然，加尔巴肯定不得不与尼禄保持距离，因为他背叛了尼禄。随后奥托取代加尔巴，士兵和普通民众把他称为"尼禄·奥托"，他很喜欢这个称呼，且据苏埃托尼乌斯所说，他可能早在给各行省总督写信时就采用了这个称呼。奥托还修复了尼禄的一些雕像，甚至在有人为尼禄做雕像以及重新任命尼禄统治时期的一些官员担任之前的职位时，他也选择了视而不见。奥托还提议授予尼禄特别荣誉，以此来纪念他。[6] 奥托成为皇帝后，最早采取的行动之一就是拨出 5000 万塞斯特第继续建造金宫。[7] 取代奥托成为皇帝的维特里乌斯，虽然可能并未在公开场合向尼禄表示敬意，但是也在战神广场上为这位已故皇帝举行了正式的葬礼仪式，还在随后的宴会上下令让音乐家演奏歌颂尼禄的歌曲，并对此致以热烈的掌声。[8] 至于奥托和维特里乌斯在内心深处究竟如何看待尼禄无关紧要，他们的行为说明他们显然已经明白，成为本来臭名昭著的前任的崇拜者，在政治上对自己是有利的。所有这些与此前的说法完全相悖，说广大民众憎恨尼禄，既因为大火灾，也因为大火灾之后尼禄开始兴建的项目。尽管狄奥声称，有人因为尼禄纵火而诅咒他，但他也承认这只是猜测——尼禄的名字实际上并未出现在大火灾后随即开始出现的涂鸦中，这显然是很重要的。[9]

关于人们对尼禄之死的反应，塔西佗发表了生动的评论，在某种程度上也反映了苏埃托尼乌斯所说的复杂情感。塔西佗声称，尼禄去世的消息引发了一系列情感。对元老阶层来说，他们感受到了快乐和自由的狂喜。骑士阶层，或者至少上层骑士，也同样兴高采烈。普通人群中那些比较受尊敬的人，尤其是与权贵家族有联系的人也很高兴。[10] 但是沉迷于竞技场和剧场的下层阶级的人——这是塔西佗的用词，他们在听到这些消息时的确很难过。据说，这种情况在某种程度上与人们听到卡利古拉死亡消息的反应相似，元老阶层表示欢迎，而普通民众却普遍感到沮丧。[11]

事实上，在大火灾发生后立即对尼禄进行具体批评的人非常少。我们得知，在新城市建造更宽阔笔直的街道这样的政策，本来是值得赞赏的，但是有人抱怨新街道两侧没有树荫，这似乎也反映了一个悲哀的事实，有些人纯粹是永不满足的，而不是因为对尼禄产生了深深的愤怒。[12] 如狄奥所说，如果说尼禄确实施行了一项尤其不得人心的措施的话，那就是上文提到过的暂停发放免费粮食。不过，这项措施持续的时间并不长。粮食供给不可避免地因为大火灾而暂停，而狄奥则从这不可避免的暂停中，推断出中断时间会延长，而且暂停是有意为之的。[13] 当然，在 64 年末对所谓的纵火犯进行严厉惩罚期间，关于尼禄参与纵火的谣言四起，有人却说皇帝与民众相处融洽，并没有任何关系紧张的迹象。[14]

我们不得不相信，所谓的尼禄在民众中普遍不受欢迎，是由于他在大火灾之后建造金宫，突出表现了他的狂妄自大。从表面上看，这似乎是一个很有吸引力的论点。人们可能比较容易受到影响，认为这个宏伟的建筑项目会不断地刺激和提醒他们，这场大火灾是对尼禄有利的，反过来又会鼓励人们产生另一种想法，认为尼禄肯定有充分的理由来引发这场大火灾。[15]塔西佗说尼禄利用国家被毁的机会来建造自己的宫殿，他是希望我们感受到，他利用了当时的主流情绪。[16] 然而，塔西佗在这一点上有多少说服力？毕竟，他还说大火灾发生后，许多人想把金宫作为暗杀尼禄的场所，因为金宫是"可恨的"。但我们知道，这个暗杀行动是打算在 65 年 4 月的谷神节实施的。考虑到大火灾后很快发生了严重的金融危机，随后就是大型清理行动，因此在 65 年早些时候时人不大可能完成太多有关金宫的建设工程。[17] 由此可见，"可恨的"一词无疑是塔西佗自己加上的。

"可恨的"宫殿是提图斯统治时期（79—81 年）马提亚尔讲述故事时内在的主题。[18] 马提亚尔的语言非常引人注目。他声称"一座独立的建筑开始占据整座城市""傲慢的庄园偷走了穷人的住所"。整个主题让人强烈地感受到一位帝国君主的傲慢，所以这个建筑群里有皇帝那"令人憎恨的大厅"，这是一处"傲慢的庄园"，房子就是一座"宫殿"。[19] 对于普通人究竟如何看待这个建筑群，马提亚尔的诗句可能无法提供可靠的信息。他的作品称得上谄媚的杰作，而且我们必须牢记，这位诗人的主要目标是对提图斯及其已故父亲韦斯巴芗的建筑计划表达极度的热情，而尼禄的金宫就是非常方便的陪衬。

其他古代作家也热切地参与到这项运动中来，让我们相信人人都讨厌金宫。老普林尼可能是在金宫建造不到 10 年时开始写作的，他用了一个令人吃惊的夸张比喻，说金宫包围了整座城市，并坚持认为罗马人曾经两次目睹整座城市被一座宫殿包围，一次是在卡利古拉统治时期，另一次就是尼禄统治时期。老普林尼坚持认为，这两位皇帝的"客厅"所占的土地面积，比所有建立罗马帝国以及击败帝国敌人赢得胜利的伟人们的庄园所占的土地面积全部加起来还要大。[20] 这一切都反映了我们在塞涅卡作品中所发现的那种夸张的语言，说尼禄统治时期的人都希望自己的房子面积堪比一座城市。[21] 当然，老普林尼并不喜欢这两位皇帝。在其他地方，老普林尼把他们合起来称为"人类的火把"，还称尼禄是人类的敌人，并谴责他是其母亲小阿格里皮娜对世界下的"毒"，这个人如此野蛮，相比之下，连迷信的魔法都比他的名声要好。所以老普林尼很难称得上一个客观的证人。[22]

　　苏埃托尼乌斯把金宫评为尼禄最疯狂的奢华项目，并用讽刺诗来嘲讽金宫的规模，这首诗催促罗马人快快搬到维爱城，因为罗马城正在变成一座独立宫殿。[23] 但是，有一个具体证据能够证明苏埃托尼乌斯非常擅长使用过分夸张的语言。他描述过可能位于前厅东侧的类似于乡村的景观，说人工湖"像海一样大"。人工湖遗址后来被韦斯巴芗的斗兽场所占据。直到 20 年前，人们对苏埃托尼乌斯所叙述的内容基本上是接受的。后来考古研究发现了人工湖的遗迹，实际上就是一个宽敞的长方形水池，远远称不上宏伟，面积估计约为 195 米×175 米。[24] 因此，人工湖面积也就是 3.5 万平方米，只比华盛顿特区林肯纪念堂前的反思池① （Reflecting Pool） 稍大，反思池的面积是 3.15 万平方米。伦敦海德公园的圆形池塘面积为 3

227

---

① 反思池：林肯纪念堂与华盛顿纪念碑之间一个长 610 米的水池，为反思世界的战争与和平、美国的独立与自由而建。——译者注

万平方米，而公园里的蛇形画廊①（Serpentine Gallery）面积
则为 1.6 万平方米。因此，虽然尼禄的人工湖称得上了不起的
工程，但苏埃托尼乌斯显然在随意夸张的道路上走得有点远，
而人们也很乐于接受这种夸张表述。他还使用了一些语言来激
发人们感受这个暴君决心超越自然的狂妄自大。[25] 古代历史
学家对金宫的描述沉迷在这种过分的夸张中，让人联想到普鲁
塔克②（Plutarch）夸张的表述，说克拉苏在共和时期晚期成
功买下了大部分甚至绝大部分罗马城。[26] 苏埃托尼乌斯发现，
尼禄已经完成了金宫的部分建筑项目（很可能是奥庇乌斯山
宫殿），宣布自己终于可以住进适合人类居住的住所。此时，
苏埃托尼乌斯还拿盐来擦自己的伤口。[27]

　　古代历史学家都有自己的目的，老普林尼乐于讨好韦斯巴
芗，马提亚尔渴望奉承提图斯和图密善，因此他们对金宫的描
写有倾向性。然而，现代学术研究有时似乎也被同样的问题所
影响。最近有些研究人员认为，尼禄将自己当作太阳神，这种
怪诞的自我形象体现的载体就是这个建筑群，地球上的"阿
波罗"引领了新的黄金时代，[28] 但这也只是推测。这项工程
本身当然足够宏大，但它绝不是罗马历史上唯一一个野心勃勃
的建筑项目。当然，我们不应该过分关注那些对奢华住所表示

---

　①　蛇形画廊：1970 年创建于海德公园内的肯辛顿花园，原先是一座 1934 年建造
　　　的古典风格的茶馆。每年都有不同的建筑师团队对蛇形画廊重新进行设计，
　　　是伦敦最受欢迎的现当代艺术画廊之一，每年大概有 75 万人参观该画廊的展
　　　览。——译者注
　②　普鲁塔克（约 46—120 年）：罗马帝国时期的希腊作家、哲学家、历史学家，
　　　以《比较列传》（又称《希腊罗马名人传》或《希腊罗马英豪列传》）一书
　　　闻名于世。其作品在文艺复兴时期大受欢迎，蒙田对他推崇备至，莎士比亚
　　　不少剧作取材于他的作品。——译者注

谴责的言辞，这些言辞在当时那些貌似"虔诚"的著作中比比皆是。这些都是标准的套路之作，没有一本书和金宫有具体联系。这种作品主要是由像塞涅卡这样非常富有的人写的，他们在积累个人财富的同时到处歌颂贫困。[29] 罗马人可以容忍富人炫耀财富，当短命的奥托皇帝批准花巨资继续建造金宫时，似乎并不担心会遭到怨恨。奥庇乌斯山宫殿可能是提图斯在罗马城的住所，无论如何，宫殿肯定一直在使用中，直到104 年被大火烧毁。如果金宫引起过普遍反对，以上情况几乎就不太可能发生了。[30]

弗拉维王朝通常掌握着公众的喜好，大多数现代学者认为，弗拉维王朝通过抹除这个能够生动提醒尼禄独裁统治的地方，慷慨地拆除了他的建筑，为斗兽场这样的公共设施让路，最终迎合了大众喜好。事实上，金宫的大部分建筑在尼禄去世时可能仍然没建成，而奥托成为皇帝后的第一个行动，就是批准拨出大量资金继续建造金宫，这说明公众的态度可能是支持继续建造，而非拆除。此外，尼禄存在的最显著的标志是巨人像，虽然其面部特征被改变，完全不像尼禄（即使以前曾经像过），但是它肯定会不断地提醒人们想起这位已故的皇帝和他的宏伟设计。韦斯巴芗不但允许巨人像留在原地，直到哈德良统治时期，而且他很可能也是第一个把巨人像矗立起来的人。更重要的是，韦斯巴芗为他宏伟的斗兽场选择的建造地点，实际上可能没有什么伟大的象征意义。也许他只是使用了自己的土地，这些买来的土地价格比尼禄当时的土地价格更低，因为在继任为皇帝后，韦斯巴芗继承了尼禄变更过的帝国财产。这个斗兽场以及建在东侧的角斗士学校似乎并不涉及大

228

规模拆除活动，因为大部分场地已经被装饰性的水池或类似于公园的用地所占据。我们甚至不能确定，所谓的水池四周的柱廊在尼禄死之前是否已经完工。

　　人们会普遍把金宫视作一个以自我为中心的全能君主狂妄自大的外在表现吗？有一种倾向认为，金宫就是尼禄的新天鹅宫，或者是无双宫① （Nonsuch Palace），可以表现建造者对宏伟建筑的狂热。然而，这座宫殿并没有坐落在偏远的乡村，像路德维希二世或亨利八世建造的愚蠢的超大宫殿一样，而是公然坐落在罗马城的核心区域。[31] 然而，当时的社会各个阶层实际上都是这么看待这个建筑群的吗？事实可能不是这样，就像埃尔斯纳（Elsner）所说："尼禄只是在下台以后才变成了一个粗暴而狂热的建造者。"[32]

　　尼禄的建筑项目可能招致民众憎恨的说法只是一种推断，但这种憎恨有可能会因为一个生动形象的纵火故事而加剧，因为在这个故事中尼禄打算用自己的名字命名从旧世界的废墟上建造的崭新的首都。这种说法塔西佗和苏埃托尼乌斯都提到过，苏埃托尼乌斯更是为已经燃起的火苗增加了隐喻的"燃料"，他声称尼禄打算把新城市称为"尼禄波利斯"，从而赋予新罗马一个希腊名字。[33] 借助城市名字使统治者的荣耀永远延续下去，这个传统由来已久，亚历山大以自己的名字命名了许多城市。很多著名的罗马人也这么做过，比如执政官塞克斯图斯·加尔维努斯（Sextus Calvinus）在前 122 年将一条河命名为塞克斯

---

① 无双宫：前都铎王朝的皇家宫殿，位于萨里郡，由英王亨利八世建造，后来查尔斯二世将宫殿送给其情妇，但并没有很好的修缮，其情妇最终因偿还赌债将宫殿分解拆卖。——译者注

蒂亚河；为了纪念庞贝，小亚细亚的两座城市被命名为庞贝波利斯（"庞贝城"）。[34] 在帝国时期，某个地方用皇帝本人的名字或皇室其他成员的名字来命名，并没有什么了不起。意大利以外的一些城市当然是为了纪念尼禄而重新命名的，亚美尼亚的阿塔克萨塔①（Artaxata）在 58 年或 59 年与帕提亚的战争中被科布洛②（Corbulo）摧毁，提里达特斯国王重建这座城市并将其命名为尼禄城，部分原因是为了纪念 66 年对罗马进行的伟大访问。[35] 据约瑟夫斯记载，61 年犹太统治者阿格里帕二世将位于黑门山（Mount Hermon）山脚下不远的该撒利亚·腓立比恺撒里亚改名为尼禄城，以纪念这位皇帝。[36] 小亚细亚西里西亚③（Cilicia）的尼禄城大概也是为了纪念他而命名的。[37]

所有这些发生在意大利以外。在意大利国内，这种姿态通常会被视为过度谄媚。大约 40 年前，即 27 年，有人提议把西里欧山重新命名为奥古斯都山来纪念提比略，但未能成功。提比略对西里欧山大火灾受害者极其慷慨，而且他的半身雕像是火灾中唯一毫发无损的人工制品。[38] 当然，我们正在面对的是认知问题。尼禄的行为可能与提比略一样堪称典范，但怀有敌意的传言使得尼禄不会像提比略一样被民众记住，因此所谓

---

① 阿塔克萨塔：位于由土耳其和亚美尼亚的宾格尔山发源的阿拉斯河中的一个岛上，前 180—50 年为亚美尼亚首府。——译者注
② 科布洛：全名多米提乌斯·科布洛（Domitius Corbulo，7—67 年），罗马名将，进军亚美尼亚，赶走了帕提亚人。——译者注
③ 西里西亚：位于中欧地区，大致在奥得河中上游流域，即今波兰西南部、捷克北部俄斯特拉发一带和德国东部。西里西亚沿着苏台德山脉延伸，南部与波希米亚和摩拉维亚接壤。——译者注

的尼禄要给罗马城改名的计划只能被当作皇帝狂妄自大的表现。这与很久之后康茂德计划的结果相同，据说这个计划是由他的情妇马西亚推动的，把罗马城改名为康茂德城这个想法在极其怪异的《罗马皇帝传》中被直呼"太愚蠢了"。[39] 然而，尼禄要给罗马城改名的说法完全是一种推测，没有任何证据表明这是官方政策，甚至没有证据表明尼禄打算实施这个政策。塔西佗说，尼禄似乎要通过建造一座新城市来寻求荣耀。苏埃托尼乌斯并未提到尼禄真的改变了罗马城的名字，或者提出过要改名，但也许是读懂了尼禄的想法，他指出尼禄已经决定要这么做。这个说法有多少可信度？尼禄真的采取了这样的政策吗？我们有一些证据证明在大火灾发生后，在面对谄媚的提议时，尼禄表现出了非常得体的克制。塔西佗在《编年史》最后一章中记录说，在大火灾后处理皮索阴谋的案件时，执政官阿尼西乌斯·塞利亚利斯①（Anicius Cerialis）建议用公共资金迅速修建一座神庙供奉尼禄。值得赞扬的是，尼禄给出了一个政治家式的回答，否决了这个谄媚的提议，他的回答是统治者只在死后才配得上这种待遇。[40] 所以我们有理由相信，如果有人请尼禄用自己的名字给大火灾后重建的城市命名，他的回应会同样具有政治家风范。

到目前为止，焦点一直集中在普通民众对大火灾的反应上，可能当时普通民众并不反对尼禄。这也许可以解释苏埃托尼乌斯所描述的一个奇怪计划，在尼禄去世前不久，他计划绕过元老院，直接去平民大会为自己的计划辩护。[41] 据说，尼

---

① 阿尼西乌斯·塞利亚利斯：1世纪罗马政治家和参议员。——译者注

禄为这个场合准备的演讲稿后来在他的桌子上被发现，但他因为害怕被暗杀而放弃了这个计划。古希腊哲学家狄奥·克里索斯托姆①（Dio Chrysostom）几乎可以肯定是在图密善统治时期开始创作的，他详细讲述了这个观点：尼禄的臣民很高兴看到他永远统治下去，人人都希望他还活着。[42] 可以作为注脚来进行补充的是，即使普通民众确实对尼禄充满了热情，但这可能并不重要，因为普通民众的思想和感情似乎除了支持个别皇帝的自大之外，并不会有什么差别。在帝国早期，我们不时看到普通民众表达愤怒之情。我们不能判断这些情绪的爆发是完全自发的还是精心策划的，但这并不重要，因为很少产生效果，或者根本没什么实际效果。[43] 皇帝本人会发现，享有广大民众的爱戴无疑会让人感到满足，但是最后，普通民众的看法在他的生存竞争中只是一个微不足道的因素。最终，他的权力依赖于军队的忠诚度，但是罗马军队都驻扎在前线，只有一支军队除外，军队指挥官想发起政变既困难又危险，但这并不意味着他们不会偶尔尝试，并且偶尔也会成功。这就为权力之争留下了两个关键因素，其中一个是禁卫军，这是一支驻扎在首都的军队（城市步兵大队人数太少，不具有政治意义）。禁卫军在权力斗争中的重要性在 37 年得到了证明，当时卡利古拉的上位是由禁卫军军官马克罗②（Macro）设计的。仅仅 4年后，这一点再次得到证明，卡利古拉被暗杀后，克劳狄乌斯

231

---

① 狄奥·克里索斯托姆（40—110 年）：罗马帝国时期的希腊演说家、作家、哲学家和历史学家。现存 80 篇演讲稿，还有几封信和一篇有趣的模拟文章《赞美头发》，以及其他一些文字片段。——译者注

② 马克罗：前禁卫军军官塞亚努斯的手下，后奉提比略之命将塞亚努斯处死。帮助卡利古拉继位，后被卡利古拉处死。——译者注

慷慨地贿赂禁卫军以确保得到他们忠诚的支持。

决定皇帝生存前景的另一个关键因素是罗马精英阶层的道义支持和实际支持，那些大贵族家庭的成员蔑视奥古斯都的改革措施，继续主导元老院和大部分公共生活。诚然，元老院元老已经失去了共和时期所享有的许多政治权力，但他们享受着人们极大的尊重，并享有极高的威望。37 年，虽然马克罗可以利用手中的权力保证卡利古拉当选，但卡利古拉还是要竭力赢得元老院的支持，确保皇位继承的合法性。同样，我们在重新还原卡利古拉被杀时的阴暗事件时，虽然最后的刺杀可能是由两名禁卫军中级军官干的，但刺杀背后的道义力量和政治力量都由元老院提供。

无论是否公平，对负责人来说，如果事情在他们的监督下进展顺利，他们往往能获得功劳，反之如果情况恶化，他们也会因此获罪。高层元老似乎普遍感觉到一种情绪，即 64 年的灾难本不应该发展到如此失控的地步，导致皇帝的政权不可挽回地受到损害，皇帝本人也要为此负责任。[44] 但是，除了早期在政治上反对尼禄外，相当一部分精英阶层都有自己私人的非常具体的理由。尼禄在过去几年的恶劣行为本不会给他们留下深刻印象，他们甚至可能在某种程度上鄙视尼禄，但只要尼禄的行为不影响他们发展事业或聚敛财富，这些精英阶层似乎非常愿意采取容忍态度，而且认为皇帝的可笑行为对他们个人的舒适生活几乎没有影响。在大火灾之后，包括比较富裕的骑士阶层的上层阶级受到了直接影响，因为皇帝要求他们掏光口袋补贴重建工作。[45] 重建工作主要由尼禄支付开销，他不得不从全国各地征收大量资金。[46] 有时有人自愿捐款，但有时皇帝不得不使用强制手段。出租房子的业主发现自己赔了很多钱，整整一年内，私人房屋和公寓楼的租金都被转移到了皇帝的账户。[47]

灾难接踵而至，这导致出现许多大型开支需求，但经济混乱又意味着财政收入很可能会更少。我们没有尼禄统治时期详细的损失清单，但指出下面这些问题应该是很正常的：就业损失、原材料损失和伴随而来的住房短缺。[48] 所有这些往往会带来更大的混乱，使金融和经济问题更加复杂，甚至连尼禄自费清除被毁建筑物中的残骸碎片和尸体的举动，也被视为他打算进行掠夺的阴谋。[49]

面对加尔巴起义，尼禄被迫采取了不得已的财政措施。所有人都必须捐出部分收入，如前文所述，那些出租房屋或公寓楼的业主必须向皇帝的国库支付一年的租金。形势非常糟糕，为了减轻税收负担，人们甚至用磨损的硬币支付费用。在正常情况下，这可能没有什么问题，虽然硬币的重量有很大差距，但这也很容易被接受，然而现在尼禄不得已要求人们支付无磨损的硬币。另一个问题是，人们用成色不足的硬币支付，大概是想保留手中的纯银币和纯金币，尼禄却要求人们上缴纯银币和纯金币。这些要求过于苛刻，有人会直接拒绝它们。[50] 65 年坎帕尼亚发生了严重风暴，同年罗马又暴发了某种瘟疫，这些都给财政预算带来了额外负担。[51] 苏埃托尼乌斯记录过，尼禄拼命筹集资金，导致一些人破产，各个行省的金库也都被清空。塔西佗也说，尼禄摧毁了各个行省［据说尼禄派代理人阿克拉图斯（Acratus）和卡里纳斯·塞昆德斯（Carrinas Secundus）前往

233

亚洲和亚加亚①（Achaea），掠夺了那里的神庙]，摧毁了意大利，甚至还摧毁了贫困的盟友和自由城市，这些地方本来无须进贡。[52]

除了不得不利用自己的资源提供资金外，许多精英阶层，包括贵族和比较富有的骑士，在个人和情感层面都遭受了更大的痛苦，他们目睹自己在罗马城的豪华宅院和房产被破坏。因此，虽然广大民众可能不会因为金宫未来会占据城市而感到困扰，但贵族们在火灾前曾经拥有大量宏伟壮观的住所，现在这些住所的地基上却建起了豪华的宫殿，他们对这些宫殿感到愤恨不已。尤其在帕拉蒂尼山这样的地区，人们的愤恨情绪可能会更强烈，这里是罗马城的高档住宅区，逐渐被越来越多的皇家宫殿占据。[53] 苏埃托尼乌斯简要提及了人们失去住所的情景："当时那些老将军的家里也着火了，里面摆放着战利品。"[54] 文献史料中的具体信息并不多，除了皇帝本人，据我们所知，失去住所的个人还包括提格利努斯，他在埃米利亚庄园的住所在火灾第二阶段被烧毁，还有凯奇纳·拉尔古斯，当他那著名的荨麻树被烧毁时，他可能也失去了称心如意的住所。[55]

为了进一步寻找证据，证实罗马城损失了很多豪华住所，我们必须向考古学家求助。人们的注意力被吸引到了帕拉蒂尼山北侧正在研究中的房屋，位于神圣大道和帕拉蒂尼山坡道交叉口。这些房屋在大火中严重受损，最终遭到遗弃。房屋烧毁后，人们进行了大量拆除工作，清理场地，然后将土地夷平，

---

①　亚加亚：古希腊的一个地区。——译者注

为建造新建筑做准备，新建筑可能是金宫的一部分。[56] 挖掘出的主要住所经卡兰迪尼确认，的确是一座非常重要的住所，是马库斯·埃米利乌斯·斯考卢斯的住所，此人是共和晚期一个放荡的政治家。[57] 他在帕拉蒂尼山的住所于前 58 年翻修，成为奢华的象征，4 根黑色的大理石柱高达 11 米，矗立在巨大的中庭里，前 17 年这些大理石柱被拆除，用来装饰马采鲁斯剧场。前 53 年，斯考卢斯因为这座房子大受嘲讽，于是将其转手，费用为 1480 万塞斯特第。卡兰迪尼认为，这座住所还曾经是前 75 年执政官卢修斯·屋大维①（Lucius Octavius）以及伟大的演说家卢修斯·李锡尼·克拉苏的住宅。如果卡兰迪尼是正确的，那么这里就是老普林尼提到过的著名荨麻树所在的位置，因为克拉苏是这些荨麻树最早的主人。[58] 确定房产主人的身份当然只是推测，可以说靠的是想象力，但这里无疑是豪华住所。即使这些住所不属于特定的某个人，那也属于同一社会精英阶层的成员。64 年大火灾之后，无论这些房产的主人是谁，他们的损失都非常惨重。在这些豪华住所的东侧，还有许多是在挖掘圆锥形喷泉柱时发现的房产，位于后来的金宫前厅南边的道路上。这些房产当然也属于富有的精英阶层。[59] 此外，1877 年修建下水道为埃斯奎利诺山和斗兽场周围的区域排水时，兰奇安尼在报告中写道，挖掘过程中发现了一条铺设整齐的街道，街道两旁是被大火烧毁的房屋，现在埋藏在一层层被烧毁的碎片之下。[60]

金宫中保存最完好的建筑是奥庇乌斯山宫殿。对朱维纳尔

---

① 卢修斯·屋大维（前 116—前 74 年）：罗马政治家，前 75 年当选为执政官。——译者注

来说，埃斯奎利诺山就是财富的代名词，他把这个地区与拥挤的苏布拉区进行对比，指出那些新贵都渴望接手埃斯奎利诺山以及维米纳尔山上的豪宅。[61] 在奥庇乌斯山宫殿里，长方形的大喷泉房南边的宫殿外侧有一排房子，在其中一间房子的地下，人们发现了共和时期的房子。这些房子的地面上铺设着马赛克和陶土图案，还有一些第一风格①（First Style）的彩绘装饰碎片。[62] 支撑奥庇乌斯山宫殿的露台是人工建造的，其中一部分露台的地下掩埋着房子。[63] 此外，在1956—1958年维修圣伯多禄锁链堂的地面时，人们还发现了一座可能建造于共和时期末期房子的遗迹。大火灾发生后，这座房子似乎被另一座精美的房子所取代，柱廊、喷泉和花园的遗迹得以保存，这些遗迹很可能与金宫有关。[64]

巧合的是，在大火灾发生时，一部分建筑幸运地逃过了火灾。在奥庇乌斯山西南角、斗兽场以北［靠近安尼波尔迪大街（Via degli Annibaldi）、奥庇乌斯山大道（Via del Monte Oppio）和波尔维里埃拉大道（Via della Polveriera）交叉口］的建筑群就是非常突出的例子，这里的建筑是最奢华的代表。1984年，人们在当时的路面（安尼波尔迪大街）下约6米处发现了一间喷泉房。这间喷泉房可以追溯到奥古斯都统治时期，如今被一堵墙切断。喷泉房原本应该是一座宏伟壮观的建筑，房子的一部分不知是什么原因，竟然避开了火灾的破坏路径得以保存，也许是因为倒塌的残骸碎片封住了道路，但建筑

① 第一风格：即用灰泥做好建筑中各个细部的实体，把墙面划分成若干块，看上去像是用抛光的彩色石板镶嵌而成，同时在地上镶嵌细石。这种装饰样式在前3世纪下半期开始在庞贝等地出现。——译者注

的其他部分荡然无存。喷泉房像是一座半椭圆形的后殿，水池约 1.45 米深，中心铺设着大理石板。墙壁上较低的部分是壁龛，顶部装饰着圆形图案。墙上涂抹着白色、红色和黄色的灰泥，点缀着各种各样的贝壳、珍珠母、大理石和彩色玻璃（呈牛头骨、羊角、圆盘形），还有些碎浮石。考虑到其地理位置，这座喷泉房肯定是尼禄在大火灾后购买的某座建筑的一部分，神奇地幸存了下来。[65] 在南边对斗兽场地下进行试挖掘后，人们发现了前尼禄统治时期的墙壁，以及人工湖周围住所旁的人行道。[66] 现代发掘者受到考古记录中"沉默地层"的挑战，只能采用合适的学术分离方式进行研究。对精英阶层的罗马人来说，这些宏伟建筑代表着过去的成功和威望，有时这些建筑可以在一个家族中流传好几代人。

　　据塔西佗说，人们对火灾普遍感到愤怒，在大火最初得到控制，不久之后却再次燃起时，人们更是异常愤怒。[67] 塔西佗称，第二场大火发生在皇帝的亲密伙伴提格利努斯的庄园里，这似乎非常可疑。当人们意识到火灾结束只是一场幻觉时，彻底的失望很可能加剧了这种愤怒。这种愤怒还可能出于另一个更具体的原因，人为地让火灾暂停是可能的，但是先要开辟出一条巨大的防火带，因此大片建筑被摧毁，而一直不停肆虐的大火，在"开放的场地和空荡荡的天空"下被阻止了。如前所述，这个方法需要刻意拆除地面建筑，建造防火带，使大火缺乏可燃材料。这势必导致相当严重的财产损失，而且这是由皇帝正式授权的破坏行为。虽然与尼禄亲近的朝臣，比如提格利努斯，可能已经准备好接受自己的住所被拆除这一事实，让它们充分发挥作用，但是对处在这个有魔力的圈子之外

236

的人，国家蓄意破坏他们的家园，自然会让他们产生愤怒情绪，这是合乎情理的。[68]

　　有人可能会在财产被毁的主题上再附加一个注释，旧的统治家族对国家政体不满，不仅因为他们损失了私人住所和建筑，还因为一些重要的公共建筑和神庙也被烧毁了。奥古斯都建造的最早的圆锥形喷泉柱是一座非常重要的建筑，也在 64 年大火灾中被烧毁。圆锥形喷泉柱被毁，还被埋在金宫之下，罗马人显然认为这是精神上的巨大灾难，后来弗拉维王朝在靠近奥古斯都最初建造圆锥形喷泉柱的地方新建了一座喷泉柱，就能够体现出这一点。此外，如果奥古斯都所建的圆锥形喷泉柱对面那片神圣区域——正如遗址挖掘者们所推测的那样——库里亚大会①（Curiae Veteres）的古老圣所，传说与罗穆卢斯有关，不仅未能在原址重建，反而也被埋在尼禄的柱廊下，这就说明库里亚大会圣所只可能是在其他地方重建的，因为地方志里证明 4 世纪时圣所是存在的。[69] 在这种情况下，金宫前厅东侧的露台不仅不断提醒人们尼禄是多么奢华无度、狂妄自大，还不断提醒人们保守的罗马人极为尊崇的区域被尼禄的宏伟建筑所占据这个事实。

　　我们很难找到任何一个群体普遍感受到某种情感的直接证据。文献史料——除非是同一时代的——只能进行一些

---

　　①　库里亚大会：即库里亚民众会议，是罗马公民大会最古老的形式，传说起源于第一任罗马王罗穆卢斯统治时期。大会由王（Rex）召集，限成年男子参加，按 3 个部落划分，每个部落又有 10 个库里亚，所以总共有 30 个库里亚参与会议，通过决议时，30 个库里亚各有一票表决权。——译者注

推测。然而，即便是同一时代的文献史料，也可能会严重误读甚至歪曲当时人们的情绪。我们只能间接通过人们对事件的反应来衡量这些感觉。我们发现，罗马统治阶层的各个群体都对这场大火灾有极其强烈的反应。如果大火灾在某一群体中引发了深深的怨恨，我们可能会想到，至少这个群体的某些成员觉得有必要直接对皇帝采取行动。这也正是我们所看到的，不过是在几个月之后了。[70] 当然，很难证实其中密切的因果关系，但我们必须假定其中有明显的巧合，第一个有记载的要除掉尼禄的阴谋几乎正好发生在大火灾之后。如果有许多元老甘冒生命危险参与公开的阴谋，那就肯定会有更多的人由于太懦弱或太有原则虽不能反叛，但也会对尼禄心生不满。

塔西佗早些时候曾经指出，尼禄的统治以一个不祥的血腥事件为开端，从一开始他的母亲小阿格里皮娜就策划谋杀了亚洲总督马库斯·尤尼乌斯·西拉努斯① （Marcus Junius Silanus）。[71] 但是塔西佗非常明确地把这件事归咎于小阿格里皮娜，并明确表示尼禄绝不是同谋。事实上，尽管尼禄行为乖张，但据我们所知，在大火灾发生前，他并没有策划对任何皇室以外的元老院成员进行政治谋杀。很明显，他对自己家庭内部暗藏的野心感到紧张。因此，他可能早在 55 年就消灭了继父的亲生儿子、潜在的竞争对手布列塔尼库斯，而且还在 59 年谋杀了自己的母亲。58 年，尼禄的表兄浮斯都·科尼利乌

---

①　马库斯·尤尼乌斯·西拉努斯（14—54 年）：马库斯·尤尼乌斯·托夸图斯和利皮达的长子，其母亲是奥古斯都皇帝的曾孙女。因此，作为皇室一员，西拉努斯是可能的皇位继承人。——译者注

斯·苏拉①（Faustus Cornelius Sulla）也被当作潜在的竞争对手遭到流放。提比略的曾孙盖乌斯·鲁贝利乌斯·普劳图斯②（Gaius Rubellius Plautus），虽然籍籍无名但非常自负，似乎也引起了类似争夺皇位的猜疑，于 60 年被流放。苏拉和普劳图斯都死于 62 年。在皇室家族圈之外，有人发表了攻击皇帝的诽谤诗，因此 60 年国家重新启用了叛国罪审判，但是没有证据表明，尼禄觉得元老院会对他不利，或者担心得不到元老院的支持。

238

然而，这一切在 64 年大火灾后都发生了改变，愤愤不平的元老院元老、富有的骑士和禁卫军军官找到了推翻皇帝的理由。在这场阴谋中，大部分禁卫军军官所扮演的角色仍然是个谜，他们不大可能因为火灾遭受经济损失，也不大可能从皇位变化中得到任何特别的好处。尽管从实际情况来说，他们也是罗马军队的一员，但与普通的军队相比，他们的工资待遇和服役条件要好得多。无论谁当皇帝，他们都可以享受这些好处。不过当然，这些特权取决于是否有一位皇帝存在。如果像卡利古拉统治时期那样，皇帝的行为威胁到了帝国体制本身，并威胁到了这个体制给他们带来的特权，禁卫军有可能被说服改变效忠对象。因此，一个性格极其古怪、极其无能的皇帝可能会使不满的禁卫军军官与寻求政权更迭的元老院元老联合起来，只要元老院的目的不是恢复旧的共和制度。此外，随着共和制度的结束，尽管元老院元老的权力丧失大半，但罗马人非常尊

---

① 浮斯都·科尼利乌斯·苏拉：即苏拉·菲利克斯（22—62 年）。——译者注
② 盖乌斯·鲁贝利乌斯·普劳图斯（33—62 年）：罗马贵族，尼禄的政治对手，他是德鲁斯（提比略的独子）的孙子。——译者注

重习俗和传统，并且坚信传统美德是通过家族血统流传的，因此罗马贵族仍然享有巨大的威望。不管出于什么目的，在64年大火灾之后，元老院元老、富有的骑士和禁卫军军官找到了共同的理由，决定除掉尼禄。此时，尼禄从未面临过所有独裁者所害怕的危险和阴谋的威胁，或者至少是亲密的家庭圈子之外的阴谋。64年大火灾之后，这种情况伴随着复仇的情绪发生了。

皮索阴谋以其名义领袖盖乌斯·卡尔普尔尼乌斯·皮索（Gaius Calpurnius Piso）的名字命名，于65年4月曝光。在塔西佗现存的作品中，对这个事件的描述比对其他任何事件的都详细，在《编年史》中整整占了27章的篇幅。[72] 通过狄奥提供的信息和苏埃托尼乌斯的简短说明，我们可以更清楚地理解塔西佗的记述，因此，我们可能会认为这个事件会有详尽的记录，但事实上这个事件扑朔迷离，令人困惑。事件的起源对塔西佗来说是个谜，可能是因为没有正式的政治基础，也不是源于深刻的政治信念，皮索阴谋显得只是源于一种深层的但本质上并不连贯的怨恨。[73]

就潜在的力量而言，这个阴谋巨大而且可行。2名禁卫军军官之一、12个军事保民官（每人指挥禁卫军中的12个步兵大队）中不少于7个参与或被怀疑参与了这场阴谋。只有2个军事保民官确认仍然完全忠于尼禄。[74] 这个阴谋得以实施，清楚地说明在任何一场未遂的政变中，单纯的军事力量虽然是一个重要条件，但单有力量是不够的。阴谋者发起阴谋需要受到一种确切的使命感启发，并由对政治变革的深刻需求来激励，仅仅只有怨恨是不够的。早前成功密谋反对卡利古拉的元老的动机事后得到了证明——他们相信已经还自由于人民（至少按照他们的理解），并恢复了旧的共和体制。但是反对尼禄的阴谋缺乏这种理想主义目的，这些同谋似乎仅仅是因为大火灾及其后果所引发的反感情绪而已。事实上，制造阴谋的主要动力可能是报复，以弥补元老和骑士所遭受的物质损失以及被迫承担的经济负担。维斯蒂努斯·阿提库斯①（Vestinus Atticus）被元老院同僚排除在阴谋之外，因为他并未失去帕拉蒂尼山上的豪华住所，元老院的阴谋家们可能觉得他不会像其他人那样怀有强烈的怨恨。[75] 我们几乎找不到浪漫理想主义的证据，也找不到一个用恢复共和体制来取代一个不负责任、精神不正常的独裁者的无私承诺。[76]

　　我们怀疑这场阴谋是由特定个人的不满情绪所引发的，而非经过周详的政治考量，这一点似乎可以由其混乱的本质得到证实。这场阴谋背后没有核心驱动力量，不像反对卡利古拉的阴谋，我们可以清楚地看到强大的解放自由民卡利斯图斯在操纵，参与阴谋的甚至可能还包括下一任皇帝克劳狄乌斯。皮索阴谋的主导人皮索似乎完全不适合这项任务，他几乎没有采取任何安全措施。在一个轻率的女性解放自由民埃皮卡里斯②（Epicharis）自行采取行动时，这场阴谋几乎就被彻底粉碎了。埃皮卡里斯是阴谋参与者，她越来越坚信其他同谋者毫无用处，为此感到无比沮丧，所以自行采取行动。她还想获得一个朋友的支持，这个朋友是舰队军官普罗库卢斯，事实证

① 维斯蒂努斯·阿提库斯（5—65年）：罗马元老院元老，65年担任执政官，后在同一年被尼禄逼迫自杀。——译者注
② 埃皮卡里斯：古罗马解放自由民，皮索阴谋主谋之一，死于65年。——译者注

明此人完全不值得信任。后来在严刑拷打下，她确实表现出了
巨大的勇气，但这并不能弥补她最初的轻率行为，也不能弥补
其他同谋者不负责任地让她参与这个计划所造成的损失。[77]
事实证明，普罗库卢斯告发了这场阴谋，但根本没有人相信他
就是告密者，虽然同谋者幸运地逃脱了，而且只是暂时的，但
他们并未从错误中吸取教训。在计划实施阴谋的前一晚，有幸
发起第一击的弗拉维乌斯·斯卡维努斯①（Flavius Scaevinus）
把自己的匕首交给一个解放自由民磨得锋利些，可是由于他表
现得过于可疑，这个解放自由民就向皇帝报告了这件可疑之
事，这简直给阴谋参与者造成了致命的后果。这也是一个错
误，之后还有一系列错误。事实上，这场阴谋实在太没有连贯
性，所以后来有人指出，这场闹剧唯一可能的解释就是，皮索
的同谋者实际上就是 64 年大火灾的纵火犯！[78]

　　虽然这场阴谋以皮索命名，但他并没有起到真正的领导作
用。[79] 皮索虽然富有魅力、能言善辩、颇具文采，似乎拥有
许多理想的品质，但他显然不够坚毅，又缺乏实践能力。在某
些方面，皮索似乎和尼禄一样，我们听说他在球类游戏和棋盘
游戏方面颇有技巧，喜爱创作诗歌以及演奏竖琴之类的乐
器。[80] 但他似乎没有担任过任何军事指挥职位，也没有证据
表明他从事过严肃的文职工作。塔西佗主要担心他的能力，这
是正确的。例如，皮索拒绝让阴谋参与者在巴伊亚的别墅里暗
杀尼禄，因为这好像违反了友好待客的传统。一旦他害怕了，
整个阴谋也失去了目标，无法吸引其他参与者。他周围的人也

---

　　①　弗拉维乌斯·斯卡维努斯：尼禄统治时期元老院一位富有的元老，皮索阴谋
　　　　的关键人物。——译者注

未能激发他的信心，有些参与者的品格并不那么高尚，他们的动机也很可疑，这些都不是好兆头。

据塔西佗说，这场阴谋缺乏核心政治目标，后来据说这件事根本就没有发生过，整件事完全是尼禄捏造的，目的是铲除他害怕或嫉妒的人。就像发生在他与基督徒之间的事情一样，人们相信尼禄认定了一群人，为了自身利益而对这些人进行虚假指控。这种说法并不特别令人信服，但是元老、骑士和禁卫军军官肯定参与了一个目标并不明确的共同行动，并愿意支持像皮索这样一个明显缺乏基本领导素质的人。难怪整个事件迅速土崩瓦解了。

目前，我们关注的是大火灾之后人们的反应，这场阴谋从根本上来说参与者非常广泛，但我们并不关注阴谋的结果，这一点不必详细阐述，我们只需说明 19 人被处死或者自杀，13 人被流放。在那些死亡的人中，最著名的是哲学家、尼禄曾经的老师兼顾问塞涅卡，虽然我们并不清楚他涉案到底有多深，但他是被迫自杀的。

大火灾显然在尼禄和罗马社会的重要阶层之间造成了裂痕，事实证明这个裂痕是不可愈合的。从根本上说，皇帝和贵族之间的关系从此以后就完全不同了，怀疑和猜忌的氛围并没有随着阴谋结束而消失。罗马几位重要的人物在第二年即 66 年死亡，其中最著名的是热衷于吃喝玩乐的文学家佩特罗尼乌斯。我们对这个人的生平几乎一无所知，只知道他是《萨蒂利孔》的作者。尼禄毫无保留地相信佩特罗尼乌斯的品位，并称他为"优雅的主宰者"。据说，佩特罗尼乌斯是被提格利努斯告发的，他揭露这个对手与元老弗拉维乌斯·斯卡维努斯关系密切，这个元老是皮索阴谋的关键人物，他最突出的特点就是为了自己活命不惜背叛其他同谋者。[81] 佩特罗尼乌斯似乎意识到"游戏"已经开始，但他决定还是保持风度。他召集朋友一起聚餐，然后切开自己的血管，在生命最后几个小时里与朋友轻松愉快地谈话，并写下遗嘱，列举了尼禄的腐化堕落之处。[82]

大火灾之后，尼禄开始严厉打击帝国早期最顽固的反对派，即著名的哲学教派斯多葛学派①（Stoics）。他们提倡简朴的生活，与自然融为一体，宣扬美德可以让生活自给自足。他们显然是帝国制度潜在的反对者，但往往能够与当时统治者的理念达成和解。斯多葛学派在这一点上做得很成功，比如塞涅卡，他一方面相信足够的美德才能保证幸福生活这样的信条，另一方面又设法让自己积累了巨额财富。大火灾发生后，政治局势变得非常紧张，这种生存方式也就变得不可持续了。

首先，塞涅卡被迫自杀，随后这个学派的另外两名杰出成员也被迫自杀。斯多葛学派的昆图斯·马西乌斯·巴利亚·索拉努斯②（Quintus Marcius Barea Soranus）曾于 52 年担任执政官，于 61—62 年担任亚洲总督。他的女婿安尼乌斯·波利奥（Annius Pollio）在皮索阴谋被粉碎后被流放。[83] 索拉努斯被

242

---

① 斯多葛学派：由塞浦路斯岛人芝诺（Zeno，约前 336—前 264 年）于前 300 年前后在雅典创立的学派，因在雅典集会广场的画廊聚众讲学而得名，是希腊化时代一个影响极大的思想学派。主要代表人物有巴内斯、塞涅卡、马可·奥勒留等。——译者注

② 昆图斯·马西乌斯·巴利亚·索拉努斯：1 世纪的罗马参议员，来自马西西亚氏族。他是昆图斯·马修斯·巴利亚的儿子，后者于 26 年担任选举执政官，并两次担任非洲总督。——译者注

指控与尼禄早些时候处决的普劳图斯是朋友，并煽动亚洲公民起义，[84] 索拉努斯为此自杀。更重要的是斯多葛学派著名的特拉塞亚·培图斯也被迫自杀。他的职业生涯体现了大火灾之后人们态度的明显变化。[85] 特拉塞亚一直是尼禄身边的"大麻烦"，选择阿里亚为妻就能体现出他的独立态度。阿里亚的父亲在 42 年曾牵涉一场针对克劳狄乌斯的反叛行动，反叛行动最终失败。特拉塞亚一直拒绝迎合讨好尼禄。59 年，皇帝谋杀了自己的生母，在元老们对皇帝的奉承赞扬声中，特拉塞亚却走出了元老院。皇帝在那一年举办了游戏活动，这是为了纪念其第一次剃须举办的儿童节①（Juvenalia），而特拉塞亚对此热情不高。62 年，特拉塞亚反对将大法官安提斯提乌斯（Antistius）判处死刑，罪名是写讽刺文章反对尼禄，特拉塞亚赢得了元老院的支持，尽管尼禄表示反对。在尼禄看来，特拉塞亚是个道貌岸然的伪君子，他瞧不起尼禄的舞台表演，但他自己年轻时也曾在家乡的一个节日上穿着悲剧戏服表演。[86] 不过值得注意的是，在大火灾之前，尼禄对特拉塞亚是容忍的，唯

243　一的惩罚是让特拉塞亚知道自己不喜欢他。因此，63 年 1 月，元老们集体去祝贺尼禄的女儿克劳狄娅·奥古斯塔出生，特拉塞亚没有受到邀请。[87] 除此之外，他没有遭受更严重的惩罚。

　　大火灾之后，尼禄和特拉塞亚之间的关系变得更糟。根据记载，特拉塞亚最后一次反抗尼禄是在 65 年，他反对在尼禄妻子波培娅去世后授予她神圣荣誉，甚至拒绝参加波培娅的葬

---

　　① 儿童节：尼禄举办的庆祝活动，为了纪念他第一次剃须，因为他认为这是他从未成年过渡到成年的标志。这个节日的特点是人们进行场景游戏，包括各种已知的戏剧表演。——译者注

礼。[88] 塔西佗说，特拉塞亚和索拉努斯都在尼禄手中丧命，因为尼禄想除掉所有具有美德之人。狄奥还说，他们被除掉是因为他们既有地位又有美德。虽然索拉努斯有明确的重罪指控记录，但特拉塞亚的违规行为似乎微不足道，他不过是没有按照惯例在元老院进行宣誓或履行誓言保证皇帝的安全，敷衍地履行祭司职责，3 年不参加元老院会议，更关注私人事务而不是国家事务。[89] 这些听起来都像是为掩盖真实情况的借口，大火灾后猜疑的气氛越来越严重，特拉塞亚在 66 年被判处死刑。皇帝对他的宽容之处是他可以自己选择死亡方式，特拉塞亚选择了割腕。从这一系列事件中我们可以看出，尼禄在大火灾之前对思想独立的元老相对宽松的忍耐，在大火灾之后不可能再出现了。贵族和皇帝之间的密切关系已经破碎到无法修复。塔西佗谈道，"最近的危险事件"（皮索阴谋）发生时，元老院的元老们非常沮丧，而到 66 年，随着特拉塞亚和索拉努斯受审，这种沮丧已经变成了恐惧。[90]

甚至还有进一步的证据表明情况有多糟糕。苏埃托尼乌斯提到了大火灾之后发生的两次阴谋，他指出，比较严重的阴谋就是人们所熟悉的皮索阴谋，但是他还非常隐晦地简略提及了之后的第二次阴谋，即由安尼乌斯·维尼奇阿努斯领导在贝内旺图姆［今意大利南部坎帕尼亚的贝内文托①（Benevento）］酝酿并被揭露的阴谋。[91] 维尼奇阿努斯家庭背景深厚，他是尼禄手下杰出的将领科布洛的女婿，科布洛在与帕提亚人的作

---

① 贝内文托：意大利南部城市，位于沃尔图诺河上游贝内文托盆地中，西南距那不勒斯 60 公里，是贝内文托省省会和主教区，曾为罗马军用大道上的重镇。——译者注

244 战中多次获得重大胜利。这个阴谋是在贝内文托暴露的，因为66年9月尼禄要前往希腊，维尼奇阿努斯打算在那里谋杀他，他可能还连累了另外两个人。狄奥以特拉塞亚和索拉努斯为例，证明很多好人之所以成为受害人，仅仅是因为他们有优秀的个人品质和巨额财富，或者是家世显赫。狄奥指出，这些人还包括科布洛，他应召到希腊，却接到让他自杀的命令，其命运与普罗库卢斯·斯克里博尼乌斯（Proculus Scribonius）和鲁夫斯·斯克里博尼乌斯①（Rufus Scribonius）两兄弟相同，两人分别是上日耳曼和下日耳曼的行省总督。[92] 自元老院中有影响力的成员先后发难后，整个元老院反对尼禄的情绪变得明显高涨，从而为68年加尔巴的成功叛乱铺平了道路，这位将军与在位的皇帝没有任何血缘关系。

历史上因果关系之间的联系很少是简单明确的。尼禄和罗马重要阶层之间的关系从64年开始发生明显变化，我们有理由相信，这种日益加剧的紧张关系和相互敌视就是大火灾导致的后果之一，但是离64年越远这种联系就越弱。自68年尼禄倒台、权力斗争开始，再将民事冲突的发展进程和韦斯巴芗的最终胜利归结于64年7月的各种事件，似乎显得有些轻率。大火灾可能改变了罗马社会的历史发展进程，但这种改变的确切性质几乎难以确定。我们在考虑大火灾给罗马金融体系带来的影响时，在倍感激动的同时也必须抱有谨慎的态度。当然，可以说在64年某个阶段，罗马的货币铸造进行了一次重大调

① 普罗库卢斯·斯克里博尼乌斯和鲁夫斯·斯克里博尼乌斯：分别是上日耳曼和下日耳曼的行省总督。在67年访问希腊期间，尼禄想要夺取他们的财富，于是派人去找他们，并强迫他们自杀。——译者注

整。这次调整被证明是不可逆转的，其影响也是深远的，虽然很难定义也很难理解，货币供应调整的效果可能在相当长一段时间内难以显现，且可能会以人们难以觉察的方式显现出来。

关于罗马的货币铸造，我们几乎没有明确的历史资料，文献史料很少提到货币铸造的理论或者流程，使这个本来就很难展开的话题变得更具挑战性。铸造多少货币、如何设计、精确的金属含量是多少，这些基本问题的答案是什么，我们一无所知。尽管如此，皇帝大概一直在负责监督，而且铸币政策不太可能违背他的总体意愿。除此之外，我们所得到的信息几乎都来自货币本身，因此所得到的结论也只是推测而来的。自尼禄之后罗马帝国史中的一个延续性主题——通货膨胀现象——自然也是如此。西方世界甚至认为通货膨胀是导致罗马帝国最终崩溃的关键原因，不负责任地铸造毫无价值的货币来支付国家开销最终导致了这个结果，但这种说法过于简单化了。罗马人确实承受了严重的通货膨胀，但他们得以幸存，甚至在之后又繁荣起来。虽然通货膨胀的影响还不能准确定义，但它无疑帮助塑造了罗马的发展史。[93]

如果我们将一条非常简单的传统货币理论规则应用于64年的情形，可以预测这场大火灾会对货币供应产生重大影响。[94] 尼禄面临着灾后补偿和重建的巨大难题，而且建造宏伟的金宫还要增加他的私人开支。文献史料的关注点都放在他在大火灾之后迫切需要筹集资金上。现代国家在面对财政部的这些要求时，会诉诸所谓的"量化宽松"政策。因为他们的货币是"信托资金"，货币本身没有内在价值，但这些货币本质上是央行的承诺，政府可以通过印钞增加货币供应量，从而通过增加税收来刺激经济发展，但同时也会面临严重通货膨胀的风险，货币供过于求会导致其失去购买力。古罗马并不像现代的央行，当然不能简单地印制（更多的）纸币，古罗马的货币至少在某种程度上与硬币中所含金属的内在价值有关。然而，罗马皇帝可以通过调整硬币质量应对过度支出造成的货币短缺，从而达到同样的效果。调整硬币质量可能包括降低金属含量，即硬币纯度，或者降低硬币重量（当然，也可以将两者结合起来）。降低硬币重量更明显，很容易被发现，因此对于任何一种硬币，货币机构能够把硬币的大小或重量减少到什么程度，是有具体限制的。降低纯度远没有那么明显，因此把硬币纯度降到最低水平的诱惑是难以抗拒的，这一点在3世纪得到了清晰的证明。[95]

246

　　讨论朱利亚—克劳狄王朝时期罗马货币"政策"的重点是第纳尔银币。从某种意义上说，这些货币构成了整个罗马帝国可用货币的支柱，而且无疑是重大金融交易和长距离货币兑换的关键因素。贱金属硬币基本上作为日常交易的零钱。此外，金币主要被当作黄金使用，是储存财富的一种手段，不会进行太多市场交易——罗马在前1世纪的恺撒统治时期前甚至没有自己的金币。[96]

　　在具体研究尼禄统治时期的银币时，我们必须清楚一个特征，如果进行细致研究会发现这个特征极其复杂，但是就我们的目的而言，可以很简洁地进行总结。尼禄所发行的第纳尔银币传统上分为"改革前"和"改革后"两种。[97] 尼禄统治初期所铸造的硬币，据铭文记录的传说，可以追溯到尼禄摄政第

10 年，即 63 年 12 月至 64 年 12 月。所有这些硬币，从 54 年至 64 年，似乎形成了一种连续的风格，而且不同寻常的是，银币（和金币）的背面都刻有 *EX S C*（拉丁语字母缩写，意为"根据元老院法令"），这种做法主要限于早期统治时期的贱金属货币。从 64 年到尼禄统治末期所铸造的第纳尔银币与改革前发行的银币完全不同，正面分别对应不同的传说和更成熟的肖像，反面则各不相同。最重要的是，我们没有办法根据硬币上的传说确定其发行年代，而且在 64 年之后，银币的价值在很大程度上是根据更成熟的肖像来确定的（见图 6.1）。

图 6.1 尼禄于 64—65 年发行的第纳尔银币（耶鲁大学艺术画廊）

从这些不同系列的货币中，我们能够推导出哪种狭义上的"货币政策"？上文中已提过，可以通过两种方式增加银币铸造量（而不必通过开采更多银矿这样明显的程序）：或者减轻硬币重量，或者降低硬币中的金属纯度。看来尼禄两种方式都采用了。首先是减轻硬币重量。虽然古人并未明确提出尼禄统治时期第纳尔银币的重量问题，[98] 但我们可以从硬币本身来寻找可靠的证据，早在 16 世纪，学者就通过给硬币称重来寻找证据。[99] 现在人们普遍认为，在尼禄统治时期，第纳尔银币的重量有所减轻，而且重量减轻似乎发生在 64 年，也就是从改革前的第纳尔银币向改革后的尼禄硬币发生转变的阶段。[100]

历史上硬币的纯度是个更难以衡量的因素。长期以来，人们一直清楚，从 2 世纪末塞维鲁统治时期开始，硬币纯度就大幅降低。人们粗略地检查一下硬币实物就很清楚，降低硬币纯度并不需要大量复杂技术。但人们相信，一直到塞维鲁统治时期，第纳尔银币基本上是纯银的。然而，19 世纪早期的金属分析表明，早在塞维鲁之前，银币纯度就已经大大降低。[101] 20 世纪应用无破坏性的 X 射线光谱分析，更容易使策展人和私人收藏家同意将其藏品进行检查。[102] 从 20 世纪 90 年代末开始，古钱币学家凯文·布彻（Kevin Butcher）和化学家马修·庞廷（Matthew Ponting）开始合作，向前迈出了重要的一步。他们在硬币边缘凿一个小洞，这样就能对硬币整体的纯度进行非常复杂的评估。[103] 他们的分析得出了令人欣喜的结果，尤其是关于尼禄硬币。[104] 分析证明，从奥古斯都统治时期开始，第纳尔银币基本上是由纯银铸成的，只有极少量的铜元素和其他基础元素，直至改革后的尼禄硬币。[105] 这些改革后的硬币有可能从 64 年某个时间开始发生急剧变化，第纳尔银币的纯度只能达到 80%。这种情况似乎一直持续到尼禄统治时期结束。在尼禄统治的最后一年，他发行了银含量相对较高的第纳尔银币，虽然这种银币算不上纯银硬币，但纯度达到了 90%。

我们可以简要总结尼禄死后的情形。在争夺继承权的斗争中，加尔巴的银币纯度达到了尼禄调整后的 90% 的标准，奥托早期发行的银币似乎也保持了这个水平，但在去世前发行最后一批银币时，银币的纯度回到了尼禄最初改革后 80% 的纯度标准，这个标准也被奥托的继任者维特里乌斯所采用。纯度为 80% 的银币在韦斯巴芗和提图斯统治时期继续使用，直到图密善统治的第 3 年，他尝试发行几乎纯银的银币，但在 85 年又回落到 90% 的标准，这个标准一直持续到图拉真统治的第 3 年，之后跌回 80% 的水平。在哈德良统治时期，银币纯度在 70%—80%（哈德良货币年表是有问题的）。在哈德良的继任者安东尼·皮乌斯①（Antonius Pius）和马库斯·奥勒留②（Marcus Aurelius）统治时期，银币的纯度为 70%。在下一任皇帝康茂德及其后两位短暂的继任者佩蒂纳克斯③（Pertinax）和狄狄乌斯·尤利安努斯④（Didius Julianus）统治时期，银币纯度似乎略有降低，随着塞维鲁于 193 年继位，银币纯度又大幅降低。仅一年之内，塞维鲁统治时期银币的纯度就降至不到 50%。[106]

从塞维鲁统治时期开始，银币供应量急剧飙升，而其纯度则相应下降。[107] 215 年发生了一件重要的事，卡利古拉引进

---

① 安东尼·皮乌斯：哈德良妻子的外甥，也是第一位出生于高卢地区的元首。——译者注
② 马库斯·奥勒留：161 年安东尼去世，传位于其养子马库斯·奥勒留和塞维鲁。两位元首共同执政，这在罗马史上还是第一次。——译者注
③ 佩蒂纳克斯：全名普布里乌斯·赫尔维乌斯·佩蒂纳克斯（Publius Helvius Pertinax，126—193 年），是"五帝之年"时期的罗马皇帝之一。——译者注
④ 狄狄乌斯·尤利安努斯：全名马库斯·狄狄乌斯·塞维鲁·尤利安努斯（Marcus Didius Severus Julianus，137—193 年），是"五帝之年"时期的罗马皇帝之一。——译者注

了一种新的银币，古钱币学家称之为"3世纪的罗马银币"，银币上有闪闪发光的皇室成员肖像。人们普遍认为，这个硬币最初相当于2第纳尔银币，尽管重量只是第纳尔银币的1.5倍。"3世纪的罗马银币"最初的纯度只有大约50%（根据生产结果方法进行校准，但很可能测量的纯度过高），[108] 到克劳狄乌斯二世（268—270年在位）统治时期，这种银币的纯度已经跌到约1%，这就是人们熟知的"3世纪危机"，当时银币的内在价值几乎暴跌为0。[109]

这并不是一个抽象问题，我们偶尔也会看到这样的困难产生，硬币不再作为法定货币接受兑换。埃及有自己的货币体系，将埃及的证据应用于帝国其他地方时必须非常谨慎，但是一张莎草纸碎片上记载了在货币危机高潮时期硬币纯度下降所产生的后果，银行家不愿意接受帝国的官方硬币，当局就会强迫他们这么做。

> 政府官员聚集在一起，指责银行家将其（他们的银行）关闭，因为他们不愿意接受皇帝神圣的硬币。因此政府必须向所有银行家发布禁令，命令他们打开银行，接受并兑换所有硬币，除非是假币。（要发布的禁令）不仅针对银行家，还针对从事任何贸易活动的人，要让他们明白，一旦他们不遵守这项禁令，就要承受他们自己所制定的刑罚，这种刑罚此前是由（埃及）总督阁下制定的。[110]

可以这么说，造成这种僵局的最终原因可能是大火灾的后续影响，这些后果发生的时间与银币纯度大幅降低大概处于相同时期，不过没有办法证明两者之间的因果关系。有关罗马货币的问题很宽泛也很复杂，古钱币学家也提出了一系列问题来进行讨论。比如金银铸币之间的兑换关系就足够复杂。此外，特别是在朱利亚—克劳狄王朝时期，又出现了一个棘手的问题，就是铸币厂从里昂（当时归奥古斯都所有）搬迁到了罗马，这个事件发生在 69 年，肯定会对硬币的金属含量产生影响。布彻和庞廷的分析揭示了银币中元素的变化，这使他们相信，铸币厂位置发生相应变化应该是在尼禄统治时期。这个问题的所有方面都需要纳入考虑范围。然而，事实就是大火灾发生后，皇帝立即对财政部提出了要求，迫切需要增加税收。据塔西佗所说（当然带着他固有的夸张），到了整个意大利被摧毁、所有行省都被摧毁的地步。也许就在这一年，尼禄显然发现自己陷入了财政危机，他甚至无法给军队支付工资。[111]

我们考虑到，就在同一年，也就是 64 年，罗马银币第一次大规模贬值 20%，而且这种贬值几乎一直持续到尼禄统治时期结束，很难不让人怀疑这与大火灾有直接关联，绝大多数学者也接受了这种关联。[112] 在尼禄统治即将结束前，银币价值短暂提高，这似乎更有意思，因为在尼禄统治的最后几个月里，苏埃托尼乌斯对货币进行过可能高度相关的评论，这是非常罕见的。苏埃托尼乌斯指出，尼禄被迫征收重税筹集现金镇压文代克斯叛乱（这个事件最终导致尼禄倒台）时，人们似乎对货币失去了信心。我们很难了解事件背后究竟发生了什么，但人们似乎都在努力用贬值和磨损的硬币来纳税。苏埃托尼乌斯评论说，尼禄要求使用未磨损的金币和银币，[113] 人们四处散播情况的严重性，因为皇帝严令硬币不能有磨损，通常

250

罗马人对此并不太关注，而且皇帝明确要求使用高纯度的金币和银币，虽然正是在他的大力支持下才发行了贬值硬币。[114]将硬币恢复到更高的纯度标准，也许是试图找回人们失去的信心，加尔巴长期使用这种方法，奥托也短暂使用过它，这种情况可能反映了军事方面的紧张局势。例如，迈克尔·克劳福德①（Michael Crawford）认为，正是货币价值下跌导致了莱茵河军队潜在的不忠。68 年提高硬币纯度标准可能是尼禄为避免叛乱所做的最后努力。[115]

251　　事实证明，企图回到更接近奥古斯都统治时期的铸币标准只能是暂时的。一旦当局增加货币供应量，比如信用纸币，而生产力却没有提高，或者不增加金属供应量，比如硬币中所含的金属量，当局几乎不可能维持自律，而这种自律恰恰是永久恢复到古代铸币标准所必需的——从大火灾时起硬币的发展过程反而走向更剧烈的贬值，这个过程并不是平稳且连贯的，硬币的纯度时不时有所提高，但是 64 年的半永久性改革，包括将银币纯度降低 20%，几乎不可避免地导致 3 世纪时克劳狄乌斯二世的银币中几乎完全没有银的成分。

　　64 年大火灾给罗马带来了一场浩劫。许多居民直接承受了可怕的痛苦，即使在那些逃离大火的人中，也很少有人没有真切地感受到一定程度的间接影响。大火灾的影响不仅局限于当时生活在罗马城的这代人身上，也不仅局限于这座城市本身。大火灾是一个催化剂，激发了那些要团结起来结束尼禄统治的力量。尼禄和罗马精英阶层之间那无法弥补的裂痕，不仅

---

①　迈克尔·克劳福德：伦敦大学学院历史学名誉教授，著有《罗马共和国》一书。——译者注

导致他本人的垮台和死亡，还导致他所属的由奥古斯都建立的王朝的灭亡。从那时起，当选皇帝的人需要具备的资格和能力并不是与帝国创始人之间的家族联系，其中最关键的往往是在战场上取得胜利。从大火灾发生之日起，罗马的政治制度就发生了激进而永久的变革。

　　大火灾也对罗马的货币体系产生了影响，继而对其经济发展产生影响，其导致的结果确实不可估量，但这些影响是真实的，并在未来几个世纪里继续对罗马的经济发展产生影响。这是 64 年大火灾引发后果之一，正是所有这些后果的相互作用，共同塑造了这座城市以及整个帝国未来的命运。

后　记
大火灾：经久不衰的文化奇迹

　　作为一个臭名昭著的纵火犯，更不用说还迫害基督徒和杀害自己的亲生母亲，尼禄完全是一个恶贯满盈之徒的典型代表。这种形象很快就确立了，可以预料尼禄之后的弗拉维王朝多么渴望贬低他的声誉。更奇怪的是，通常被认为成书于 1 世纪晚期的《约翰启示录》①（*Revelation of John*）描写了在东方流传着的尼禄的逸事，把他刻画成了臭名昭著的七头"怪兽"。人们相信这些描述。不仅如此，这个神秘的文本还预言罗马这座"罪恶之城"将在大火灾第二次降临时被烧毁："人们看到燃烧的烟雾，哭喊道：'这座伟大的城市变成什么样了！'"在基督教传说中，尼禄扮演了同样奇怪的角色，就像《圣经》预言中的反对基督者宣布在基督复临时要反对基督一样。在 4 世纪和 5 世纪，拉克坦西②（Lactantius）和圣奥古斯丁③

---

①　《约翰启示录》：《新约》中的一卷，共 22 章，记载使徒约翰在拔摩海岛上看到的异象。——译者注

②　拉克坦西（260—330 年）：基督教护教士，被誉为"基督教的西塞罗"，拉丁教父中著作流传最广的一位。——译者注

③　圣奥古斯丁（354—430 年）：又名希波的奥古斯丁，出生于罗马帝国时期的北非努米底亚王国，是基督教早期神学家、教会博士，新柏拉图主义哲学家。其思想影响了西方基督教会和西方哲学的发展。他是北非希波里吉诃主教，因所著作品而被视为教父时代重要的天主教会教父，其重要作品包括《上帝之城》《基督教要旨》《忏悔录》。——译者注

（St. Augustine）都提到了这个现象，5 世纪早期，哲罗姆在注疏《但以理书》（*Commentary on Danil*）中记录说，那个时代的许多人仍然赞同他的观点，认为尼禄就是基督。但那时，这个说法显然已经不是主流，而且 5 世纪结束不久这个说法似乎就不存在了。[1]

除了对尼禄进行诡异的描述外，还有人把尼禄描述为人们更熟悉的传统怪兽。英语世界中最著名的作家是杰弗里·乔叟①（Geoffrey Chaucer）在 13 世纪 80 年代创作了著名的《坎特伯雷故事集》②（*Canterbury Tales*），其中修道士称尼禄"像地狱里的恶魔一样邪恶"，此人"烧毁罗马城供自己取乐"。[2]虽然尼禄是中世纪作家笔下的可笑之人，但公平地说，直到 17 世纪，尼禄在普通民众心目中并不是后古典时代那个从来不做好事的恶棍和纵火犯，这主要是因为 17 世纪后，他变成了公共舞台上人们熟悉的角色。当然，在英语世界里，他的起点很令人失望。[3] 自苏埃托尼乌斯的《尼禄传》后，现存第一部完全描写尼禄的文学作品似乎是马修·格温③（Matthew Gwinne）创作的戏剧《尼禄》（*Nero*），1603 年 2 月在牛津圣

253

---

① 杰弗里·乔叟（1343—1400 年）：英国小说家、诗人，主要作品有小说集《坎特伯雷故事集》。乔叟出生于伦敦一个富裕的商人家庭，受过大学教育，熟悉法语和意大利语，被公认为中世纪英国最伟大的诗人之一、英国诗歌的奠基人，被后人誉为"英国诗歌之父"。——译者注

② 《坎特伯雷故事集》：诗体短篇小说集，叙述朝圣者一行 30 人会聚在泰巴旅店，这些朝圣者有骑士、僧尼、商人、手工艺者、医生、律师、学者、农夫、家庭主妇等当时英国社会各个阶层的人士，准备前往坎特伯雷去朝拜圣托马斯。店主提议在往返圣地的途中每人讲两个故事，以解旅途中的寂寥，于是他们次日一同踏上朝圣之旅，并开始讲故事。——译者注

③ 马修·格温（1558—1627 年）：曾写过《麦克白》的原型故事。——译者注

约翰学院首次演出，因此严格来说，这仍然属于伊丽莎白一世时代的戏剧（女王于 3 月 24 日去世）。[4] 这部剧作的内容开始于 49 年，尼禄的母亲小阿格里皮娜嫁给克劳狄乌斯，直至 68 年尼禄自杀。这部剧作极其冗长乏味，更何况还是用拉丁语写的。大多数伊丽莎白时代的历史剧只是单纯地忠实于古老的历史资料，而这部单调乏味的作品则固执地忠实于这个原则。因此从一个无比迂腐的罗马公民那里听到大火灾后的消息，也许并不那么令人兴奋："事实上罗马城有 14 个区，其中 3 个区被大火完全烧毁。"[5]

　　幸运的是，情况确实有所改善。1675 年，著名剧作家纳撒尼尔·李①（Nathaniel Lee）在伦敦上演了第一部戏剧作品《尼禄之悲剧》（*Tragedy of Nero*），被公认为当时最伟大的剧作。我们可以把格温早期死气沉沉的作品，与李的富有生机的作品进行比较。当暴民闯入宫殿时，尼禄凶狠地威胁他们：

> 只有火焰能扑灭我点燃的大火。
> 我会回来，像年轻气盛的法厄同②一样：
> 伟大的罗马城，这个世界大都市将燃烧。
> 在台伯河的洪水上我要展现新的荣光，
> 将黑夜变成金色的白昼。[6]

---

① 纳撒尼尔·李（1655—1692 年）：英国剧作家，曾就读于威斯敏斯特学校和剑桥大学三一学院，作品包括《尼禄》（1674）、《亚历山大大帝之死》（1677）等。——译者注
② 法厄同：希腊神话中太阳神赫利俄斯（Helios）的儿子，因强驾神车被宙斯用雷电击死。——译者注

17 世纪，尼禄的形象开始出现在另一个艺术领域——歌剧，以《波培娅的加冕》[①]（*L'incoronazione di Poppaea*，1642—1643 年）为标志，由乔瓦尼·弗朗西斯科·布塞内洛[②]（Giovanni Francesco Busenello）创作剧本，可能（但不确定）由蒙特威尔第（Monteverdi）创作音乐。这部歌剧被认为是人类所有创作体裁中的第一部历史歌剧。歌剧的主题是尼禄迷恋波培娅，而且这第一部与尼禄有关的歌剧并未提到大火灾，17 世纪的其他歌剧也未提及那场大火灾。舞台演出的限制，无疑阻碍了人们把烧毁城市的想法搬上舞台。第一次迎接这个挑战的歌剧是在 18 世纪初，却非意大利出品，这是第一次由意大利之外的歌剧院所创作的。弗里德里希·克里斯蒂安·福斯特金[③]（Friederich Christian Feustking）创作的《尼禄》（*Nero*，1705 年），由亨德尔[④]（Handel）作曲，事实上这也是亨德尔作曲的第一部歌剧，最初于 1705 年在汉堡上演。歌剧从克劳狄乌斯的葬礼开始，以尼禄和波培娅的结合结束。在最后一幕中，罗马城着火了，小阿格里皮娜把大火灾的责任归咎于她的儿子。从更严格的历史标准来看，当时小阿格里皮娜无疑已经

---

① 《波培娅的加冕》：共 3 幕，1642 年于威尼斯首演。剧情取自历史学家塔西佗《编年史》中有关尼禄的记述，是欧洲歌剧史上最早以历史事件为题材的歌剧。——译者注

② 乔瓦尼·弗朗西斯科·布塞内洛（1598—1659 年）：意大利作家，曾撰写《波培娅的加冕》脚本。——译者注

③ 弗里德里希·克里斯蒂安·福斯特金（1678—1739 年）：德国神学家、诗人及剧作家。——译者注

④ 亨德尔（1685—1759 年）：巴洛克时期英籍德国作曲家。1703 年加入汉堡歌剧院，在此期间，陆续创作了《阿尔米拉》《尼禄》等歌剧。18 世纪 20 年代，其进入歌剧创作的成熟时期，创作并上演了《罗德琳达》《亚历山德罗》等歌剧。——译者注

去世好几年了，但她的出现意味着歌剧以及其他艺术领域对待历史史实的态度并不那么严肃。[7]

尼禄成了歌剧舞台上的一个固定人物，尤其令人印象深刻的是这些作品所具有的世界性。例如，1879 年剧作家朱尔斯·巴比尔①（Jules Barbier）用法语创造了《尼禄》（Néron）剧本，音乐由安东·鲁宾斯坦②（Anton Rubinstein）创作。同年，该剧演员在新建成的汉堡歌剧院进行了第一场德语演出。1884 年，沙皇俄国的首场演出是在圣彼得堡用意大利语完成的。法语原版的首场演出于 1894 年在鲁昂③（Rouen）首映。这部歌剧非常有趣，因为这是第一部把基督徒作为主要角色的歌剧，而且在剧中，尼禄甚至还爱上了基督徒克里萨（Chrysa），据说她是埃皮卡里斯的女儿，埃皮卡里斯就是被塔西佗和狄奥确定为大火灾后皮索阴谋的参与者之一的人物。[8]

19 世纪，尼禄以及大火灾的主题出现在另一个艺术领域。1815—1816 年，洛伦佐·潘齐耶里④（Lorenzo Panzieri）编排的芭蕾舞剧《尼禄之死》在威尼斯首次演出（由约翰·卡斯帕·艾布林格⑤作曲）。在这个故事版本中，支持屋大维娅的

---

① 朱尔斯·巴比尔（1825—1901 年）：法国诗人、作家和歌剧作家，经常与米歇尔·卡雷合作写作。——译者注
② 安东·鲁宾斯坦（1829—1894 年）：俄罗斯钢琴家、作曲家和指挥家，在创立圣彼得堡音乐学院时成为俄罗斯文化领域的关键人物，是创立莫斯科音乐学院的尼古拉·鲁宾斯坦的哥哥。——译者注
③ 鲁昂：法国西北部城市。历史上，鲁昂是中世纪欧洲最大、最繁荣的城市之一。——译者注
④ 洛伦佐·潘齐耶里（1794—1824 年）：意大利舞蹈编导。——译者注
⑤ 约翰·卡斯帕·艾布林格（1779—1867 年）：德国作曲家，出生于巴伐利亚州，11 岁开始在泰格西修道院学习钢琴和管风琴。——译者注

民众到处举行示威活动，这激怒了尼禄，于是他命令仆人烧
毁这座城市，然后出去好好看看大火燃烧的场景。在城市被
烧毁时，人们装扮成酒神祭司庆祝这一事件，并聚集在尼禄
周围，尼禄则站在高地上观看这一奇观。波培娅前来表示反
对，尼禄用刀将其刺杀。这部芭蕾舞剧最终以尼禄自杀结束。
这部剧并不是与这个主题有关的最后一部剧。安东尼奥·帕
勒里尼①（Antonio Pallerini）的芭蕾舞剧《尼禄》（Nerone）于
1877 年在米兰首次上演［音乐由科斯坦蒂诺·达尔·阿金②
（Costantino dall'Argine）创作］。这部芭蕾舞剧几乎涵盖了尼禄
的整个摄政时期，在最后一幕中，宫殿里举行了庆祝活动，一
群舞女正在跳舞，这时传来消息说加尔巴正在前往罗马城的路
上。喝得醉醺醺的尼禄毫不畏惧，他拿起竖琴，指着燃烧的城
市让客人看。在最后一幕结束时，加尔巴及其追随者闯入宫
殿，尼禄自杀身亡。[9]

　　识字率不断上升也意味着从 19 世纪开始小说的受欢迎程
度大大提高，从这个时期开始，一批数量惊人的小说开始聚焦
罗马和基督教之间的斗争。随着亨利克·显克维支③（Henryk

---

① 安东尼奥·帕勒里尼（1790—1870 年）：意大利芭蕾舞演员。曾在米兰的阿
　拉·斯卡拉芭蕾舞学校接受培训。他在萨尔瓦托·维加诺的许多舞蹈中担任
　主要角色。——译者注
② 科斯坦蒂诺·达尔·阿金（1842—1877 年）：意大利古典音乐作曲家。——译
　者注
③ 亨利克·显克维支：波兰 19 世纪批判现实主义作家，代表作有通讯集《旅美
　书简》、历史小说三部曲《火与剑》《洪流》《伏沃迪约夫斯基先生》以及历
　史小说《十字军骑士》。显克维支出身贵族家庭，1872 年起任《波兰报》记
　者，素有"波兰语言大师"之称。——译者注

Sienkiewicz）著名的《君往何处》① （*Quo Vadis*）出版，此类小说的创作达到了顶峰。《君往何处》于 1894—1896 年首次用波兰语以系列形式出版。这部小说讲的是一位罗马将军和一个信奉基督教的女孩之间的爱情故事，故事背景是 64 年大火灾以及随后对基督徒的迫害。这部小说很快成为一种文学现象，并被译成多种语言，作者也于 1905 年获得诺贝尔文学奖。这部小说也对其他艺术形式产生了重大影响。费利克斯·诺沃维耶斯基② （Feliks Nowowiejski）创作了《君往何处》30 号轻歌剧，这是一部德语清唱剧，1909 年在阿姆斯特丹首演，随后在世界各地演出，包括纽约卡内基音乐厅。小说还被亨利·凯恩③ （Henri Cain）改编为说唱剧④ （Zarzuela，西班牙轻歌剧），并于 1909 年在法国尼斯演出。这部说唱剧基本囊括了整部小说的内容，包括在狂欢宴会时爆发大火灾，城市燃烧的背景为狂野音乐和舞蹈提供了美妙的空间。[10]

更重要的是，显克维支的著作是在电影作为一种流行媒介开始蓬勃发展前夕出版的，而且这部著作的主题也让人无法抗拒。[11] 1901 年，百代电影公司推出了《君往何处》单卷轴短片（12 分钟），由费迪南·齐卡⑤ （Ferdinand Zecca）和吕西

---

① 《君往何处》：1859 年波兰作家显克维支所作，是反映古罗马暴君尼禄的覆灭和早期基督教兴起的长篇历史小说。——译者注

② 费利克斯·诺沃维耶斯基（1877—1946 年）：波兰作曲家、指挥家、管风琴演奏家。——译者注

③ 亨利·凯恩（1857—1937 年）：法国剧作家、歌剧和芭蕾舞剧作家，共写过 40 多部剧本。凯恩出生于巴黎，父亲是雕塑家奥古斯特·凯恩。——译者注

④ 说唱剧：有对话及音乐的西班牙传统小歌剧。——译者注

⑤ 费迪南·齐卡（1864—1947 年）：法国百代电影公司首席导演，兼做演员、编剧、摄影师、布景师，代表作品有《轮回》《红幽灵》等。——译者注

恩·农居埃①（Lucien Nonguet）执导，其中的关键场景设置成了静态的舞台造型。[12] 1909 年，刚刚因 1908 年的《庞贝城的末日》（*The Last Days of Pompeii*）大获成功的路易吉·马吉②（Luigi Maggi）又执导了电影《尼禄》［*Nerone*，英文电影名译为《尼禄和燃烧的罗马城》（*Nero and the Burning of Rome*）］，在国际上取得了巨大成功，影片从屋大维娅活着时开始，直至尼禄死亡，其间罗马城一直在燃烧。影片中最智慧、最具创新性的时刻出现在即将接近尾声时，尼禄躺在长榻上，他的思想被投射在背景上。田园诗一般的乡村场景却变成了正在燃烧的城市，尼禄因内心的恐惧变得极为恐慌。

1912 年，恩里科·瓜佐尼③（Enrico Guazzoni）为意大利最大的电影公司意大利电影协会拍摄了关于 64 年大火灾的新版电影，电影时长为 2 个小时（8 个卷轴）。这部电影被视为世界电影史上第一部"大片"，演员阵容高达 5000 人，在国际上取得了巨大成功。大火灾场景通过叠加特效呈现出来。[13] 不过，尼禄这个题材并不能成为票房保证。1924 年，加布里埃利诺·邓南遮④（Gabriellino D'Annunzio）为意大利电影联盟

---

① 吕西恩·农居埃（1869—1955 年）：法国导演，代表作品有《游牧战神》《堂吉诃德》等。——译者注
② 路易吉·马吉（1867—1946 年）：默片时代意大利非常高产的演员、导演。——译者注
③ 恩里科·瓜佐尼（1876—1949 年）：意大利编剧和电影导演，代表作品有《暴君焚城记》。——译者注
④ 加布里埃利诺·邓南遮（1886—1945 年）：意大利导演、编剧、演员，是意大利文坛巨匠、诗人、记者、小说家、戏剧家加布里埃莱·邓南遮（Gabriele D'Annunzio）的弟弟。——译者注

导演了新版《君往何处》，其中有燃烧的城市和基督徒受迫害的场景。电影制作大大超出了预算，最后它却成为一场商业灾难，也成为邓南遮执导的最后一部电影。[14] 虽然邓南遮执导的电影失败了，但并未阻止其他电影工作室来碰运气。1951年，米高梅电影公司（Metro-Goldwyn Mayer）推出了新版的《君往何处》，这可以说是有史以来好莱坞拍摄的最著名的罗马史诗，由皮特·乌斯蒂诺夫①（Peter Ustinov）饰演的尼禄表演极为出色，但更壮观的是大火灾场景再次出现在了荧屏上。这部电影在商业界和评论界都获得了巨大成功，获得了8项奥斯卡奖提名（但未赢得任何奖项）。

尼禄和大火灾继续吸引着广大民众，这个话题在各种不同的背景下出现在世界各地。1955年，从敌基督尼禄时代显然就一直处于休眠状态的魔鬼回来了，化身为百老汇音乐剧《该死的洋基队》②（Damn Yankees）中油嘴滑舌的魔鬼阿普尔盖特先生（Mr. Applegate），唱着"尼禄在可爱的大火中弹着竖琴"。10年后，就连"神秘医生"也参与进来了。在一部著名的英国电视剧的第二季中，医生显然策划了一切，他偷偷摸摸地用自己的眼镜作透镜，试图烧毁尼禄重建新罗马城的计划，也因此无意中——或者有意——激发了皇帝纵火的想法。[15]

---

① 皮特·乌斯蒂诺夫：全名皮特·亚历山大·冯·乌斯蒂诺夫（Peter Alexander von Ustinov，1921—2004年），英国电影演员、小说家。曾因出演《斯巴达克斯》和《托普卡匹》两次荣获奥斯卡最佳男配角奖。1990年被英国女王伊丽莎白二世授予爵士称号。——译者注
② 《该死的洋基队》：20世纪50年代的经典百老汇音乐剧，是以运动作为主题最成功的音乐剧。这部音乐剧改编自小说《洋基输球的那一年》，描述一位忠实的华盛顿参议员队的中年球迷，将自己的灵魂卖给魔鬼撒旦以换取自己所喜欢的强大英雄能带领球队赢得世界冠军。——译者注

不用说，对于法国人来说，仅仅把尼禄当作一个古怪有趣的罪魁祸首是不够的，他已经变成一个具有深刻心理社会意义的通用人物。富有远见卓识的知识分子安德烈·路易斯（André Louis）1981 年曾提醒过我们，"懂得占火术的尼禄"就在人群中休眠，可能随时被唤醒，威胁文明的未来。[16] 如果我们对法国人对待这些事情是否严肃抱有任何怀疑，请注意，他们于 2002 年在图卢兹①（Toulouse）组织了一次与《君往何处》相关的学术会议，并出版了论文集。[17] 在更轻松的世俗层面上，1985 年，意大利人为我们重新制作了令人感到惊心动魄的电视连续短剧《君往何处》（时长 6 小时，意大利广播电视公司出品）。虽然更世俗但可能没那么轻松的是 2005 年德国人在特里尔（Trier）圆形剧场②把皮特·乌斯蒂诺夫的电影版《君往何处》变成了现场版的"摇滚音乐剧"，还加上了表演，人们对此褒贬不一。[18] 也许结束语可以留给英国朋克乐队"扼杀者们"在热播歌曲《英雄不再》（*No More Heroes*）里激励人们的歌词：

> 所有的英雄们身上都发生了什么？
>
> 所有的莎士比亚们呢？
>
> 他们眼睁睁地看着罗马城被焚。

---

① 图卢兹：法国西南部大城市，比利牛斯大区上加龙省省会，是法国第四大城市。城市建筑始终保留着玫瑰红砖瓦的特色。——译者注

② 特里尔圆形剧场：建于前 100 年，可容纳约 2 万人，位于德国。1986 年与特里尔其他古罗马遗址及大教堂一起被联合国教科文组织指定为世界文化遗产。——译者注

257

　　"扼杀者们"在哀叹所有英雄都有弱点，每个人在现实中并不比尼禄更像英雄，但这是朋克式的摇滚，所以谁知道歌曲真正意味着什么，或者究竟有无意义呢？对我们来说重要的是，这些歌词证明尼禄和64年大火灾已经成为我们流行文化中重要的一部分，朋克乐队根本不用提及尼禄的名字，却能把这一部分保留在我们的集体意识中，借助精心设计的押韵以及燃烧的罗马城的形象来填补空白。尼禄和64年大火灾显然已经成为流行文化的偶像。在陈词滥调的表达中，尼禄和64年大火灾已经成为经久不衰的文化奇迹。

主要史料来源

塔西佗、苏埃托尼乌斯和狄奥

塔西佗

《编年史》

15. 38. 1. 随之而来的是一场灾难，是意外还是皇帝策划的尚不清楚（因为史料来源有两个版本），但它比大火灾给这个城市带来的所有灾难更严重，也更具毁灭性。

38. 2. 大火从大竞技场靠近帕拉蒂尼山和西里欧山的区域开始燃起。那里的店铺中存放着易燃商品，大火很猛烈，风势助长了火势，随即吞没了整个大竞技场。附近的房子都没有坚固的围墙，庙宇也没有围墙间隔，没有任何其他障碍物能够阻挡大火。

38. 3. 大火蔓延很快，首先吞没了平坦的地区，然后向高处蔓延，最后再一次肆虐地势较低的地区。所有防御措施都失效了，因为大火蔓延速度极快，城市又极其脆弱：街道狭窄而曲折，建筑街区分布不规则，而这正是罗马城的特色。

38. 4. 此外，人们还能听到惊慌失措的妇女发出的哀号，看到年迈的老者和幼小的孩童；有人试图自救，也有人试图拯救他人，搀扶老弱病残或等待他们；而这些人中有的畏缩不前，有的乱冲乱闯，阻碍了所有的救援工作。

38. 5. 每当人们四处看时，就会发现自己的两侧或前方都有火焰来袭。就算他们逃到邻近地区，那里也着火了，就连那些他们认为很远的地区也处于同样的困境。

38. 6. 最后，不知道应该避开什么和逃往哪里去的人们，只能聚集在街道上，或者分散在田野中。尽管他们可以逃脱，但有些人选择了死亡，因为他们失去了所有财产，无法继续生存下去；其他人则是由于未能救出爱自己的家人而选择了死亡。

38. 7. 没有人敢救火：无数反对救火的人不断发出威胁，还有人在众目睽睽下投掷火把，并大吼着说他们"收到了命令"。这让他们有更多的自由进行掠夺，不过也有可能他们真的是奉命行事。

39. 1. 尼禄当时在安提乌姆，直到大火逼近他的宫殿时他才回到这座城市，这座宫殿把他在帕拉蒂尼山上的住所与米西纳斯庄园连接起来。但是事实证明，要阻止大火吞噬帕拉蒂尼山、他的宫殿以及附近的一切，都是不可能的。

39. 2. 不过，为了救济无家可归的民众，尼禄开放了战神广场、阿格里帕纪念碑广场甚至他自己的花园，并搭建了临时建筑来安置一无所有的人们。尼禄还下令从奥斯提亚和邻近城市运来了重要物资，谷物价格降到了 3 塞斯特第。

39. 3. 这些措施都是针对民众的，但事实证明全都失败了，令人沮丧。因为有传闻说，就在这座城市着火的时候，尼禄出现在私人舞台上，吟唱着《特洛伊陷落》，把当前的悲伤和过去的灾难同台对比。

40. 1. 最后，在第 6 天，大火在埃斯奎利诺山的山脚下熄灭。人们拆除了大面积的建筑，这样即便大火持续剧烈燃烧，也只能面对光秃秃的地面和空荡荡的天空。但是在恐慌消散之前，或者说在民众重新燃起希望之前，大火又开始了猛烈的燃烧，即便在城市更为开阔的区域也是如此。结果，虽然人员伤亡减少，但是更多的神庙和作为公共设施的柱廊遭到了破坏。

260

40. 2. 那场特别的大火灾引起了更大的丑闻，因为大火在提格利努斯的埃米利亚庄园燃起，而且尼禄似乎正需要获得建设一座新城市的荣耀——一座以他的名字命名的新城市。事实上，在罗马城划分的 14 个区中，有 4 个仍然完好无损，3 个被夷为平地，另外 7 个区只剩下一些被损毁和烧焦的建筑物残骸。

41. 1. 统计损毁的房屋、住宅和庙宇数量绝非易事。但是被烧毁的还有历史最为悠久的神圣宗教建筑：塞维斯·图里乌斯供奉给月神的神庙、阿卡迪亚的埃万德供奉给大力神赫拉克勒斯的伟大祭坛和圣所、罗穆卢斯在誓约后建造的朱庇特神庙、努马宫，以及供奉罗马人家神的灶神庙。其他蒙受损失的还有罗马人在历次胜利中获得的丰厚战利品、精美的希腊艺术品古董文物以及文学天才的真迹。因此，尽管随着城市的再次发展，罗马城再度变得华美，但老一代人仍然无法忘记那些无法替代的东西。

41. 2. 有人注意到，这场大火始于 7 月 19 日，也就是塞农人占领罗马城并烧毁这座城市的同一天。还有些饶有兴致的人，甚至把两次火灾之间的间隔时间换算出了相同的年数、月数和天数。

42. 1. 事实上，尼禄利用毁灭的家园建造了一座宫殿。他想让人们为这座宫殿感到惊叹，但并不是用宝石和黄金（这些都是奢华生活中司空见惯的）进行装饰，而是用田野、湖泊和树林在一边复制出了开阔的乡村，另一边则创造了开放的空间和景象。建筑师塞弗勒斯和塞勒颇具独创性和胆识，试图通过技巧来创造出大自然中本不存在的东西，并利用皇帝的资源来自娱自乐。

42. 2. 两位建筑师着手挖掘一条航道，这条航道以阿维尔诺湖①（Lake Avernus）为起点，沿着人迹罕至的海岸线，穿过山丘的阻碍，一直通向台伯河口。实际上附近没有任何地下蓄水层能够供水，只有彭甸沼泽地，除此之外都是悬崖或干旱的土地，即使可以强行开凿通过这些地段，工程将会极其艰巨，因而极不合理。但是，尼禄恰恰就是一个追求不可思议事物的人。他试图挖掘阿维尔诺湖旁边的高地，但并未成功，这些徒劳的施工痕迹一直保留到今天。

43. 1. 尼禄对修建房屋后遗留在城市中的空地，并未像高卢人焚烧罗马城后随随便便就进行重建，而是将它们变成了一条条经过精心勘测的街道、宽敞的大路、高度规范的建筑和开阔的区域，还增设了柱廊以保护公寓建筑的正立面。

43. 2. 这些柱廊是尼禄承诺自掏腰包修建的，他保证会向

---

① 阿维尔诺湖：意大利坎帕尼亚区的火山口湖。海拔 2 米，深 36 米，周长超过 3 公里，无天然排水口。古罗马政治家阿格里帕于前 37 年将此地改为军港，称为伊乌利乌斯港，并建运河与海连接，有一条约 0.8 公里长的隧道通往库迈。——译者注

房屋主人归还所有残骸都清理干净的建筑用地。他还设置了根据个人级别与家庭财产按比例分配的补助金，并规定了完成房屋或公寓建设工程的时限，完工后申请人可以获得这笔补助金。

43.3. 尼禄指定奥斯提亚作为残骸填埋场，并命令向台伯河上游运送谷物的船只，返回时需载满残骸碎片。在建筑物中，某个特定部分不得采用木梁，而是由加宾石或阿尔巴诺石建造，非常牢固，因为这两种石头可以防火。

43.4. 此外，由于有人厚颜无耻地私自取水，因此国家部署了看守人员来确保更充足、覆盖更多地点的公共供水。每个人都要拥有消防设备，房屋不设置界墙，但都要建自己的围墙。这些措施实用性强，受到人们欢迎，也使新城市更加美观。

43.5. 然而，也有些人认为旧城市的构造更有利于人的健康，因为街道狭窄、建筑过高，意味着灼热的阳光不易穿透。他们认为，在现在这样广阔、开放的地方，没有树荫来保护他们，他们只能暴露在更加酷热的高温环境中。

262

44.1. 以上都是人们经过理性思考后采取的预防措施。下一步是寻找方法安抚神灵，人们查阅了西卜林神谕集。在西卜林神谕集的指示下，人们向瓦尔肯、色列斯和普洛塞尔皮娜祈祷，已婚妇女为朱诺举行了供奉仪式，首先在卡比托利欧山，然后是在距离海岸线最近的地方（从那里抽水，然后给神庙和女神像洒水）。已婚妇女也会举办正式宴会来安抚女神。

44.2. 但是，无论是人类的足智多谋，还是皇帝的慷慨大度，抑或是对神灵的赎罪安抚，都无法阻止人们相信是皇帝下令放火的可怕谣言。为了消除流言蜚语，尼禄找到了罪魁祸首，却因此招致了对基督徒的离奇惩罚。这些人被普通人称为克雷斯人，由于其可耻的罪行而遭人憎恨。

44.3. 赋予他们这个名字的人叫基督，在提比略统治时期被小行省总督本丢·彼拉多处决。有害的迷信活动暂时被遏制，但很快再次爆发，不仅在这个诅咒的发源地犹太行省，还包括罗马，世上所有令人厌恶的、可耻的一切汇集在一起，竟然还受到了人们的欢迎。

44.4. 因此，最初那些认罪的人被逮捕了，后来由于他们的揭发，数量庞大的人群也被逮捕——更主要的原因是人类仇视他们（或是"他们仇视人类"），而非因为他们是纵火犯。他们死后继续受到侮辱。他们身上裹着兽皮，被野狗撕成碎片；或者被钉在十字架上，夜幕降临时被做成人形火炬点燃提供照明。

44.5. 尼禄把花园贡献出来做秀场，他还组织竞技表演，穿上战车手的服装与普通人混在一起，或者站在战车上。因此，虽然那些人罪有应得，理应受到警诫性惩罚，但人们也开始同情基督徒，觉得他们被杀并不是为了公共利益，而只是为了满足某个人的残忍欲望。

45.1. 与此同时，为了帮助尼禄筹集资金，意大利已经被彻底摧毁；各个行省也已被摧毁，盟友和所谓的自由社区也是如此。甚至连神祇也被掠夺，城中的神庙被拆毁，黄金被抢走，而这些黄金是每一代罗马人在大获成功后或感到忧虑时以庆祝或还愿的方式奉献的。

45.2. 此外，在整个亚洲和亚加亚，被掠夺的不仅仅是神庙的祭品，还包括神像。

苏埃托尼乌斯

《尼禄传》

16.1. 他为这座城市的建筑设计了一种新的结构，并确保在公寓楼和私人住宅之前修建柱廊，从柱廊的露台上可以灭火，这些柱廊是尼禄出钱修建的。他还打算将城墙延伸到奥斯提亚，并通过运河将海水引入老城区。

16.2. 在尼禄的统治下，许多违法行为得到了严肃处理和遏制，并且他颁布了许多新法令。他对支出进行了限制，公共晚宴被简化成了施舍。酒馆里禁止出售烹煮过的食物，除了豆类和蔬菜，而在此之前酒馆可以提供各种食物。基督徒因为信仰遭到了惩罚。驾车手以前经常四处游荡，以招摇撞骗和抢劫为乐却能一直逍遥法外，现在他们发现这些消遣活动都被禁止了。哑剧①演员的粉丝俱乐部成员和演员们一起，都被逐出了这座城市。

31.1. 然而，尼禄在建筑上的挥霍无度远远超过其他方面，他建造了从帕拉蒂尼山一直延伸到埃斯奎利诺山的宫殿。尼禄最早称之为尼禄宫，后来宫殿被烧毁并重建，改名为金宫。至于这座建筑的规模和辉煌程度，看看以下描述就知道了。前厅可以容纳高约 35 米的尼禄的巨大雕像，非常宽敞，3 排柱廊足足有 1.5 公里长。人工湖"像海一样大"，周围环绕着建筑，看上去就像一座城市。此外，还有大片不同用处的土

264

---

① 哑剧：古罗马的哑剧表演是一种剧场表演形式，由一位演员通过手势和姿势并伴以讲述的合唱来演出全部的情节。——译者注

地——耕地、葡萄园和树林，养育着许多野生动物和家禽家畜。

31. 2. 这座宫殿的其他部位，所有物品都用黄金覆盖，镶嵌着宝石和珍珠母。餐厅的天花板由象牙镶板组成，可以旋转以散落花瓣，并且装配有可以喷洒香水的管子。主餐厅的圆顶日夜不停地旋转，令人感到身处天堂之中。浴室里流淌着海水和含有硫黄的温泉水。尼禄成功地把宫殿建造成这种风格，并举行了落成典礼，当时他对宫殿的认可仅仅体现为这样一句话：他终于能拥有一个适合人类居住的住所了。

38. 1. 但是尼禄既没有放过他的人民，也没有放过罗马城的城墙。有人在一次普通谈话中说："我死后让地球着火吧。"尼禄则回答说："不，在我活着的时候。"他显然做到了。尼禄似乎对这些丑陋的古老建筑和狭窄曲折的街道感到厌烦，于是烧毁了这座城市，而且是明火执仗，以至于一些前执政官在自家庄园里发现手持火种和火把的仆人时，并没有抓捕他们。此外，尼禄还用军事器械摧毁了金宫所在地区的一些粮仓（尼禄特别觊觎这些粮仓的位置）。

38. 2. 整整 6 天 7 夜，大火演变为一场到处肆虐的灾难，平民被迫在碑石和坟墓之间寻求庇护。被大火吞噬的除了大量公寓楼外，还有装饰着从敌人手中缴获战利品的旧时的将军住宅，以及通过誓约承诺并由国王供奉或在布匿战争和高卢战争时期晚期建立的神庙和其他值得纪念或值得一看的古代文物。尼禄从米西纳斯庄园的高塔上眺望这场大火，陶醉在美丽的火焰中，穿着戏服吟唱着《特洛伊陷落》。

38. 3. 此外，为了尽可能多地掠夺财物，尼禄承诺免费运走尸体和建筑物残骸，却不允许任何人接触他们自己的房产。他不仅收受捐款，实际上还直接要求人们捐款，如此一来，尼禄几乎榨干了各个行省以及部分私人财富。

狄　奥

62. 16. 1. 尼禄于是下定决心要做一件无疑早就想做的事，那就是在有生之年摧毁整座城市和整个帝国。尼禄至少说过普里阿摩斯非常幸运，因为后者目睹了自己的统治和自己的国家同时完结。

16. 2. 尼禄秘密派人到罗马各处，假装喝醉了酒，或干些别的坏事，让他们在不同地方多次放火。结果，人们尽管确实看到和听到许多奇怪的事，却还是全然不知所措，不知道灾难是如何开始的，也不知道如何能终止。

16. 3. 除了漫天大火之外，人们看不见其他东西，军营里也是一样，人们的交谈内容全是"这里和这里着火了！""哪里？""怎么会？""谁放的火？""救命啊！"无论在什么地方，所有人都茫然不知所措，开始像疯了一样向四面八方跑去。

16. 4. 有人在帮助别人时，得知自己家的房子也着火了。其他人甚至还来不及知道自己的房子着火，就已经得知房子被烧毁了。有些人从房子里跑出来，跑到小巷子里，以为可以从外面做些什么，另一些人则跑到街上，以为还可以从里面做些什么。

16. 5. 男女老少发出连片的尖叫哀号，无休无止，在茫茫烟雾和一片哗然之间，不可能看清任何东西，也无法知晓到底

266 发生了什么。因此人们可以看到一些人像哑巴似的站着，一句话也说不出来。

16. 6. 与此同时，许多随身携带物品的人，以及偷窃他人东西的人，在乱跑时互相碰撞，被携带的包裹绊倒。他们没办法前进，但也不能停滞不前；他们推搡别人，也被别人推开；他们撞倒别人，自己也被其他人撞倒。

16. 7. 许多人在大火中窒息而死，或者被压死，在这种困境中，人类有可能遭遇的所有不幸都比不过这些人。他们没有机会轻易逃离任何地方，刚刚从前一次危机中幸存的人，会在陷入下一场危机时丧生。

62. 17. 1. 这些事情也不是一天之内发生的，而是在几天几夜发生的。由于缺乏救援，许多房子被烧毁，还有许多房子被前来帮忙的人点着了。这是因为士兵们包括消防员在内，都把关注点放在了抢劫上，他们非但没帮助扑灭大火，反而引发了新的火灾。

17. 2. 这些情景在各处出现时，风卷起火焰，带着它们一齐奔向剩余的建筑。结果，再也没有人顾虑私人财产或房子了。所有幸存者都站在看起来似乎安全的地方，望着远处那些像是岛屿又像是城市的地方，同时在大火中熊熊燃烧。

17. 3. 他们不再为失去财产而悲伤，而是哀叹这场灾难，回想曾经这座城市的大片区域是如何被摧毁的，不过当时是高卢人干的。

62. 18. 1. 在所有人都形成了这种心态时，许多人被这场灾难弄疯了，纵身跳进了火海。但尼禄没有这样，他爬上宫殿的最高处，在那里可以从最好的视角观察这场大火灾，尼禄还穿上了戏服，吟唱着《特洛伊陷落》，但事实上人们认为这首诗应该叫《罗马城的毁灭》。

18.2. 除了高卢人攻陷罗马城之外，这座城市当时所经历的灾难是空前绝后的。整个帕拉蒂尼山、塔卢斯圆形剧场和城市其余 2/3 的地方被大火烧毁，死亡人数无法估量。 267

18.3. 人们用尽了所有的诅咒来咒骂尼禄，但他们并未提尼禄的名字，而是诅咒那些"放火烧城的人"。

[**18.4.**]

18.5. 尼禄现在以火灾为借口，有时则是通过名义上的自愿捐款，向私人和各地征收大量现金，有时还会施以武力。尼禄取消了罗马城居民的粮食补贴。 268

注　释

引　言

[1] Calp. *Ec.* 1. 42.

[2] Suet. *Ner.* 11. 2；Dio 61. 18. 2.

[3] Plin. *Pan.* 46. 4-5. 尼禄的称呼被省略为"舞台皇帝"。

[4] Plin. *Ep.* 3. 5. 6. 这些作品显然是从历史学家奥菲迪乌斯·巴苏斯的作品失传时开始的（关于这个时间点也有很多争议）。

[5] Tac. *Ann.* 1. 69. 2，13. 20. 3，15. 53. 3-4（see chapter 6）；*Hist.* 3. 28. 1.

[6] Tac. *Ann.* 4. 5. 2.

[7] Tac. *Ann.* 1. 1. 3；*Hist.* 1. 1. 4.

[8] Circus：Tac. *Ann.* 15. 38. 2；Palatine：Tac. *Ann.* 15. 39. 1；Tigellinus：Tac. *Ann.* 15. 40. 2；religious buildings：Tac. *Ann.* 15. 41. 1.

[9] Tac. *Ann.* 15. 41. 1.

[10] Suet. *Ner.* 19. 3.

[11] 尽管如此，许多学者（尤其是法国学者）开始对他有更高的评价，参见：Fromentin（2016）；also, most recently, Madsen（2020）。

[12] See Pelling（1997）.

[13] Frere（1972），14，20-22.

[14] Tac. *Ann.* 15. 43. 3.

[15] See the very useful site：https：//formaurbis. stanford. edu/docs/FURmap. html，accessed March 5，2020. 有两个非常重要的古代地形信息来源。第一个是罗马平面图，通常被称为塞蒂穆斯大理石地图，是古罗马的一幅大型大理石地图，雕刻于 203—211 年。地图由大理石石板组成，面积为 13 米×18 米。这些石板碎片在中世纪某段时间被摧毁，从那时起逐步被重新组合，该过程至今仍未停止。第二个是我们主要依据的古代晚期的两个"城区目录"，即建筑和地标列表，按照奥古斯都所划

分的城市 14 个区域排列。人们普遍认为，最早的《罗马城志》是在戴克里先统治时期（284—305 年）编写的。后来的《城区名册》是在君士坦丁（337 年）去世前汇编的，信息来源是某个版本的《罗马城志》。

[16] By Tarquinius Priscus and Tarquinius Superbus：Livy 1.38.6；56.2. 第一步是把当地一条小溪改造成下水道。

[17] Arnoldus-Huyzendfeld（2016），193-197.

[18] Tac. *Ann.* 15.39.1-2.

[19] Tac. *Ann.* 4.64.

[20] Dion. Hal. 5.19.1.

[21] Tac. *Ann.* 15.40.1.

[22] Tac. *Ann.* 15.38.1；Dio 62.18.2.

[23] Beloch（1886）. Maier（1954），321-322. 其中包括 1950 年前的罗马人口统计表，从 25 万人至 200 万人。最新统计参见：Brunt（1971）；Parkin（1992），4-5；Storey（1997）；Lo Cascio（1994），（2001）；Witcher（2005）；for a general survey of the broader issues：Wilson（2011）。

[24] Livy *Per.* 98. 研究哈德良统治时期的希腊历史学家弗莱贡（Phlegon）提供的人口数多一些，为 91 万人。

[25] Aug. *RG* 8.

[26] 布朗特（1971）对海外罗马公民的数量及将其纳入人口普查制度等问题进行了深入探讨。

[27] Aug. *RG* 15；Dio 55.10.1.

[28] Beloch（1886），400-401.

[29] 据说，奥古斯都每年要从埃及进口 2000 万摩狄（1 摩狄＝8.62 升）粮食，以满足罗马城 1/3 的需求。文献史料显示，平均来看，分配给不同的群体（士兵、奴隶等）的谷物通常为每人每月 4 摩狄。Jos. *BJ* 2.386；Aur. Vict. *Epit.* 1.6. See the summary in Oates（1934），103-105.

[30] 可以特别参看斯托雷（1997）的有趣见解，与当时的普遍看法不同，他认为这个数字应在 50 万以下。

[31] 可以特别参看迈尔（1954）的文章，其对可以实现的目标进行了冷静评估。在迈尔的文章发表 60 多年后，虽然历史学家采用的方法越来越复杂，但并未能使我们达成共识。

[32] 1666 年伦敦大火灾发生时，伦敦人口约 30 万。关于火灾的伤亡人数并没有可靠的数据，但许多当代资料认为，虽然大火灾造成了大量财物损失，但死亡人数并不多。

第一章　古罗马的火灾

[1] Cic. *Off.* 2. 19. 6；Hor. *Sat.* 1. 1. 77.

[2] 李维在其著作中对高卢人攻陷罗马城进行了详细描述，但是对高卢人攻陷罗马城后所导致的火灾数量的描述很有限。

[3] *Code* 25：Harper（1904），19.

[4] Pritchard（1969），209：No. 13.

[5] 原始文本无一能保存下来，我们只能从后人的各种引用中了解这些内容（但很可能并不能准确反映原始文本）。

[6] Building space：Varro *Ling. Lat.* 5. 22；pyres：Cic. *de Leg.* 2. 24. 61.

[7] *Digest* 47. 9. 9（Gaius 4，*ad* XII *Tab*）.

[8] "Mater Matuta" 的含义不能确定。"Mater" 当然是 "母亲" 之意，"Matuta" 似乎指 "早晨" 或 "清晨" 女神。

[9] Livy 24. 47. 15，25. 7. 6，33. 27. 3 – 4；Haselberger et al.（2002），234. Servius Tullius：Livy 5. 19. 6；Ovid *Fast.* 6. 480（Mater Matuta）；Dion. Hal. 4. 27. 7（Fortuna）.

[10] Boni（1900），333–334；Coarelli（1983），130–139；（2014），83–84；Cristofani（1990），113. 雷吉亚官（罗马王官）和户外集会场肯定是重建的；圣奥莫波诺教堂下的神庙可能也是如此。Pisani Sartorio（1995）；Carandini（2017），157. 另外一种观点认为最后这座神庙废弃了很长时间，可能因为与被驱逐的国王有关。Coarelli（1988），209；Cornell（1995），237 – 38；most recently：Brocato, Ceci, and Terrenato（2016）. 卡拉布里亚大学和密歇根大学目前正在该地区进行挖掘工作。https://sites. lsa. umich. edu/omobono/site – description/，https：//www. archaeology. org/issues/132 – 1405/trenches/1982 – reexcavation – rome – earliest – temple，both accessed March，2020.

[11] 现代历史学家普遍认同这场战争的时间为 386 年或 387 年。

[12] 另一种观点认为朱庇特神庙也被烧毁了。Ogilvie（1965），720；Cornell（1995），317.

[13] Diodorus Siculus 14. 113 – 116；Livy 5. 39 – 55；6. 1；Florus 1. 13；Oros. *Pag.* 2. 19. 4–11（弗洛鲁斯和奥罗修斯的信息来源主要是李维）；Rubin（2004），18；Cornell（1995），313–318。

[14] Suet. *Ner.* 39. 2.

[15] Livy 5. 42. 2,7.

[16] Livy 5. 43. 1.

[17] Livy 5. 43. 4, 6. 1. 2.

[18] Cornell (1995), 318; Bernard (2018), 45−62; for very tenuous archaeological evidence for the destruction, see Roberts (1918), 58−64.

[19] Records during Gallic sack: Livy 6. 1. 2. ; *Tabularium*: Cic. *Nat. Deor.* 3. 74; Haselberger et al. (2002), 238−39; Temple of Nymphs: Cic. *pro Mil.* 73; *pro Cael.* 78; *Parad. Stoic.* 31; Sibylline books: Plin. *NH* 13. 88; Tac. *Ann.* 6. 12. 4; Commodus: Dio 72. 24. 2.

[20] Naumachia: Plin. *NH* 19. 190; Symmachus: Amm. Marc. 27. 3. 3−4; Sym. *Ep.* 1. 44.

[21] Oros. *Pag.* 4. 4. 1 中提供了前 275 年的日期，并指出神庙被闪电摧毁。闪电击中时间：前 276 年。206 BC, Livy 28. 11. 4; 166 BC, Obsequens 12. 神庙肯定是在克劳迪乌斯统治时期被摧毁后重建的，因为城区目录中提到 4 世纪神庙还依然矗立着。Haselberger et al. (2002), 219−20.

[22] Cic. *Tusc.* 1. 4; Val. Max. 8. 14. 6 (signature); Plin. *NH* 35. 19.

[23] Plin. *NH* 35. 19.

[24] Vitr. *Arch.* 2. 8. 17.

[25] Juv. *Sat.* 3. 193.

[26] Livy 21. 62. 2−3.

[27] Plin. *NH* 16. 36. 引用了历史学家科尔奈利乌斯·奈波斯现已失传的一部作品。

[28] Livy 24. 47. 15−16. 这个地区又名"盐湖"，可能是旧盐场所在地。

[29] Tac. *Ann.* 15. 38. 2.

[30] 希望女神庙坐落在蔬菜集市上，邻近屠牛广场。

[31] Mercando (1966); Haselberger et al. (2002), 127; Diffendale (2016), 141; Carandini (2017), 165.

[32] Ov. *Fast.* 6. 625−628. 不久之后，在前 192 年，屠牛广场又发生了一场大火。李维（35. 40. 8）对此有所记载。在对广场进行考古试挖掘时，证实了李维的一些说法，挖掘出了两层炭渣，中间由一层厚厚的灰烬沉积层分隔开［Gros and Adam (1986), 32］。屠牛广场显然很容易发生火灾，因此在 64 年大火灾中受损也就不足为奇了（Tac. *Ann.* 15. 41. 1）。

[33] Tac. *Ann.* 15. 38. 1.

[34] 鲁宾（2004, 223）提到，从高卢人攻陷罗马城直至 410 年西哥特人洗劫罗马城，能够准确追溯到这段时间内的火灾只有 9 场。

［35］ Livy 26. 27. 1-6.

［36］ Florus 3. 21. 7: *iaculatus incendia*.

［37］ Cic. *Cat.* 3. 9；Sall. *Cat.* 47. 2；Livy 6. 4. 3，25. 39. 17；Plin. *NH* 13. 88；33. 154；35. 14；Tac. *Ann.* 6. 12. 4；Plut. *Sull.* 27. 6；App. *Bell. Civ.* 1. 83，86；Aug. *Civ. Dei* 2. 24；Obsequens 57；Eus. *Chron.* ［Helm（1956），151. 9］.

［38］ App. *Bell. Civ.* 1. 86；Tac. *Ann.* 15. 38. 1.

［39］ Catiline：Cic. *Cat.* 3. 9；Clodius：Cic. *pro Sest.* 95；Antony：Cic. *Phil.* 2. 48，11. 37.

［40］ Tac. *Ann.* 15. 42. 1；Suet *Ner.* 38. 3.

［41］ Cic. *Att.* 1. 4. 3；Plut. *Crass.* 2. 4；Plin. *NH* 33. 134.

［42］ 李维引用李锡尼乌斯·马凯（Licinius Macer）所述，认为前304年任营造官的格涅乌斯·弗拉维乌斯（Gnaeus Flavius）在此之前曾担任过"刑事三吏"一职。李维似乎认定这个机构是前290年后成立的。Kunkel（1962），71-79；Robinson（1992），105；Nippel（1995），22；Ramieri（1996），7；Cascione（1999），9-10 n. 18；Lovisi（1999），98 n. 162. 最初，"刑事三吏"由大法官任命，前242年后，由人数最多的一个议会进行选举。*Digest* 1. 2. 2. 30.

［43］ Livy 4. 45. 1-3；Sablayrolles（1996），414.

［44］ Plaut. *Amph.* 155，*Aul.* 416-417. 尤克里奥（Euclio）威胁要向"刑事三吏"告发奴隶康格里奥（Congrio），因为他手里拿了一把刀。

［45］ Plin. *NH* 21. 8.

［46］ Livy 32. 26. 17.

［47］ Livy 39. 14. 10.

［48］ *Digest* 1. 15. 1. "刑事三吏"的任务可能是由一个称为"五人团"（"台伯河两岸五人团"）的辅助机构协助完成的。关于后者的行动我们只听说过一次。当时是为了镇压酒神节动乱，据李维（39. 14. 10）记载，"刑事三吏"受命夜间在全城配置警卫，制止非法集会及防止火灾。他又补充说："作为刑事三吏的帮手，台伯河两岸五人团在各自管区内，负责监管房屋建筑。"之所以指定这个"五人团"，是因为普通的地方法官不适合晚上出现在公众面前，"五人团"在某种程度上可以被视为上夜班的"刑事三吏"，而"刑事三吏"通常可能不乐意在晚上工作。但是目前只有李维的简短评论中提到过这个神秘机构。*Digest*：Pailler（1985）.

［49］ Val. Max. 8. 1 *damn*. 5；Nippel（1995），22. 此处暗示241年的大火灾中

也出现过此类疏忽。

[50] Tac. *Agr.* 2. 2. 这些诗歌是阿鲁勒努斯·鲁斯提库斯（Arulenus Rusticus）称颂特拉塞亚·派图斯（Thrasea Paetus）的颂词，以及赫利尼乌斯·塞内西奥（Herennius Senecio）称颂普利斯库斯·赫尔维狄乌斯（Priscus Helvidius）的颂词。

[51] Strabo 5. 3. 7（= 5. 235）；Roller（2018），295.

[52] Vitr. *Arch.* 2. 8. 20.

[53] Vitr. *Arch.* 2. 7. 2；Sablayrolles（1996），426.

[54] Tac. *Ann.* 15. 43. 3.

[55] Vitr. *Arch.* 2. 9. 14−16.

[56] Plin. *NH* 16. 190，200.

[57] Strabo 5. 3. 7（= 5. 235）.

[58] Juv. *Sat.* 3. 199−200.

[59] Dio 53. 33. 5.

[60] Dio 53. 24. 4 - 6，cf. 54. 2. 4；Vel. 2. 91. 3，92. 4；Rich（1990），159；Sablayrolles（1996），9；Closs（2013），46−47. 这一小节是按照年代顺序安排的，但埃格那提乌斯当选营造官以及奥古斯都采取新措施很可能都发生在前 22 年。

[61] Dio 54. 2. 4；Rich（1990），173；Sablayrolles（1996），24. 严格来说，这项职责应该属于贵族营造官，其地位通常高于普通营造官，但这个区别是历史遗留下来的。

[62] Dio 55. 8. 5 - 6. Forum：Plut. *C. Grach.* 12. 3 - 4；Plin. *NH* 19. 23；Dio 43. 23. 3；see Coarelli（1985），222 - 230；Purcell（1995），331 - 332；Haselberger et al.（2002），219；Swan（2004），78.

[63] 有人认为这场火灾早于前 7 年，可能在前 14—前 9 年。参见：Swan（2004），78−79。

[64] Crook（1967），174−175.

[65] Dio 55. 8. 6−7；Plin. *NH* 3. 66；epigraphic evidence seems to confirm Dio's dating of the institution of the *vicomagistri* to 7 BC；see *ILS* 9250 and Niebling（1956），323−28；Ricci（2018），108−111.

[66] Suet. *Ner.* 49. 1；Dio 55. 24. 6；Swan（2004），170；Wardle（2014），356−357.

[67] Suet. *Cal.* 10. 3.

[68] Suet. *Claud.* 25. 2. 克劳狄乌斯在普特奥利和奥斯提亚各驻扎了一个步兵大队预防火灾，是否有城市步兵大队或者消防大队尚不清楚。Ricci

（2018），126.

［69］Dio 55. 26. 4；Ulpian，*Digest* 1. 15. 2.

［70］普布里乌斯·鲁弗斯可能是普劳提乌斯·鲁弗斯，苏埃托尼乌斯将其与卢修·保卢斯相关联，但这种关联没什么依据。

［71］Dio 55. 26. 4，31. 4；see also Strabo 5. 3. 7（= 5. 235）；Suet. *Aug.* 25. 2，30. 1；App. *BC* 5. 132；*Digest* 1. 15. 1 - 5；Hirschfield（1905），252 - 57；Baillie-Reynolds（1926）；Robinson（1977），（1992），106-10，184-88；Rainbird（1986）；Nippel（1995），96 - 97；Sablayrolles（1996）；Ruciński（2003）；Rubin（2004），73-83；Wallat（2004）.

［72］Suet. *Aug.* 25. 2. 奥古斯都在粮食短缺时，利用消防大队来预防骚乱。Ricci（2018），113.

［73］Gai. *Inst.* 1. 32b.

［74］*Digest* 1. 15. 1-5. 关于这个主题的信息很丰富，总结了消防大队队长的职责，包括其一般责任和司法权限（大部分信息与64年之后这一时期有关）。

［75］Suet. *Aug.* 25. 2.

［76］Sablayrolles（1996），27-29. 附属步兵大队的规模可能无关紧要，因为消防大队是可以与军团相提并论的。提比略在去世时分配给消防大队和军团的金额是相等的，这说明他们的薪资水平可能相当（Dio 59. 2. 3）。

［77］*ILS* 2163.

［78］Dio 55. 8. 7；Suet. *Aug.* 30. 1；*Digest* 1. 15. 3 pr.

［79］在塞维鲁统治时期，消防大队队长的职责包括追捕逃亡的奴隶。*Digest* 1. 15. 3. 1-2.

［80］Dio 58. 9. 2-6，12. 2.

［81］Jos. *BJ* 4. 645；Tac. *Hist.* 3. 64. 1，69. 1.

［82］Petron. Sat. 78；Plin. *Ep.* 10. 33. 2；*Digest* 33. 7. 12. 18.

［83］*CIL* VI. 1057，1058，2994.

［84］Pin. *Ep.* 10. 33.

［85］Sen. *Clem.* 1. 25. 5. 当然，塞涅卡不可能教尼禄怎么防火，但是有类似于教他如何控制过分残暴的行为。

［86］*ILS* 2155，2174；*CIL* XIV. 4387.

［87］Meiggs（1973），305；see Hülsen，*BC* 1893，131 - 34；Lanciani *NS* 1889，19 and 77；Reynolds（1926），46-47. 这个建筑群很大，雷诺兹推测消防队队长可能住在现场，在此区域发现的碑文验证了这个猜测。*CIL* 6. 233，1092，1144，1157，1226.

［88］ Dio 62. 17. 1；see Daugherty（1992）.

［89］ Mart. *Ep.* 3. 52. 2，4. 66. 13，5. 42. 2，6. 33. 3–4；Juv. *Sat.* 3. 7–9.

［90］ Sen. *Ep.* 64. 1；Pet. *Sat.* 78.

［91］ Dio 57. 14. 10. 有记录表明，在奥古斯都统治时期，一名近卫军卫兵参与了奥斯提亚的消防行动（*ILS* 9494）。

［92］ Tac. *Ann.* 15. 50. 4.

［93］ Livia：Suet. *Tib.* 50. 3；Barrett（2002），164；Agrippina：Dio 60. 33. 12.

［94］ Suet. *Cal.* 16. 3；Dio 59. 9. 4；*Fasti Ostienses*［Degrassi（1947），191］. 准确日期是 38 年 10 月 21 日，"11 月初一前 12 天，阿米利亚那区被烧毁"。

［95］ Suet. *Claud.* 18. 1.

［96］ Dio 61. 33. 12（= Zonaras 11. 11）；see the discussion at Sablayrolles（1996），785.

［97］ Dio 72. 24. 2.

［98］ Tac. *Ann.* 15. 43. 2；Suet. *Nero* 38. 3；Dio 66. 10. 2；Suet. *Vesp.* 8. 5.

［99］ Tinniswood（2003），80.

［100］ Dio 48. 9. 5. 制定的标准是 2000 塞斯特第。

［101］ *Fasti Ostienses*［Degrassi（1947），189，X 36：K. Nov. pars Circi inter / vi–tores arsit, ad quod T（i）/ Caesar（sestertium miliens）public（e）d（edit）；Tac. *Ann.* 6. 45. 1；Dio 58. 26. 5；Humphrey（1986），100］.

［102］ Suet. *Cal.* 16. 3；Dio 59. 9. 4.

［103］ Tac. *Ann.* 15. 22. 2. Tac. *Ann.* 14. 47. 3. 建造时间为 62 年。Suet. *Ner.* 12. 3 and Dio 61. 21. 1：60 年。体育馆：Phil. *Vit. Apol.* 4. 42。

［104］ 我们从调查中可以明显看出，史料来源中并没有系统地记录大火灾。尽管如此，如果在大火灾之后没有人立即就此发表评论，那也会显得异常。当然，在尼禄统治的最后两年中，塔西佗的《编年史》都消失了，而狄奥（的论述）只在一些摘要中保存了下来。

［105］ Suet. *Tit.* 8. 3；*Dom.* 5；Dio 66. 24；Eus. *Chron.*［Helm（1956），198. 18］；Oros. *Pag.* 7. 9. 14.

［106］ 朱庇特神庙于 69 年被烧毁。Stat. *Silv.* 5. 3. 196；Tac. *Hist.* 3. 69，71–73，4. 54；Suet. *Dom.* 1. 2；*Vit.* 15. 3；Plut. *Publ.* 15. 2 – 4；Dio 65. 17. 3；Aur. Vict. *Caes.* 8. 5；Eus. *Chron.*［Helm（1956），186］；Oros. *Pag.* 7. 8. 7；之后重建：Tac. *Hist.* 4. 4. 3；Suet. *Vesp.* 8. 5；Dio 66. 10. 2；Aur. Vict. *Caes.* 9. 7。

［107］ Stat. *Silv.* 1. 1. 34–35.

第二章　大火灾

[1] 关于此次大火灾的古代史料来源包括 Pet. *Sat.* 53（?）；Anon. *Octavia* 831－33；Plin. *NH* 18.5；Stat. *Silv.* 2.7.60－61；Tac. *Ann.* 15.38－43；Suet. *Ner.* 38；Dio62.16－18；Aur. Vict. *Caes.* 5；Eus. *Chron.*（Helm［1956］，183）；Eutr. *Brev.* 7.14；Sulp. Sev. *Chron.* 2.29；Oros. *Pag.* 7.7.4－6；Sen. *Ep. ad Paul.* 11（12）；此外还有已遗失的 Lucan，*De Incendio Urbis*。

[2] 大火灾发生时，老普林尼可能在罗马。他似乎看到了 50 年代末 60 年代初帕提亚战役指挥官科尔布洛（Corbulo）赠予罗马的里海地区的地图（Plin. *NH* 6.40），他目睹了金宫巨像模型的准备工作。

[3] Tac. *Ann.* 15.41.2. 塔西佗遵循李维的版本，即高卢人在阿利亚战役胜利的第 2 天进入罗马城，他认为那天的日期是 7 月 18 日（*Hist.* 2.91.1）。

[4] Suet. *Ner.* 38.2.

[5] Plin. *NH* 17.5.

[6] Tac. *Ann.* 15.40.1. 在古罗马，7 月 25 日日落后发生的事件将被视为发生在 7 月 25 日。至少从前 1 世纪开始，罗马人确立一天之边界的惯例，不像彼时其他一些古代社会那样，是前一个日出到后一个日出，而是像我们一样，从前一个午夜到后一个午夜。Aul. Gell. *Noct. Att.* 3.2；Macr. *Sat.* 1.3（均引用自 Varro）。

[7] *CIL* 6.826 = *ILS* 4914 = *AE* 2001.182.

[8] Tac. *Ann.* 15.40.1.

[9] Dio 62.17.1.

[10] Tac. *Ann.* 16.18.1.

[11] Pet. *Sat.* 53.

[12] Tac. *Ann.* 16.18.

[13] 出自 Walsh（1970），130 n.6；参见：Baldwin（1976）；Champlin（2003），524 n.51。

[14] 罗马人通过包含式计数法计算日期，因此 7 月 19 日和 8 月 1 日都被包括在计算中。

[15] 还发现了"Quinctilis"。Quintilis 和 Sextilis 的意思是"第 5"月和"第 6"月，这是因为罗马人认为 1 月和 2 月是死月，直到前 153 年，一年的开始都是 3 月 1 日。我们的现代日历源自罗马，也反映了这种习俗，因为从词源学上讲，我们的 9 月（September）至 12 月（December）的月份名称都比其实际月份要晚 2 个月。

[16] Baldwin（1976），36. 该文献表明这不仅仅是佩特罗尼乌斯特有的文体风格。佩特罗尼乌斯（*Sat*. 38. 10）谈到了 7 月 1 日，因此用当时的名称而不是古称形式来指代 7 月。

[17] Tac. *Ann*. 15. 38. 2.

[18] Livy 1. 35. 8；Dion. Hal. *Ant. Rom*. 3. 68. 1.

[19] Livy 1. 56. 2；Dion. Hal. *Ant. Rom*. 4. 44. 1.

[20] Livy 8. 20. 2.

[21] Ennius *apud* Cic. *Div*. 1. 108.

[22] 174 BC；Livy 41. 27. 6；Plin. *NH* 36. 102.

[23] Plin. *NH* 8. 21；Tac. *Ann*. 15. 32. 确定时间为 63 年。

[24] Aug. *RG* 19；Humphrey（1986），78.

[25] Dion. Hal. *Ant. Rom*. 3. 68；考古学遗迹总结参见：Haselberger et al.（2002），88。

[26] 他的身份确定为大竞技场附近的水果小贩（*CIL* 6. 9822 = *ILS* 7496）。

[27] Cic. *Mil*. 24.

[28] Cic. *Div*. 1. 132；Juv. *Sat*. 6. 588-91；Hor. *Sat*. 1. 6. 113-14.

[29] Juv. *Sat*. 3. 65；*Priapea* 27. 1（*Magno notissima Circo*）；*SHA Elag*. 26. 3，32. 9（其真实性需谨慎对待）；Cyprian *De Spect*. 5。

[30] Dio 50. 10. 3；他还提到了被摧毁的谷神庙和希望女神庙，以及其他几座未指明的建筑。《奥古斯都功德碑》（Aug. RG 4. 1）记载，他开展了修复工作，但只修复了几条步道上方的神殿，如此一来，比赛的赞助商就可以在主神雕像的陪伴下居住于此。

[31] *Fasti Ostienses*［Degrassi（1947），189，X 36：K. Nov. pars Circi inter / vitores arsit, ad quod T（i）/ Caesar（sestertium miliens）public（e）d（edit）；Tac. *Ann*. 6. 45. 1；Dio 58. 26. 5；Humphrey（1986），100］.

[32] 克劳狄乌斯的妻子小阿格里皮娜，严格来说是提比略的孙女，因为提比略收养了她的父亲日耳曼尼库斯。

[33] Suet. *Ner*. 6. 3.

[34] 证据大多是间接的。苏埃托尼乌斯（Suet. *Dom*. 5. 1）提到，大竞技场"两侧"都被烧毁后，拆除了图密善的建筑，并将建筑的石头用于重建大竞技场。狄奥（Dio 68. 7. 2）谈到图拉真装潢并扩建了大竞技场。保塞尼亚斯（Pausanias 5. 12. 6）也提到图拉真修建了一个华丽的赛马场，但他并未提及火灾一事。

[35] Suet. *Ner*. 16. 2；Pollini（2017），214.

[36] Tac. *Ann*. 15. 38. 2.

[37] Tac. *Ann*. 15. 38. 3.

[38] Dio 62. 16. 2.

[39] Dio 62. 17. 2.

[40] Tac. *Ann*. 15. 39. 1.

[41] 我认为该观点出自 Peter Wiseman。

[42] Tac. *Ann*. 15. 69；并没有明确说明房子位于帕拉蒂尼山，但相关描述似乎确定了其位置。

[43] Plin. *HN* 17. 5.

[44] Jos. *Ant*. 19. 237；Suet. *Cal*. 59.

[45] Villedieu et al.（2007），85，97-98；（2009a），194；（2010），1091 n. 5；（2011），8；Arnoldus-Huyzendveld（2007），391-401；Carandini, Bruno, and Fraioli（2010），147-48，Carandini（2017），305 n. 352；Panella（2006），282-83；（2011），84；Tomei（2011），131；Carandini（2017），239，273 n. 325. 苏埃托尼乌斯（Suet. *Galb*. 18. 1）提到了 68 年的一次地震。

[46] Tac. *Ann*. 15. 43. 3.

[47] 罗马法兰西学院于 1985—1989 年在奥古斯塔纳宫东北面发掘了巴贝里尼葡萄园，以及一座富丽堂皇的图密善统治时期的建筑，参见：Villedieu et al.（2007）。

[48] Wiseman（2019），20.

[49] Vell. 2. 81. 3；Suet. *Aug*. 29. 3，57. 2，72. 1；Dio 49. 15. 5；Tomei（2013），61-64；Wiseman（2013），102-103；（2019）.

[50] Coarelli（2012）；Carandini（2017）；excavations：Tomei and Filetici（2011）. Wiseman（2013）. 它们对这些问题进行了较好总结。

[51] Tomei（2011），118-120.

[52] Krause（1987）；Tomei and Filetici（2011）；Coarelli（2012）；Wiseman（2013）；Carandini et al.（2010），246；Hoffmann and Wulf（2004）；Temple of Augustus：Cecamore（2002），202-207. 当时有一个不同凡响的观点，即提比略宫台地实际上是奥古斯都神庙的所在地。她指出，没有资料明确指出尼禄参与了帕拉蒂尼山的建设。

[53] Krause（1985），133-135；（1986），（1987），781-784；（1994），（1995），（1995a）. 总结文章见 Krause（2009），81。

[54] 当然，第四风格可能是克劳狄风格，但这种奢华更符合尼禄的风格。

[55] Carettoni（1949），52-53；Panella（2011），84.

[56] Carettoni（1949）；Tamm（1963），74（Golden House）；Boëthius and

Ward-Perkins（1970），213-214；Griffin（1984），127；Coarelli（1985），148-149；Cassatella（1990），101，104 n. 46；Royo（1999），310-311；De Vos（1995），2009；Leach（2004），156；Perrin（2009），53；Claridge（2010），148；Beste（2011），153-154；Tomei（2011），123-129；（2013），70；Viscogliosi（2011），92；Coarelli（2014），148-149；La Rocca（2017），203-204；Carandini et al.（2010），276-277.确定该浴场属于金宫。

［57］ 参见：Walsh（2019）。

［58］ Tac. *Ann.* 15. 38. 3-6；Dio 62. 16. 2-17. 2.

［59］ Tac. *Ann.* 15. 39. 1.

［60］ Sen. *Cons.* 2. 18. 4；Tac. *Ann.* 1. 41. 3；Antium：Tac. *Ann.* 15. 23. 1；Suet. *Aug.* 58，*Cal.* 8. 2，*Ner.* 6. 1；Dio 58. 25. 2；Blake（1959），40；Coarelli（1982），295-96.

［61］ Tac. *Ann.* 15. 39. 1.

［62］ Tac. *Ann.* 15. 50. 4. 没有其他史料来源提到尼禄的救火工作，学者们在这里修改了文本，删除了提及房屋燃烧的内容，这些内容没有存在的必要。如果把尼禄描述成一个在火灾中扮演了负责任角色的人物，这不符合学者们的信息来源——他们更倾向于详述尼禄在大火中的诗歌表演，所以没有兴趣提及救火工作。塔西佗保留了对这一活动的记录，大概是因为他在这里关注的是苏布里乌斯·弗拉乌斯，而不是尼禄。

［63］ Tac. *Ann.* 15. 39. 1.

［64］ Suet. *Ner.* 31. 1.

［65］ 鉴于 *transitoria* 这个词意为"连接两点的事物"，可能有人会问尼禄宫是否包括埃斯奎利诺山或帕拉蒂尼山上的任何建筑物。Champlin（1998），334；（2003），202，205. 人们会将其理解成两座山之间的建筑物，但其名称可能略显随意。

［66］ Wiseman（2019），31. 将尼禄宫译为"房产"。

［67］ 它被记录在阿瓦尔兄弟的祈祷式中（*ILS* 229，230）。

［68］ Sen. *Contr.* 9. 4. 18：*proton cholumban*，*deuteron de grammata*，参见：Richardson（1992），196；Barrett（1996），43；Pollini（2017），213。

［69］ MacDonald 1982，21-35；Morricone Matini（1987）；Palombi（1990），67 n. 66；Papi（1995a）；Coarelli（2014），99. House of Domitius Ahenobarbus：Blake（1959），1. 36-37；Carandini（1988）；Domus Transitoria：Boëthius and Ward-Perkins（1970），212-213.

［70］ Gualandi（1999）；欲了解这些建筑物可能的主人，参见：Carandini

（2017），227，232，*tabs.* 64，66。

[71] Colini（1983）；Haselberger et al.（2002），95；Panella（2011），85；Lott（2013），184-187；"Acilii" 这个名称的由来不得而知。

[72] 帕内拉在一系列报告中发表记录了该项考古工作，可见下文以其名字列出的参考书目。

[73] 圆锥形喷泉柱很可能是同类型纪念碑的通称。例如，塞涅卡曾间接提到罗马城之外可能矗立着一座圆锥形喷泉柱（*Ep.* 56.4）。

[74] Zeggio and Pardini（2007），21-22.

[75] 罗穆卢斯依照传统做法把罗马人民分成 30 个库里亚，相当于现代城市中的自治区。30 个库里亚的代表聚集在元老库里亚（Curiae Veteres），其规模逐渐变小，直到建立一个新的集会场所，也被称为元老院。

[76] 关于奥古斯都出生的房子的可能鉴定结果，参见：Panella（2007），76。

[77] Panella（1996），92-93；（1999），290；（2007b），95-97.

[78] Zeggio, in Panella（1996），159-163；亦可参见：Panella（1990），62-63。

[79] Carbonara（2006）；Panella（2006），278-281；（2013），135-138；Saguì and Cante（2016），443-445；该场所发现的材料发布在 Panella and Saguì（2013a），（2013b），Panella and Cardarelli（2017）。

[80] Panella（2006），278-279；Castelli（2013），43-47；Saguì（2013），135.

[81] Hostetter and Brandt（2009），171，253.

[82] Rea（1987/88），Rea et al.（2000）. Sondage 1：Rea et al.（2000），318-19；（2000a），101.

[83] Colini and Cozza（1962），70-71，fig. 95；Panella（2013），80.

[84] Chiesa di S. Clemente—Archivio：Busta 40.

[85] Guidobaldi（1978），17；Coarelli（2014），174-75；该考古现场结构复杂。

[86] 在教堂中殿下方的东侧，发掘出了一个似乎是谷仓的地方，通常被认为是前尼禄统治时期的建筑。科雷利认为是在火灾后建造的，可能是在图密善统治时期。Blake（1959），28-29；Griffin（1984），133；Nash（1968），I. 353；Rickman（1971），107；Lancaster（2005），188-89；Coarelli（2014），172-173.

[87] Mart. *Ep.* 5. 22. 5-6；12. 18. 2；Juv. *Sat.* 11. 51.

[88] 关于作坊：*ILS* 7547，7556，7565；Mart. *Ep.* 7. 31，9. 37. 1，10. 94. 5-6；Juv. *Sat.* 11. 141；关于妓院：Persius 5. 32；Mart. *Ep.* 2. 17，6. 66. 1-2；11. 61. 3，11. 78. 11.

[89] Anderson（1984），105. 曾经的市场已经消失，但也发现了可能的遗迹。Meneghini，Corsaro，Caboni（2009），193.

[90] Plin. *NH* 34. 84.

[91] Lanciani（1901），19-20.

[92] Lugli（1968），5.

[93] Anselmino，Ferrea，and Strazzulla（1990-1991）；Anselmino（2006）；Strazzulla（2006）；Panella（2011），84.

[94] 西：Pavolini（*Caput* 1993）；东：Pavolini（*Topographia* 1993）；（2006），94。

[95] Pavolini（*Caput* 1993），118-119.

[96] J. T. Peña［*JRA* 13（2000），552］。对这些结论有些怀疑。

[97] Pavolini（1993），（2006），445，461.

[98] Suet. *Ner.* 38. 2.

[99] Dio 62. 18. 2.

[100] 参见：Welch（2007），120-125，306 n. 54。

[101] 参见：Haselberger et al.（2002），44-45. 撰写的总结文章；更新的文章参见：Welch（2007），108-127。

[102] 斯特拉波［Strabo 5.3.8（=5.236）提到了"三座剧场"（大概是马采鲁斯剧场、巴尔布斯剧场和庞贝剧场）］和玛努斯角斗士学校内的"一座圆形剧场"。参见：Wardle（2014），232，236，239；Roller（2018），259。

[103] 菲利普斯柱廊：这座柱廊是奥古斯都的叔叔马修斯·菲利普斯（Marcius Philippus）建造的。菲利普斯娶了奥古斯都母亲的妹妹；柱廊建在重建的大力神庙和缪斯神庙周围。屋大维娅柱廊：这座柱廊由一个巨大的围墙结构组成，围绕着朱诺女神庙和朱庇特神庙（与更早期据称由罗穆卢斯立誓修建的朱庇特神庙不是同一座，后者的位置很有争议）。屋大维娅柱廊和马采鲁斯剧场都是献给屋大维娅的儿子马采鲁斯的，后者死于前23年。Suet. *Aug.* 29. 5；Dio 51. 23. 1.

[104] 理查森［Richardson（1992），11］认为，由于没有记录显示邻近建筑受到损坏，圆形剧场实际上就位于其东侧，在提格利努斯的埃米利亚庄园发生火灾时受损。

[105] *ILS* 7888b；Tac. *Ann.* 15. 39. 2.

[106] Dio 53. 27. 1；55. 8. 3-4；*SHA Hadrian* 19. 10.

[107] Tac. *Ann.* 15. 40. 1；这个区域可能是谷仓，人们传统上认为（基于瓦罗著作中的章节）其位于卡比托利欧山和奎里纳尔山之间（RR 3. 2. 6），但科雷利认为它应该位于台伯河旁边，紧邻从屠牛广场延伸

出去的埃米利乌斯桥北部 [Coarelli（1988），147-155]。

［108］ Griffin（1984），129；Pollini（2017），214.

［109］ Palmer（1976-77），148-150.

［110］ Fabbrini（1982），20-22.

［111］ Suet. *Ner.* 31. 1.

［112］ Tac. *Ann.* 15. 40. 1.

［113］ Tac. *Ann.* 15. 40. 2.

［114］ Furneaux（1891），367；Werner（1906），25-26；Beaujeu（1960），67；Palmer（1976），52；Griffin（1984），129；Panella（2011），82；Ash（2018），189.

［115］ Suet *Ner.* 38. 2；Dio 62. 18. 2.

［116］ 关于这些书信，参见：Sevenster（1961），11-14；Hine（2017）。

［117］ Parkin and Pomeroy（2007），50-51. 此处引用了来自 Nordh（1949）文本中的数据。此处须注意关于公寓楼的确切定义问题，以及手稿中被破坏数据的出现频率。Priester（2002）：提供了关于帝国时期公寓楼的少量实录资料。

［118］ Barlow（1938）83：*centum triginta duae domus, insulae quattuor milia sex diebus arsere.* See Beaujeu（1960），68-69. Most of the manuscripts read *quattuor milia*（P reads *quemadmodum* instead of *quattuor*, K omits *milia*），cf. Suet. *Ner.* 38. 2. Newbold（1974），858. 时人计算出有 1. 2 万座公寓楼被摧毁。

［119］ Tac. *Ann.* 15. 41. 1；Shannon（2012），751-753. 他谈及文中提到的庙宇的重要性。塔西佗已经提到大竞技场和尼禄在帕拉蒂尼山的住所被摧毁，提格利努斯的埃米利亚庄园也遭到破坏。

［120］ 只有塔西佗把其建造归功于塞维乌斯·图利乌斯的改革，但是还有其他来源（Livy 1. 45. 1-3；Dion. Hal. 4. 26. 4）记载塞维乌斯是同一区域黛安娜神庙的创始人，而且有可能这两个名字指的是同一座神庙。还有人提出塔西佗在文本中把名字修改成了卢西娜（罗马的生育女神），指的就是埃斯奎利诺山上的朱诺神庙，朱诺是与塞维乌斯·图利乌斯有关联的一位女神。

［121］ Aur. Vic. *De Vir. Ill.* 65. 5. Oros. *Pag.* 5. 12. 3-10. 对该事件中的地形描述不一致。Haselberger et al.（2002），162.

［122］ 神庙离得很近，据说卢娜（Luna）神庙的庙门在一场风暴中被掀翻，撞上了谷神庙后面的一堵墙（Livy 40. 2. 2）。

［123］ Ser. *ad Aen.* 8. 269；Macrob. *Sat.* 3. 11. 7，12. 4；Strabo 5. 3. 3（=

5. 230).

[124] Servius *ad Aen.* 8. 271；亦可参见：Festus 270L。

[125] Coarelli（1988），61–77；Haselberger et al.（2002），136.

[126] Coarelli（1983），26–33；（1996），（2012），34，108；Ziółkowski（1992），87 – 91；Tomei（1993）；Arce（1999）；Claridge（2010），156 – 157；Wiseman（2013），245 – 247；（2017）；Carafa, Carandini, and Arvanitis（2013）；Carandini（2016），（2017），Tab. 19，61，73，280；Carandini et al.（2017）.

[127] Livy 1. 12. 1 – 8，10. 36. 11，37. 15 – 16；Ovid *Trist.* 3. 1. 31 – 32；*Fast.* 6. 793–794；Dio. Hal. 2. 50. 3；App. *Bell. Civ.* 2. 11；Plin. *NH* 34. 29；Plut. *Rom.* 18. 7；*Cic.* 16. 3；Florus 1. 1. 1. 13；Aur. Vict. *De Vir. Ill.* 2. 8.

[128] Carafa, Carandini, and Arvanitis（2013）；Carandini（2016），（2017），Tab. 19，61，73，280；Carandini et al.（2017）.

[129] Zevi（2016），289：...] statori in Palatio.

[130] Wiseman（2017）.

[131] Tac. *Hist.* 1. 43.

[132] Tac. *Ann.* 15. 40. 2.

[133] Tac. *Ann.* 15. 44. 1.

[134] Tac. *Ann.* 16. 27. 1. Talbert（2014），114–30；武装士兵占领了维纳斯女神庙，但是正如塔尔伯特（Talbert）指出的（114），如果元老院在附近开会，那就说得通了。此外，军队被部署在城市的其他地方。

[135] Tac. *Ann.* 15. 53. 1.

[136] Suet. *Ner.* 25. 2；Humphrey（1986），101. 这暗示尼禄把拱门拆掉是因为他觉得它应该重建。

[137] Tac. *Ann.* 15. 53. 3.

[138] Suet. *Ner.* 25. 2.

[139] Tac. *Ann.* 15. 44. 1.

[140] Tac. *Hist.* 1. 27. 1；Plin. *NH* 12. 94. 他确实提到帕拉蒂尼山上的奥古斯都神殿被烧毁，但是他没有把这个事件归因于尼禄统治时期的大火灾。

[141] Tac. *Hist.* 1. 27. 2.

[142] Dio 62. 17. 3；18. 2.

[143] Tac. *Ann.* 15. 41. 2.

[144] Koestermann（1968），245–246.

[145] Ash（2018），193.

[146] Tinniswood（2003），21.

[147] 关于这些祭坛，Closs（2016）对其进行了详细的介绍，亦可参见：Hülsen（1891），Hülsen，*MDAI*（*R*）9. 1894. 94 - 97；Palmer（1976），51 - 52；Richardson（1992），21；Rodríguez-Almeida（1993）；Sablayrolles（1996），458-459；Darwall-Smith（1996），236；Cline（2009）；Coarelli（2014），239；Rubin（2004），101-102。

[148] Closs（2016），3；亦可参见：Richardson（1992），21；Darwall-Smith（1996），236；Flower（2006），237-240；Cline（2009）。

[149] Hülsen *MDAI*（*R*）9. 1894. 95-97.

[150] *CIL* 6. 826，30837 = *ILS* 4914 = *AE* 2001，182.

[151] *Sacrum faciat*；关于此处，马佐基将 *litaturum se sciat* 解读为"让他知道他要进行吉祥的供奉"。Hülsen *CIL* 6. 826 认为马佐基的解读可能不恰当。

[152] Rodríguez-Almeida（1993）. 根据马提亚尔（Martial 5. 22，7. 61）（日期为 92 年）中引用了"柱子"，可以认定奉献日期为 92 年。

[153] Coarelli（2014），239；Champlin（2003），128；Palmer（1976），52.

[154] Champlin（2003），128. 利用祭坛位置为证据证明大火没有蔓延到阿文蒂尼山。

[155] Dio 62. 18. 2.

[156] Suet. *Tit.* 8. 3.

第三章　责　任

[1] Tac. *Ann.* 15. 39. 3；Suet *Ner.* 38. 2；Dio 62. 18. 1.

[2] Tac. *Ann.* 15. 44. 2.

[3] 但是，现代学者倾向于否定传统上认为尼禄是纵火犯的观点。Warmington（1969），123 - 124；Bradley（1978），230 - 231；Griffin（1984），133；Wiedemann（1996），250 - 251；Dyson（2010），164 - 165；Panella（2011），85 - 86；Beste and von Hesberg（2013），324；Pollini（2017）；Drinkwater（2019），235-236. Champlin（2003），178-209. 它们汇总了尼禄应该对此负责的言论。

[4] 它在芝加哥火灾中现在则是官方说法。1997 年 10 月 6 日，芝加哥市议会免除了凯瑟琳·奥利里对芝加哥大火的责任。Chicago Tribune：https：//www.chicagotribune.com/news/ct - xpm - 1997 - 10 - 07 -

9710080245-story. html，accessed March 5，2020.

[5]　Tac. *Ann.* 15. 38. 1-2.

[6]　Hülsen（1909）.

[7]　Aug. *RG* 21. 1；奥古斯都本人的用词似乎与苏埃托尼乌斯的相矛盾
（*Aug.* 56. 2），奥古斯都说是因为他不敢征用相邻的房子，这使他的辩论
空间变窄了。有关征用的问题，参见：Rodgers（2004），315 – 316，
321-322。

[8]　Tac. *Ann.* 15. 39. 1.

[9]　Tac. *Ann.* 15. 40. 2；Caecina Largus：Plin. *NH* 17. 5.

[10]　Tac. *Ann.* 15. 39. 1.

[11]　Caligula：Suet. *Cal.* 31；Commodus：*SHA Commodus* 15. 7（谨慎对待）；
Herodian 1. 14. 2；Dio 72. 24. 提供了日期，但是排除了康茂德的责任。

[12]　Suet. *Ner.* 43. 1，repeated by Aur. Vict. *Caes.* 5. 14［see Townend（1960），
112］；Dio 63. 27. 2. 狄奥这一时期的文本只在摘要中保留下来，其他
参考文献也有可能失传。

[13]　Tac. *Ann.* 15. 67. 2.

[14]　Champlin（2003），185.

[15]　Tac. *Ann.* 12. 41. 5；Barrett（1996），118-121. 有个叫苏布里乌斯·德
克斯特的，可能是他的兄弟，69 年担任禁卫军军政官，71 年担任小行
省总督（Tac. *Hist.* 1. 31. 2；*CIL* X 8023）。整个家族因此成为骑士阶层，
但是下一代就荣升到元老阶层了［Syme（1983），115］。

[16]　Tac. *Ann.* 15. 50. 4.

[17]　维特里乌斯可能也同样被认为是纵火犯，因为他在 69 年烧毁了朱庇特
神庙（Suet. *Vit.* 17. 2）。

[18]　Jos. *BJ* 2. 250.

[19]　Drinkwater（2019），247.

[20]　Dio 16. 18. 3.

[21]　卢坎的两本传记流传了下来，一本是苏埃托尼乌斯所著，另一本是维
卡所著。人们对维卡知之甚少，他很可能活跃在 5 世纪之后。参见：
Marti（1950）；Fantham（2011），4.

[22]　Tac. *Dial.* 20. 5.

[23]　Tac. *Ann.* 15. 49. 2；Suet. *Vit. Luc.* ；Dio 62. 29. 4；Vacca，*Vit. Luc.*

[24]　Tac. *Ann.* 15. 56. 3；Suet. *Vit. Luc.*

[25]　Ahl（1971），（1976），333-353. 维卡指的是城市火灾。参见：Champlin
（2003），320 n. 17；Closs（2013），194-196。这篇文章受到了质疑。

Van Dam（1984），480-481 and Courtney（1993），354. Ash（2016），29. 他们认为塔西佗（*Ann.* 15. 49. 3）描述卢坎反感尼禄的所作所为时，用了很生动的词汇"正在燃烧"。

[26] Stat. *Silv.* 2. 7. 60-61.

[27] Galba：Barnes（1982）；Kragelund（1988）；Wiseman（2008）；early Flavian：Boyle（2009）；Ginsberg（2017）；Domitian：Ferri（2003）.

[28] Jos. *BJ* 2. 250.

[29] Plin. *NH* 17. 5.

[30] Detlefsen（1868），ad loc.

[31] Ciaceri（1918），405；Townend（1960），111；Bradley（1978），231；Champlin（2003），319 n. 12.

[32] Stat. *Silv.* 2. 7. 60-61.

[33] Mart. *Spect.* 2.

[34] Suet *Ner.* 38. 1.

[35] Dio 58. 23. 4.

[36] Dio 62. 16. 1-2.

[37] Dio 58. 23. 4.

[38] Suet. *Tib.* 62. 3；Townend（1960），111；Bradley（1978），228；Champlin（2002），319 n. 12.

[39] Dio 62. 18. 1；see Libby（2011），208-247.

[40] Suet. *Ner.* 38. 2.

[41] For the Tower of Maecenas on the Esquiline, see Häuber（2013），213，873-74.

[42] Tac. *Ann.* 15. 39. 3.

[43] Tac. *Ann.* 15. 33. 2.

[44] Tac. *Ann.* 16. 4. 1；Dio 62. 29. 1.

[45] Tac. *Ann.* 15. 33. 2；Scheda（1967）. Courtney（1993），359. 尼禄在大火灾时吟唱的诗歌是狄奥（62. 29. 1）在 65 年编写的《特洛伊》中的一部分。

[46] Tac. *Ann.* 15. 38. 1. 含有敌意的消息来源可能包括谁，人们一直对此有很多猜测。Townend（1960）and Beaujeu（1960）favor Cluvius Rufus；Syme（1958）and Hanslik（1963），Pliny the Elder.

[47] 当然，他到处宣扬自己的资历，表现得像一个毫无偏见的历史学家。

[48] Vell. 2. 130. 1；Sen. *Cons. Marc.* 22. 4； Tac. *Ann.* 3. 72. 2； Suet. *Tib.* 47，*Cal.* 21；Dio 57. 21. 3，60. 6. 8；Eus. *Chron.* [Helm（1956），172. 16]，

under AD 21.

[49] Theater of Pompey：Tac. *Ann*. 3. 72. 2；Ships：Tac. *Ann*. 15. 18. 3 (*fortuitus*).

[50] Tac. *Hist*. 3. 71. 4. 当然，这件事发生在 64 年大火灾之后，但是塔西佗《历史》的编撰时间早于其《编年史》。

[51] Pollini （2017），214.

[52] Tac. *Ann*. 15. 37；Shannon （2012），750－756；Shannon-Henderson （2019），319.

[53] 这句话似乎是在刻意回应同一本书几章之后介绍的塞涅卡之死，两者之间奇怪地有些类似。Tac. *Ann*. 15. 60. 2：死亡随之而来。参见：Ash（2018），275。

[54] Tac. *Ann*. 15. 38. 1；on the preceding passage, see Allen （1962）.

[55] Tac. *Ann*. 15. 38. 2－6.

[56] Tac. *Ann*. 15. 38. 7. 塔西佗在此用了一个激烈的词——他们"大声吼叫"。Ash （2018），184. 塔西佗在别的地方用这个词来表达善变的士兵处于高度压力下的情景 （*Hist*. 3. 14，4. 25. 2）。

[57] Tac. *Ann*. 15. 40. 1；see also Sen. *Clem*. 1. 25. 5. 塔西佗 （*Ann*. 15. 38. 7）早先说过，没有人敢去救火。

[58] Suet. *Ner*. 38. 1.

[59] Tac. *Ann*. 15. 39. 1；Suet. *Ner*. 31. 1.

[60] Rubin （2004），106.

[61] Ash （2018），186. Points out 形容词"流行的"，传达的是意图而非结果。

[62] App. *Pun*. 27 （132）；Pollini （2017），220.

[63] *Harper's Weekly*，October 28，1871. 我们可以思考苏埃托尼乌斯极有偏见的说法 （Suet *Ner*. 38. 2），查平承认，尼禄发现火焰是"美丽的东西"。

[64] Juv. *Sat*. 8. 221. 这是尼禄诗歌的原型。

[65] Tac. *Ann*. 15. 40.

[66] Tac. *Ann*. 15. 41.

[67] Tac. *Ann*. 15. 42.

[68] Tac. *Ann*. 15. 43.

[69] Tac. *Ann*. 15. 44.

[70] Tac. *Ann*. 15. 45；Plin. *NH* 34. 84. 有些劫掠来的最精美的雕塑最后都被放在金宫。

[71] Suet. *Ner*. 16. 1；on this, see especially Bradley （1978），226－235.

［72］ Suet. *Ner.* 38. 1.

［73］ Mart. *Ep.* 5. 7；Stat. *Silv.* 1. 1. 35；Livy 6. 1. 3. 罗马城是在被高卢人攻陷毁灭之后"重生的"。Sablayrolles（1996），423. 74. Sen. *Epist.* 91. 13；Barrett（2002），123.

［74］ Sen. *Epist.* 91. 13；Barrett（2002），123.

［75］ Lancaster（2005），169. 我们可能注意到，2019 年 4 月，巴黎圣母院虽然遭受了巨大损失，但是也提供了一次更换教堂尖塔的机会，这座尖塔 19 世纪由维奥·勒·杜克重建，极富想象力。

［76］ 14 BC：Dio 54. 24. 2-3；AD 22：Tac. *Ann.* 3. 72. 1；outstanding building：Plin. *NH* 36. 102.

［77］ Hier. *Chron.* 2120.

［78］ AD 80：Dio 66. 24. 2；Suet. *Tit.* 8. 4；Philocalaus 146；Hier. *Chron.* 2105；Hadrian：Oros. *Pag.* 7. 12. 5；Hier. *Chron.* 2126；Dio 69. 7. 1；Ammianus 16. 10. 4.

［79］ Old-timers：Tac. *Ann.* 15. 38. 1；Gallic invasion：Tac. *Ann.* 15. 43. 1.

［80］ "似乎"这个连词通常引导一个似是而非、不诚恳的解释。在完全中立的情况下，"似乎"可以引导行为主体的推理过程，而没有任何讽刺意味。但是，这种用法很少见，而苏埃托尼乌斯的叙述显然并不中立。

［81］ Townend（1960），111. 苏埃托尼乌斯之所以如此评论，可能是因为他将前执政官克鲁维乌斯·鲁夫斯当作了消息来源。

［82］ Suet. *Ner.* 38. 2.

［83］ Suet. *Ner.* 38. 3.

［84］ Bradley（1978），228.

［85］ Dio 62. 15. 1-6.

［86］ Dio 62. 16. 1.

［87］ Dio 62. 16. 2.

［88］ Dio 62. 16. 3-6.

［89］ Dio 62. 17. 1. 几乎可以肯定，他们正忙着阻止抢劫。Daughterty（1992），231-232. 狄奥却指责消防大队在忙于抢劫。

［90］ Dio 62. 18. 1.

［91］ Dio 62. 18. 2-4.

［92］ Dio 62. 18. 5.

第四章　基督徒与大火灾

［1］ Livy 5. 50. 1-7.

［2］ Tac. *Ann.* 15. 44. 1.

［3］ Lact. *Div. Inst.* 1. 6.

［4］ Livy 36. 37. 4.

［5］ Champlin（2003），192-193. 有一个圣坛，但位置不明确。

［6］ 有人认为，朱诺的身份是朱诺·莫内塔，她在朱庇特神庙里的鹅警告过高卢人会攻陷罗马城［Champlin（2003），194］。

［7］ Tac. *Ann.* 15. 44. 2.

［8］ 关于尼禄的行为是否构成"迫害"，一直有很多争议。这个问题纯粹是学术问题：基督徒作为一个很容易识别的群体，受到了残忍非人的对待，而不必在乎是"迫害""虐待""惩罚"，还是"屠杀"［Barnes（2010），3］。

［9］ 因此，有许多类似的例子，《剑桥基督教史》［*Mitchell and Young*（2006），71］只是其中之一，书中指出尼禄的行为"导致了对基督徒的第一次官方迫害"。

［10］ See especially Frend（1965），160-171；（1984），109-110；（2000），820-821；（2006），503-505.

［11］ "联系"在这里不同寻常，但是在法律文本中常常出现。Cic. *Sest.* 132："他和我一起加入其他公民中，面临同样的危险和指责。"参见：Cic. *Prov.* 42，*Sull.* 93，*Vat.* 41，*Fam.* 5. 17. 2；Cook（2010），59. On the reading of the MS, see Schmitt（2011），523 n. 30. The *Oxford Classical Text* of C. D. Fisher, first published 1906, reads *convicti*, as does the 1965 Teubner edition of Koestermann, and the 1983, 1994 Teubner editions of Heubner. Wellesley's 1986 Teubner edition retains the reading *coniuncti*。

［12］ For the variants that have been proposed for the MS reading *aut crucibus adfixi aut flammandi*, see Cook（2010），69-70.

［13］ 早期史料汇总：Canfield（1913），45-56，141-60。《剑桥古代史（第十卷）》（*Cambridge Ancient History* X（1934），982-983）提供了精选参考文献，直至 1934 年。1948 年以后，则由以下杂志定期进行有价值的调查。*Classical World*：48（1955），121-125；58（1964），69-83；63（1970），253-267；71（1977），1-32；80（1986），73-147；Shaw（2015），98-100. 它们是近期有帮助的参考文献。

［14］ Cook（2010），51，56.

［15］ Most recently：Fredriksen（2018）.

［16］ *Act. Apost.* vi. 12；vii. 59；see also *Act. Apost.* vi. 8-vii. 60；viii. 1-4；ix. 1-2；xii. 1-2，3-19；xiii. 45，50-51；xiv. 2，4-6，19-20；xvii. 5-9，

13-14；xviii. 12-17；xx. 3；xxi. 27；I *Thessal.* ii. 14-16；2 *Cor.* 11：25；Cook（2010），28.

［17］ Tert. *Apol.* 5. 2；Eus. *Chron.*（Helm［1956］，176-7）；*HE* 2. 2. 1-4.

［18］ Suet. *Claud.* 25. 4. 苏埃托尼乌斯没有提供具体日期。Oros. *Pag.* 7. 6. 15：克劳狄乌斯在其统治第 9 年（49 年）时，将犹太人驱逐出了罗马。Dio 60. 6. 6：克劳狄乌斯在 41 年（统治的第一年）禁止犹太人的传统集会；这些可能是也可能不是单独的事件。参见：Millar（1962），124-25；Riesner（1994），154；Gruen（2002），36。

［19］ Boterman（1996），72-95. 对学术研究进行了调查。最近的文献参见：Reinach（1924），117；May（1938），38；Momigliano（1934），33；Hoerber（1960）；Bruce（1962）；Stern（1979），19-23；Boterman（1996），95-102；Smallwood（1976），201-216；（1999），176；Rutgers（1994），66；Engberg（2007），99-104；Hurley（2001），177；Lampe（2003），11-16；Shaw（2015），84；Pollini（2017），222-223. Graves and Podro（1957），39-42。基督事实上从十字架逃离并回到了罗马，参见：Janne（1933-34）；May（1938），40；Hoerber（1960）。

［20］ Tac. *Ann.* 15. 44. 2；Tert. *Apol.* 3. 5；*Ad nat.* 1. 3. 9；Lact. *Div. inst.* 4. 7. 5；Spier（2007），43 n. 443；Cook（2010），16. 希腊语的"克里斯多"（"抹油"）与人们更熟知的形容词"克莱斯多"（"好的"）相互混淆。［Renehan（1968）］. Boman（2011），355-376. 对苏埃托尼乌斯手稿进行详尽比对，最后得出结论，看得最清楚的词应该是"克莱斯多"（"好的"）。

［21］ Koestermann（1967），456-469；Benko（1969）；Solin（1983），659，690；Borg（1972-73），211-212；Slingerland（1997），179-201，203-217；Gruen（2002），39；Cook（2010）；Carrier（2014），272；Levick（2015），142 argues that he was a Jewish zealot.

［22］ Pollini（2017），221，229；Engberg（2007），99-104.

［23］ Suet. *Ner.* 16. 2.

［24］ Bradley（1972），9-10. 令人信服地指出，苏埃托尼乌斯的文本应该修订为"受基督徒处决的影响"。

［25］ Mentioned also at Tac. *Ann.* 13. 25. 4，14. 21. 4.

［26］ 有人猜测，苏埃托尼乌斯此处的"Christiani"（基督徒）出错了，原始文本应该是"Chrestiani"。Doherty（2009），616-618；Dando-Collins（2010），6；see Carrier（2014），269。

［27］ *Act. Apost.* 18. 15.

［28］《殉道者》是一本虚假的殉道汇编，虽然被幻想是圣杰罗姆的作品，但很可能是在大约 6 世纪编写的，该书声称彼得、保罗和其他 977 人被尼禄下令处死，因此教会每年在 6 月 29 日纪念这一事件。但整个事件应该非常引人怀疑，其中包含很少的信息或者根本没有历史价值。Rossi and Duchesne（1894）；Frend（1984），109. 很久以来，6 月 29 日都被视为彼得和保罗的受难日（不过不在同一年）。Eus. *Chron.*［Helm（1956），185］；*HE* 2. 25. 8；Hier. *De Vir. Illust.* 5.

［29］Lampe（2003），38-40；（2015），117-118；Barnes（2010），3.

［30］Dio 50. 10. 3-6.

［31］Dio 55. 8. 5-7；see Johnstone（1992）.

［32］Dio 62. 18. 3.

［33］Last（1937），89.

［34］Tac. *Ann.* 15. 44. 3；Suet. *Ner.* 16. 2. 老普林尼同样称基督教从事的是一种迷信活动。（*Ep.* 10. 96. 8-9）；Shaw（2015），83-84；on *superstitio* see Janssen（1979）. Barclay（2014），316-317. 苏埃托尼乌斯把基督教视为一种新的迷信，表明他并没有把基督教与主流耶稣教混为一谈。

［35］Getty（1966），286-288. 修订为"有些人在被捕之后忏悔了"［Ash（2018），206］。

［36］许多学者有不同看法，包括 Momigliano（1934），725；Dibelius（1942），31；Fuchs（1950），77；Büchner（1953），183；Beaujeu（1960），72-77；Ste. Croix（2006），110；Cook（2010），57-59。也有人认为，塔西佗是在暗示，这些基督徒承认自己是纵火犯。Klette（1907），107-144；Reitzenstein（1978），137，first suggested in 1937.

［37］Tert. *ad Nat.* 1. 7. 4；see Giovannini（1984），20；Walsh（2019）.

［38］Barnes（1968），33-35；（1985），105.

［39］Orosius（*Pag.* 7. 7. 10）. 这是个例外，他认为尼禄在"所有行省"都进行了迫害活动。

［40］Sordi（1999），110.

［41］Plin. *Ep.* 10. 96-97.

［42］Kelly（1957）.

［43］Millar，*JRS* 58（1968），222. 没有证据表明，在类似的诉讼过程中，古代文献中有人曾使用过"非常诉讼"这个词组。但是另一个未经证实的短语"抹除记忆"，则变得为人熟知而常见。

［44］Barnes（1985），161. 共和制下的刑事审判庭虽然有各种缺陷，但至少有较为严格的规则，是为上流社会及政府官员保留的（Sherwin-White

　　　　〔1963〕，13-23）。

［45］ Ste. Croix（2006），115.

［46］ Tac. *Ann*. 14. 50.

［47］ Tac. *Ann*. 15. 69. 1；Sherwin-White（1963），110-12.

［48］ 仅仅 4 年前，塔西佗记载过，瓦勒里乌斯·庞提库斯受到惩罚，因为他妨碍司法公正，企图阻止被告来到市政长官面前（Tac. *Ann*. 14. 41. 1）。

［49］ Freis（1967），23-28；Beaujeau（1960），40；and Ste. Croix（2006），8：偏向于市政长官。

［50］ Tac. *Hist*. 3. 74-5. 萨比努斯活得比尼禄长，但被维特里乌斯下令处死。

［51］ 在康茂德统治早期，阿波罗尼乌斯被禁卫军军官佩伦尼斯审判并定罪（Eus. *HE* 5. 21），元老院也发挥了部分作用，阿波罗尼乌斯据说也在元老院发表了演讲。*Digest* 1. 11. 1 *praef*. 军官的作用就是改变"公共秩序"。

［52］ 提格里努斯是汉斯利克最中意的接班人（Hanslik，1963，106），还提名他为可能的接班人（*PIR*2 O 91）。

［53］ *Digest* 1. 15. 3. 1：*cognoscit praefectus vigilum de incendariis*.

［54］ 彼得的第一封使徒书信（I *Pet*. 4：15）让我们非常清楚地看到人们是如何看待基督徒的：基督徒被痛斥为恶棍、小偷、杀人犯。

［55］ Tac. *Ann*. 15. 44. 5.

［56］ Similar conclusions：Barnes（1968），34-35；（1985），151.

［57］ Syme（1958），533 n. 5；Momigliano（1934），725. 塔西佗在不知不觉中弄错了，把大火灾后两个相互矛盾的版本组合在了一起。

［58］ See Clayton（1947）.

［59］ Yavetz（1975），183.

［60］ 基督徒可能的确参与了纵火，这个观点最早是由帕斯卡提出的（Pascal，1900），他用辛辣的语言谴责了基督徒。他的基本理念得以传承：Bonfante（1923），Herrmann（1949），Bishop（1964），Giovannini（1996），121-129；Pollini（2017），213，230. 帕斯卡（Pascal，1901）认为他们是在执行尼禄的命令。

［61］ Hochart（1885）；Dando-Collins（2010），9-16，106-110. 还有一种观点认为，假定的插补并不是基督徒做的，而是埃及人。

［62］ Sulp. Sev. *Chron*. 2. 29.

［63］ Tac. *Hist*. 5. 9. 2.

［64］ Jones（1960），115-125；Sherwin-White（1963），6；Brunt（1983）.

[65] 46 年在撒丁岛，卢修斯·奥勒留·帕特罗克鲁斯依然还是长官，66 年，马库斯·尤文修斯·利克萨是小行省总督。Kokkinos（1990），132. 根据比尔埃尔-马利克的碑文，变化发生在犹太行省，在 46 年或 47 年之后，但是早于 51 年或 52 年。

[66] *AE* 1963：104.

[67] Tac. *Ann.* 15. 25. 3.

[68] Shaw（2015），87.

[69] Schmitt（2011），521 n. 23. 塔西佗借用了"凯旋门"一词来描述 19 年授予日耳曼尼库斯的身后荣耀（*Ann.* 2. 83. 2），而没有采用当时罗列同样荣耀的碑文《希阿鲁姆铜版》中所采用的官方词汇（*AE* 1983. 515），但是使用建筑学中的一个随意词汇很难算得上令人信服的类比。

[70] Aug. *Doct. Christ.* 2. 16.

[71] Metzger（1977）；Burton（2013）；Houghton（2013）.

[72] *Acts.* 11. 26-28，42. 有证据表明，42 年和 51 年罗马发生了饥荒，其他时期世界不同地区也发生了饥荒。Dio 60. 11. 1，51：Tac. *Ann.* 12. 43. 1；Suet. *Claud.* 18. 2；Oros. *Pag.* 7. 6.

[73] *Act. Apost.* xxiv. 5，xxvi. 28；Shaw（2015），87；also Luomanen（2008），282-283. 考古学家阿尔弗雷德·基林于 1862 年发现了庞贝古城一幅著名的涂鸦作品（*CIL* 4. 679），可以追溯到 79 年古城被毁之前，其中可能包含关于基督徒的争论。这个发现引发了学者关注［Berry（1995），Lampe（2003），8］，但是对涂鸦作品进行快速分析后，排除了这种解释。

[74]《牛津古典文本》丛书于 1916 年首次出版的费舍尔（Fisher）著作、"托伊布纳希腊罗马文献丛书"中 1965 年出版的考斯特曼（Koestermann）著作中均有"Chrestianos"；"托伊布纳希腊罗马文献丛书"中 1986 年出版的韦尔兹利（Wellesley）著作、1983 年和 1994 年分别出版的赫布纳（Heubner）著作中均写有"Chrestianos"。

[75] Woodman（2004），325. n. 53.

[76] See the reservations of Moss（2013），138-139；Carrier（2014），275.

[77] Sulp. Sev. *Chron.* 2. 29.

[78] Drinkwater（2019），248.

[79] Carrier（2014），269.

[80] Suet. *Ner.* 16. 2.

[81] Suet. *Ner.* 12. 1.

[82] Carrier（2014），283.

[83] Iren. *Haer.* 3. 3. 3；Eus. *HE* 4. 23. 11.

[84] *I Clem.* 5. 2-6. 2；Champlin（2003），123-24；Schmitt（2012），487-515. 关注到了其中的历史价值。Shaw（2015），84-85. 没有提供关于大火灾的任何有用信息。有关其真实性：Zwierlein（2009），316-331，（2011），453-458；on the punishments：Coleman（1990）。

[85] 墨利脱指责尼禄 Nero（和图密善）被尤西比乌斯保留了下来（*HE.* 4. 26. 2-14，see also *HE* 4. 13. 8）。Klette（1907），25. 作者确认那些"诽谤者"主要是犹太人。

[86] Eusebius（*HE* 2. 25. 8，4. 21. 1）. 作者引用了狄奥尼西乌斯与写给科林斯主教的一封信，我们知道这位主教 171 年仍然在世。狄奥在信中断言彼得和保罗是同时在罗马殉道的。

[87] Shaw（2015）.

[88] 学者们对彼得和保罗的死亡经过了深入的学术调查，布伦特·肖进行了详细汇总［Shaw（2015），74-78］。人们几乎普遍认为，他们与大火灾毫无关联。学者们普遍认为，保罗死于 64 年之前，其中 62 年是最普遍认可的年份。但关于彼得的最终命运几乎没有达成共识，虽然巴恩斯把他的死亡与 64 年大火灾后的惩罚联系了起来［Barnes（2010），5-9，26-31，331-342］。

[89] Tert. *Apol.* 5. 3，*Scorp.* 15. 3；see also *Ad Nat.* 1. 7. 8. For summaries of the case provided by Tertullian，see Carrier（2014），278-279；Shaw（2015），96.

[90] Tert. *Apol.* 2. 6. 关于小普林尼书信后来的接受情况，参见：Cameron（1965）；Corke-Webster（2017）.

[91] Carrier（2014），279-280.

[92] Eus. *HE* 3. 33. 1-4；citing Tert. *Apol.* 2. 6.

[93] Eus. *HE* 2. 25. 4（citing Tertullian as a source），2. 22，3. 1. 2，and 4. 26（forhis use of other sources）.

[94] Eus. *Chron.*［Helm（1956），183］. 亚美尼亚版认为大火灾发生在 63 年［Karst（1911），215］。

[95] Eus. *Chron.*［Helm（1956），185］. 亚美尼亚版认为对基督徒的迫害发生在 67 年［Karst（1911），216］。

[96] Schmitt（2011），526.

[97] Lact. *De mort. pers.* 2. 5-7；Carrier（2014），281；Shaw（2015），93.

[98] 拉克坦提乌斯描述了 303 年初前发生在尼科美狄亚的火灾。*De mort. pers.* 12-15；followed by Eusebius *HE* 8. 6. 他的描述和塔西佗描述 64 年大火灾有几个相似之处，比如都有受雇用放火的代理人，火灾先

停止然后再次燃起，都有"替罪羊"，随之而来的还有酷刑。因此，拉克坦提乌斯在记载 303 年火灾时似乎受到了塔西佗的影响［Rougé（974）］，但由于 64 年的事件显然又忽略了他。

［99］ Oros. *Pag.* 7. 7.

［100］ Allard（1885），36；Canfield（1913），53；Keresztes（1984），48；Schmitt（2011），526. 我们还注意到，4 世纪反基督教的叛教者朱利安皇帝，曾经留下大量作品，包括反对基督徒的辩论，但他也没有在任何地方记载基督徒们应该为大火灾负责。

［101］ Shaw（2015），（2018）；for a contrary view：Jones（2017）.

［102］ Batiffol（1894），514-515 was followed by Klette（1907），18；Bacchus（1908）. 迫害发生在大火灾之前。Canfield（1913），51，57，68-69；Momigliano（1934），725-726，887. Profumo（1905），267. 大火灾发生在皮索阴谋之后。

［103］ Klette（1907），99-100；Canfield（2013），469；Keresztes（1984），411-413；Grégoire（1964），104；Momigliano（1934），725 - 726；Griffin（1984），133；Ste. Croix（2006），108；Pollini（2017），234；Drinkwater（2019），246.

［104］ *Ant.* 20. 195. 这个词汇的意义，参见：Smallwood（1959）. Allard（1885），42-43. 显然是第一个认为波培娅支持犹太人的人。

［105］ Jos. *Vit.* 16.

［106］ Plin. *Ep.* 7. 33. 1. 小普林尼自己的作品中似乎也有类似瑕疵，参见：Cameron（1965）；Corke-Webster（2017）。

［107］ *SHA Tacitus* 10. 3.

［108］ Cass. *Var. Epist.* 5. 2，on Tac. *Germ.* 45. 4-5.

［109］ Newton（1999），346. "第一家族美第奇"中包含了塔西佗《编年史》的第 1-6 册（第 5 册和第 6 册有部分遗失），抄写于 9 世纪，可能是在富尔达。

［110］ 塔西佗的其他作品也同样被保存在 9 世纪一份单独的手抄本中，其中只有一小部分流传下来。

［111］ *SHA Aurelian* I. 2. 1.

［112］ Tert. *ad Nat.* I. 11. 1-3；*Apol.* 16. 1-3；Tac. *Hist.* 5. 2；Barnes（1985），18-19，28，105，108，196，201-202.

［113］ Fletcher（1937），389-92；Wilshire（1973）；Barnes（1998），48-49，88，192-195.

［114］ Hochart（1885），219-221.

[115] See Furneaux（1891），569-570.

[116] Saumagne（1962），（1964），followed by Rougé（1974），440. 索马尼坚信插补文字来自塔西佗《历史》中失传的那一部分，参见：Viklund（2010），插补的部分最初只是旁注。

[117] Carrier（2014），283.

[118] 耶稣被钉在十字架上通常从古代就有记载，最新作品参见：Jensen（2017），8-15。

[119] Cic. *Off.* 1. 29.

[120] Tinniswood（2003），163-168.

[121] Drinkwater（2019），246-247.

[122] Cook（2010），29.

第五章　新罗马城

[1] Livy 5. 55. 4-5.

[2] Livy 5. 55. 4 - 5；6. 4. 6；see also Diodorus Siculus 14. 116. 8 - 9；Plut. *Cam.* 32. 3.

[3] Tac. *Ann.* 15. 43；*Suet. Ner.* 1. 6. 1.

[4] Suet. *Nero.* 16. 1；Rubin（2004），131-132.

[5] Tac. *Ann.* 15. 43. 1；city planning：Taylor et al.（2016），65-66.

[6] Balland（1965）. 尼禄在很大程度上受到了希腊式"希波达米亚人"城市规划风格的影响。

[7] MacDonald（1982），28.

[8] Tac. *Ann.* 15. 43. 3；Strabo 5. 3. 10（= 5. 238）；Vitr. *Arch.* 2. 7. 1；Roller（2018），262；Coarelli（2014），517-20.

[9] Taylor et al.（2016），66.

[10] Tac. *Ann.* 15. 43. 1.

[11] Suet. *Aug.* 89. 2. 鲁提里乌斯可能是前105年备受尊敬的执政官，参见：Marshall（2008），110；Favro（1992），73-75；Wardle（2014），497。

[12] Strabo 5. 7（= 5. 235）.

[13] Sen. *Contr.* 2. 1. 11.

[14] Anon. *Epit. de Caes.* 13. 13. 图拉真很可能只是在重申尼禄的限制，尼禄的要求据推测已经被搁置，除非他规定的数字更高。

[15] Juv. *Sat.* 3. 269.

[16] Tac. *Ann.* 15. 43. 1-2；Suet. *Ner.* 16. 1.

［17］ Hermansen （1981）, 217-223; Taylor et al. （2016）, 66; Priester （2002）, 132.

［18］ Juv. *Sat.* 3. 197-222.

［19］ Suet. *Ner.* 38. 3.

［20］ Tac. *Ann.* 15. 43. 3.

［21］ Cato: Livy 39. 44. 4; Caelius: Cic. *Ad Fam.* 8. 6. 4; on Caelius's speech: Front. *de Aq.* 1. 76. 1-2; Landels （1978）, 52; Rodgers （1982）.

［22］ Front. *de Aq.* 1. 76. 110-115; on the frauds: Dodge （2000）, 188.

［23］ See Gatti （1917）.

［24］ Taylor et al. （2016）, 66-68.

［25］ Suet. *Ner.* 16. 1.

［26］ Griffin （1984）, 130-131.

［27］ Tac. *Ann.* 15. 43. 2.

［28］ Gaius *Institutes* 1. 33; Ulpian 3. 1. 这项措施由盖乌斯开始实施, 直到尼禄统治时期, 几乎可以肯定是在大火灾之后的时期。Griffin （1984）, 130.

［29］ 韦斯巴芗统治时期的某个碑文 （*ILS* 245） 将问题归咎于街道破败, 因为 "此前的疏忽"。

［30］ 关于尼禄建造房屋的非常有用的调查, 参见: Beste and von Hes- berg （2013）。

［31］ Aur. Vict. *Caes.* 5. 1-2; see also, Anon. *Epit. de Caes.* 5. 1-3; amphitheater: Plin. *NH* 16. 190, 200, 19. 24; Tac. *Ann.* 13. 31. 1; Suet. *Ner.* 12. 1; Anon. *Epit. de Caes.* 5. 3; baths/gymnasium: *ILS* 5173; Mart. *Ep.* 2. 48. 8, 3. 25. 4, 7. 34. 4 - 5; Tac. *Ann.* 14. 47; Suet. *Ner.* 12. 3; Dio 61. 21. 1; Philost. *Apoll.* 4. 42; Anon. *Epit. de Caes.* 5. 3; Eutropius 7. 15. 2; market: Dio 61. 18. 3; arch: Kleiner （1985）, 89.

［32］ Suet. *Aug.* 28. 3.

［33］ Elsner and Masters （1994）, 115.

［34］ Tac. *Ann.* 15. 41. 1.

［35］ Tac. *Ann.* 15. 39. 1; Suet. *Ner.* 31. 1.

［36］ Suet. *Ner.* 31. 1.

［37］ Suet. *Ner.* 31. 2; Tac. *Ann.* 15. 42. 1. 按照当时建造豪宅的标准来看, 没有发现尤其令人瞠目的黄金或者贵重宝石。

［38］ RIC2 Nero 109 - 111, 184 - 87, 399 - 402 （Dio 61. 18. 3）; see Profumo （1905）, 671 - 693; Fabbrini （1982）, 23; Villedieu （2010）, 1105 -

1108；Barrett, Fantham and Yardley（2016），75. 有关硬币年代，参见：MacDowall（1979），78-79。

［39］ Varro *RR* 3. 5. 10-17；Pet. *Sat.* 60；Sen. *Ep.* 90. 115；see Hemsoll（1990），35.

［40］ Plin. *NH* 34. 84. 老普林尼注意到，这些雕像后来被韦斯巴芗搬走装饰新和平神庙和其他建筑了。Pausanias 5. 25. 8，5. 26. 3，9. 27. 3，10. 7. 1，10. 19. 2；see also Dio Chrys. *Orat.* 31. 148.

［41］ Ovid *Fast.* 6. 641；Herodian 4. 1. 2（通常译为"城市里最大的"）。

［42］ Suet. *Cal.* 37. 3；Hemsoll（1990），16.

［43］ Plin. *NH* 33. 54；36. 111.

［44］ Hemsoll（1990），15.

［45］ Suet. *Ner.* 39. 2.

［46］ Mart. *Spect.* 2. 4.

［47］ Dio 65. 4. 1.

［48］ 100 acres：Warden（1981）；125 acres：Griffin（1984），139；200 acres：Hemsoll（1990），16；Perrin（2009），51；350 - 400 acres：Pollini（2017），221，following Boëthius-Ward-Perkins（1970），214. W. V. Harris, in a review of *LTUR* Ⅱ in *JRA* 10（1997）：383-388，comments at 385. "我怀疑我们有可能夸大了这个公认的巨大建筑群所占的土地面积。"

［49］ Van Essen（1954），381，88. 金宫包括克劳狄乌斯神庙的墩座［Buzzetti（1993）］，其构造一直延伸到西里欧山山顶，在埃斯奎利诺山上与浴场相邻，即图拉真浴场的蓄水池，现在通常认为是图拉真统治时期修建的。La Rocca（1986），32；Perrin（2009），50，argue that the complex incorporated the Gardens of Maecenas.

［50］ Villa：Ward-Perkins（1956）；Boëthius（1960）；Boëthius and Ward-Perkins（1970），214；Purcell（1987），198 - 200；villa and garden，Hemsoll（1990），13 - 14；seaside villa：La Rocca（2017），209；revolutionary：MacDonald（1982），25 - 46；Ball（2003）；eastern and solar associations：L'Orange（1942），（1953），a thesis generally out of favor now but considered sympathetically by Hemsoll（1990），29；Hannah，Magli, and Palmieri（2016）；an extravagant palace：Toynbee（1947），132 - 134；the center of the new Rome：Perrin（1983），78；Leach（2004），159.

［51］ Mart. *Spect.* 2. 3；Plin. *NH* 36. 111；see Wiseman（2013），258.

[52] Plin. *NH* 33. 54, cf. 36. 111.

[53] Plin. *NH* 33. 54.

[54] Sen. *Ep.* 115. 13；Ovid *Met.* 2. 2：palace；107-8：chariot.

[55] Dio Chrys. *Orat.* 47. 15；*onomati*（"in name"）in contrast to *to onti*（"in reality"）. See Perrin（2009），51，"c'est la maison de l'âge d'or."

[56] Griffin 1984，138 – 141；Darwall-Smith（1996），37 – 38；Champlin（2003），205-206；Fertik（2015）.

[57] Vell. Pat. 2. 81. 3.

[58] Plut. *Pomp.* 44. 3；45 BC：Val. Max. 9. 15. 1〔see D'Arms（1998），40-41〕.

[59] Tac. *Ann.* 15. 37. 1.

[60] Vitr. *Arch.* 6. 5. 2.

[61] Griffin（1984），139-141；Hemsoll（1990），16；La Rocca（2017），206；Champlin（2003），209，谈及住宅与花园的融合（*domus* and *horti*）。

[62] Suet. *Aug.* 100. 4.

[63] Argued by Morel（1987），146-148. 在帕拉蒂尼山东部进行挖掘时，其中一个区域邻近君士坦丁凯旋门西南侧，在这里，一个制作骨头和象牙物品的工坊可能得以幸存。Hostetter（2009），178.

[64] Tac. *Ann.* 15. 42. 1；see Ball（2003），7. 这两个名字与一位叫安托尼亚的女性名字同时出现在罗马发现的一段铅管上，年代不能确定。（*CIL* 15. 7393）〔Bruun（2007）〕. Lanciani（1901），20. 诺门塔纳大道上圣阿涅塞教堂的花园里，仍然有一个塞勒的大理石坟墓碎片。CELERI NERONIS AUGUSTI L（IBERTO）. 塞勒的名字有可能出现在一张纸莎草碎片上。*P. Ryl.* 608；CPL 248，see Cotton（1981），38-39.

[65] 图密善同样雇用了罗马人拉比乌斯来设计他后来建在帕拉蒂尼山上的豪华宫殿。Mart. *Ep.* 7. 56.

[66] Tac. *Ann.* 15. 42. 1-2；Suet. *Nero.* 31. 3.

[67] "脚手架"代表的是马提亚尔的框架木塔。这个词在此处的用法非常有争议。Coleman（2006），23-27.

[68] Roman（2010），93 n.29. 这是个讽刺，表明金宫的本质及其占地之广的主要证据，是一首最终庆祝其毁灭的诗歌。

[69] Suet. *Ner.* 31. 1.

[70] Tac. *Ann.* 15. 39. 1.

[71] Wiseman（2019），32-35.

［72］ Griffin（1984），139；Cassatella（1990），101－104；（1995）；Royo（1999），312；Perrin（2009），52；Castagnoli（1964），189；Cecamore（1994－1995），10，18.

［73］ Villedieu et al.（2007）；Villedieu（2009），（2009a），（2010），（2011），（2011a），（2016）；Arnoldus-Huyzendveld（2007），391－401；Carandini（2017），239；Panella（2011），84；Tomei（2011），131；see also https：//journals. openedition. org/mefra /526，accessed March 5，2020.

［74］ Mart. *Spect.* 2. 9－10.

［75］ 尼禄似乎不太可能像苏埃托尼乌斯（Suet. *Nero* 9. 1）所说的那样摧毁克劳狄乌斯神庙，因为塔西佗和狄奥并没有提到这件事，而这本可以成为表现其不孝行为的惊人例证。Von Hesberg（2011），110.

［76］ Front. *Aq.* 1. 20. 3；2. 76. 3. 尼禄通过克劳狄亚水道桥（引水渠）将水引至克劳狄乌斯神庙，并在那里将水分流。

［77］ Colini（1944），137－142；Hemsoll（1990），11；Champlin（2003），203；Claridge（2010），343－344；Coarelli（2014），217－218.

［78］ Dio 66. 15. 1；see Cassatella and Panella（1995）.

［79］ The issues are laid out by Papi（1995）.

［80］ Brienza（2016），118－119.

［81］ Pensabene and Caprioli（2009）.

［82］ Suet. *Ner.* 31. 1.

［83］ Plin. *HN* 34. 45 － 47. For modern treatments，see Lega（1989 － 80），（1993）；Bergmann（1994），（2013）；Ensoli（2000）；Smith（2000）；Albertson（2001）. 这也给保萨尼亚斯（Pausanias，罗马帝国地理学家）留下了深刻印象；他认为（1. 18. 6）这两座最大的雕像是罗得岛太阳神铜像和尼禄巨人像。

［84］ Suet. *Ner.* 31. 1；Plin. *NH* 34. 45. 这个数字是 120 英尺，但是由于文本损坏，学者们将其修订为 106. 5 英尺、119 英尺或 119. 5 英尺；狄奥（Dio66. 15. 1）认为是 100 英尺；这些数字可能没有包括底座，这也许能够部分解释数字差异问题。Hier. *Chron.* 2090. 一座纪念碑高为 107 英尺，是在韦斯巴芗统治第 7 年建成的。马提亚尔（Martial，*Spect.* 2. 1）模糊地说其可以抵达星辰，并认为（*Epig.* I. 70. 7－8）其高度超过了罗得岛的太阳神铜像。100—120 罗马尺分别是 29. 5 米和 35. 4 米。这个问题在本书中有所总结。Albertson（2001），103－106.

［85］ Dio 66. 15. 1；Suetonius（*Vesp.* 18. 1）. 韦斯巴芗奖励了修复巨人像的工匠，应该是泽诺多鲁斯，因为其他人不可能拥有完成这项任务所需的

技能。

[86] Lugli（1961），4-5；Carandini（1988），383-384；Bergmann（1994），9；（1998），190；Albertson（2001），98-99. Late chroniclers favor Lugli's dating：Howell（1968），293-394.

[87] Plin. *NH* 34. 45.

[88] Tac. *Ann.* 15. 74. 1. 65 年，太阳神索尔因揭露皮索阴谋获得了特别荣誉。

[89] Dio 66. 15. 1；Smith（2000），536-553. 巨人像根本不是为了模仿尼禄建造的，从一开始就是就是为了模仿太阳神索尔。

[90] Plin. *NH* 35. 51；玛岩庄园（Maian Gardens）很可能在拉米亚庄园附近（*CIL* 6. 8668），拉米亚庄园在米西纳斯庄园附近，米西纳斯庄园在埃斯奎利诺山上（Philo *Leg.* 351）。

[91] Dio 66. 15. 1；SHA *Hadr.* 19. 12-13.

[92] SHA *Comm.* 17. 9-10；Dio 72. 22. 3；Herodian 1. 15. 9.

[93] Alexander Severus Sestertius，AD 223：*RIC* 4. 2：410-411；Gordian III Medallion，AD 243：Gnecchi Ruscone（2012），89，nos. 22-23.

[94] 当年的历法中写道：巨人像戴上了王冠（*CIL* 1. 2：266：June 6）。

[95] Lega（1989-1990），339-48；Claridge（2010），306.

[96] 圆形剧场之所以叫这个名字可能就是因为体量巨大。坎特对这个问题进行了详细的讨论：Canter（1930）。

[97] Mart. *Spec.* 2. 5-6；Tac. *Ann.* 15. 42. 1；Suet. *Ner.* 31. 1.

[98] Panella（1990），（1995），（1996），69-71；（2011），166-167；Medri（1996），185-186；Carandini（2017），294. 帕内拉记录了 19 世纪的证据：（1990），67-68。

[99] Rea（2000），338. 在总结概述中写道，对斗兽场进行的试挖掘中，表明这些建筑与人工湖没有关联［Rea（2000），101］，因此人工湖可能是依照埃斯奎利诺山和西里欧山山坡的自然走势而建的（直到最近人们才这么认为）。

[100] Suet. *Ner.* 31. 1.

[101] Panella（1995），54. 人工湖项目肯定还没有完工。

[102] Medri（1996），185，fig. 166；Panella（2011），166.

[103] Panella（1990），62-63；（1995），54；（2001），57 n. 36；（2011），167.

[104] Rea（2000），311，summarized at Rea（2001），77；Lancaster（2005a），57，59.

[105] Medri（1996），184 n. 89；Panella（2001），57 n. 36；Lancaster（2005a），59.

[106] Rea（2000），101.

[107] As suggested by Rea，Beste，and Lancaster（2002），344.

[108] Metro line：Schingo（2001）；recent excavations：Rea（2009）；Rea，Beste，and Lancaster（2002），344. 1986 年，意大利天然气公司安装管道时发现了一堵墙壁，这可能是东片房间的遗迹。Rendina and Schingo（1987-1988）.

[109] Carandini et al.（2010），253-260；（2011），144-146；（2017），294.

[110] Panella（1995），53；（2011），166.

[111] Suet. *Ner.* 31. 1；Panella（1995），53；（2011），167. 金宫在角斗士学校最东端可能的遗迹，参见：Van Essen（1954），390。

[112] Pliny *NH* 36. 163.

[113] Van Deman（1923）；Van Deman and Clay（1925）. 范德曼认为前厅沿着维利亚山坡，从广场一直延伸到山顶平台。

[114] MacDonald（1982），29；Griffin（1984），139；Perrin（2009），52；Carandini（2017），293. 神圣大道的精确路线是罗马地形学中争论最激烈的问题之一。

[115] Medri（1996），170. 前厅从广场到平台高度上升，是通过一连串可以走上去的水平台面实现的，而不是靠范德曼所说的倾斜拱廊。因此，曼德利的方案与布里恩扎在前厅南侧东西方向道路上重建柱廊的计划完全不同。

[116] Griffin（1984），140. 神圣大道两侧的走廊应该具有一定的商业功能。

[117] Castagnoli（1964），195-199；（1981），267-268.

[118] Carandini（2017），249. 尼禄统治时期柱廊是没有拱顶的。

[119] 就埋在现代图拉真浴场的广场下。史料非常丰富：Warden（1981）；MacDonald（1982），31-46；Fabbrini（1982），（1983），（1985-1986），（1995）；Griffin（1984），141-142；Hemsoll（1990）；Ball（1994），（2003）；Segala and Sciortino（1999）；Beste（2011a），Beste and von Hesberg（2013），325-326；Coarelli（2014），180-187。

[120] Eus. *Chron.* ［Helm（1956），194. 11］；Oros. *Pag.* 7. 12. 4；Hemsoll（1990），12.

[121] But see Warden（1981）. 奥庇乌斯山建筑群东侧官殿是在尼禄之后修建的。

[122] See，for instance，Hemsoll（1990），11.

[123] Main part：Champlin（2003），131.

[124] MacDonald（1982），25-31；see also Lancaster（2005），1.

[125] MacDonald（1982），43；see also Hemsoll（1990），10.

[126] Lancaster（2005），11.

[127] Fabbrini（1983），（1985），56. 也许还有第二个五边形院落，一大片房间，与西侧相对应。

[128] Hemsoll（1990），16.

[129] Coarelli（2014），182-183；Fabbrini（1982），5-6；Ball（1994），（2013）. 较为详细地研究不同的阶段。Meyboom and Moormann（2013）. 对年代顺序有不同看法，认为建筑的装饰应该在 64—68 年，可能少量工作由奥托指导。Leach（2004），160.

[130] Fabbrini（1982），22.

[131] MacDonald（1982），43.

[132] Lancaster（2005），134.

[133] Hemsoll（1990），33 n. 5；Dio 66. 15. 1 for the date of Titus's baths.

[134] Suet. *Tit*. 7. 3；Hemsoll（1990），11；Ball（2003），249-253；Champlin（2003），207；Coarelli（2014），186-87［第 1 版中已有建议，（1980），183］。

[135] Mart. *Spect*. 2. 7（*velocia munera*）and Suet. *Tit*. 7. 3（*thermis celeriter exstructis*）；Coarelli（2014），186-187；Nielsen（1993），45-47；Champlin（2003），206-207. Champlin（2003），206. 浴场是为了刻意呼应尼禄在战神广场上修建的建筑群，60 年或 62 年修建的体育馆（Dio 61. 21. 1，指的就是附近的体育馆）（Tac. *Ann*. 14. 4. 2），尼禄在提图斯建筑原址上修建的浴场，本来可以修建一个大阶梯，与下面的人工湖融合在一起。

[136] Nielsen（1993），45-47.

[137] Fabbrini（1982），（1983），（1985-86）.

[138] Kleiner（2010），116-19. 它详细概括了金宫这座极具创新性的建筑。See also Ball（2003）；Taylor et al.（2016），61.

[139] MacDonald（1982），41-42.

[140] Suet. *Ner*. 16. 1；Tac. *Ann*. 15. 43. 3；MacDonald（1982），28-29.

[141] 当然，这个八角形大厅就像奥庇乌斯山官殿的其他部分一样，也意外得以幸存。在没有完整金宫的背景下，它可能并无特殊之处。

[142] Griffin（1984），141. 对旋转装置可能进行了详细分析，参见：Stortz and Prückner（1974）。

[143] Ball（2003），24-27；see also Hemsoll（1990），17；Quenemoen（2014），71-72.

[144] 意大利已知最早的混凝土穹顶是前 1 世纪晚期，在巴亚修建的墨丘利神庙中。Lancaster（2005），42-43. 通过它可以了解更多有关八角形穹顶建造的技术细节。

[145] Lancaster（2005），34-35.

[146] Ball（2003），219-221；Lancaster（2005），143.

[147] Plin. *NH* 35. 120.

[148] 在这个关键地方，手稿有所缺失。

[149] La Rocca（2017），211.

[150] Dacos（1968），224；（1969），210. 法穆卢斯是设计这个建筑群的主要艺术家，但在小一点的作坊里也看到了正在工作中的第二个学派 [also Taylor（2003），219]。Meyboom and Moormann（2013），61-62. 法穆卢斯的作用并没有那么大。从细节到整体（throughout point to work）都可以看出 3 个不同作坊的风格有明显差异，虽然都属于第四风格，但生产的作品完全不同。Leach（2004），158. 作者不能认为金宫为其他中心设定了潮流。La Rocca（2017），209-213.

[151] Dacos（1969）100-101；Segala and Sciortino（1999）；Scholl（2004）80-83：Squire（2013），445-446.

[152] Leach（2004），157.

[153] Zamperini（2008），122，126.

[154] Segala and Sciortino（1999），49-50；Squire（2013），456；see also Dacos（2008），29-33；Zamperini（2008），124-128.

[155] Piel（1962），1-87；Dacos（1969），107-113；（2008），15-135；Segala and Sciortino（1999），51-52；Squire（2013），457.

[156] Sear（1977），25-26，90-91；Griffin（1984），126.

[157] Lavagne（1970）；Sear（1977）；90-92；Ball（2003），182；Meyboom and Moormann（2013），174.

[158] Suet. *Ner*. 31. 2.

[159] Suet. *Oth*. 7. 1.

[160] Dio 66. 10. 4.

[161] Suet. *Vesp*. 9. 1.

[162] Plin. *NH* 34. 84.

[163] *CIL* VI 2059；Mart. *Spect*. 2. 5-6；Suet. *Vesp*. 9. 1, *Tit*. 7. 3；Aur. Vict. *Caes*. 10. 5.

[164] Suet. *Tit*. 7. 3；Hemsoll（1990），12.

[165] Hier. *Chron* 2120；Orosius *Pag*. 7，12. 4.

第六章 大火灾的意义

［1］ See especially Morford（1968）；Griffin（1984），112，133；Flaig（2002），
（2010）；Courrier（2014），895；see Champlin（2003），184. 大火灾发
生之后，尼禄继续受到民众的喜爱。Gwyn（1991），444－445；Davies
（2000），39－41；Drinkwater（2019），261。

［2］ Juv. *Sat*. 10. 81.

［3］ Dio 62. 18. 5.

［4］ 69 年出现了一个神秘人物，他之所以能模仿尼禄，主要原因似乎是他能
熟练演奏竖琴，这在希腊和亚洲引起了极大恐慌，并在辛索斯岛聚集了
一批追随者（Tac. *Hist*. 2. 8－9；Dio 64. 9. 3；Zonaras 11. 15）。80 年又出
现了一个假尼禄，真名叫特伦提乌斯·马克西姆斯，来自亚洲，他得到
了阿塔巴努斯四世的支持，伪装成帕提亚王位继承人，一度似乎对罗马
构成了严重威胁（Dio 66. 19. 3；Zonaras 11. 18；John of Antioch.
Fr. 104M）。苏埃托尼乌斯也提到过另一个江湖骗子，88 年在帕提亚人
中产生了一定的影响力（*Nero* 57. 2）。许多学者认为，最后这个人指的
应该还是特伦提乌斯·马克西姆斯，不过时间弄错了。关于这个话题，
参见：Champlin（2003），10－12。

［5］ Suet. *Ner*. 57. 1；cf. Tac. *Hist*. 1. 78. 3.

［6］ Plut. *Otho* 3. 1；Suet. *Otho* 7. 1；Tac. *Hist*. 1. 78. 3；Dio 64. 8. 2^1.

［7］ Suet. *Otho* 7. 1.

［8］ Suet. *Vit*. 11. 2；Dio 65. 7. 3.

［9］ Dio 62. 18. 3.

［10］ Tac. *Hist*. 1. 4.

［11］ Jos. *Ant*. 19. 128－130，159－160.

［12］ Tac. *Ann*. 15. 43. 5；Suet. *Ner*. 38. 3；Newbold（1974），864.

［13］ Suet. *Ner*. 38. 3；Dio 62. 18. 5；Newbold（1974）；Champlin（2003），
180；Rubin（2004），110. 64 年之后发行硬币是为了颂扬粮神，取消粮
食供给会非常不合适（*RIC* 1^{2}372-74，389-91，430-31，493-97）。

［14］ Tac. *Ann*. 15. 44. 4，50. 4.

［15］ Suet. *Ner*. 38. 1. See Purcell（1987），190.

［16］ Tac. *Ann*. 15. 42. 1.

［17］ Tac. *Ann*. 15. 52. 2；date：Tac. *Ann*. 15. 53. 3.

［18］ Mart. *Spect*. 2.

[19] Mart. *Spect.* 2；Morford（1968），159.

[20] Plin. *NH* 33. 55，36. 111.

[21] Sen. *Epist.* 90. 43.

[22] Firebrand and public enemy：Plin. *NH* 7. 45−46；poison：Plin. *NH* 22. 92；
magic：Plin. *NH* 30. 15；fire：Plin. *NH* 17. 5.

[23] Suet. *Ner.* 31. 1，39. 2.

[24] Suet. *Ner.* 31. 1；Medri（1996），186；Rea，Beste，and Lancaster
（2002），343.

[25] 塞涅卡（*Con.* 5. 5）认为，鱼池已经大得像可以通航的海洋一般，属于
豪宅的标配特征。

[26] Plut. *Crass.* 2. 4：*tes Romes to pleiston meros.*

[27] Suet. *Ner.* 31. 2.

[28] L'Orange（1942），（1943）；Hannah，Magli，and Palmieri（2016）.

[29] Cato *fr.* 139（Cugusi）；Cic. *Sest.* 94；Sall. *Cat.* 12. 3 − 4，13. 1，20. 11；
Hor. *Od.* 2. 15. 18，3. 1. 24；*Ep.* 1. 1. 83 − 87；Sen. *Contr.* 5. 5；Vell. Pat.
2. 33. 4；Luc. *Bell. Civ.* 10. 110 − 121；Pet. *Sat.* 120；Sen. *Ep.* 88. 22；90. 7，
9，15，43；115. 8−9；122. 8；see especially Edwards（1993），137−172.

[30] Davies（2000），40；Plin. *NH* 36. 37. 提图斯宫就是拉奥孔群雕（先知
拉奥孔和他的儿子们被巨蛇咬死的雕像）所在的位置。另一种说法是，
梵蒂冈收藏的著名的拉奥孔群雕是在金官奥庇乌斯官殿发现的。Van
Essen（1955）.

[31] Hemsoll（1990），10；Champlin（2003），200；Drinkwater（2019），
242，252.

[32] Elsner and Masters（1994），123；Drinkwater（2019），262.

[33] Tac. *Ann.* 15. 40. 2；Suet. *Ner.* 55；on the name：Poulle（2010）. 苏埃托
尼乌斯并没有将有关改名的信息与火灾事件联系起来，他只说尼禄已
决定把罗马城改名为"尼禄波利斯"。Balland（1965），367. 这个名字
的希腊语拼写只是表明这座城市是按照希腊式的城市规划风格建造的，
米利都的希波达莫斯对此有过解释。

[34] Aquae Sextiae：Livy *Per.* 61；Pompeiopolis：App. *Mith.* 115；Strabo 12. 3. 40.

[35] Dio 63. 7. 2.

[36] Jos. *Ant.* 20. 211.

[37] 5 世纪的神学家塞勒斯的狄奥多勒（*Hist. Eccl.* I. 6）指的是西里西亚
"尼禄城"的主教。如果这座城市在尼禄死后仍然保留这个名字，这意
味着在皇帝倒台后，这个名字仍然持续使用了 3 个世纪。

[38] Tac. *Ann.* 4. 64.

[39] SHA *Comm.* 8. 6；Dio 72. 15. 2；Col（onia）L（ucia）An（toniniana）
Com（modiana）appears on coins of 190：*RIC* 3. 560，570.

[40] Tac. *Ann.* 15. 74. 3. 塔西佗不想从肯定的角度看待尼禄的拒绝——他反
驳说尼禄害怕这个荣誉会成为凶兆，传说中皇帝只有去世后才能得到
这个荣誉。

[41] Suet. *Ner.* 47. 2.

[42] Dio Chrys. *Orat.* 21. 10.

[43] See the instances recorded at Tac. *Ann.* 5. 4，14. 60. 4；Jos. *Ant.* 19. 128 -
130，159-160；thoroughly treated by Courrier（2014），848-98.

[44] Closs（2013），110-196. 这一时期的史料传达的观点是，皇帝能否处
理火灾问题是决定这个皇帝好坏的主要因素。27 年西里欧山发生大火
灾，提比略不在罗马坐镇，也被当作反对他的理由。

[45] Griffin（1984），133；Pollini（2017），222.

[46] 卢格杜努姆（里昂）一个城市就上缴了 400 万塞斯特第，据说与皇帝
提供的对这座城市本身遭受的灾难的救济完全相符（Tac.
Ann. 16. 13. 4）。塔西佗没有说明卢格杜努姆遭受了怎样的灾难。
（Seneca *Ep.* 91）塞涅卡记载那里曾发生过毁灭性的火灾，但似乎是在
58 年，即 64 年大火灾前 6 年，因为他说火灾发生在建城 100 年，而传
说中建城是在前 43 年。关于卢格杜努姆火灾，参见：Closs（2013），
181-187，277-279.

[47] Suet. *Ner.* 44. 2.

[48] Newbold（1974）.

[49] Suet *Ner.* 38. 3. 没有任何史料统计过尼禄在大火灾后总共花费了多少钱
（从皇帝自己的金库里支取），因此，这个举动本身带来的影响就不如
提比略直接给西里欧山火灾受害者们发放 100 万塞斯特第那么大。
（Tac. *Ann.* 6. 45. 1）狄奥记录了卡利古拉皇帝许多令人赞赏的行为，包
括慷慨救助火灾受害者（Dio 59. 9. 4）。

[50] Suet. *Ner.* 44. 2；see Crawford（1970），45-46.

[51] Tac. *Ann.* 16. 13. 1.

[52] Tac. *Ann.* 15. 45. 1-2；Suet. *Ner.* 38. 3；Dio 62. 17. 5；Champlin（2003），
180. 抢劫神庙里的艺术品很可能出于审美而非财务上的考虑，没有证
据表明尼禄出售过任何战利品。

[53] 即使尼禄兑现了他的承诺，就像塔西佗《编年史》中所记载的
（*Ann.* 15. 43. 2），说清理完垃圾碎片后尼禄会把房产还给原主人，但也

只可能归还没有纳入金宫建造范围的那些区域。

［54］Suet. *Ner*. 38. 2.

［55］Caecina：Pliny *HN* 17. 1−5；Tigellinus：Tac. *Ann*. 15. 40. 2.

［56］Gualandi（1999）.

［57］Carandini（2017），227，232，*tabs*. 64，66；see also Claridge（2010），118.

［58］Cic. *Scaur*. 45k-m；*Off*. 1. 138；Asconius，*Scaur*. 27−28c；Plin. *NH* 17. 1−5.

［59］Panella（2006），278−279；（2013），135.

［60］Lanciani（1901），19−20.

［61］Juv. *Sat*. 3. 71，11. 50−51.

［62］Coarelli（2014），185；Fabbrini（1985−86），130 n. 5.

［63］Sanguinetti（1958），42−45；Fabbrini（1983），183−184 n. 29；（1985−1986），130 n. 5；（1995），57.

［64］Colini（1960），55−56；Casti（1995−96），（1997−98）；Casti and Zandri（1999），47−53；Coarelli（2014），191.

［65］Coarelli（2014），191；http：//www. 060608. it/en/cultura − e − svago/beni− culturali /beni − archeologici/ninfeo − di − via − degli − annibaldi. html，accessed March 5，2020.

［66］Rea（2000），311；Lancaster（2005a），57，59.

［67］Tac. *Ann*. 15. 40. 1.

［68］Bohm（1986）.

［69］Panella（2014），72.

［70］Pollini（2017），221−222.

［71］Tac. *Ann*. 13. 1. 1；Barrett（1996），153−155.

［72］Tac. *Ann*. 15. 48−65.

［73］Tac. *Ann*. 14. 65. 1. 关于阴谋的起源没有提供有说服力的解释，参见：Barrett，Fantham，and Yardley（2016），195。

［74］Veianus：Tac. *Ann*. 15. 67. 4；Gerellanus：Tac. *Ann*. 15. 69. 1.

［75］Tac. *Ann*. 15. 69. 维斯蒂努斯的房子没有确切信息说明就在帕拉蒂尼山上，但描述符合那个位置特征。

［76］唯一被记录下来的有一些模糊的改革热情的人，是元老普劳修斯·拉特拉努斯，他热爱共和国，是一个与众不同的爱国者（Tac. *Ann*. 49. 2）。朱维纳尔（*Sat*. 10. 15，17−18）提到，他在西里欧山上的豪宅显然没有遭受损失，或者至少没有遭受严重损失，却被尼禄下令征用了。房屋最终传给了教会，名字作为"拉特兰"保留了

下来。

[77] Tac. *Ann.* 15. 51，57；Dio 62. 27. 3.

[78] De Franco（1946），49.

[79] 狄奥没有给他任何解释（当然，我们只能任由对狄奥作品做摘要的人摆布）。

[80] Games：*Laus* 185，190；lyre：*Laus* 163－177；complimentary：Mart. *Ep.* 12. 36. 8.

[81] Tac. *Ann.* 14. 24. 4，53. 2，54. 1－3，55. 2，56. 2－3，59. 1，66. 1，70. 1.

[82] Tac. *Ann.* 16. 18－19.

[83] Tac. *Ann.* 15. 56. 3.

[84] Tac. *Ann.* 16. 23. 1；Dio 62. 26. 3. 狄奥补充说他被指控使用了魔法。

[85] For a useful summary：Fratantuono（2018），106.

[86] Tac. *Ann.* 14. 12. 2，48－49，15. 23. 4，16. 21. 1－2；Dio 62. 26. 1.

[87] Tac. *Ann.* 15. 23. 4.

[88] Tac. *Ann.* 16. 21. 2.

[89] Tac. *Ann.* 16. 22.

[90] Tac. *Ann.* 16. 29. 1.

[91] Suet. *Ner.* 36. 1. 有一条关于阿尔瓦尔兄弟非常简短的记录，日期是 66 年 6 月 19 日 ［Smallwood（2011）］，似乎"暴露了作恶之人的阴谋"。

[92] Dio 63. 17. 2－3.

[93] 人们对罗马通货膨胀产生的影响有许多不同的看法。如佩登（Peden, 1984）对此持有极端看法，他认为通货膨胀是一个根本性问题，惠特克（Whittaker, 1980）则认为通货膨胀并不是经济衰退的内在属性。拉思伯恩根据埃及的证据，推断货币供应量增长并不一定导致物价上涨，并认为在 3 世纪的 270 年前，并没有出现严重的物价上涨。Rathbone（1996）；see also（1997）. 同时也要注意凯恩斯令人吃惊的评论："罗马帝国的衰亡与长期急剧的通货紧缩同时发生，这是一个巧合。"Keynes 1930，II. 151，cited by Whittaker（1980），1. 全面了解不同时期所采用的不同学术方法，参见：Butcher（2015）。

[94] 古人对基本经济过程的理解远不像我们今天这样，因此在谈到罗马的货币政策时，我们必须非常谨慎。迈克尔·克劳福德 ［Michael Crawford（1970），46］ 指出，罗马货币制度的目的相对简单："发行货币很可能是为了使大量的国家支付行为变得更便捷，没有理由认为罗马发行货币是为了其他目的，而不是为了方便国家支付。"但并非人人同意这个观点，比如罗·卡西奥（Lo Cascio, 1981）认为罗马的货币

政策是为了规范金、银以及贱金属的相对价值，并且为市场提供合适的交换方式。

[95] 老普林尼指出，人们都知道政府多次降低银币的价值，专家们用磨石敲击，就能够探测出矿产中含金、银或铜的数量。Plin. *NH* 33.126 –127.

[96] See Duncan-Jones（1987），237 - 256；Goldsmith（1987），41 - 42；Lo Cascio（2008）．黄金是比我们所认为的更为常见的一种交换物。

[97] See, in particular, MacDowall（1979）．

[98] Plin. *NH* 33.47. 如史料中通常记载的，老普林尼的确评论过金币（奥雷）："皇帝们逐渐减轻重量，直至最后，尼禄是按照 45 比 1 磅做的。"但是要注意，手稿中有些地方省略了尼禄的名字，最后变成了"但到最后"。而且，并不是所有手稿中都写着 45 比 1 磅，有的写着 45000。

[99] Savot（1627），139；Lind（2009），264.

[100] 比如，约克郡的斯凯洛秘藏里发现了 13 枚尼禄时期的第纳尔银币，3 枚是 64 年之前的（重量在 3.54 克到 3.64 克），其余的发行较晚（重量在 2.96 克到 3.48 克）。Crawley and Meadows（1997），58；Lind（2009），164 n. 17.

[101] Akerman（1834）；Rauch（1857）；see Lind（2009），265.

[102] Kellner and Specht（1961）．

[103] Butcher and Ponting（2014）．在本书之前两人就这一问题发表过一系列主要文章。Butcher and Ponting（1995），（2005），（2005a），（2009），（2012）．

[104] Butcher and Ponting（2014），192-238.

[105] 60—61 年发行的货币金属含量有所提高（约 1%）（*RIC* 12151-52），这是由于用灰皿提炼法提炼金属的过程不那么剧烈了。Butcher and Ponting 2014，196-197.

[106] Butcher and Ponting（2012）．

[107] Hopkins（1980），110. 目前所得到的 194 年（塞维鲁统治时期货币贬值）之后的银币数据并不能反映出纯度测量技术的最新进展，而且很可能数据太高。

[108] 在布彻和庞廷的著作问世之前，人们推定银币仅有两层，表层是具有欺骗性的高银，内部则是低银。布彻和庞廷则展示了内部的低银组成依次是上层相对的富银，而内部银则低得多（在这种合金中，铜是最常使用的贱金属）。在写书过程中，他们尚未对 3 世纪的硬币进行分析。

［109］ See the list in Harl（1996），131，and the useful general list of inflations in Crawford（1978）.

［110］ *P. Oxy.* 12. 1411，AD 260，cited by Burnett（1987），104.

［111］ 信息来自苏埃托尼乌斯文本，年代无法确定。Suet. *Ner.* 32. 1.

［112］ MacDowall（1979），135；Griffin（1984），198；Sutherland（1987），96. "当然是由于大火灾。" Howgego（1995），118；Harl（1996），90；Alston（1998），121；Wolters（2003），137；Rathbone（2008），253. 暂时性地说："可能针对大火灾还有另外一种应急响应方法。" 桑顿（Thornton，1971）指出，按照罗斯福的新政路线，实施开明的政策，谋求社会福利。罗・卡西奥［Lo Cascio，99，（1981），84］假定了一个标准，来确定金和银的相对价值。Butcher and Ponting（2014），230-234. 他们虽然有些怀疑，但也承认 "大火灾和货币贬值之间的关联不能完全排除（234）"。

［113］ Suet. *Ner.* 44. 2. 苏埃托尼乌斯说银应该是提纯过的一种。*Digest* 19，2，31；Mart. *Ep.* 7，86，6-7.

［114］ Crawford（1970），45-46；Martial *Ep.* 4. 28. 5. 他指出未磨损的货币很受欢迎，但他的重点似乎是硬币亮光闪闪，而不是其内在的价值。讽刺作家佩尔西乌斯评价说，未磨损的硬币并没有什么真正的优点（*Sat.* 3. 69-70）。

［115］ Crawford（1978），152；Crawford（1975），563 n. 11. 68—69 年，军队之所以愿意支持篡位夺权者，就是因为第纳尔银币的重量大大减轻（他注释说这是引用基思・霍普金斯的评论）。Butcher and Ponting（2014），219-22.

后　记　大火灾：经久不衰的文化奇迹

［1］ Lact. *Mort. Pers.* 2；Aug. *Civ. Dei.* 20. 19；Hier. *Dan.* 11. 30；also，Sulp. Sev. *Chron.* 2. 29；Lawrence（1978）；Jenks（1991）；Gwyn（1991）；452-53；Grzybek（2002）.

［2］ G. Chaucer，*Canterbury Tales：The Monk's Tale*，16，17.

［3］ 在欧洲大陆，形势更为活跃：大火灾引起了西班牙最伟大的剧作家洛佩・德韦加［Lope de Vega（1562-1635）］的注意，他撰写了轻快的剧本《烧毁的罗马》，于 1625 年出版。

［4］ 大学表演的戏剧在当时非常流行，其中最著名的是托马斯・莱格博士（Thomas Legge）撰写的拉丁版《理查德三世的悲剧》，于 1579 年在剑

桥大学圣约翰学院出演。

[5] 5.2.324-45.

[6] 第四场第四幕。Kastan（1977）认为这部戏剧如实报道了斯图亚特王朝的复辟。将大火灾作为向暴民们进行报复的工具，这个想法可能来自 *Octavia* 801，851-852。

[7] Manuwald（2013），37-38（Busenello）；150-58（Feustking）. 马努瓦尔德（Manuwald）的研究非常全面，令人印象深刻。

[8] Manuwald（2013），208-216.

[9] Manuwald（2013），323（Panzieri）；339（Pallerini）.

[10] Manuwald（2013），240-246.

[11] 详细讲解有关尼禄和大火灾的电影，参见：Winkler（2017）。

[12] Wyke（1994），14.

[13] Wyke（1994），15.

[14] Wyke（1994），17.

[15] Season 2，episode 4；see Tulloch and Alvarado（1983）.

[16] Louis（1981），117."当沉睡的纵火犯尼禄醒来。"

[17] Joucaviel（2005）.

[18] https：//musicalzentrale.de/index.php? service＝0&subservice＝2&de tails＝811，accessed March 5，2020.

术语表

阿瓦尔兄弟会 （Arval brotherhood）	由 12 名成员以及皇帝组成的祭祀团体。对历史学家来说重要的是，该团体将其仪式刻在石头上保留了下来。前 21—304 年这段时间的记录得以留存（但时间间隔较大）。
奥雷（aureus）	金币，价值 25 第纳尔银币。
奥斯提亚大事记 （Fasti Ostienses）	篆刻在奥斯提亚的石头上，记录古罗马前 49—175 年重要事件。
白榴火山岩 （peperino）	带有暗色杂质的浅色火山岩，与胡椒形似。
百夫长（centurion）	一个军团"百人部队"的指挥官，该部队最初由 100 人组成，但在帝国时期为 80 人。
保民官/军政官 （tribune）	一级官员。最常见的是平民保民官，传统上是被指定来保护平民的。这个词也有各种军事上的意义：特别重要的是禁卫军军政官，在尼禄统治时期，每名禁卫军军政官都指挥 12 个大队之一。
保民官特权 （tribunician authority）	皇帝不担任平民保民官的职务，但被授予了保民官的权力，包括几项特权：召集元老院和公民大会的权力，以及提出或否决立法的权力。这种权力在许多方面处于帝国体系的核心，皇帝们将这一权力的授予时间视为他们的登基日期。
财务官（quaestor）	可凭借这一职务成为元老院成员的行政长官，财务官候选人必须年满 25 岁，其职责通常是财务性的。
步兵大队（cohort）	古罗马军队的作战单位；一个军团有 10 个大队。该术语也适用于辅助部队的独立单位，也适用于罗马的军事单位，如禁卫军、消防大队和城管大队。
大法官（praetor）	级别仅次于执政官的高级行政长官。尼禄统治时期每年有 18 人当选，他们的主要任务是主持法庭事务。

大祭司（pontiff）	古罗马4个祭司团成员之一。大祭祀是高级祭司。
行省总督 （propraetor）	大法官级别的行省总督。帝国的行省总督即使曾担任过执政官，也属于这一级别，以免挑战皇帝手下执政官的权威。
公共行省总督 （proconsul）	管理公共行省的元老院成员，由抽签决定。
第纳尔［denarius （pl. denarii）］	古罗马银币，价值4塞斯特第。
元首［princeps （"holding first rank"）］	罗马皇帝试图掩盖其地位的真实情况，谎称他们本质上只是共和制度下的第一公民。
第一名字 （praenomen）	古罗马人姓名中的第一个元素（如盖乌斯·尤利乌斯·恺撒中的盖乌斯），对应于"赋名"。
独裁官（dictator）	古罗马共和时期紧急状态下选出的长官，任职6个月。
杜蓬帝［dupondis （pl. dupondii）］	一种由锌和铜的合金制成的硬币，价值半个塞斯特第。
《法学汇编》 （Digest）	6世纪早期，查士丁尼一世统治下编纂的罗马法大型汇编，共50卷，根据主题分门别类。
辅助部队 （auxiliaries）	罗马军队成员，由非公民组成，区别于由公民组成的军团部队。
公寓楼［insula （pl. insulae）］	字面意思是"岛屋"，是古罗马对高层公寓楼的普遍叫法，多层公寓楼上住宿条件通常很简陋。
贵族（patrician）	在共和时期早期握有大权的罗马贵族的一个优越分支的成员。到了尼禄统治时期，平民和贵族之间那种老旧的社会和政治区别已成为一种遗俗，只有在一些不知名的宗教职业资格说明等神秘领域还能看到。
灰泥抹面 （opus signinum）	用碎瓦片加固的混凝土。
集会（assemblies）	为完成特定任务而召集的罗马公民群体。
监察官（censor）	负责公共道德的地方法官，通过监督公民的登记和元老院成员来行使职责。在帝国时期，皇帝履行监察官职责。

禁卫军（Praetorian guard）	帝国卫队，最初由 9 个大队组成，由 1 名或 2 名长官指挥。他们是一支精英部队，通常驻扎在罗马和意大利的其他地方，享有比军团士兵更高的工资和特权。
赠礼（donative）	为纪念特殊日子而分发的现金。
军团（legion）	罗马军队的主要作战单位，由 5000—6000 人组成，都是罗马公民，由皇帝任命的使节指挥。
凯旋礼服（Triumphal regalia）	皇帝的特使不能庆祝个人的凯旋，表彰他们的胜利的方式是允许他们穿着在共和时期赢得真正荣誉的人所穿的服装。
凯旋仪式（Triumph）	在取得重大胜利后，由一名指挥官率领的游行队伍，携带战利品和战俘，穿过罗马到达卡比托利欧山上的朱庇特神庙的仪式。帝国时期，凯旋仪式仅限于皇室成员参加。
罗尺（foot）	1 罗尺约等于 29.6 厘米，比现代英制单位的 1 英尺（约 30.48 厘米）略短。
罗里（mile）	1 罗里等于 1000 双步（奥古斯都时期制定标准以 5 罗尺为 1 罗马步），因此等于 5000 罗尺（约 1479 米/1617 码）。
营造官（aedile）	负责公共管理各个方面的行政长官，可在完成财务官职位后担任。
叛国罪（maiestas）	"受创的威严"（maiestas laesa）的简称，最初指对国家威严的侵犯，后来也表示对皇帝及其家人尊严的侵犯，广义上也属于"叛国罪"。
平民（plebeian）	最初为非贵族的下层公民。到了帝国时期，出现了几个显赫的平民家族。
平民保民官（plebeian tribune）	最初负责保护平民免受贵族迫害的行政长官。平民保民官在共和时期权力很大，拥有否决权和发起立法的权力，这些权力的拥有者是神圣不可侵犯的。帝国时期平民保民官的重要性下降，沦为介于财务官和大法官之间的一个例行的过渡职位。
骑士/骑士团成员（equestrian/knight）	最初在骑兵部队服役的罗马骑士团成员，后来泛指拥有价值 40 万塞斯特第财产的商业中产阶级。虽然没有资格成为罗马元老院成员，但骑士团成员（又称骑士）在帝国管理中发挥了重要作用，并担任重要职位，比如埃及行省总督及禁卫军军官等。

塞斯特第	价值最高的贱金属古罗马硬币,由锌铜合金制成,价值 2 杜蓬帝。它是用来表示货币价值的标准(符号为 HS)。现代的对等是一个复杂话题,但是在尼禄统治时期,一个军团士兵的年俸是 900HS。
石灰华(travertine)	一种石灰石。
军团副将/行省总督(legate)	一个宽泛的术语,有 3 个常见意义:被指派特定任务的个人;军团指挥官;帝国行省的统治者。
统治权(imperium)	一段固定时期内指派给一定级别行政长官的指挥权。
托加长袍(toga)	古罗马男子在公共场合穿着的传统服装,由白色细羊毛制成。男童穿着镶紫红边白长袍。男性约 14 岁时,不再穿镶紫红边白长袍,在代表成年的仪式上,穿上纯白色的成年托加长袍。身居高位的人也会穿着镶紫红边白长袍。
消防大队(Vigiles)	6 年由奥古斯都建立的罗马消防大队,由 7 个单位组成,每个单位负责罗马的 2 个区。
小行省总督/监察使(procurator)	一个词义多变的术语。曾用来表示私人土地的代理人或主管。从克劳狄乌斯开始,这个术语指小型区域的管理人[见"长官"(prefect/praefectus)]。此外,还有负责监督各行省内部与帝国财产有关金融业务的监察使,其中一些人最终承担了官方行政职责,在帝国和元老院各行省担任"行省"财务代理官,从属于行省总督。这个职位由骑士或解放自由民担任。
行省[province (provincia)]	最初指行政长官的职权范围,后来加入了与地理位置更相关的特征,意为罗马统治下的各个外部领土。奥古斯都体制之后,海外行省有 2 种类型:(1)"帝国"行省,在帝国较少定居的地区,驻扎罗马军团,由皇帝直接任命总督管理;埃及是自成一格的一个主要帝国行省,由一名骑士级别的长官统治;(2)"公共"行省(有时称为"元老院行省"),指更稳定的一些地区,没有军团(除少数例外)。公共行省由行省总督管理,行省总督是从预选的候选人名单中抽签选出的元老级别的官员。
姓氏(cognomen)	古罗马人姓名的第 3 个组成部分(如盖乌斯·尤利乌斯·恺撒中的恺撒),有时反映出祖上某种据信的身体特征,有时则是因某项成就而被授予的一个头衔,如阿弗里卡纳斯(Africanus)。

元老院（senate）	古罗马高级管理机构，由至少具有财务官级别的前行政长官组成。在奥古斯都统治时期，其成员约有 600 人，尼禄统治时期可能更多，每人拥有价值 100 万塞斯特第的财产。虽然没有共和时期强大，但元老院仍然享有相当高的威望。
长官（prefect/praefectus）	该术语基本意义为"负责人"，可以应用于一系列场合，包括军事和行政领域。军事方面的应用更多，包括（1）一个辅助部队或舰队的指挥官；（2）营地长官、军团司令的二把手以及司令不在场时的部队指挥官；（3）禁卫军或消防大队的指挥官。最重要的行政长官是埃及总督和粮食供应长官。一些较小的地区（如朱迪亚）由长官（克劳狄乌斯之后是地方财政官）级别的骑士管理。上述所有长官职位都是由骑士担任的。古代城市长官的职位由一位执政官级别的罗马元老担任。到共和时期晚期，城市长官的职责主要是仪式性的，但奥古斯都恢复了其职能，并赋予其维护城市秩序和指挥城管大队的责任；城市长官可以在处理轻微刑事案件时行使即决裁判，并逐渐承担起处理更严重案件的责任。城市长官可能也承担罗马大火灾后的刑事调查职责。
殖民地（colony（colonia））	最初是罗马公民（通常是退伍老兵）的聚居地。后来，这种地位可以赋予其他类型的城镇，以示区别。
执政官（consul）	古罗马高级长官。同时选出 2 名执政官，最初任期为 1 年。从前 5 年开始，执政官在任职第一年辞去职务司空见惯。替代者被称为"补任"（suffice，复数 suffiti）。严格来说，候选人年满 42 岁才能担任执政官，但家族中有前任执政官的可以提前（可能在 32 岁之前）获得该职位，而皇室成员则可以更早就职（尼禄在 55 年首次担任执政官职务时年仅 17 岁）。
解放自由民（freedman）	被解放的奴隶，解放自由民通常会继续为曾奴役过他的家庭服务。
族名（nomen）	古罗马姓名的中间部分的名字（如盖乌斯·尤利乌斯·恺撒中的尤利乌斯），表示此人的氏族或家族。

参考文献

古代作家及其作品，以及学术期刊名称等，均按标准缩略词来引用。

AE	*Année Epigraphique*
AJA	*American Journal of Archaeology*
AJPh	*American Journal of Philology*
ANRW	*Aufstieg und Niedergang der römischen Welt*
CIL	*Corpus Inscriptionum Latinarum*
CJ	*Classical Journal*
CP	*Classical Philology*
CQ	*Classical Quarterly*
CW	*Classical World*
ILS	*Inscriptiones Latinae Selectae*
JEA	*Journal of Egyptian Archaeology*
JRA	*Journal of Roman Archaeology*
JRS	*Journal of Roman Studies*
JSAH	*Journal of the Society of Architectural Historians*
JThS	*Journal of Theological Studies*
MAAR	*Memoirs of the American Academy in Rome*
MDAI(R)	*Mitteilungen des Deutschen Archäologischen Instituts, Römische Abteilung*
MH	*Museum Helveticum*
NC	*Numismatic Chronicle*
NS	*Atti della Accademia Nazionale dei Lincei. Notizie degli Scavi di Antichità.*
OJA	*Oxford Journal of Archaeology*
PBSR	*Papers of the British School at Rome*
PP	*La Parola del Passato*
RIDA	*Revue Internationale des Droits de l'Antiquité*

RIN　　　*Rivista Italiana di Numismatica e Scienze Affini*
TAPA　　*Transactions of the American Philological Association*
WS　　　*Wiener Studien*
ZPE　　　*Zeitschrift für Papyrologie und Epigraphik*

Ahl, F. M. 1971. "Lucan's *De Incendio Urbis. Epistulae ex Campania* and Nero's Ban." *TAPA* 102: 1–27.
Ahl, F. M. 1976. *Lucan: An Introduction.* Ithaca, NY: Cornell University Press.
Akerman, J. Y. 1834. *A Descriptive Catalogue of Rare and Unedited Roman Coins.* Vol. 1. London: Wilson.
Albertson, F. C. 2001. "Zenodorus's 'Colossus of Nero.'" *MAAR* 46: 95–118.
Allard, P. 1885. *Histoire des persécutions pendant les deux premiers siècles.* Paris: Lecoffre.
Allen, W. 1962. "Nero's Eccentricities before the Fire (Tac. Ann. 15.37)." *Numen* 9: 99–109.
Alston, R. 1998. *Aspects of Roman History, AD 14–117.* London: Routledge.
Anderson, J. C. 1984. *The Historical Topography of the Imperial Fora.* Brussels: Collection Latomus.
Anselmino, L. 2006. "Il versante orientale del Palatino dalla chiesa di San Bonaventura alla via di San Gregorio." *Scienze dell'Antichità* 13: 219–47.
Anselmino, L., L. Ferrea, and M. J. Strazzulla. 1990–1991. "Il frontone di via di S. Gregorio ed il tempio della Fortuna respiciens sul Palatino." *Atti della Pontificia Accademia Romana di Archeologia. Serie III. Rendiconti* 63: 193–262.
Arce, J. 1999. "Iuppiter Stator, Aedes." *Lexicon Topographicum Urbis Romae* 5: 87–91.
Arnoldus-Huyzendveld, A. 2007. "Geologia e morfologia del lato orientale del Palatino." In Villedieu et al., 391–401.
Arnoldus-Huyzendfeld, A. 2016. "Aspects of the Landscape Environment of Rome in Antiquity." In Pardini and Ferrandes, 177–202.
Ash, R. 2016. "Tacitus and the Poets: *In Nemora et Lucos . . . Secedendum est* (Dialogus 9.6)?" In P. Mitsis and I. Ziogas, eds., *Wordplay and Powerplay in Latin Poetry.* Berlin: de Gruyter, 13–35.
Ash, R. 2018. *Tacitus. Annals, Book XV.* Cambridge: Cambridge University Press.
Bacchus, F. J. 1908. "The Roman Church Down to the Neronian Persecution." *Dublin Review* 142: 84–108.
Baillie Reynolds, P. K. 1926. *The Vigiles of Imperial Rome.* Oxford: Oxford University Press.
Baldwin, B. 1976. "Petronius and the Great Fire of Rome." *Maia* 28: 35–36.
Ball, L. F. 2003. *The Domus Aurea and the Roman Architectural Tradition.* Cambridge: Cambridge University Press.
Ball, L. F. 1994. "A Reappraisal of Nero's Domus Aurea." In *Rome Papers* (JRA Supplement 11, Ann Arbor, MI), 182–254.
Balland, A. 1965. "Nova Urbs et 'Neapolis': Remarques sur les Projets Urbanistiques de Néron." *Mélanges d'Archéologie et d'Histoire de l'École Française de Rome* 77.2: 349–93.

Barclay, J.M.G. 2014. "Jews and Christians in the Eyes of Roman Authors c. 100 CE." In P. J. Tomson and J. Schwartz, eds., *Jews and Christians in the First and Second Centuries: How to Write Their History*. Leiden: Brill, 313–25.

Barlow, C. W., ed. 1938. *Epistolae Senecae ad Paulum et Pauli ad Senecam (quae vocantur)*. Rome: American Academy.

Barnes, T. D. 1968. "Legislation against the Christians." *JRS* 58: 32–50.

Barnes, T. D. 1982. "The Date of the Octavia." *MH* 39: 215–17.

Barnes, T. D. 1985. *Tertullian: A Historical and Literary Study*. Second edition. Oxford: Clarendon Press.

Barnes, T. D. 1998. *Ammianus Marcellinus and the Representation of Historical Reality*. Ithaca, NY: Cornell University Press.

Barnes, T. D. 2010. *Early Christian Hagiography and Roman History*. Tübingen: Mohr Siebeck.

Barrett, A. A. 1996. *Agrippina. Sex, Power and Politics in the Early Empire*. New Haven, CT: Yale University Press.

Barrett, A. A. 2002. *Livia. First Lady of Imperial Rome*. New Haven, CT: Yale University Press.

Barrett, A. A. 2015. *Caligula: The Abuse of Power*. Second edition. London: Routledge.

Barrett, A. A., E. Fantham, and J. Yardley. 2016. *The Emperor Nero: A Guide to the Ancient Sources*. Princeton, NJ: Princeton University Press.

Bartsch, S., K. Freudenburg, and C. Littlewood, eds. 2017. *Cambridge Companion to the Age of Nero*. Cambridge: Cambridge University Press.

Batiffol, P. 1894. "L'église naissante. Introduction historique à l'étude du Nouveau Testament." *Revue Biblique* 3: 503–21.

Beaujeu, J. 1960. "L'incendie de Rome en 64 et les Chrétiens." *Latomus* 19: 65–80, 291–311.

Beloch, K. J. 1886. *Die Bevölkerung der griechisch-römischen Welt*. Leipzig: Duncker & Humblot.

Benko, S. 1969. "The Edict of Claudius of AD 40 and the Instigator Chrestos." *Theologische Zeitschrift* 25: 406–18.

Bergmann, M. 1994. *Der Koloss Neros, die Domus Aurea und der Mentalitätswandel in Rom der frühen Kaiserzeit*. Mainz: Von Zabern.

Bergmann, M. 1998. *Die Strahlen der Herrscher. Theomorphes Herrscherbild und politische Symbolik im Hellenismus und in der römischen Kaiserzeit*. Mainz: von Zabern.

Bergmann, M. 2013. "Portraits of an Emperor—Nero, the Sun, and Roman *Otium*." In Buckley and Dinter, 332–62.

Bernard, S. 2018. *Building Mid-Republican Rome: Labor, Architecture, and the Urban Economy*. New York: Oxford University Press.

Berry, P. 1995. *The Christian Inscription at Pompeii*. Lewiston, NY: Mellen.

Beste, H.-J. 2011. "La Domus Transitoria: un'ipotesi di collocazione." In Tomei and Rea, 152–54.

Beste, H.-J. 2011a. "Domus Aurea, il padiglione dell'Oppio." In Tomei and Rea, 170–75.

Beste, H.-J. and H. von Hesberg. 2013. "Buildings of an Emperor—How Nero Transformed Rome." In Buckley and Dinter, 314–31.

Bishop, J. 1964. *Nero. The Man and the Legend.* London: Robert Hale.

Blake, M. E. 1959. *Roman Construction in Italy from Tiberius through the Flavians.* Washington, DC: Carnegie Institution.

Boëthius, A. 1960. *The Golden House of Nero. Some Aspects of Roman Architecture.* Ann Arbor: University of Michigan Press.

Boëthius, A. and J. B. Ward-Perkins. 1970. *Etruscan and Roman Architecture.* Harmondsworth: Penguin.

Bohm, R. K. 1986. "Nero as Incendiary." *CW* 79: 400–401.

Boman, J. 2011. "Inpulsore Chrestro? Suetonius' Divus Claudius 25.4 in Sources and Manuscripts." *Studii Biblici Franciscani. Liber Annuus* 61: 355–76.

Bonfante, P. 1923. *Storia del diritto romano.* Third edition. Milano: Società editrice libraria.

Boni, G. 1900. "Esplorazioni nel Comizio." *NS* 6: 293–340.

Borg, M. 1972–73. "A New Context for Romans XIII." *New Testament Studies* 19: 205–18.

Botermann, H. 1996. *Das Judenedikt des Kaisers Claudius: Römischer Staat und Christiani im I. Jahrhundert.* Stuttgart: Steiner.

Boyle, A. J. 2009. *Octavia: Attributed to Seneca.* Oxford: Oxford University Press.

Bradley, K. R. 1972. "Suetonius, Nero 16.2: afflicti suppliciis Christiani." *Classical Review* 22: 9–10.

Bradley, K. R. 1978. *Suetonius' Life of Nero. An Historical Commentary.* Brussels: Collection Latomus.

Brienza, E. 2016. *Valle del Colosseo e pendici nord orientali del Palatino: la via tra valle e foro: dal dato stratigrafico alla narrazione virtuale (64 d.c.–138 d.c.).* Rome: Quasar.

Brocato, P., M. Ceci and N. Terrenato, eds. 2016. *Ricerche nell'area dei templi di Fortuna e Mater Matuta (Roma).* Università della Calabria: Dipartimento di studi umanistici.

Bruce, F. F. 1962. "Christianity under Claudius." *Bulletin of the John Rylands Library* 44: 309–26.

Brunt, P. A. 1971. *Italian Manpower.* Oxford: Clarendon Press.

Brunt, P. A. 1983. "Princeps and Equites." *JRS* 73: 42–75.

Bruun, C.F.M. 2007. "Nero's 'Architects,' Severus and Celer, and Residence Patterns in Rome." *Scripta Classica Israelica* 26: 73–86.

Büchner, K. 1953. "Tacitus über die Christen." *Aegyptus: rivista italiana di egittologia e di papirologia* 33: 181–92.

Buckley E. and M. T. Dinter, eds. 2013. *A Companion to the Neronian Age.* Oxford: Blackwell.

Burnett, A. M. 1987. *Coinage in the Roman World.* London: Seaby.

Burton, P. 2013. "The Latin Version of the New Testament." In Ehrman and Holmes, 167–200.

Butcher, K. 2015. "Debasement and the Decline of Rome." In R. Bland and D. Calomino, eds., *Studies in Ancient Coinage in Honour of Andrew Burnett.* London: Spink, 181–205.

Butcher, K. and M. Ponting. 1995. "Rome and the East: The Production of Roman Provincial Silver Coinage for Caesarea in Cappadocia under Vespasian, AD 69–79." *OJA* 14: 63–77.

Butcher, K. and M. Ponting. 2005. "The Roman Denarius under the Julio-Claudian Emperors: Mints, Metallurgy and Technology." *OJA* 24: 163–97.

Butcher, K. and M. Ponting. 2005a. "The Egyptian Billon Tetradrachm under the Julio-Claudian Emperors—Fiduciary or Intrinsic?" *Schweizerische Numismatische Rundschau* 84: 93–123.

Butcher, K. and M. Ponting. 2009. "The Silver Coinage of Roman Syria under the Julio-Claudian Emperors." *Levant* 41: 59–78.

Butcher, K. and M. Ponting. 2012. "The Beginning of the End? The Denarius in the Second Century." *NC* 173: 63–83.

Butcher, K. and M. Ponting. 2014. *The Metallurgy of Roman Silver Coinage. From the Reform of Nero to the Reform of Trajan.* Cambridge: Cambridge University Press.

Buzzetti, C. 1993. "Claudius, Divus. Templum." *Lexicon Topographicum Urbis Romae* 1: 277–78.

Cameron, A. 1965. "The Fate of Pliny's Letters in the Late Empire." *CQ* 15: 289–98; *addendum, CQ* 17 (1967): 421–22.

Canfield, L. H. 1913. *The Early Persecutions of the Christians.* New York: Columbia University Press.

Canter, H. V. 1930. "The Venerable Bede and the Colosseum." *TAPA* 61: 150–64.

Carafa, P., A. Carandini, and N. Arvanitis. 2013. "Iuppiter Stator: in Palatio ritrovato?" *Archeologia Viva* 158: 28–37.

Carandini, A. 1988. "Domus e horrea in Palatino." In A. Carandini, ed., *Schiavi in Italia: Gli strumenti pensanti dei Romani fra tarda Repubblica e medio Impero.* Rome: La Nuova Italia Scientifica, 359–87.

Carandini, A. 1999. *Palatium e Sacra Via I. 2.—L'età tardo-repubblicana e la prima età imperiale (fine III secolo a.C.–64 d.C.).* Rome: Istituto Poligrafico e Zecca dello Stato.

Carandini, A. 2016. *Giove custode di Roma. Il dio che difende la città.* Novara: De Agostini Libri.

Carandini, A., ed. 2017. *The Atlas of Ancient Rome. Biography and Portraits of the City.* Princeton, NJ: Princeton University Press (= Carandini, A., ed., 2012. *Atlante di Roma antica: biografia e ritratti dell città.* Milan: Mondadori, trans. A. C. Halavais).

Carandini, A., D. Bruno, and F. Fraioli. 2010. *Le case del potere nell'antica Roma.* Rome: GLF, Ed. Laterza.

Carandini, A., D. Bruno, and F. Fraioli. 2011. "Gli atri odiosi di un re crudele." In Tomei and Rea, 136–51.

Carandini, A., P. Carafa, M. T. D'Alessio, and D. Filippi. 2017. *Santuario di Vesta, Pendice del Palatino e Via Sacra. Scavi 1985–2016.* Rome: Quasar.

Carbonara, V. 2006. "*Domus* e *tabernae* lungo la via verso il Foro." *Scienze dell'Antichità* 13: 15–35.

Carettoni, G. 1949. "Roma. Palatino. Costruzioni sotto l'angolo sud-occidentale della Domus Flavia (triclino e ninfeo occidentale)." *NS* 8.3: 48–79.

Carrier, R. 2014. "The Prospect of a Christian Interpolation in Tacitus, *Annals* 15.44." *Vigiliae Christianae* 68: 264–83.

Cascione, C. 1999. *Tresviri capitales. Storia di una magistratura minore.* Naples: Editoriale Scientifica.

Cassatella, A. 1990. "Edifici palatini nella *Domus Flavia.*" *Bollettino di Archeologia* 3: 91–104.

Cassatella, A. 1995. "Domus Aurea. Complesso del Palatino." *Lexicon Topographicum Urbis Romae* 2: 63–64.

Cassatella, A. and S. Panella. 1995. "Domus Aurea: Vestibulum." *Lexicon Topographicum Urbis Romae* 2: 50–51.

Castaglioni, F. 1964. "Note sulla topografia del Palatino e del Foro Romano." *Archeologia Classica* 16: 173–99.

Castelli, G. 2013. "'Terme di Elagabalo'. L'incendio Neroniano in un settore del complesso *domus-tabernae*: stratigrafie e contesi." In Panella and Saguì 2013b, 43–53.

Casti, G. B. 1995–1996. "San Pietro in Vincoli: nuove scoperte." *Atti della Pontificia Accademia Romana di Archeologia. Serie III. Rendiconti* 68: 333–58.

Casti, G. B. 1997–1998. "Proposte di rilettura e studi recenti sulle sopravvivenze archeologiche sotto S. Pietro in Vincoli." *Atti della Pontificia Accademia Romana di Archeologia. Serie III. Rendiconti* 70: 235–59.

Casti, G. B. and G. Zandri. 1999. *San Pietro in Vincoli.* Rome: Instituto Nationale di Studi Romani, Fratelli Palombi Editori.

Cecamore, C. 1994–95. "Apollo e Vesta sul Palatino fra Augusto e Vespasiano." *Bullettino della Commissione Archeologica Comunale di Roma* 96: 9–32.

Cecamore, C. 2002. *Palatium: topografia storica del Palatino tra III sec. a.C. e I sec. d.C. Bullettino della Commissione Archeologica Comunale di Roma. Supplemento 9.* Rome: Bretschneider.

Champlin, E. 1989. "The Life and Times of Calpurnius Piso." *MH* 46: 101–24.

Champlin, E. 1998. "God and Man in the Golden House." In Cima and La Rocca, 333–44.

Champlin, E. 2003. *Nero.* Cambridge, MA: Harvard University Press.

Ciaceri, E. 1918. *Processi politici e relazioni internazionali: studi sulla storia politica e sulla tradizione letteraria della repubblica e dell'impero.* Rome: Nardecchia.

Cima, M. and E. La Rocca, eds. 1998. *Horti Romani. Bullettino della Commissione Archeologica Comunale di Roma, Supplementi 6.* Rome. L'Erma di Bretschneider.

Claridge, A. 2010. *Rome. An Archaeological Guide.* Second edition. Oxford: Oxford University Press.

Clayton, F. W. 1947. "Tacitus and Nero's Persecution of the Christians." *CQ* 41: 81–85.

Cline, L. K. 2009. "Rising from the Ashes: Domitian's *Arae Incendii Neroniani* in New Flavian Rome." *Athanor* 27: 15–23.

Closs, V. 2013. "While Rome Burned. Fire, Leadership, and Urban Disaster in the Roman Cultural Imagination." PhD dissertation, University of Pennsylvania.

Closs, V. 2016. "*Neronianis Temporibus*: The So-Called *Arae Incendii Neroniani* and the Fire of A.D. 64 in Rome's Monumental Landscape." *JRS* 106: 102–23.

Coarelli, F. 1982. *Lazio*. Rome: Laterza.

Coarelli, F. 1983. *Il foro Romano*. I. *Periodo arcaico*. Rome: Quasar.

Coarelli, F. 1985. *Il foro Romano*. II. *Periodo repubblicano e augusteo*. Rome: Quasar.

Coarelli, F. 1988. *Il Foro Boario*. Rome: Quasar.

Coarelli, F. 1993. "Aemiliana." *Lexicon Topographicum Urbis Romae* 1: 18–19.

Coarelli, F. 1996. "Iuppiter Stator, aedes, fanum, templum." *Lexicon Topographicum Urbis Romae* 3: 155–57.

Coarelli, F., ed. 2009. *Divus Vespasianus*. Rome: Electa.

Coarelli, F. 2012. *Palatium. Il Palatino dalle origini all'impero*. Rome: Quasar.

Coarelli, F. 2014. *Rome and Environs*. Berkeley: University of California Press.

Coarelli, F. 2016. "Curiae Veteres, Sacraria Argeorum, Sacrarium Divi Augusti." In Pardini and Ferrandes, 249–61.

Coleman, K. M. 1990. "Fatal Charades: Roman Executions Staged as Mythological Enactments." *JRS* 80: 44–73.

Coleman, K. M. 2006. *M. Valerii Martialis Liber*. Oxford: Oxford University Press.

Colini, A. M. 1944. "Storia e Topografia del Celio nell'Antichità." *Atti della Pontificia Accademia Romana di Archeologia. Memorie* 7: 1–470.

Colini, A. M. 1960. "Ricerche intorno a S. Pietro in Vincoli. I. L'esplorazione archeologica dell'area." *Atti della Pontificia Accademia Romana di Archeologia. Memorie* 9 (2): 5–56.

Colini, A. M. 1964. "Compitum Acili." *Bullettino della Commissione Archeologica Comunale di Roma* 78 (1961–62): 147–57.

Colini, A. M. 1983. "Considerazioni sulla Velia da Nerone in poi." In Fine Licht, 129–45.

Colini, A. M. and L. Cozza, eds. 1962. *Ludus Magnus*. Rome: Monte dei Paschi.

Cook J. G. 2010. *Roman Attitudes toward the Christians. From Claudius to Hadrian*. Tübingen: Mohr Siebeck.

Corke-Webster, J. 2017. "The Early Reception of Pliny the Younger in Tertullian of Carthage and Eusebius of Caesarea." *CQ* 67: 247–62.

Cornell, T. 1995. *The Beginnings of Rome: Italy and Rome from the Bronze Age to the Punic Wars (c. 1000–264 BC)*. London: Routledge.

Cotton, H. 1981. *Documentary Letters of Recommendation in Latin from the Roman Empire*. Königstein: Anton Hain.

Courrier, C. 2014. *La plèbe de Rome et sa culture*. Rome: École Française.

Courtney, E. 1993. *The Fragmentary Latin Poets*. Oxford: Clarendon Press.

Crawford, M. 1970. "Money and Exchange in the Roman World." *JRS* 60: 40–48.

Crawford, M. 1975. "Finance, Coinage and Money from the Severans to Constantine." *ANRW* 2.2.560–93.

Crawford, M. 1978. "Ancient Devaluations: A General Theory." *Les dévaluations à Rome*. Rome: École française de Rome, I, 147–58.

Crawley G. and R. Meadows. 1997. "Skellow, South Yorkshire." In R. Bland and J. Orna-Ornstein, eds., *Coin Hoards from Roman Britain*. London: British Museum, 54–61.

Cristofani, M. 1990. "Osservazioni sulle decorazioni fittili arcaiche dal santuario di Sant'Omobono." *Archeologia Laziale* 10: 31–37.

Crook, J. A. 1967. *Law and Life of Rome*. London: Thames and Hudson.

Dacos, N. 1968. "Fabullus e l'autre peintre de la Domus Aurea." *Dialoghi di archeologia* 2: 210–26.

Dacos, N. 1969. *La découverte de la Domus Aurea et la formation des grotesques à la Renaissance*. London: Warburg Institute.

Dacos, N. 2008. *The Loggia of Raphael: A Vatican Art Treasure*, trans. J. Bacon. New York: Abbeville.

Dando-Collins, S. 2010. *The Great Fire of Rome*. Cambridge, MA: Da Capo Press.

D'Arms, J. 1998. "Epulum Publicum and Caesar's Horti trans Tiberim." In Cima and La Rocca, 33–41.

Darwall-Smith, R. H. 1996. *Emperors and Architecture. A Study of Flavian Rome*. Brussels: Collections Latomus.

Daugherty, G. N. 1992. "The Cohortes Vigilium and the Great Fire of 64 AD." *CJ* 87: 229–40.

Davies, P.J.E. 2000. "'What Worse than Nero, What Better than His Baths?' 'Damnatio Memoriae' and Roman Architecture." In E. R. Varner, ed., *From Caligula to Constantine: Tyranny and Transformation in Roman Portraiture*. Atlanta, GA: Michael C. Carlos Museum, 27–44.

Degrassi, A. 1947. *Inscriptiones Italiae. Fasti et Elogi*. Vol. 13.1. Rome: Libreria dello Stato.

Detlefsen, D. F. 1868. *C. Plinii Secundi Naturalis Historia. Libri XVI–XXII*. Berlin: Weidmann.

De Vos, M. 1995. "Domus Transitoria." *Lexicon Topographicum Urbis Romae* 2: 199–202.

De Vos, M. 2009. "Les Bains de Livia." *Dossiers d'Archéologie* 336: 56–57.

Dibelius, M. 1942. *Rom und die Christen im ersten Jahrhundert*. Heidelberg: Winter.

Diffendale, D. P. 2016. "Five Republican Monuments. On the supposed Building Program of M. Fulvius Flaccus." In Brocato, Ceci, and Terrenato, 141–66.

Dodge, H. 2000. "'Greater than the Pyramids': The Water Supply of Ancient Rome." In J. Coulston and H. Dodge, eds., *Ancient Rome: The Archaeology of the Eternal City*. Oxford: Oxbow Books, 166–209.

Doherty, E. 2009. *Jesus: Neither God Nor Man—The Case for a Mythical Jesus*. Ottawa: Age of Reason Publications.

Drinkwater, J. F. 2019. *Nero: Emperor and Court*. Cambridge: Cambridge University Press.

Duncan-Jones, R. 1987. "Weight-loss as an Index of Coin-Wear in the Roman Principate." In G. Depeyrot, T. Hackens, and G. Moucharte, eds., *Rythmes de la production monétaire, de l'antiquité à nos jours*. Louvain: Séminaire de Numismatique Marcel Hoc, Collège Érasme, 237–56.

Dyson, S. L. 2010. *Rome: A Living Portrait of an Ancient City*. Baltimore, MD: Johns Hopkins University Press.

Edwards, C. 1993. *The Politics of Immorality in Ancient Rome*. Cambridge: Cambridge University Press.

Ehrman B. D. and M. W. Holmes, eds. 2013. *The Text of the New Testament in Contemporary Research. Essays on the* Status Quaestionis. Second edition. Leiden: Brill.

Elsner, J. and J. Masters, eds. 1994. *Reflections on Nero: Culture, History & Representation*. London: Duckworth.

Engberg, J. 2007. *Impulsore Chresto: Opposition to Christianity in the Roman Empire c.50–250 AD*. Frankfurt: Lang.

Ensoli, S. 2000. "I colossi di bronzo a Roma in età tardoantica." In S. Ensoli and E. La Rocca, eds., *Aurea Roma. Dalla città pagana alla città cristiana*. Rome: L'Erma di Bretschneider, 66–90.

Fabbrini, L. 1982. "Domus Aurea: il piano superiore del quartiere orientale." *Atti della Pontificia Accademia Romana di Archeologia. Memorie* 14: 5–24.

Fabbrini, L. 1983. "Domus Aurea. Una nuova lettura planimetrica del palazzo sul colle Oppio." In Fine Licht, 169–85.

Fabbrini, L. 1985–86. "I corpi edilizi che condizionarono l'attuazione del progetto del Palazzo esquilino di Nerone." *Atti della Pontificia Accademia Romana di Archeologia: Rendiconti* 58: 129–79.

Fabbrini, L. 1995. "Domus Aurea: il palazzo sull'Esquilino." *Lexicon Topographicum Urbis Romae* 2: 56–63.

Fabia, P. 1901. "La Préface des Histoires de Tacite." *Revue des Études Anciennes* 3: 41–76.

Fantham, E. 2011. "A Controversial Life." In P. Asso, ed., *Brill's Companion to Lucan*. Leiden: Brill, 3–20.

Favro, D. 1992. "*Pater Urbis*. Augustus as City Father of Rome." *JSAH* 51: 61–84.

Ferri, R. 2003. *Octavia: A Play Attributed to Seneca*. Cambridge: Cambridge University Press.

Fertik, H. 2015. "Privacy and Power: The *De Clementia* and the Domus Aurea." In K. Tuori and L. Nissin, eds., *Public and Private in the Roman House and Society. Journal of Roman Archaeology. Supplementary Series*, 102. Portsmouth, RI: Journal of Roman Archaeology, 17–29.

Fine Licht, K. de, ed. 1983. *Città e Architettura nella Roma imperiale. Analecta Romana Instituti Danici*. Suppl. 10. Odense: Odense University Press.

Fine Licht, K. de. 1990. *Untersuchungen an dem Trajansthermen zu Rom 2, Sette Sale. Analecta Romana Instituti Danici*. Suppl. 19. Rome: Bretschneider.

Flaig, E. 2002. "La fin de la popularité. Néron et la plèbe à la fin du règne." *Neronia* 6: 361–74.

Flaig, E. 2010. "How the Emperor Nero Lost Acceptance in Rome." In B. C. Ewald and C. F. Noreña, eds., *The Emperor and Rome*. Cambridge: Cambridge University Press, 275–88.

Fletcher, G.B.A. 1937. "Stylistic Borrowings and Parallels in Ammianus Marcellinus." *Revue de Philologie, de Litterature et d'Histoire Anciennes* 11: 377–95.

Flower, H. 2006. *The Art of Forgetting. Disgrace and Oblivion in Roman Political Culture*. Chapel Hill: University of North Carolina Press.

Franco, U. de. 1946. *L'incertezza di Tacito e le ipotesi recenziori sull'incendio Neroniano*. Catania: Azienda Poligrafica Editoriale.

Fratantuono, L. 2018. *Tacitus, Annals XVI*. London: Bloomsbury.

Fredriksen, P. 2018. *When Christians Were Jews: The First Generation*. New Haven, CT: Yale University Press.

Freis, H. 1967. *Die Cohortes Urbanae*. Epigraphische Studien 2. Cologne: Böhlau.

Frend, W.H.C. 1965. *Martyrdom and Persecution in the Early Church: A Study of a Conflict from the Maccabees to Donatus*. Oxford: Blackwell.

Frend, W.H.C. 1984. *The Rise of Christianity*. Philadelphia: Fortress Press.

Frend, W.H.C. 2000. "Martyrdom and Political Oppression." In P. F. Esler, ed., *The Early Christian World*, London: Routledge, 815–39.

Frend, W.H.C. 2006. "Persecutions: Genesis and Legacy." In M. M. Mitchell and F. M. Young, eds., *The Cambridge History of Christianity, 1: Origins to Constantine*. Cambridge: Cambridge University Press, 503–23.

Frere, S. 1972. *Verulamium Excavations*, Volume 1. London: Society of Antiquaries of London.

Fromentin, V., ed. 2016. *Cassius Dion: nouvelles lectures*. Bordeaux: Ausonius.

Fuchs, H. 1950. "Tacitus über den Christen." *Vigiliae Chistianae* 4: 65–93.

Furneaux, H. 1891. *Cornelii Taciti. Annalium ab Excessu Divi Augusti Libri*. Vol. 2. Oxford: Clarendon Press.

Gatti, E. 1917. "Roma. Scoperte di antichità a Piazza Colonna." *NS* 14: 9–20.

Getty, R. J. 1966. "Nero's Indictment of the Christians in A.D. 64: Tacitus, Annals 15.44.2–4." In L. Wallach, ed., *The Classical Tradition: Literary and Historical Essays in Honor of Harry Caplan*. Ithaca, NY: Cornell University Press, 285–92.

Ginsberg, L. D. 2017. *Staging Memory, Staging Strife: Empire and Civil War in the "Octavia."* Oxford: Oxford University Press.

Giovannini, A. 1984. "Tacite, l'"incendium Neronis" et les chrétiens." *Revue d'études augustiniennes et patristiques* 30: 3–23.

Giovannini, A. 1996. "L'interdit conre les Chrétiens." *Cahiers Glotz* 7: 134–44.

Gnecchi Ruscone, F. 1912. *I medaglioni romani*, vol. 2. Milan: Hoepli.

Goldsmith, R. W. 1987. *Premodern Financial Systems. A Historical Comparative Study*. Cambridge: Cambridge University Press.

Graves, R. and J. Podro. 1957. *Jesus in Rome. A Historical Conjecture*. London: Cassell.

Grégoire, H. 1964. *Les persécutions dans l'empire romain*. Brussels: Palais des Académies.

Griffin, M. 1984. *Nero. The End of a Dynasty*. London: Batsford.

Gros, P. and J.-P. Adam. 1986. "Temple ionique du Forum Boarium. Sondage Sud-Est." *Bullettino della Commissione Archeologica Comunale di Roma* 91: 31–34.

Gruen, E. S. 2002. *Diaspora. Jews amidst Greeks and Romans*. Cambridge, MA: Harvard University Press.

Grzybek, E. 2002. "Les premiers chrétiens et Rome." *Neronia* 6: 561–67.

Gualandi, M. L. 1999. "Fase 17. Ultima Vita, Incendio e Distruzione." In Carandini, 175–76.

Guidobaldi, F. 1978. *Il complesso archeologico di San Clemente*. Rome: Collegio San Clemente.

Gwyn, W. B. 1991. "Cruel Nero: The Concept of the Tyrant and the Image of Nero in Western Political Thought." *History of Political Thought* 12: 421–55.

Hannah, R., G. Magli, and A. Palmieri. 2016. "Nero's 'Solar' Kingship and the Architecture of the Domus Aurea." *Numen* 63: 511–24.

Hanslik, R. 1963. "Der Erzählungskomplex vom Brand Roms und der Christenverfolgung bei Tacitus." *WS* 76: 92–108.

Harl, K. 1996. *Coinage in the Roman Economy, 300 BC to AD 700*. Baltimore, MD: Johns Hopkins University Press.

Harper, R. F. 1904. *The Code of Hammurabi, about 2250*. Chicago: University of Chicago Press.

Haselberger, L., E. A. Dumser, and D. Borbonus. 2002. *Mapping Augustan Rome*. Portsmouth, RI: *Journal of Roman Archaeology. Suppl. 50*.

Häuber, C. 2013. *The Eastern Part of the Mons Oppius in Rome: The Sanctuary of Isis et Serapis in Regio III, the Temples of Minerva Medica, Fortuna Virgo and Dea Syria, and the Horti of Maecenas*. Rome: Bretschneider.

Heid, S., R. von Haehling, V. M. Strocka, and M. Vielberg, eds. 2011. *Petrus und Paulus in Rom: eine interdisziplinäre Debatte*. Freiburg: Herder.

Helm, R. 1956. *Eusebius: Die Chronik des Hieronymus*. Berlin: Akademischer Verlag.

Hemsoll, D. 1990. "The Architecture of Nero's Golden House." In M. Henig, ed., *Architecture and Architectural Sculpture in the Roman Empire*. Oxford: Oxford University Committee for Archaeology.

Hermansen, G. 1981. *Ostia: Aspects of Roman City Life*. Edmonton: University of Alberta Press.

Herrmann, L. 1949. "Quels chrétiens ont incendié Rome?" *Revue belge de philologie et d'histoire*, 633–51.

Hesberg, H. von. 2011. "L'attività edilizia a Roma all'epoca di Nerone." In Tomei and Rea, 108–16.

Heubner, H. 1994. *P. Cornelii Taciti libri qui supersunt, 1: Ab excessu divi Augusti*. Stuttgart: Teubner.

Hine, H. M. 2017. "Seneca and Paul; the First Two Thousand Years." In J. R. Dodson and D. E. Briones, eds., *Paul and Seneca in Dialogue*. Leiden: Brill, 22–48.

Hirschfeld, O. 1905. *Die kaiserlichen Verwaltungsbeamten bis auf Diocletian*. Second edition. Berlin: Weidmann.

Hochart, P. 1885. *Études au sujet de la persécution des Chrétiens sous Néron*. Paris: E. Leroux.

Hoerber, R. O. 1960. "The Decree of Claudius in Acts 18.2." *Concordia Theological Monthly* 31: 690–94.

Hoffmann, A. and U. Wulf. 2004. *Die Kaiserpaläste auf dem Palatin in Rom*. Mainz: Zabern.

Holson, P. 1976. "Nero and the Fire of Rome. Fact and Fiction." *Pegasus* 19: 37–44.

Hopkins, K. 1980. "Taxes and Trade in the Roman Empire (200 B.C.–A.D. 400)." *JRS* 70: 101–25.

Hostetter, E. and J. R. Brandt. 2009. *Palatine East Excavations. 1.—Statigraphy and Architecture*. Rome: De Luca.

Houghton, H.A.G. 2013. "The Use of the Latin Fathers for New Testament Textual Criticism." In Ehrman and Holmes, 375–405.

Howell, P. 1968. "The Colossus of Nero." *Athenaeum* 46: 292–99.

Howgego, C. 1995. *Ancient History from Coins.* London: Routledge.

Hülsen, C. 1891. "Jahresbericht über Topographie der Stadt Rom." *MDAI(R)* 6: 116–30.

Hülsen, C. 1909. "The Burning of Rome under Nero." *AJA* 13: 45–48.

Humphrey, J. 1986. *Roman Circuses: Arenas for Chariot Racing.* London: Batsford.

Hurley, D. 2001. *Suetonius. Divus Claudius.* Cambridge: Cambridge University Press.

Janne, H. 1933–34. "*Impulsore Christo.*" *Annuaire de l'institut de philologie et d'histoire orientales* 2: 531–53.

Janssen, L. F. 1979. "Superstitio and the Persecution of the Christians." *Vigiliae Christianae* 33: 131–59.

Jenks, G. C. 1991. *The Origins and Development of the Antichrist Myth.* Berlin: de Gruyter.

Jensen, R. M. 2017. *The Cross: History, Art, and Controversy.* Cambridge, MA: Harvard University Press.

Johnstone, S. 1992. "On the Uses of Arson in Classical Rome." In C. Deroux, ed., *Studies in Latin Literature and Roman History* 6. Brussels: Latomus 217, 41–69.

Jones, A.H.M. 1960. *Studies in Roman Government and Law.* Oxford: Blackwell.

Jones, C. P. 2017. "The Historicity of the Neronian Persecution: A Response to Brent Shaw." *New Testament Studies* 63: 146–52.

Joucaviel, K., ed. 2005. *Quo Vadis? Contexte historique, littéraire, et artistique de l'oeuvre de Henryk Sienkiewicz.* Toulouse: Presses Universitaires de Mirail.

Karst, J. 1911. *Eusebius Werke, Band 5: Die Chronik.* Berlin: Akademie-Verlag.

Kastan, D. S. 1977. "*Nero* and the Politics of Nathaniel Lee." *Papers on Language and Literature* 13: 125–35.

Kellner, H. J. and W. Specht. 1961. "Feingehalt und Gewicht des Römischen Denars." *Jahrbuch für Numismatik und Geldgeschichte* 11: 43–51.

Kelly, J. M. 1957. *Princeps iudex. Eine Untersuchung zu den Grundlagen der kaiserlichen Gerichtsbarkeit.* Weimar: Böhlau.

Keresztes, P. 1984. "Nero, the Christians and the Jews in Tacitus and Clement of Rome." *Latomus* 43: 404–13.

Keynes, J. M. 1930. *A Treatise on Money.* London: Macmillan.

King C. E. and D. G. Wigg, eds. 1996. *Coin Finds and Coin Use in the Roman World.* Berlin: Mann.

Kleiner, F. S. 1985. *The Arch of Nero in Rome. A Study of the Roman Honorary Arch before and under Nero.* Rome: Bretschneider.

Kleiner, F. S. 2010. *The History of Roman Art.* Boston: Wadsworth.

Klette, E. Th. 1907. *Die Christenkatastrophe unter Nero nach ihren Quellen insbesondere nach Tac. Ann. XV, 44.* Tübingen: Mohr.

Koestermann, E. 1965. *Cornelius Tacitus. Ab excessu divi Augusti.* Leipzig: Teubner.

Koestermann, E. 1967. "Ein folgenschwerer Irrtum des Tacitus (Ann. 15.44, 2ff.)?" *Historia* 16: 456–69.

Koestermann, E. 1968. *Cornelius Tacitus, Annalen. Buch 14–16.* Heidelberg: Winter.

Kokkinos, N. 1990. "A Fresh Look at the *gentilicium* of Felix Procurator of Judaea." *Latomus* 49: 126–41.

Kragelund, P. 1988. "The Prefect's Dilemma and the Date of the Octavia." *CQ* 38: 492–508.

Krause, C. 1985. "Domus Tiberiana. Progetto di studio e di restauro, I." In M. Agostinelli, ed., *Roma. Archeologia nel centro, I: L'area archeologica centrale.* Rome: De Luca, 158–69.

Krause, C. 1987. "La Domus Tiberiana e il suo contesto urbano." In *L'Urbs. Espace urbain et histoire (Ier siècle av. J-C.–IIIe siècle ap. J.-C.).* Rome: École Française de Rome, 781–98.

Krause, C. 1994. "Domus Tiberiana I. Gli scavi." *Bollettino di Archeologia* 25–27: 1–254.

Krause, C. 1995. "Wo residierten die Flavier? Überlegungen zur flavischen Bautätigkeit auf dem Palatin." In F. E. König and S. Rebetez, eds., *Arculiana, receuil d'hommages offerts à Hans Bögli.* Avenches: LAOTT, 459–68.

Krause, C. 1995a. "Domus Tiberiana." *Lexicon Topographicum Urbis Romae* 2: 189–97.

Krause, C. 2009. "Domus Tiberiana. Divers secteurs récemment fouillés." *Dossiers d'Archéologie* 336: 80–83.

Krause, C. and D. Willers. 1986. *Domus Tiberiana: Nuove Richerche, Studi di Restauro.* Basel: Schwabe.

Kunkel, W. 1962. *Untersuchungen zur Entwicklung des römischen Kriminalverfahrens in vorsullansicher Zeit.* Munich: Beck.

Lampe, P. 2003. *From Paul to Valentinus: Christians at Rome in the First Two Centuries*, trans. M. Steinhauser. Minneapolis, MN: Fortress Press.

Lampe, P. 2015. "Roman Christians under Nero (54–68 CE)." In Puig i Tàrrech et al., 111–29.

Lancaster, L. C. 2005. *Concrete Vaulted Construction in Imperial Rome. Innovations in Context.* Cambridge: Cambridge University Press.

Lancaster, L. C. 2005a. "The Process of Building the Colosseum: The Site, Materials, and Construction Techniques." *JRA* 18: 57–82.

Lanciani, R. A. 1901. *The Destruction of Ancient Rome: A Sketch of the History of the Monuments.* New York: Blom, repr. 1967.

Landels, J. 1978. *Engineering in the Ancient World.* London: Chatto and Windus.

La Regina, A. 2001. *Sangue e arena.* Milan: Electa.

La Rocca, E. 1986. "Il lusso come espressione de potere." In M. Cima and E. La Rocca, eds., *Le tranquille dimore degli dei. La residenza imperiale degli horti Lamiani.* Venice: Marsilio, 3–35.

La Rocca E. 2017. "Staging Nero: Public Imagery and the Domus Aurea." In Bartsch, Freudenburg, and Littlewood, 195–212.

Last, H. 1937. "The Study of the 'Persecutions.'" *JRS* 27: 80–92.

Lavagne, H. 1970. "Le nymphée au Polyphème de la Domus Aurea." *Mélanges d'Archéologie et d'Histoire de l'École Française de Rome* 82: 673–721.

Lawrence, J. M. 1978. "Nero Redivivus." *Fides et Historia* 11: 54–66.

Leach, E. W. 2004. *The Social Life of Painting in Ancient Rome and on the Bay of Naples*. Cambridge: Cambridge University Press.

Lega, C. 1989–1990. "Il Colosso di Nerone." *Bullettino della Commissione Archeologica Comunale di Roma* 93: 339–78.

Lega, C. 1993. "Colossus: Nero." *Lexicon Topographicum Urbis Romae* 1: 295–98.

Levick, B. 2015. *The Emperor Claudius*. Second edition. London: Routledge.

Libby, B. 2011. *Telling Troy: The Narrative Functions of Troy in Roman Poetry*. PhD dissertation, Princeton University.

Lind, L. 2009. "Nero's Monetary Reform in AD 64, the Silver Coins, Gresham's Law and the Printing Press." *RIN* 110: 261–96.

Lo Cascio, E. 1981. "State and Coinage in the Late Republic and Early Empire." *JRS* 71: 76–86.

Lo Cascio, E. 1994. "The Size of the Roman Population: Beloch and the Meaning of the Augustan Census." *JRS* 84: 23–40.

Lo Cascio, E. 1996. "How Did the Romans View Their Coinage and Its Function?" In King and Wigg, 273–87.

Lo Cascio, E. 2001. "La population." In *La ville de Rome sous le haut-empire (Pallas 55)*. Toulouse-Le Mirail: Université du Mirail, 179–98.

Lo Cascio, E. 2008. "The Function of Gold Coinage in the Monetary Economy of the Roman Empire." In W. V. Harris, ed., *The Monetary Systems of the Greeks and Romans*. Oxford: Oxford University Press, 160–73.

L'Orange, H. P. 1942. *Domus Aurea—der Sonnenpalast*. Oslo: Symbolae Osloenses, Serta Eitremiana.

L'Orange, H. P. 1953. *Studies on the Iconography of Cosmic Kingship*. Oslo: Aschehoug.

Lott, J. B. 2013. "Regions and Neighbourhoods." In P. Erdkamp, ed., *The Cambridge Companion to Ancient Rome*. Cambridge: Cambridge University Press, 169–88.

Louis, A. 1981. "Des thermies et des hommes." *La Revue des Ingénieurs du Ministère de L'Équipement*, 113–19.

Lovisi, C. 1999. *Contribution à l'étude de la peine de mort sous la République romaine (509–149 av. J.-C.)*. Paris: de Boccard.

Lugli, G. 1961. "La Roma di Domiziano nei versi di Marziale e di Stazio." *Studi Romani* 9: 1–17.

Lugli, G. 1968. *Nero's Golden House*. Rome: Bardi Editore.

Luomanen, P. 2008. "Nazarenes." In A. Marjanen and P. Luomanen, eds., *A Companion to Second Century "Heretics"* Leiden: Brill, 279–314.

MacDonald, W. L. 1982. *The Architecture of the Roman Empire*. Volume 1. Revised edition. New Haven, CT: Yale University Press.

MacDowall, D. W. 1979. *The Western Coinage of Nero*. New York: American Numismatic Society.

Madsen, J. M. 2020. *Cassius Dio*. London: Bloomsbury Academic.

Maier, F. G. 1954. "Römische Bevölkerungsgeschichte und Inschriftenstatistik." *Historia* 2: 318–51.

Malamud, M. 2009. *Ancient Rome and Modern America*. London: Wiley-Blackwell.

Manuwald, G. 2013. *Nero in Opera. Librettos as Transformations of Ancient Sources*. Berlin: de Gruyter.

Marshall, A. R. 2008. "Law and Luxury in Augustan Rome (Tacitus, *Annals* 3.53–4)." *Journal of Ancient Civilizations* 23: 97–117.

Marti, B. M. 1950. "Vacca in Lucanum." *Speculum* 25: 198–214.

May, G. 1938. "La politique religieuse de l'Empereur Claude." *Revue historique de droit francais et étranger* 17:1–46.

Medri, M. 1996. "Suet., Nero, 31.1: Elemente e proposte per la ricostruzione del progetto della Domus Aurea." In Panella, 165–88.

Meiggs, R. 1973. *Roman Ostia*. Second edition. Oxford: Oxford University Press.

Meneghini, R., A. Corsaro, and B. P. Caboni. 2009. "Il Templum Pacis alla luce dei recenti scavi." In Coarelli, 190–201.

Mercando, L. 1966. "Area sacra di S. Omobono: Esplorazione della fase repubblicana: I: Saggi di scavo sulla platea dei templi gemelli." *Bullettino della Commissione Archeologica Comunale di Roma* 79 (1963–1964): 35–67.

Merten, J. 2016. *Nero. Kaiser, Künstler und Tyrann*. Darmstadt: Theiss.

Metzger, B. M. 1977. *The Early Versions of the New Testament*. Oxford: Oxford University Press.

Meyboom, P.G.P. and E. M. Moormann. 2013. *Le decorazioni dipinte e marmoree della Domus Aurea di Nerone a Roma*. Leuven: Peeters.

Millar, F.G.B. 1962. "The Date of the *Constitutio Antoniana*." *JEA* 48: 124–31.

Mirri, L. 1776. *Le antiche camere delle Terme di Tito e loro pitture*. Rome: Generoso Salomoni.

Mitchell, M. M. and F. M. Young, eds. 2006. *The Cambridge History of Christianity*. Volume 1. Cambridge: Cambridge University Press.

Momigliano, A. 1934. "Nero." *Cambridge Ancient History* 10: 702–42.

Morel J.-P. 1987. "La topographie de l'artisanat et du commerce dans la Rome antique." In *L'Urbs. Espace urbain et histoire (Ier siècle av. J-C.–IIIe siècle ap. J.-C)*. Rome: École Française de Rome, 127–55.

Morel J.-P. and F. Villedieu. 2002. "La Vigna Barberini à l'époque néronienne." *Neronia* 6: 74–96.

Morford, M. 1968. "The Distortion of the Domus Aurea Tradition." *Eranos* 66: 158–79.

Morricone Matini, M. L. 1987. "Edificio sotto il tempio di Venere e Roma." In *Studi per Laura Breglia*. Rome: Istituto Poligrafico e Zecca dello Stato, Libreria dello Stato (*Bollettino di numismatica* Suppl. 4), 3: 69–82.

Moss, C. 2013. *The Myth of Persecution: How Early Christians Invented a Story of Martyrdom*. New York: HarperOne.

Nash, E. 1968. *Pictorial Dictionary of Ancient Rome*. Second edition. London: Thames and Hudson.

Newbold, R. F. 1974. "Some Social and Economic Consequences of the AD 64 Fire at Rome." *Latomus* 33: 858–69.

Newton, F. 1999. *The Scriptorium and Library at Monte Cassino: 1058–1105*. Cambridge: Cambridge University Press.

Niebling, G. 1956. "Laribus Augustis Magistri Primi. Der Beginn des Compitalkultes der Lares und des Genius Augusti." *Historia* 5: 303–31.

Nielsen, I. 1993. *Thermae et Balnea: The Architecture and Cultural History of Roman Public Baths.* Second edition. Aarhus: Aarhus University Press.

Nippel, W. 1995. *Public Order in Ancient Rome.* Cambridge: Cambridge University Press.

Nordh, A. 1949. *Libellus de regionibus urbis Romae.* Lund: Gleerup.

Oates, W. J. 1934. "The Population of Rome." *CP* 29: 101–16.

Ogilvie, R. M. 1965. *A Commentary on Livy. Books 1–5.* Oxford: Clarendon Press.

Pailler, J.-M. 1985. "Rome aux cinq regions?" *Mélanges d'Archéologie et d'Histoire de l'École Française de Rome* 97: 785–97.

Palmer, R.E.A. 1976. "Jupiter Blaze, Gods of the Hills, and the Roman Topography of *CIL* VI. 377." *AJA* 80: 43–56.

Palmer, R.E.A. 1976–77. "The *Vici Luccei* in the *Forum Boarium* and Some Lucceii in Rome." *Bullettino della Commissione Archeologica Comunale di Roma* 85: 135–61.

Palombi, D. 1990. "Gli Horrea della Via Sacra: dagli appunti di G. Boni ad una ipotesi du Nerone." *Dialoghi di Archeologia* ser.III 8, No. 1: 53–72.

Panella, C. 1985. "Scavo nella platea del Tempio di Venere e Roma." In Soprintendenza archeologica di Roma, *Roma. Archeologia nel centro.* Rome: De Luca, 106–12.

Panella, C. 1990. " La valle del Colosseo nell' antichità." *Bollettino di Archeologia* 1–2: 34–88.

Panella, C. 1995. "Domus Aurea: Area dell Stagnum." *Lexicon Topographicum Urbis Romae* 2: 51–55.

Panella, C., ed. 1996. *Meta Sudans, I. Un area sacra 'in Palatio' e la valle del Colosseo prima e dopo Nerone.* Rome: Istituto Poligrafico e Zecca dello Stato.

Panella, C. 1996a. "Meta Sudans." *Lexicon Topographicum Urbis Romae* 3: 247–49.

Panella, C. 2001. "La valle del Colosseo e la Meta Sudans." In La Regina, 49–67.

Panella, C. 2006. "Il Palatino nord-orientale: nuove conoscenze, nuove riflessioni." *Scienze dell' Antichità* 13: 265–99.

Panella, C. 2007. "Scavo delle pendici nord-orientali del Palatino (*Regio X*)." In Tomei, 76–84.

Panella, C. 2007b. "Piazza del Colosseo: Scavo dell'area della *Meta Sudans.*" In Tomei, 85–86.

Panella, C. 2009. "Nuovi scavi sulle pendici del Palatino." In Coarelli, 290–93.

Panella, C. 2009a. "Meta/Metae. Topographie et propagande dans la Rome impériale." *Dossiers d'Archéologie* 336: 88–89.

Panella, C. 2011. "Nerone e il grande incendio del 64 d.C." In Tomei and Rea, 76–91.

Panella, C. 2011a. "La Domus Aurea nella valle del Colosseo e sulle pendici della Velia e del Palatino." In Tomei and Rea, 160–69.

Panella, C., ed. 2013. *Scavare nel Centro di Roma. Storie, Uomini, Paesaggi.* Rome: Quasar.

Panella, C. and V. Cardarelli. 2017. *Valle del Colosseo e pendici nord-orientali del Palatino. Materiali e Contesti 3.* Rome: Scienze e lettere.

Panella, C. and L. Saguì, eds. 2013a. *Valle del Colosseo e pendici nord-orientali del Palatino. Materiali e Contesti 1.* Rome: Scienze e lettere.

Panella, C. and L. Saguì, eds. 2013b. *Valle del Colosseo e pendici nord-orientali del Palatino. Materiali e Contesti 2.* Rome: Scienze e lettere.

Papi, E. 1995. "Domus Aurea: Porticus Triplices Milliariae." *Lexicon Topographicum Urbis Romae* 2: 55–56.

Papi, E. 1995a. "Domus Domitiana." *Lexicon Topographicum Urbis Romae* 2: 92.

Pardini, G. and A. F. Ferrandes, eds. 2016. *Le regole del gioco. Tracce Archeologi Racconti. Studi in onore di Clementina Panella.* Rome: Quasar.

Parkin, T. G. 1992. *Demography and Roman Society.* Baltimore, MD: Johns Hopkins University Press.

Parkin, T. G. and A. J. Pomeroy. 2007. *Roman Social History: A Sourcebook.* London: Routledge.

Pascal, C. 1900. *L'incendio di Roma e i primi christiani.* Turin: Loescher.

Pascal, C. 1901. "Di una nuova fonte per l'incendio neroniano." *Atene e Roma* 27: 131–32.

Pavolini, C. 1993. *Caput Africae. I. Indagini archeologiche a Piazza Celimontana (1984–1988).* Rome: Istituto Poligrafico e Zecca dello Stato.

Pavolini, C. 2006. *Archeologia e topographia della regione II (Celio). Lexicon Topographicum Urbis Romae:* Supplementum III. Rome: Quasar.

Pavolini, C. et al. 1993. "La topographia antica della sommità del Celio: gli scavi nell'Ospedale Militare." *MDAI(R)* 100: 443–505.

Peden, J. R. 1984. "Inflation and the Fall of the Roman Empire." *Seminar on Money and Government.* Houston, TX: https://mises.org/library/inflation-and -fall-roman-empire, accessed March 5, 2020.

Pelling, C. 1997. "Biographical History? Cassius Dio on the Early Principate." In M. J. Edwards and S. Swain, eds., *Portraits: Biographical Representation in the Greek and Latin Literature of the Roman Empire.* Oxford: Clarendon Press, 117–44.

Pensabene, P. and F. Caprioli. 2009. "La decorazione architettonica d'età flavia." In Coarelli, 110–15.

Perrin, Y. 1983. "Neronisme et urbanisme." *Atti del Centro di ricerche e documentazione sull'antichità classica (Neronia 3),* 65–78.

Perrin, Y. 2009. "Les résidences de Néron." *Dossiers d'Archéologie* 336: 50–54.

Piel, F. 1962. *Die Ornamente-Grotteske in der italienischen Renaissance. Zu ihrer kategorialen Struktur und Entstehung.* Berlin: de Gruyter.

Pisani Sartorio, G. 1995. "Fortuna et Mater Matuta, aedes." *Lexicon Topographicum Urbis Romae* 2: 281–85.

Pollini, J. 2017. "Burning Rome, Burning Christians." In Bartsch, Freudenburg, and Littlewood, 213–36.

Poulle, B. 2010. "Néropolis." *Latomus* 69: 359–65.

Priester, S. 2002. *Ad summas tegulas: Untersuchungen zu vielgeschossigen Gebäudeblöcken mit Wohneinheiten und Insulae im kaiserzeitlichen Rom. Bulletino della Commissione archeologica comunale di Roma,* suppl. 11. Rome: Bretschneider.

Pritchard, J. E. 1969. *Ancient Near Eastern Texts Relating to the Bible.* Third edition. Princeton, NJ: Princeton University Press.

Profumo. 1905. *Le fonti ed i tempi dell'Incendio Neroniano.* Rome: Forzani.

Puig i Tàrrech, A., J.M.G. Barclay, and J. Frey, eds. 2015. *The Last Years of Paul's Life*. Tübingen: Mohr Siebeck.

Purcell, N. 1987. "Town in Country and Country in Town." In E. B. MacDougall, ed., *Ancient Roman Villa Gardens*. Washington, DC: Dumbarton Oaks Research Library and Collection, 185–203.

Purcell, N. 1995. "Forum Romanum (The Repubican Period)." *Lexicon Topographicum Urbis Romae* 2: 325–36.

Quenemoen, C. K. 2014. "Columns and Concrete: Architecture from Nero to Hadrian." In R. B. Ulrich and C. K. Quenemoen, eds., *A Companion to Roman Architecture*. Malden, MA: Blackwell, 63–81.

Rainbird, J. S. 1986. "Fire Stations of Imperial Rome." *PBSR* 54: 147–69.

Ramieri, A. M. 1996. *I servizi pubblici*. Rome: Quasar.

Rathbone, D. 1996. "Monetization, Not Price-Inflation, in Third Century A.D. Egypt?" In King and Wigg, 321–39.

Rathbone, D. 1997. "Prices and Price Formation in Roman Egypt." In J. Andreau, P. Briant, and R. Descat, eds., *Économie antique: prix et formation des prix dans les économies antiques*. Saint-Bertrand-de-Comminges: Musée archéologique départemental de Saint-Bertrand-de-Comminges, 183–244.

Rathbone, D. 2008. "Nero's Reforms of *Vectigalia* and the Inscription of the *Lex Portorii Asiae*." In M. Cottier, ed., *The Customs Law of Asia*. Oxford: Oxford University Press, 251–78.

Rauch, A. von. 1857. "Über die römischen Silbermünzen und den innern Wert derselben." *Mittheilungen der numismatischen Gesellschaft in Berlin* 3: 282–308.

Rea, R. 1987/88. "Anfiteatro Flavio. Area ipogea: struttura in blocchi." *Bullettino della Commissione Archeologica Comunale di Roma* 19: 325–28.

Rea, R. 2000. "Studying the Valley of the Colosseum (1970–2000): Achievements and Prospects." *JRA* 13: 93–101.

Rea, R. 2001. "L'anfiteatro Flavio di Roma: note strutturali e di funziamento." In La Regina, 69–77.

Rea, R. 2009. "Prima dell'anfiteatro e dopo il Colosseo: costruzione e distruzione. Note sulla statuaria." In Coarelli, 136–51.

Rea, R., H. J. Beste, and L. C. Lancaster. 2002. "Il cantiere del Colosseo." *MDAI(R)* 109: 341–75.

Rea, R., H.-J. Beste, F. del Vecchio, and P. Campagna. 2000. "Sotterranei del Colosse: ricerca preliminare al progetto di ricostruzione del piano dell'arena." *MDAI(R)* 107: 311–39.

Reinach, T. 1924. "La première allusion au christianisme dans l'histoire: sur un passage énigmatique d'une lettre de Claude." *Revue de l'histoire des religions* 90: 108–22.

Reitzenstein, R. 1978. *Hellenistic Mystery Religions. Their Basic Ideas and Significance*. Third edition. Pittsburgh, PA: Pickwick Press.

Rendina, L. M. and G. Schingo. 1987–88. "Anfiteatro Flavio: Saggio nelle fondazioni." *Bullettino della Commissione Archeologica Comunale di Roma* 92: 323–35.

Renehan, R. 1968. "Chrestus or Christus in Tacitus." *PP* 122: 368–70.

Reynolds, P.K.B. 1926. *The Vigiles of Imperial Rome*. Oxford: Oxford University Press.

Ricci, C. 2018. *Security in Roman Times: Rome, Italy and the Emperors*. London: Routledge.

Rich, J. W. 1990. *Cassius Dio. The Augustan Settlement (Roman History 53–55.9)*. Warminster: Aris and Phillips.

Richardson, L. 1992. *A New Topographical Dictionary of Ancient Rome*. Baltimore, MD: Johns Hopkins University Press.

Rickman, G. 1971. *Roman Granaries and Store Buildings*. Cambridge: Cambridge University Press.

Riesner, R. 1994. *Die Frühzeit des Apostels Paulus. Studien zur Chronologie, Missionsstrategie und Theologie*. Wissenschaftliche Untersuchungen zum Neuen Testament 71. Tübingen: Mohr.

Roberts, L. G. 1918. "The Gallic Fire and Roman Archives." *Memoirs of the American Academy in Rome* 2: 55–65.

Robinson, O. F. 1977. "Fire Prevention at Rome." *RIDA* 24: 377–88.

Robinson, O. F. 1992. *Ancient Rome. City Planning and Administration*. London: Routledge.

Rodgers, R. H. 1982. "Frontinus Aq. 76.2: An Unnoticed Fragment of Caelius Rufus?" *AJPh* 103: 333–37.

Rodgers, R. H. 2004. *Frontinus, De aquaeductu urbis Romae*. Cambridge: Cambridge University Press.

Rodríguez-Almeida, E. 1993. "Arae Incendii Neroniani." *Lexicon Topographicum Urbis Romae* 3.76–77.

Rodríguez-Almeida, E. 1993a. "Aemiliana." *Lexicon Topographicum Urbis Romae* 1: 19–20.

Roller, D. W. 2018. *A Historical and Topographical Guide to the Geography of Strabo*. Cambridge: Cambridge University Press.

Roman, L. 2010. "Martial and the City of Rome." *JRS* 100: 88–117.

Rossi, G. B. de and L. Duchesne. 1894. *Martyrologium Hieronymianum*. In C. de Smedt et al., *Acta Sanctorum Novembris*. Vol. 2. Part 1. Brussels: Société Belge de Librarie 3, 195.

Rougé, J. 1974. "L'incendie de Rome en 64 et l'incendie de Nicomédie en 303." In *Mélanges d'histoire ancienne offerts à William Seston*. Paris: de Boccard, 433–41.

Royo, M. 1999. *Domus imperatoriae. Topographie, formation et imaginaire des Palais impériaux du Palatin (IIe siècle av. J.-C.–Ier siècle ap. J.-C.)*. Rome: École Française de Rome.

Rubin, L. 2004. *"De incendiis urbis Romae": The Fires of Rome in their Urban Context*. PhD dissertation, SUNY Buffalo.

Ruciński, S. 2003. "Le rôle du préfet des vigiles dans le maintien de l'ordre public dans la Rome impériale." *Eos* 90: 261–74.

Rutgers, L. V. 1994. "Roman Policy towards the Jews: Expulsions from the City of Rome during the First Century C.E." *Classical Antiquity* 13: 56–74.

Sablayrolles, R. 1996. *Libertinus miles. Les cohortes de vigiles. Collection de l'École Française de Rome no. 224*. Rome: École française de Rome.

Saguì, L. 2013. "Area delle 'Terme di Elagabalo'; tre millenni di storia alle pendici del Palatino." In Panella, 133–51.

Saguì, L. and M. Cante. 2016. "Pendici nord-orientali del Palatino: ultime noveltà dalle 'Terme di Elagabalo.'" In Pardini and Ferrandes, 443–61.

Sanguinetti, F. 1958. "Il mosaico del ninfeo ed altre recenti scoperte nella Domus Aurea." *Bollettino del centro di studi per la storia dell'architettura* 12: 35–45.

Saumagne, C. 1962. "Les Incendiaires de Rome (ann. 64 p. C.) et les lois pénales des Romains (Tacite, *Annales*, XV, 44)." *Revue Historique* 227: 337–60.

Saumagne, C. 1964. "Tacite et saint Paul." *Revue Historique* 232: 67–110.

Savot, L. 1627. *Discours sur les medailles antiques.* Paris: Cramoisy.

Scheda, G. 1967. Nero und der Brand Roms." *Historia* 16: 111–15.

Schingo, G. 2001. "Gli sterri del 1939 per la costruzione della metropolitana: dati archeologici inediti della valle del Colosseo." *Bullettino della Commissione Archeologica Comunale di Roma* 102: 129–46.

Schmitt, T. 2011. "Die Christenverfolgung unter Nero." In Heid et al., 517–37.

Schmitt, T. 2012. "Des Kaisers Inszenierung: Mythologie und neronische Christenverfolgung." *Zeitschrift für Antikes Christentum* 16: 487–515.

Sear, F. 1977. *Roman Wall and Vault Mosaics.* Heidelberg: Kerle.

Segala, E. and I. Sciortino. 1999. *Domus Aurea.* Milan: Electa.

Sevenster, J. N. 1961. *Paul and Seneca.* Leiden: Brill.

Shannon, K. 2012. "Memory, Religion and History in Nero's Great Fire: Tacitus *Annals* 15. 41–7." *CQ* 62: 749–65.

Shannon-Henderson, K. 2019. *Religion and Memory in Tacitus' Annals.* Oxford: Oxford University Press.

Shaw, B. 2015. "The Myth of the Neronian Persecution." *JRS* 105: 73–100.

Shaw, B. 2018. "Response to Christopher Jones: The Historicity of the Neronian Persecution." *New Testament Studies* 64: 231–42.

Sherwin-White, A. N. 1963. *Roman Society and Roman Law in the New Testament.* Oxford: Clarendon Press.

Slingerland, H. D. 1997. *Claudian Policymaking and the Early Imperial Repression of Judaism at Rome.* Atlanta, GA: Scholars Press.

Smallwood, E. M. 1959. "The Alleged Jewish Tendencies of Poppaea Sabina." *JThS* 10: 329–35.

Smallwood, E. M. 1976. *The Jews under Roman Rule: From Pompey to Diocletian.* Leiden: Brill.

Smallwood, E. M. 1999. "The Diaspora in the Roman Period before CE 70." *The Cambridge History of Judaism.* Cambridge: Cambridge University Press, 3: 168–91.

Smallwood, E. M., ed. 2011, reprint edition. *Documents Illustrating the Principates of Gaius, Claudius and Nero.* Cambridge: Cambridge University Press.

Smith, R.R.R. 2000. "Nero and the Sun-god: Divine Accessories and Political Symbols in Roman Imperial Images." *JRA* 13: 532–42.

Solin, H. 1983. "Juden and Syrer im westlichen Teil der römischen Welt: Eine ethnisch-demographische Studie mit besonderer Berücksichtigung der sprachlichen Zustande." *ANRW* 2.29.2: 587–789.

Sordi, M. 1999. "L'incendio neroniano e la persecuzione dei Cristiani nella storiografia antica." *Néron: histoire et légende. Neronia* 5: 105–12.

Spier, J. 2007. *Late Antique and Early Christian Gems*. Wiesbaden: Reichert.

Squire, M. 2013 "'Fantasies so Varied and Bizzare': The Domus Aurea, the Renaissance and the 'Grotesque.'" In Buckley and Dinter, 444–64.

Ste. Croix, G.E.M. de. 2006. *Christian Persecution, Martyrdom, and Orthodoxy*. Oxford: Oxford University Press.

Stern, M. 1979. "Expulsions of the Jews from Rome in Antiquity." *Zion* 44: 1–27.

Storey, G. R. 1997. "The Population of Ancient Rome." *Antiquity* 71: 966–78.

Stortz, H. and S. Prückner. 1974. "Beobachtungen am Oktagon der Domus Aurea." *MDAI(R)* 81: 323–39.

Strazzulla, M. J. 2006. "Ancora sul frontone di via di San Gregorio: alcune considerazioni." *Scienze dell'Antichità* 13: 249–64.

Sutherland C.H.V. 1987. *Roman History and Coinage. 44 BC–AD 69*. Oxford: Clarendon Press.

Swan, P. M. 2004. *The Augustan Succession: An Historical Commentary on Cassius Dio's Roman History, Books 55–56 (9 B.C.–A.D. 14)*. Oxford: Oxford University Press.

Syme, R. 1958. *Tacitus*. Oxford: Clarendon Press.

Syme, R. 1983. "Eight Consuls from Patavium." *PBSR* 51: 102–14.

Talbert, R.J.A. 1984. *The Senate of Imperial Rome*. Princeton, NJ: Princeton University Press.

Tamm, B. 1963. *Auditorium and Palatium*. Stockholm: Almquist & Wiksell.

Taylor, J. 1994. "Why Were the Disciples First Called 'Christians' at Antioch? (Acts 11, 26)." *Revue biblique* 101: 75–94.

Taylor, R. M. 2003. *Roman Builders. A Study in Architectural Process*. Cambridge: Cambridge University Press.

Taylor, R. M., K. W. Rinne, and S. Kostof. 2016. *Rome: An Urban History from Antiquity to the Present*. Cambridge: Cambridge University Press.

Thornton, M.E.K. 1971. "Nero's New Deal." *TAPA* 182: 621–29.

Tinniswood, A. 2003. *By Permission of Heaven: The Story of the Great Fire of London*. London: Jonathan Cape.

Tomei, M.-A. 1993. "Sul Tempio di Giove Stator al Palatino." *Mélanges d'Archéologie et d'Histoire de l'École Française de Rome*. 105: 621–59.

Tomei, M.-A., ed. 2007. *Roma. Memorie dal sottosuolo. Ritrovamenti archaeologici (1980–2006)*. Roma: Electa.

Tomei, M.-A. 2011. "Nerone sul Palatino." In Tomei and Rea, 118–35.

Tomei, M.-A. and M. G. Filetici, eds. 2011. *Domus Tiberiana. Scavi e restauri 1990–2011*. Milan: Electa.

Tomei, M.-A. and R. Rea, eds. 2011. *Nerone*. Milan: Electa.

Tomei, M.-A. 2013. "Le Residenze sul Palatino dall'età repubblicana all'età antonina." In N. Sojc, A. Winterling, and U. Wulf-Rheidt, eds., *Palast und Stadt im Severischen Rom*. Stuttgart: Steiner, 61–83.

Townend, G. 1960. "The Sources of the Greek in Suetonius." *Hermes* 88: 98–120.

Toynbee, J.M.C. 1947. "Ruler-Apotheosis in Ancient Rome." *NC* 7: 126–49.

Tulloch, J. and M. Alvarado. 1983. *Doctor Who: The Unfolding Text*. London: MacMillan.

Van Dam, H.-J. 1984. *P. Papinius Statius, Silvae Book II. A Commentary*. Leiden: Brill.

Van Deman, E. B. 1923. "The Neronian Sacra Via." *AJA* 27: 383–424.
Van Deman, E. B. and A. G. Clay. 1925. "The Sacra Via of Nero." *MAAR* 5: 115–26.
Van Essen, C. C. 1954. "La topographie de la Domus Aurea Neronis." *Medelingen der Koniglijke Nederlandse Akademie van Wetenschappen, Afd. Letterkunde* 17.12: 371–98.
Van Essen, C. C. 1955. "La découverte du Laocoon." *Mededelingen der Koniglijke Nederlandse Akademie van Wetenschappen, Afd. Letterkunde* 18.12: 291–308.
Viklund, R. 2010. "Tacitus as a Witness to Jesus—An Illustration of What the Original Might Have Looked Like." *Jesus Granskad* (October 2) at http://rogerviklund.wordpress.com/2010/10/02/, accessed March 5, 2020.
Villedieu, F. N., N. André, M. L. Del Tento, and A. Arnoldus-Huyzendveld, eds. 2007. *La Vigna Barberini. II: Domus, palais impérial et temples.* Rome: École française de Rome e Soprintendenza archeologica di Roma.
Villedieu, F. N. 2009. "Vestiges des palais impériaux sous la Vigna Barberini." *Dossiers d'Archéologie* 336: 84–85.
Villedieu, F. N. 2009a. "Les édifices d'époque impériale mis au jour sur le site de la Vigna Barberini (Rome, Palatin)." *Revue archéologique* 1: 193–97.
Villedieu, F. N. 2010. "La *Cenatio Rotunda* de la maison dorée de Néron sur le site de la Vigna Barberini." *Académie des Inscriptions et Belles-lettres. Comptes Rendus.* 3: 1089–1114.
Villedieu, F. N. 2011. "La 'coenatio rotunda' neroniana e altre vestigia nel sito della Vigna Barberini al Palatino." *Bollettino d'Arte* 96.12: 1–28.
Villedieu, F. N. 2011a. "Une construction néronienne mise au jour sur le site de la Vigna Barberini: la cenatio rotunda de la Domus Aurea?" *Neronia Electronica: revue électronique* 1: 38–53.
Villedieu, F. N. 2016. "La 'cenatio rotunda' de Néron: état des recherches." *Comptes Rendus. Académie des Inscriptions et Belles-Lettres* 1: 106–26.
Viscogliosi, A. 2011. "'Qualis artifex pereo.' L'architettura neroniana." In Tomei and Rea, 92–107.
Wallat, K. 2004. *Sequitur clades. Die Vigiles im antiken Rom. Studien zur klassischen Philologie Band* 146. Frankfurt: Peter Lang.
Walsh, J. J. 2019. *The Great Fire of Rome: Life and Death in the Ancient City.* Baltimore, MD: Johns Hopkins University Press.
Walsh, P. 1970. *The Roman Novel.* Cambridge: Cambridge University Press.
Warden, P. G. 1981. "The Domus Aurea Reconsidered." *Journal of the Society of Architectural Historians* 40: 271–78.
Wardle, D. 2014. *Suetonius: Life of Augustus—Vita Divi Augusti.* Oxford: Oxford University Press.
Ward-Perkins, J. B. 1956. "Nero's Golden House." *Antiquity* 30: 209–19.
Ward-Perkins, J. B. 1956a. "Roman Concrete and Roman Palaces." *Listener* 56: 701–703.
Warmington, B. H. 1969. *Nero: Reality and Legend.* London: Chatto and Windus.
Welch, K. 2007. *The Roman Amphitheatre. From Its Origins to the Colosseum.* Cambridge: Cambridge University Press.
Wellesley, K. 1986. *Tacitus, Cornelius: Cornelii Taciti Libri qui supersunt. Ab excessu divi Augusti libri XI–XVI.* Leipzig: Teubner.

Werner, P. O. 1906. *De incendiis urbis Romae aetate imperatorum.* Leipzig: Noske.

Whittaker, C. R. 1980. "Inflation and the Economy in the Fourth Century." In C. E. King, ed., *Imperial Revenue, Expenditure and Monetary Policy in the Fourth Century.* Oxford: British Archaeological Reports 76: 1–22.

Wiedemann, T.E.J. 1996. "Tiberius to Nero." *Cambridge Ancient History.* Volume 10. Second edition. Cambridge: Cambridge Unversity Press, 198–255.

Wilshire, L. E. 1973. "Did Ammianus Marcellinus Write a Continuation of Tacitus?" *CJ* 68: 221–27.

Wilson, A. 2011. "City Sizes and Urbanization in the Roman Empire." In A. Bowman and A. Wilson, eds., *Settlement, Urbanization and Population.* Oxford: Oxford University Press.

Winkler, M. 2001. "The Roman Empire in American Cinema after 1945." In S. Joshel, M. Malamud, and D. T. McGuire, eds., *Ancient Rome in Modern Popular Culture.* Baltimore, MD: Johns Hopkins University Press, 50–76.

Winkler, M. 2017. "Nero in Hollywood." In Bartsch, Freudenburg, and Littlewood, 318–32.

Wiseman, T. P. 2008. "'Octavia' and the Phantom Genre." *Unwritten Rome.* Exeter: Exeter University Press, 200–209.

Wiseman, T. P. 2013. "The Palatine, from Evander to Elagabalus." *JRS* 103: 234–68.

Wiseman, T. P. 2017. "Iuppiter Stator in Palatio. A New Solution to an Old Puzzle." *MDAI(R)* 123: 13–45.

Wiseman, T. P. 2019. *The House of Augustus: A Historical Detective Story.* Princeton, NJ: Princeton University Press.

Witcher, R. 2005. "The Extended Metropolis: Urbs, Suburbium and Population." *JRA* 18: 120–38.

Wolters, R. 2003. "The Emperor and the Financial Deficits of the *Aerarium* in the Early Roman Empire." In E. Lo Cascio, ed., *Credito e moneta nel mondo romano.* Bari: Edipuglia, 147–60.

Woodman, A. J. 2004. *The Annals. Tacitus. Translated, with Introduction and Notes.* Indianapolis, IN: Hackett.

Wyke, M. 1994. "Make Like Nero! The Appeal of a Cinematic Emperor." In Elsner and Masters, 11–28.

Yavetz, Z. 1975. "Forte an dolo principis (Tac. Ann. 15.38)." In B. Levick, *The Ancient Historian and His Materials. Essays in Honour of C. E. Stevens.* Farnborough: Gregg, 181–97.

Zamperini, A. 2008. *Ornament and the Grotesque: Fantastical Decoration from Antiquity to Art Nouveau,* trans. P. Spring. London: Thames and Hudson.

Zara, E. 2009. "The Chrestianos Issue in Tacitus Reinvestigated." http://www .textexcavation.com/documents/zaratacituschrestianos.pdf, accessed March 5, 2020.

Zeggio, S. 1996. "La stratigrafia relativa alla trasformazione neroniana dell'area sacra: alcune precisazioni." In Panella, 159–63.

Zeggio, S. and G. Pardini. 2007. "Roma-Meta Sudans. I monumenti. Lo scavo. La storia." *Fasti. Online Documents and Research.* 1–25: https://core.ac.uk /download/pdf/33149895.pdf, accessed March 5, 2020.

Zevi, F. 2016. "I Fasti di Privernum." *ZPE* 197: 287–305.

Ziółkowski, A. 1992. *The Temples of Mid-Republican Rome and Their Historical and Topographical Context*. Rome: Bretschneider.

Ziółkowski, A. 2004. *Sacra Via. Twenty Years After*. Warsaw: Fundacja im. Rafała Taubenschlaga.

Zwierlein, O. 2009. *Petrus in Rom: Die literarischen Zeugnisse: mit einer kritischen Edition der Martyrien des Petrus und Paulus auf neuer handschriftlicher Grundlage*. Berlin: De Gruyter.

Zwierlein, O. 2011. "Petrus in Rom? Die literarischen Zeugnisse." In Heid et al., 444–67. Reprinted in O. Zwierlein. 2013. *Petrus und Paulus in Jerusalem und Rom: vom Neuen Testament zu den apokryphen Apostelakten*. Berlin: de Gruyter, 5–30.

索　引

（索引页码为原著页码，即本书边码）

罗马人如果有族名，通常按族名来进行索引。但一些著名人物，比如历代皇帝，则以人们熟悉的命名形式来进行索引。

有关最重要的史料来源的条目，如有关老普林尼、塔西佗、苏埃托尼乌斯和狄奥，仅限于对他们所发现的证据进行深入讨论。

Greece, 23, 107, 214, 234, 245, 264, 298n4
Guazzoni, Enrico, 257
Gwinne, Matthew, 254

Hadrian, 14, 15, 20, 49, 74, 84, 99, 135, 154, 184, 193, 197, 198, 201, 204, 215, 229, 249, 284n24
Hammurabi, 28
Handel, George Frederic, 255
Harper's Weekly, 27, 131, 284n63
Hattusa, 28
height restrictions, 41–42, 176–178, 262, 263
Henry VIII, 229
Hercules, 201
Hercules, Altar of, 13, 104, 261
Hercules and Muses, Temple of, 279n103
Herennius Senecio, 273n50
Herodian, 187
Hesse, Grand Duke of, 191
Hittites, 28
Horace, 27, 28, 62, 121
Horatius, 18
Hortensius, orator, 68
Hubert, Robert, 173

insula, 34, 41, 42, 92, 96, 103, 104, 176, 178–179, 180, 233, 264, 265, 280nn117 and 118, 306
interpolation, 158, 160, 161, 162, 170–173, 288n61, 291n116
involvement, imperial, in firefighting, 40, 42, 43, 47, 51, 52–53, 56
Isis and Serapis, Temple of, 54
Iuventius Rixa, Marcus, 288n65

James, Duke of York, 52
Jews, 103, 145, 148–149, 150, 151, 161, 168, 172, 286nn18 and 21, 287n34, 289n85, 290n104
Josephus, 120, 122, 168, 210
Judea, 146, 158, 159, 161, 162, 172, 263, 288n65, 308

Julia, daughter of Augustus, 8, 98
Julia, granddaughter of Tiberius, 238
Julio-Claudian dynasty, 3–4, 8, 11, 72, 139, 182, 223, 247, 250, 252
Julius Caesar, 3, 41, 43, 52, 60, 61, 62, 190, 247, 305, 307, 308
Julius Epaphra, Gaius, fruit-seller, 62
Julius Vindex, Gaius, 11, 118, 251
Junian Latin, 181
Junius, senator, 52
Junius Brutus, Gaius, 33
Junius Brutus, Marcus, 53
Junius Silanus, Marcus, 238
Juno Lucina, Temple of, 280n120
Juno Moneta, 285n6
Juno Regina, Temple of, 279n103
Jupiter Optimus Maximus, Temple of, 19, 36, 37, 38, 51, 54, 55, 127, 144, 271n12, 275n106, 282n17, 310
Jupiter Stator, Temples of, 13, 105–106, 261, 279n103, 281n129
Juvenal, 42, 49, 62, 63, 92, 178, 224, 235, 301
Juvenalia, 243

Lactantius, 149, 165, 166, 253, 290n98
Lacus Volsciniensis, 41
Lake Avernus, 191, 262
Lamian Gardens, 28, 74, 187, 294n90
larch, 41
Lares, 75
Larignum. *See* larch
Lee, Nathaniel, 254
Legge, Thomas, 303n4
Licinianus, Lucius Piso, 106
Licinius, innkeeper, 62
Licinius Crassus, Lucius, 66, 235
Licinius Crassus, Marcus, 37–38, 42, 228
Licinius Macer, 272n42
lictor, 44
Lincoln Memorial, Washington, DC, 228

图书在版编目（CIP）数据

罗马在燃烧：尼禄与终结王朝的大火 ／（英）安东
尼·A. 巴雷特（Anthony A. Barrett）著；仝亚辉，郭
楚微译 . --北京：社会科学文献出版社，2024.7
（思想会）
书名原文：Rome Is Burning：Nero and the Fire
That Ended a Dynasty
ISBN 978-7-5228-2699-8

Ⅰ.①罗…　Ⅱ.①安…②仝…③郭…　Ⅲ.①古罗马
-历史-研究　Ⅳ.①K126

中国国家版本馆 CIP 数据核字（2023）第 204409 号

· 思想会 ·

罗马在燃烧
尼禄与终结王朝的大火

著　者／〔英〕安东尼·A. 巴雷特（Anthony A. Barrett）
译　者／仝亚辉　郭楚微

出 版 人／冀祥德
责任编辑／吕　剑
责任印制／王京美

出　　版／社会科学文献出版社·文化传媒分社（010）59367004
　　　　　地址：北京市北三环中路甲 29 号院华龙大厦　邮编：100029
　　　　　网址：www. ssap. com. cn
发　　行／社会科学文献出版社（010）59367028
印　　装／北京联兴盛业印刷股份有限公司

规　　格／开　本：880mm×1230mm　1/32
　　　　　印　张：13.75　字　数：304 千字
版　　次／2024 年 7 月第 1 版　2024 年 7 月第 1 次印刷
书　　号／ISBN 978-7-5228-2699-8
著作权合同
登 记 号／图字 01-2021-2628 号
定　　价／98.00 元

读者服务电话：4008918866